🎧 본 교재의 단어 MP3 파일은 EBS*i* 사이트(www.ebsi.co.kr)에서 다운로드 받으실 수 있습니다.

교재 내용 문의
교재 및 강의 내용 문의는 EBS*i* 사이트 (www.ebsi.co.kr)의 학습 Q&A 서비스를 활용하시기 바랍니다.

교재 정오표 공지
발행 이후 발견된 정오 사항을 EBS*i* 사이트 정오표 코너에서 알려 드립니다.
EBS*i* 사이트 ▶ 교재 ▶ 교재 정오표

교재 정정 신청
공지된 정오 내용 외에 발견된 정오 사항이 있다면 EBS에 알려 주세요.
EBS*i* 사이트 ▶ 교재 ▶ 교재 정정 신청

올림포스

[국어, 영어, 수학의 EBS 대표 교재, 올림포스]

2015 개정 교육과정에 따른 모든 교과서의 기본 개념 정리

내신과 수능을 대비하는 다양한 평가 문항

수행평가 대비 코너 제공

국어, 영어, 수학은 EBS 올림포스로 끝낸다.

[올림포스 16책]

국어 영역 : 국어, 현대문학, 고전문학, 독서, 언어와 매체, 화법과 작문

영어 영역 : 독해의 기본1, 독해의 기본2, 구문 연습 300

수학 영역 : 수학(상), 수학(하), 수학Ⅰ, 수학Ⅱ, 미적분, 확률과 통계, 기하

Preface

영어는 어휘라고 생각하는 여러분을 위한
EBS VOCA POWER입니다!

힘이 되는 어휘,
영어를 완성시키는 어휘력
EBS VOCA POWER

- ☑ 암기해도 까먹으니, 스트레스 받아요
- ☑ 뭘 외워야 할 지 모르겠어요
- ☑ 잘 하고 있는지 확인이 필요해요
- ☑ 시험에 잘 나오는 어휘부터 공부하고 싶어요
- ☑ 외운 것만 알지, 처음 보는 어휘는 몰라요
- ☑ 하루에 몇 개나 외워야 할지 모르겠어요
- ☑ 암기에 특별한 방법이 있는 건지 모르겠어요

영어力, 어휘力으로 완성됩니다!
어휘 실력은 영어의 시작과 완성입니다. 내신, 수능 모두 완성시키는 VOCA POWER 어휘 학습 프로그램,
50일이면 완성됩니다.

절대평가 영어 어휘 학습 시스템 〈EBS VOCA POWER 어원〉

- 고교 영어 교육과정 필수 어휘 1,600개 및 관련 파생어 수록
- 교과서 · 기출 문제 · EBS 연계 교재 빈출 어휘를 어원별로 묶어 제시
- 주기별 테스트, PDF 어휘장 제공
- Daily, Review, Progress Test로 암기 주기별 반복 학습
- 쉽고 명쾌한 예문을 통해 어휘의 의미를 바로 파악하고 적용하도록 구성

영어 어휘 학습의 시작과 끝을 함께 할 EBS VOCA POWER 어원,

50일이면 끝나는 영어 어휘, 내신 수능 그 어떤 영어도 완성!

내신, 수능. 누구나 꼭 외워야 하는 어휘, 왜 어원인가?

어원 학습과 함께 의미군별로 어휘를 암기하여,
처음 보는 단어의 의미도 쉽게 추측할 수 있게 만드는 힘.
어휘가 힘이 되는 영어를 만들어 드립니다.

지금, 왜 VOCA POWER인가?

어휘 실력의 기초가 탄탄하지 않으면 영어 성적이 쉽게 오르지 않는데, 기본적인 어휘력이 없으면 문맥을 통해 의미를 추론하는 데 한계가 있기 때문이다. 많은 학생들이 독해, 문법을 위해서는 충분히 시간을 할애하면서도 정작 스스로 쌓아야 하는 어휘는 꾸준히 학습하지 않는다.

그런데 실제로 하위권에서 중위권으로, 중위권에서 상위권으로 수준을 넘어서는 고비에서는 대부분 어휘 실력이 문제이다. 독해는 물론, 듣기에 있어서도 어휘의 영향이 크다. 구문을 모두 이해했더라도 결정적인 의미를 갖는 어휘를 모르면 전체의 의미를 파악하는 데 어려움이 생긴다. 시험은 시간과의 싸움이다. 어휘 실력이 높으면 그만큼 시간을 절약할 수 있다. 자투리 시간을 최대한 이용해서 고1, 늦어도 고2까지는 기본 어휘를 내 것으로 만들어야 한다. 짧은 시간이라도 지속적으로 집중하여 어휘력을 쌓아야 한다.

또한 어휘 마스터를 위해 꼭 기억해야 할 것은 외운 것은 잊어버리기 마련이라는 것을 예상해야 한다는 것이다. 끈기가 부족해서 지속적으로 하지 못하는 경우도 문제지만, 처음부터 완벽하게 전부 외우겠다는 욕심을 가지면 곧 실망하고 지치게 된다. 오히려 잊어버리는 것에 대한 두려움을 버리고, 반복 학습을 통해 자연스럽게 습득해야 한다.

중 · 상위권 학생을 위한 VOCA POWER

어느 정도 독해 공부를 했지만 성적이 오르지 않는 중 · 하위권 학생이라면, 수록된 어휘 전체를 꼼꼼히 외우고 반복하는 50일 학습을 충실히 따라갈 것을 추천한다. 이후 독해 교재로 공부하면서 어원별 의미를 되살려 실전 능력을 키워가자. 기본 어휘력이 부족한 상태에서 처음부터 독해 지문에 나오는 모르는 단어를 모두 무작위로 암기한다면, 영어 공부 자체에 흥미와 효율이 떨어질 수 있다.

중 · 상위권 학생을 위한 VOCA POWER

중 · 상위권 학생이라면 우선 잘 모르고 있던 어원의 의미를 체크하며 빠른 속도로 이미 알고 있는 단어를 스캔한 후 모르고 있던 단어를 심화 학습하도록 한다. 문맥에 따라 단어의 뜻을 추론할 수 있도록 예문을 외울 정도로 읽어보는 것도 방법이다. 이미 알고 있는 어원의 경우 하루 학습량을 늘리는 것도 추천한다.

망각 곡선을 거스르는 65회의 반복 테스트

VOCA POWER 반복 장치 : 50 Daily, 10 Review, 5 Progress Tests
사람의 두뇌에서 담당하는 기억은 시간이 지나면 사라지기 때문에 반복 학습은 필수적이다. 독일의 심리학자 에빙하우스의 망각 곡선에 따르면, 사람은 암기한 내용을 1시간 이후에 절반을 잊어버리고, 하루에 70%를, 한 달이면 80%를 잊어버리게 된다고 한다. VOCA POWER 시리즈에서는 '망각'을 극복하기 위한 장치를 다양하게 준비했다. 적절한 시기에 반복적으로 복습하여 암기율을 높이는 것이다. 매일 학습한 어휘를 확인하는 Daily 테스트 50회와 5일 누적으로 확인하는 Review 테스트, 전체 어휘를 10일마다 누적하여 확인하는 Progress 테스트까지 3단계 암기 장치로 잊어버릴 만하면 반복하도록 하자.

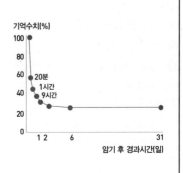

한눈에 보는 구성

❶ 50 Day로 구성
총50일 동안 하루에 28개에서 35개의
표제어를 학습합니다.

Day
04

❷ 핵심 어원
학습할 어원과 그 의미를
시각적으로 명료하게
제시하였습니다.

over-
위에(above, over), 과도하게(excessively)

❸ 빈출 표제어
가장 자주 출제되는 어휘
1600개를 선정하여, 해당
어원을 색으로 표시하여 총
1600개를 수록하였습니다.

overall
[òuvərɔ́:l]

over(= over) + all → 모든 것의 위에 있는
형 전반적인, 전체의 부 전부, 대체로
In 2016 there was an **overall** percentage increase in e
genre. 학평
2016년에는 각각의 장르에서 전반적인 비율 증가가 있었다.

overcome
[òuvərkʌ́m]

over(= over) + come → 위에서 오다
동 극복하다
Isn't it amazing that animals **overcome** harsh winters thro
sleeping? 학평
동물이 잠을 통해 혹독한 겨울을 극복하는 게 놀랍지 않나요?

overestimate
[òuvəréstəmeit]

over(= excessively) + estimate(= value: 가치를 평가하다)
→ 과도하게 가치를 평가하다
동 과대평가하다
We underestimate the old and **overestimate** the new. 학평
우리는 오래된 것을 과소평가하고 새로운 것을 과대평가한다.
▯ overestimation 명 과대평가

❹ 어원 풀이
어휘 의미의 이해를 돕도록
표제어가 만들어지는 원리와
어원 풀이를 체계적으로
제시하였습니다.

overlap
[òuvərlǽp]

over(= over) + lap(= fold: 접다) → 위에 접다
동 겹치다, 겹쳐지다
The bird's feathers **overlap** each other.
그 새의 깃털은 서로 겹쳐져 있다.

overlook
[òuvərlúk]

over(= over) + look → 위에서 보다
동 간과하다, 못 본 체하다, 내려다보다

❺ 기출 예문
빈출 표제어가 수능,
모의평가, 학력평가에
어떻게 쓰였는지 예문을
통해 확인할 수 있습니다.

What we have **overlooked** is the ant's environment. 모평
우리가 간과한 것은 개미의 환경이다.

Voca Plus
• **overlook** a shortcoming 결점을 간과하다
• **overlook** one's mistake 남의 실수를 못 본 체하다
• **overlook** the college grounds 대학 운동장을 내려다보다 학평

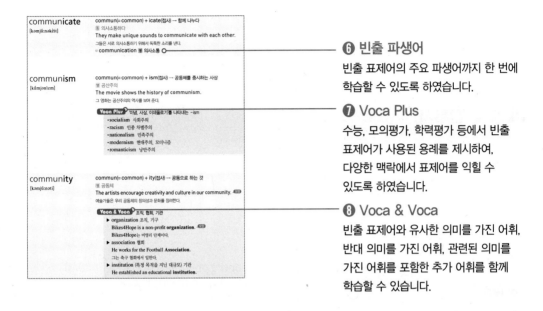

communicate
[kəmjúːnəkèit]

commun(= common) + icate(접사) → 함께 나누다
(통) 의사소통하다
They make unique sounds to communicate with each other.
그들은 서로 의사소통하기 위해서 독특한 소리를 낸다.
● communication (명) 의사소통

communism
[kɑ́mjənìzm]

commun(= common) + ism(접사) → 공동체를 중시하는 사상
(명) 공산주의
The movie shows the history of communism.
그 영화는 공산주의 역사를 보여 준다.

Voca Plus '이념, 사상, 이데올로기'를 나타내는 -ism
• socialism 사회주의
• racism 인종 차별주의
• nationalism 민족주의
• modernism 현대주의, 모더니즘
• romanticism 낭만주의

community
[kəmjúːnəti]

commun(= common) + ity(접사) → 공동으로 하는 것
(명) 공동체
The artists encourage creativity and culture in our community. [수능]
예술가들은 우리 공동체의 창의성과 문화를 장려한다.

Voca & Voca 조직, 협회, 기관
▶ organization 조직, 기구
Bikes4Hope is a non-profit organization. [수능]
Bikes4Hope는 비영리 단체이다.
▶ association 협회
He works for the Football Association.
그는 축구 협회에서 일한다.
▶ institution (특히 공적을 지닌 대규모) 기관
He established an educational institution.

❻ 빈출 파생어
빈출 표제어의 주요 파생어까지 한 번에
학습할 수 있도록 하였습니다.

❼ Voca Plus
수능, 모의평가, 학력평가 등에서 빈출
표제어가 사용된 용례를 제시하여,
다양한 맥락에서 표제어를 익힐 수
있도록 하였습니다.

❽ Voca & Voca
빈출 표제어와 유사한 의미를 가진 어휘,
반대 의미를 가진 어휘, 관련된 의미를
가진 어휘를 포함한 추가 어휘를 함께
학습할 수 있습니다.

■ 어휘 암기에 대한 확인과 점검을 돕는 3단계 테스트

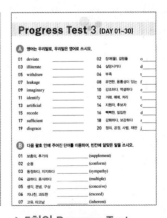

Daily Test

A 영어는 우리말로, 우리말은 영어로 쓰시오.

01 conductive		02 추론하다	d
03 educate		04 소개하다, 도입하다	
05 seduce		06 제돌, 상품	p
07 electronic		08 충분한, 적절한	a
09 equalize		10 공평, 공정	e
11 identical		12 힘이 넘치는, 활기찬	e
13 synergy		14 평가하다, 추정, 견적시스	e
15 esteem		16 (꾸며낸) 이야기, 우화	f
17 fabulous		18 유아기, (발달의 초창기	i
19 confess		20 공연(전쟁)하다	p

B 오른쪽 해석을 보고, 빈칸에 가장 적절한 단어를 [보기]에서 골라 쓰시오.

[보기] abduction equation identity profession

01 Taking the train helps _____ air pollution.
02 Place _____ is tied to a particular industry.
03 The _____ of pets has become a serious

Review Test 5 (DAY 21~25)

A 영어는 우리말로, 우리말은 영어로 쓰시오.

01 concede		02 순환(로), 순회 (노선)	c
03 pesticide		04 반환을 요구하다	r
05 exclude		06 시계, 송장	
07 diagnose		08 담론, 이야기하다	
09 democracy		10 차별하다, 구별하다	d
11 credulous		12 비평가, 평론가	
13 encyclopedia		14 모순되다, 부정(부인)하다	c
15 verdict		16 해독제, 해결책	a
17 abduction		18 정체성, 신원, 신분	i
19 equalize		20 상승 작용, 상승효과	s

B 다음 단어를 우리말 뜻에 맞게 변형하여 쓰시오.

01 ancestry → _____ (조상, 선조)
02 succeed → _____ (연속적인, 잇따른)
03 conclude → _____ (결론)
04 courage → _____ (용기 있는)
05 bureaucracy → _____ (공무원, 관료, 관료주의자)
06 dedicate → _____ (헌신)

Progress Test 3 (DAY 01~30)

A 영어는 우리말로, 우리말은 영어로 쓰시오.

01 deviate		02 장애(물), 걸림돌	o
03 illiterate		04 실망시키다	d
05 withdraw		06 부족	t
07 leakage		08 유연한, 융통성이 있는	f
09 imaginary		10 강조하다, 역설하다	
11 identify		12 거래, 매매, 처리	
13 artificial		14 지원자, 후보자	
15 recede		16 빽빽한, 밀집한	d
17 sufficient		18 강화하다, 보강하다	
19 disgrace		20 정의, 공정, 사법, 재판	j

B 다음 괄호 안에 주어진 단어를 이용하여, 빈칸에 알맞은 말을 쓰시오.

01 보충의, 추가의 _____ (supplement)
02 순응 _____ (conform)
03 동정하다, 지지하다 _____ (sympathy)
04 곱하다, 증식하다 _____ (multiple)
05 생각, 관념, 구상 _____ (conceive)
06 지나친, 과도한 _____ (exceed)
07 고유, 타고난 _____ (inherent)

▶50회의 Daily Test
"매 Day마다" 제공되는 Test를
통해 단어 학습 이해 정도를
파악할 수 있습니다. 단어–뜻
/ 뜻–단어 쓰기, 적절한 단어
찾기, 빈칸 채우기 유형의 문제를
풀면서 학습한 어휘를 복습할 수
있습니다.

▶10회의 Review Test
5 Day마다 제공되는 Test를 통해
단어 학습 이해 정도를 일주일
단위로 점검할 수 있습니다.
단어–뜻 / 뜻–단어 쓰기, 파생어
쓰기, 영영사전 풀이, 빈칸 채우기,
적절한 단어 찾기의 다양한 문제를
풀면서 학습한 어휘를 복습할 수
있습니다.

▶5회의 Progress Test
여태까지 학습한 모든 단어를 누적하여
확인할 수 있도록 10 Day마다 Progress
Test를 제시하였습니다. 단어–뜻 /
뜻–단어 쓰기, 파생어 쓰기, 영영사전
풀이, 적절한 단어 찾기, 빈칸에 알맞은
말 고르기의 다양한 문제를 풀면서
학습한 어휘를 복습할 수 있습니다.

Contents

Part II 접미사

Part III 어근

Contents

접두사

01

pre-
미리, 이전에(**before**)

prejudice
[prédʒudis]

pre(= before) + judice(= judgment) → 앞선 판단
명 편견, 선입견　통 편견을 갖게 하다
Prejudice is an obstacle to processing information. 학평
편견은 정보 처리에 대한 장애물이다.
❖ prejudiced 형 편견이 있는

> **Voca & Voca** 편견, 선입견
>
> ▶ bias 편견, 편향
>　Most people get trapped in their optimistic **biases**. 학평
>　대부분의 사람들은 자신의 낙관적인 편견에 갇혀 있다.
> ▶ partiality 치우침, 편파, 불공정
>　She judged the case without **partiality**.
>　그녀는 치우침 없이 그 사건을 판결했다.
> ▶ preconception 선입견, 편견
>　Most people have **preconceptions** about old age.
>　대부분의 사람들은 노령에 대한 선입견을 가지고 있다.

preliminary
[prilímənèri]

pre(= before) + limin(= threshold: 문지방) + ary(접사)
→ 문지방 앞에 놓인
형 예비의, 시초의, 준비의　명 예비 행위; 예선전
The architect's plans are still in the **preliminary** stages.
그 건축가의 계획은 아직 예비[초기] 단계에 있다.
❖ preliminarily 부 예비적으로, 미리

premature
[prìːmətjúər]

pre(= before) + mature(= ripe) → 익기[성숙하기] 이전의
형 조산의, (너무) 이른, 시기상조의
Think of the world as a **premature** baby in an incubator. 학평
세계를 인큐베이터 안에 있는 조산아라고 생각해 보라.
❖ prematurely 부 너무 이르게　prematurity 명 시기상조, 조산, 조숙

prescribe
[priskráib]

pre(= before) + scribe(= write) → 미리 써 주다
통 (약을) 처방하다
A doctor may **prescribe** medicines to control the infection. 학평
의사는 감염을 통제할 수 있도록 약을 처방할 수도 있다.
❖ prescription 명 처방(전)

present
[préznt] 휑 몡
[prizént] 툉

pre(= before) + sent(= be) → 앞에 있는, 가까이에 있는
휑 참석한, 현재의 몡 선물 툉 주다, 수여하다, 제시하다, 보여 주다
There was a large crowd **present** in the auditorium.
강당에 많은 사람들이 참석해 있었다.
Can you help me wrap up a **present**? 학평
제가 선물을 포장하는 걸 도와주실래요?
⁜ presence 몡 참석, 현존 presentation 몡 발표, 제출

preserve
[prizə́:rv]

pre(= before) + serve(= keep safe) → 미리 안전하게 유지하다
툉 보존하다, 보호하다
How can we **preserve** our forests? 모평
우리의 숲을 우리가 어떻게 보존할 수 있을까?
⁜ preservation 몡 보존, 보호 preservative 몡 방부제

prestige
[prestí:dʒ]

pre(=before) + stige(=tie) → (우리의 마음을) 미리 묶고 있는 힘
몡 명망, 위신, 신망, 위세
His career as a lawyer has brought him enormous **prestige**.
변호사로서의 그의 경력은 그에게 엄청난 명망을 가져다주었다.
⁜ prestigious 휑 명망 있는, 일류의

pretend
[priténd]

pre(= before) + tend(= stretch: 펼치다)
→ 앞에 (주장, 핑계 등을) 펼쳐 놓다
툉 ~인 척하다, ~라고 가장하다 휑 가짜의, 모조의
He **pretended** that nothing had happened.
그는 아무 일도 없었던 것처럼 행동했다.
⁜ pretense 몡 구실, 핑계, 가식

preview
[prí:vjù:]

pre(= before) + view(= see) → 미리 보다
몡 (영화·쇼 등의) 시사회, 사전 검토 툉 시연을 보다[보이다]
I saw the movie at a special **preview**.
나는 특별 시사회에서 그 영화를 보았다.

previous
[prí:viəs]

pre(= before) + vi(= road) + ous(접사) → 길에 앞서 있는
휑 이전의, 앞의
Older students have know-how from **previous** contests. 모평
나이가 더 많은 학생들은 이전 대회를 통해 요령을 얻는다.
⁜ previously 튄 이전에, 미리, 사전에

pro-

앞으로, 앞서(forward, ahead), ~을 위한(for)

produce
[prədjúːs] 통
[prάdjuːs] 명

pro(=forward) + duce(=bring, lead) → 앞으로 내놓다[이끌어 내다]
통 생산하다, 낳다, 배출하다, 제작하다   명 농산물, 생산품
265 gallons of water is needed to **produce** two pounds of wheat. 학평
2파운드의 밀을 생산하기 위해서 265갤런의 물이 필요하다.
The store sells fresh local **produce**.
그 가게는 신선한 지역 농산물을 판매한다.
⁑ product 명 제품, 산물   production 명 생산
   productive 형 생산적인   productivity 명 생산성

prohibit
[prouhíbit]

pro(=forward) + hibit(=hold) → 앞에서 붙들다 → 못하게 붙들다
통 금지하다, ~하지 못하게 하다
Food and pets are **prohibited** in the museum. 학평
음식과 반려동물은 박물관 입장이 금지된다.
⁑ prohibition 명 금지

> **Voca & Voca** 금지하다
> ▶ forbid 금하다, 허락하지 않다
>   She **forbids** anyone to touch the book.
>   그녀는 아무도 그 책에 손을 대지 못하게 한다.
> ▶ ban 금지하다
>   Riding an electric scooter on the sidewalks is **banned**.
>   인도에서 전기 스쿠터를 타는 것은 금지되어 있다.

promote
[prəmóut]

pro(=forward) + mote(=move) → 앞으로 움직이다
통 증진하다, 장려하다, 승진시키다, 홍보하다
A balanced diet **promotes** good health.
균형 잡힌 식사는 좋은 건강을 증진한다.
⁑ promotion 명 촉진, 장려, 승진, 판매 촉진

prophesy
[prάfəsài]

pro(=forward) + phesy(=speak) → 앞서 말하다
통 예언하다, 예측하다
History books report that he **prophesied** his own death.
역사책에 그가 자신의 죽음을 예언했다는 것이 기록되어 있다.
⁑ prophecy 명 예언, 예측   prophet 명 예언자

proportion
[prəpɔ́ːrʃən]

pro(=for) + port(=part) + ion(접사) → 각자의 몫에 관한 것
명 비율, 부분
A large **proportion** of the elderly live alone.
많은 비율의 노인들이 혼자 산다.
⁑ proportionate 형 (~에) 비례하는

prospect
[práspekt]

pro(=forward) + spect(= look at) → 앞을 내다보다

명 전망, 예상, 가망 동 탐사하다

Job **prospects** for graduates don't look good.

졸업자들의 취업 전망이 좋아 보이지 않는다.

❖ prospective 형 장래의, 유망한, 곧 있을

prosper
[práspər]

pro(=forward) + sper(= hope) → 희망을 갖고 앞으로 나아가다

동 번영하다, 번창하다

Competition makes our economy **prosper.** 학평

경쟁은 우리 경제를 번영하게 한다.

❖ prosperous 형 번영하는, 번창하는 prosperity 명 번영, 번창

> **Voca & Voca** 번영하다, 번창하다, 무성해지다
>
> ▶ thrive 번영하다, 번창하다, 잘 자라다
>   His company continues to **thrive**.
>   그의 회사는 계속 번창하고 있다.
> ▶ flourish 번창하다, 무성하게 자라다
>   The flower **flourishes** in this region.
>   그 꽃은 이 지역에서 무성하게 자란다.

provide
[prəváid]

pro(=forward) + vide(= see) → 앞을 미리 보다 → 대비하다

동 제공하다, 공급하다, 대비하다

The festival **provides** a free shuttle bus from Town Hall Station. 수능

축제 (주최자) 측에서 Town Hall 역에서 출발하는 무료 셔틀버스를 제공한다.

❖ provision 명 공급, 대비, 식량(*pl.*)

fore-
이전에, 앞선(before)

forefather
[fɔ́:rfàːðər]

fore(= before) + father → 아버지보다 훨씬 앞에 살았던 사람들

명 조상, 선조

Five hundred years ago, our **forefathers** established a new nation. 500년 전에, 우리 조상이 새로운 국가를 세웠다.

> **Voca & Voca** 선조, 전임자
>
> ▶ ancestor 조상, 선조
>   His **ancestors** came to America during the 1700s.
>   그의 조상은 1700년대에 미국에 왔다.
> ▶ predecessor 전임자, 선배, 조상
>   Her immediate **predecessor** in the job went on leave.
>   그 일에서 그녀의 바로 직전 전임자는 휴가를 갔다.

forefront
[fɔ́ːrfrʌ̀nt]

fore(= before) + front(=forehead: 이마) → 이마보다 앞에 있는 것
명 선도적 위치, 선두
Mitchell rocketed to the **forefront** of American astronomy. 학평
Mitchell은 미국 천문학의 선도적 위치로 급부상했다.

forehead
[fɔ́ːrid]

fore(= before) + head → 머리의 앞쪽
명 이마
Sweat poured from his **forehead**. 학평
그의 이마에서 땀이 쏟아졌다.

foreman
[fɔ́ːrmən]

fore(= before) + man → 일을 할 때 다른 사람 앞에서 이끄는 사람
명 (현장) 감독, 배심원 대표
He was working as a **foreman** at a building site.
그는 건설 현장의 감독으로 일하고 있었다.

foremost
[fɔ́ːrmòust]

fore(= before) + most(접사) → 가장 앞에 있는
형 가장 중요한, 맨 앞에 위치한
Safety is our **foremost** concern.
안전이 우리의 가장 중요한 관심사이다.

foresee
[fɔːrsíː]

fore(= before) + see → 앞을 내다보다
동 예견하다, ~일 것이라 생각하다
The consequences of interaction can be difficult to **foresee**. 학평
상호 작용의 결과는 예견하기 힘들 수 있다.
⁑ **foreseeable** 형 예견[예측]할 수 있는
 foresight 명 예지력, 선견지명

foretell
[fɔːrtél]

fore(= before) + tell → 앞일에 대해 말하다
동 예언하다
Everything happened as Peter **foretold**.
Peter가 예언한 대로 모든 일이 일어났다.
⁑ **foreteller** 명 예언자

post-
뒤에(after)

posterity
[pɑstérəti]

post(er)(= posterus: coming after) + ity(접사) → 나중에 오는 것
명 후세, 후대
Posterity will remember him as a hero.
후세는 그를 영웅으로 기억할 것이다.

postmodern
[poustmádərn]

post(= coming after) + modern → 현대보다 뒤에 온
[형] 포스트모던의, 최첨단의, 최신 유행의
We had our hotel done over in a **postmodern** style.
우리는 호텔을 포스트모던 양식으로 단장했다.

postwar
[póustwɔ́:r]

post(= coming after) + war → 전쟁 후의
[형] 전후의
The **postwar** birth rate increased rapidly.
전후의 출생률은 빠르게 증가했다.

extra-/extro- 밖으로(outside), 넘어서(beyond)

extracurricular
[èkstrəkəríkjulər]

extra(= outside) + curricul(um)(= course) + ar(접사)
→ 교과과정 밖의
[형] 정규 교과 외의, 과외의
What **extracurricular** activities were you involved with at school?
너는 학교에서 어떤 과외 활동에 참여했니?

extraordinary
[ikstrɔ́:rdənèri]

extra(= outside) + ordin(= order) + ary(접사)
→ 순서 밖에 있는 → 비범한
[형] 비범한, 보기 드문, 기이한
One day something **extraordinary** happened. [학평]
어느 날 보기 드문 일이 일어났다.

extraterrestrial
[èkstrətəréstriəl]

extra(= outside) + terrestri(= of the earth) + al(접사)
→ 지구 밖에 있는 생명체
[명] 외계인, 우주인 [형] 지구 밖 생물체의, 외계의
Read this entertaining book about **extraterrestrials** and UFOs.
외계인과 UFO에 관한 이 흥미로운 책을 읽어 보세요.

extravagant
[ikstrǽvəgənt]

extra(= beyond) + vag(= wander: 돌아다니다) + ant(접사)
→ 돌아다니는 것 이상의
[형] 낭비하는, 사치스러운
Would it be too **extravagant** to buy both?
둘 다 사는 것은 너무 낭비하는 걸까?
⊕ extravagance [명] 낭비, 사치

extrovert
[ékstrəvə̀:rt]

extro(= outside) + vert(= vertere: turn) → 밖으로 향하는
[형] 외향적인 [명] 외향적인 사람
My mom has an **extrovert** personality.
우리 엄마는 외향적인 성격을 가지고 있다.

Daily Test

A 영어는 우리말로, 우리말은 영어로 쓰시오.

01 prejudice _____
02 조산의, (너무) 이른　p_____
03 prestige _____
04 이전의, 앞의　p_____
05 pretend _____
06 생산하다; 농산물　p_____
07 prohibit _____
08 예언하다, 예측하다　p_____
09 prosper _____
10 조상, 선조　f_____
11 foresee _____
12 후세, 후대　p_____
13 prospect _____
14 제공하다, 공급하다　p_____
15 forefront _____
16 정규 교과 외의, 과외의　e_____
17 foretell _____
18 비범한, 보기 드문　e_____
19 extrovert _____
20 외계인, 우주인　e_____

B 오른쪽 해석을 보고, 빈칸에 가장 적절한 단어를 [보기]에서 골라 쓰시오.

보기　extravagant　foremost　prescribe　preserve　proportion

01 Safety is our _____ concern.
안전이 우리의 가장 중요한 관심사이다.

02 How can we _____ our forests?
우리의 숲을 우리가 어떻게 보존할 수 있을까?

03 A large _____ of the elderly live alone.
많은 비율의 노인들이 혼자 산다.

04 A doctor may _____ medicines to control the infection.
의사는 감염을 통제할 수 있도록 약을 처방할 수도 있다.

05 Would it be too _____ to buy both?
둘 다 사는 것은 너무 낭비하는 걸까?

정답　A　01 편견, 선입견; 편견을 갖게 하다　02 premature　03 명망, 위신, 신망, 위세　04 previous　05 ~인 척하다, ~라고 가장하다; 가짜의, 모조의　06 produce　07 금지하다, ~하지 못하게 하다　08 prophesy　09 번영하다, 번창하다　10 forefather　11 예견하다, ~일 것이라 생각하다　12 posterity　13 전망, 예상, 가망; 탐사하다　14 provide　15 선도적 위치, 선두　16 extracurricular　17 예언하다　18 extraordinary　19 외향적인; 외향적인 사람　20 extraterrestrial

B　01 foremost　02 preserve　03 proportion　04 prescribe　05 extravagant

Day 02

in-
안에(inside), 안으로(into)

inborn
[ínbɔ́ːrn]

in(= inside) + born(= boren: brought forth) → 안에 갖고 있는
형 타고난, 천부적인
My sister has an **inborn** talent for music.
내 누나에게는 음악에 대한 타고난 재능이 있다.

inbound
[ínbáund]

in(= inside) + bound(= tied) → 안에 묶인
형 도착하는, 본국으로 들어가는
Due to the storm, the **inbound** flight has been delayed.
폭풍 때문에 도착하는 항공편이 지연되었다.

income
[ínkʌm]

in(= into) + come → 안으로 들어오는 것
명 소득, 수입
Most Americans pay **income** tax. 학평
대부분의 미국인들은 소득세를 낸다.

indent
[indént]

in(= inside) + dent(= depression in a surface: 표면에 움푹 들어간 곳)
→ 안으로 움푹 들어가게 하다
동 들여 쓰다, 들쭉날쭉 굽어들다
When I begin a new paragraph, I **indent** two spaces.
새 문단을 시작할 때, 나는 두 칸을 들여 쓴다.
The coastline is **indented** by the sea.
그 해안선은 들쭉날쭉 굽어들어 바다에 접해 있다.

infect
[infékt]

in(= inside) + fect(= facere: make, perform) → 안에서 작동하게 하다
동 감염시키다, 감염되다, 영향을 주다
Anyone with a bad cold can **infect** the people around them.
독감에 걸린 사람은 누구나 주위의 사람들을 감염시킬 수 있다.
⁖ infection 명 감염   infectious 형 감염병의

inland
[ínlənd] 형
[ínlænd] 부

in(= inside) + land → 안쪽 땅의
형 내륙의, 오지의   부 내륙으로, 오지로
Canberra is Australia's largest **inland** city.
캔버라는 호주의 가장 큰 내륙 도시이다.
We traveled further **inland** the next day.
우리는 다음 날 더 내륙으로 이동했다.

inner
[ínər]

in(n)(= inside) + er(접사) → 안의
형 내면의, 안쪽의, (감정 등이) 내밀한
Following your **inner** voice is a key to self-control. 학평
여러분 내면의 목소리를 따르는 것이 자기 통제의 핵심이다.

input
[ínpùt]

in(= inside) + put → 안에 놓는 것
명 입력, 투입, 의견   동 입력하다
Data is gathered daily from different **input** sources. 모평
데이터는 매일 다른 입력 출처에서 수집된다.

> **Voca Plus**
> • a useful **input** 유용한 투입물 학평
> • chemical **inputs** 화학물질 투입 학평
> • customer **inputs** 소비자의 의견 학평
> • the other person's **input** 다른 사람의 의견 학평

insert
[insə́:rt]

in(= inside) + sert(= serere: join together) → 안에 함께 묶다
동 끼워 넣다
Facebook started **inserting** advertisements in the middle of users' webpages. 학평
Facebook은 사용자들의 웹 페이지 중간에 광고를 끼워 넣기 시작했다.

insight
[ínsàit]

in(= inside) + sight(= vision) → 내면의 시야
명 통찰(력), 이해
A moment's **insight** is sometimes worth a life's experience. 학평
한순간의 통찰은 때로 평생 경험의 가치가 있다.

install
[instɔ́:l]

in(= inside) + stall(= standing place) → 안에 두다
동 설치하다
I think air purifiers should be **installed** in the classroom. 학평
공기청정기가 교실에 설치되어야 한다고 나는 생각한다.
⊕ installation 명 설치, 설치된 것

intake
[íntèik]

in(= inside) + take → 안으로 섭취하는 것
명 섭취(량), 유입(량), (입학, 채용 등의) 인원수
I'm going to reduce my fat **intake**. 학평
나는 지방 섭취량을 줄이려고 한다.
The annual student **intake** is increasing.
연간 학생 인원수가 늘고 있다.

invest
[invést]

in(= inside) + vest(= vestire: dress) → 관청에서 정장을 입다
→ 돈을 벌어 오도록 위임하다
동 투자하다, 투입하다
Just **invest** five to ten minutes each day in the journal. 학평
일기 (쓰기)에 그냥 매일 5분에서 10분을 투자하세요.
⁑ investment 명 투자

inward
[ínwərd]

in(= inside) + ward(= toward) → 안을 향한
형 마음속의, 내부를 향한   부 내부를 향하여
Looking into the eyes is the start of an **inward** journey.
눈을 들여다보는 것은 마음속 여행의 시작이다.

inter-   사이에(between)

interact
[ìntərǽkt]

inter(= between) + act → 서로 간에 작용하다
동 상호작용하다
An individual needs to **interact** with others. 학평
개인은 다른 사람들과 상호작용해야 한다.
⁑ interaction 명 상호작용

interbreed
[ìntərbríːd]

inter(= between) + breed(새끼를 낳다) → 서로 간에 교배시키다
동 이종 교배하다, 잡종을 만들다
The fish began to **interbreed** with other wild species.
그 물고기들은 다른 야생종들과 이종 교배하기 시작했다.

interdependent
[ìntərdipéndənt]

inter(= between) + de(= down) + pend(= hang) + ent(접사)
→ 서로 매달린
형 상호 의존의, 서로 의지하는
Societies are more **interdependent** than ever. 학평
사회는 어느 때보다 더 상호 의존적이다.
⁑ interdependence 명 상호 의존

interfere
[ìntərfíər]

inter(= between) + fere(= ferire: strike) → 사이에서 때리다

图 간섭하다, 방해하다

Too much mess can **interfere** with focus. 학평

어질러진 물건이 너무 많으면 집중을 방해할 수 있다.

⊕ interference 명 간섭, 방해

intermediate
[ìntərmíːdiət]

inter(= between) + medi(= medius: middle) + ate(접사)

→ 사이에 있는

图 중급의, 중간의

You probably want an **intermediate** level because you can swim. 학평

수영을 할 수 있으므로 당신은 아마 중급 수준을 원할 거예요.

> **Voca & Voca** 강좌 등급
>
> ▶ beginner's class 초급반
>   I'd like to sign in a **beginner's class**. 나는 초급반에 등록하고 싶다.
> ▶ intermediate class 중급반
>   It's an **intermediate class**. 그것은 중급반이다.
> ▶ advanced class 상급반
>   Students in the **advanced class** speak English fluently.
>   상급반 학생들은 영어를 유창하게 한다.

intermission
[ìntərmíʃən]

inter(= between) + mis(s)(= mittere: send) + ion(접사)

→ 중간에 내보내는 것

명 휴식 시간, 중단

There was a 15-minute **intermission** during the show.

공연 중에 15분의 휴식 시간이 있었다.

Fierce fighting has continued without **intermission**.

맹렬한 싸움이 중단 없이 지속되었다.

interpersonal
[ìntərpə́ːrsənl]

inter(= between) + person + al(접사) → 사람 사이의

图 사람 간의, 대인관계의

An online comment is not as powerful as a direct **interpersonal** exchange. 학평

온라인 평가는 사람 간의 직접적인 (의견) 교환만큼 강력하지는 않다.

> **Voca Plus**
>
> • **interpersonal** skills 대인관계 기술 학평
> • **interpersonal** relationship 사람 사이의 관계
> • **interpersonal** behavior 대인관계에서 보이는 행동
> • **interpersonal** communication 사람 간의 의사소통 학평

interpret
[intə́ːrprit]

inter(= between) + pret(= per: sell) → 중간에서 팔다
동 해석하다, 통역하다, 이해하다
Does that mean we can **interpret** dreams? (학평)
그게 우리가 꿈을 해석할 수 있다는 의미인가요?
I asked Jack to **interpret** because he spoke Russian well.
나는 Jack이 러시아어를 잘해서 그에게 통역해 달라고 부탁했다.
⊕ interpretation 명 해석, 통역   interpreter 명 통역자, 번역기

intersection
[ìntərsékʃən]

inter(= between) + sect(= cut) + ion(접사) → 잘린 곳 사이의 공간
명 사거리, 교차점
Springfield Public School is located at the **intersection** of First
Street and Pine Street. (학평)
Springfield 공립 학교는 First Street와 Pine Street의 교차로에 있다.

interval
[íntərvəl]

inter(= between) + val(= wall) → 사이에 벽을 두고 있는 것
명 간격, 구간, 음정
Money is given at regular **intervals**. (학평)
일정한 간격으로 돈이 지급된다.

intervene
[ìntərvíːn]

inter(= between) + vene(= venire: come) → 사이에 오다
동 개입하다, 사이에 있다, (방해가 되는 일이) 생겨나다
She asked the manager of the apartment to **intervene**. (학평)
그녀는 아파트 관리인이 개입할 것을 요청했다.
⊕ intervention 명 개입

interwind
[ìntərwáind]

inter(= between) + wind(= turn, bend) → 중간에 얽히다
동 한데 얽(히)다
Circumstances will often **interwind** with moods.
상황이 기분과 자주 얽히기 마련이다.

up-   위에(up)

update
[ʌ́pdéit] 통
[ʌ́pdèit] 명

up(= up) + date(날짜를 적다) → 날짜를 올려 적다
통 갱신하다, 최근 정보를 알려주다   명 갱신, 최신 정보
We'll **update** the flight information soon. 수능
항공편 정보를 곧 갱신할게요.

> **Voca Plus**
> • **update** big data 빅데이터를 갱신하다
> • **update** the sound system 음성 시스템을 업데이트하다
> • **update** the apartment 아파트를 새롭게 하다

upgrade
[ʌ́pgrèid] 명
[ʌ́pgréid] 통

up(= up) + grade(등급을 매기다) → 위로 등급을 올리다
명 개선   통 향상시키다, 등급을 올리다
The **upgrade** of the Waste Water Treatment Facility begins on Monday. 학평
폐수 처리 시설의 개선이 월요일에 시작된다.
⇨ **upgradable** 형 개선이 가능한

upload
[ʌ́plòud]

up(= up) + load(짐을 싣다) → 위로 짐을 올리다
통 올리다, (컴퓨터) 업로드하다   명 업로드
I'll **upload** the list to your bulletin board in an hour. 학평
한 시간 후에 여러분의 게시판에 그 목록을 올릴게요.

upset
[ʌpsét]

up(= up) + set(맞추다) → 위로 맞추다
통 속상하게 하다, 뒤엎다   형 마음이 상한
The incident **upset** a lot of people.
그 사건은 많은 사람들을 속상하게 했다.

upstream
[ʌ̀pstrí:m]

up(= up) + stream(흐름) → 위로 흘러
부 상류로   형 상류의
The village is about five miles **upstream**.
그 마을은 상류로 5마일쯤에 있다.

Daily Test

A 우리말은 영어로, 영어는 우리말로 쓰시오.

01 감염시키다, 감염되다   i_____

02 inbound   _____

03 내면의, 안쪽의, 내밀한   i_____

04 inland   _____

05 설치하다   i_____

06 insert   _____

07 상호작용하다   i_____

08 invest   _____

09 상호 의존의, 서로 의지하는   i_____

10 interbreed   _____

11 중급의, 중간의   i_____

12 intermission   _____

13 사거리, 교차점   i_____

14 interpersonal   _____

15 개선; 등급을 올리다   u_____

16 interval   _____

17 올리다, 업로드하다   u_____

18 intervene   _____

19 갱신하다; 갱신   u_____

20 upstream   _____

B 오른쪽 해석을 보고, 네모 안에서 적절한 단어를 고르시오.

01 Most Americans pay income / inborn tax.

대부분의 미국인들은 소득세를 낸다.

02 A moment's insight / intake is sometimes worth a life's experience.

한순간의 통찰은 때로 평생 경험의 가치가 있다.

03 Too much mess can interfere / interpret with focus.

어질러진 물건이 너무 많으면 집중을 방해할 수 있다.

04 Circumstances will often intervene / interwind with moods.

상황이 기분과 자주 얽히기 마련이다.

05 The incident upgraded / upset a lot of people.

그 사건은 많은 사람들을 속상하게 했다.

ex-

밖으로(out), 멀리(off), 완전히(thoroughly)

exaggerate
[igzǽʤərèit]

ex(= thoroughly) + agger(= heap: 쌓다) + ate(접사)
→ 완전히[과하게] 쌓아 올리다
동 과장하다, 과장해서 말하다
People usually **exaggerate** about the time they waited. [학평]
사람들은 보통 자신이 기다린 시간에 대해 과장해서 말한다.
∷ exaggeration 명 과장

> **Voca & Voca** 과장하다
> ▶ exaggerate (실제보다 더 크거나 중요하다고) 과장하다
> She **exaggerated** her own achievements.
> 그녀는 자신의 성취를 과장했다.
> ▶ overemphasize (다른 것과 비교하여) 강조하다
> It is impossible for us to **overemphasize** safety training.
> 우리가 안전 교육을 아무리 강조해도 지나친 법이 없다.
> ▶ glorify (못마땅한 의미로) 미화하다
> His films **glorify** violence. 그의 영화는 폭력을 미화한다.

excavate
[ékskəvèit]

ex(= out) + cav(= hollow: 속이 빈) + ate(접사) → 속이 비게 만들다
동 발굴하다, (구멍 등을) 파다
Heinrich Schliemann **excavated** the ancient city of Troy.
Heinrich Schliemann이 Troy라는 고대 도시를 발굴했다.
∷ excavation 명 발굴

excel
[iksél]

ex(= out) + cel(= cellere: rise high) → 높이 올라 밖으로 나가다
동 뛰어나다, 능가하다
Investigators **excel** at research, using logic. [모평]
조사자들은 연구에 뛰어난데, 논리를 이용한다.
∷ excellent 형 탁월한, 뛰어난   excellence 명 뛰어남, 탁월함

exchange
[ikstʃéinʤ]

ex(= out) + change(바꾸다) → 서로 바꾸다
동 교환하다, 맞바꾸다   명 교환, 환전
I want to **exchange** it for another. [학평]
나는 그것을 다른 것으로 교환하고 싶다.
currency **exchange** facilities 통화 환전 시설

exclusive
[iksklú:siv]

ex(= out) + clus(= shut: 닫다) + ive(접사) → 외부에 문을 닫은
형 독점적인, 배타적인
Language is the **exclusive** possession of man.
언어는 인간의 독점적인 소유물이다.
❖ exclude 동 제외[배제]하다   exclusion 명 제외, 배제

exhale
[ekshéil]

ex(= out) + hale(= breathe) → 숨을 밖으로 내뱉다
동 (숨을) 내쉬다, (연기 등을) 내뿜다
Hold your breath for a moment and **exhale**.
잠시 숨을 참았다가 내쉬어라.

exhaust
[igzɔ́:st]

ex(= off) + haust(= haurire: draw up) → 위로 끌어올려 멀리 내보내다
동 다 써 버리다, 지치게 하다, 고갈시키다   명 (자동차 등의) 배기가스
Within a week they had **exhausted** their resources.
일주일도 못 가 그들은 자신들의 물자를 다 써 버렸다.
automobile **exhaust** 자동차 배기가스
❖ exhaustion 명 기진맥진, 고갈
  exhausted 형 기진맥진한, 다 써 버린

expand
[ikspǽnd]

ex(= out) + pand(= spread) → 밖으로 퍼뜨리다
동 확대[팽창]시키다, 확대[팽창]되다
The aquaculture industry was rapidly **expanding**. 수능
수산 양식 산업이 급속하게 팽창하고 있었다.
❖ expansion 명 확대, 확장, 팽창

expel
[ikspél]

ex(= out) + pel(= pellere: drive) → 밖으로 내몰다
동 퇴학시키다, 추방하다
He was **expelled** from school for fighting.
그는 싸움으로 인해 학교에서 퇴학당했다.
❖ expulsion 명 추방, 퇴학, 제명

explode
[iksplóud]

ex(= out) + plode(= applaud: 박수치다) → 박수쳐서 밖으로 몰고 나오다
동 폭발하다, (갑자기 강한 감정을) 터뜨리다, 폭발적으로 증가하다
A fire could cause the propane tank to **explode**. 학평
불 때문에 프로판 탱크가 폭발할 수 있다.
❖ explosion 명 폭발, 폭발적인 증가
  explosive 명 폭발물   형 폭발성의

expose
[ikspóuz]

ex(= out) + pose(= put) → 밖으로 내놓다
동 드러내다, 노출시키다, 폭로하다
All the company wants is to **expose** you to product brands and images. 학평
회사가 원하는 전부는 여러분을 상품의 브랜드와 이미지에 노출시키는 것이다.
❖ exposure 명 노출, 폭로

extinct
[ikstíŋkt]

ex(= thoroughly) + (s)tinct(= quench: 끄다) → 완전히 꺼진
형 멸종된, 소멸된, 사라진
Even an **extinct** language can be brought back to life. 학평
소멸된 언어도 다시 살아날 수 있다.
⁂ extinction 명 멸종, 절멸, 소멸

out-   밖으로(outside), 더 많은(more than)

outcome
[áutkʌ̀m]

out(= outside) + come → 밖으로 나온 것
명 결과, 성과
In the short run it didn't lead to a great **outcome**. 학평
단기적으로는 그것이 좋은 결과로 이어지지 않았다.

> **Voca & Voca** 결과
> ▶ outcome (과정의 끝에 일어나는) 결과
>   We are waiting for the final **outcome** of the negotiations.
>   우리는 그 협상의 최종 결과를 기다리고 있는 중이다.
> ▶ result (다른 무엇의 직접적인) 결과
>   Can I see my French test **results**? 학평
>   제 프랑스어 시험 결과를 알 수 있을까요?
> ▶ effect (다른 사람이나 사물에 의한) 영향, 결과
>   His criticisms had the **effect** of discouraging all employees.
>   그의 비판은 모든 종업원의 사기를 꺾어 놓는 결과를 낳았다.

outgoing
[áutgòuiŋ]

out(= outside) + go + ing(접사) → 밖으로 나가는
형 외향적인, 사교적인
He was a happy, **outgoing** man who made friends easily. 학평
그는 친구를 쉽게 사귀는 행복하고 외향적인 사람이었다.

outlet
[áutlet]

out(= outside) + let(= allow) → 밖으로 나가는 것을 허락함
명 배출구, 배출 수단, 출구, (전기) 콘센트, 직판점
She began writing in need of **outlet** for her creative energies. 학평
그녀는 창의적 에너지를 쏟을 배출구가 필요해 글을 쓰기 시작했다.

outline
[áutlàin]

out(= outside) + line → 바깥 선
명 개요, 윤곽 동 개요를 서술하다, 윤곽을 보여 주다
This page provides a brief **outline** of the events.
이 페이지는 그 사건들에 대한 간략한 개요를 제공한다.

outlook
[áutlùk]

out(= outside) + look → 밖을 봄
명 관점, 세계관, 전망, 사고방식
He developed a healthy, positive **outlook** towards the future. 학평
그는 미래에 대해 건강하고 긍정적인 관점을 갖게 되었다.

outnumber
[àutnʌ́mbər]

out(= more than) + number → 수가 더 많다
동 수가 더 많다, 수적으로 우세하다
Why do women **outnumber** men in the college?
왜 그 대학에는 여자의 수가 남자의 수보다 더 많을까?

outpatient
[áutpèiʃənt]

out(= outside) + pati(= suffer) + ent(접사)
→ 밖에서 고통을 겪는 사람
명 외래 환자
Around 8:30 a.m., the **outpatients'** ward began to get crowded.
오전 8시 30분경 그 외래 환자 병동은 붐비기 시작했다.

outstanding
[àutstǽndiŋ]

out(= outside) + stand + ing(접사) → 밖에 서 있는
형 뛰어난, 두드러진, 미지불된
Jim Nelson, a student at Manti High School, was an **outstanding** athlete. 모평
Manti 고등학교 학생인 Jim Nelson은 뛰어난 운동선수였다.

> **Voca & Voca** 뛰어난
> ▶ outstanding (사람이) 뛰어난
> Suarez is an **outstanding** player and an iron man.
> Suarez는 뛰어난 선수이자 철인이다.
> ▶ excellent (서비스가) 뛰어난, 훌륭한
> You did an **excellent** job. 학평
> 너는 훌륭하게 해 냈다.
> ▶ exceptional (사람의 능력이나 기량이) 뛰어난
> Some members had **exceptional** abilities. 모평
> 일부 구성원들은 뛰어난 능력을 갖추고 있었다.

super-/sur-   위에(above, over), 초월하여(beyond)

superb
[supə́ːrb]

super(= above, over) + b(접사) → 더 위에 있는
형 최고의, 뛰어난, 멋진
The bike is in **superb** condition.
그 자전거는 최고의 상태에 있다.

superficial
[sùːpərfíʃəl]

super(= above, over) + fici(= face) + al(접사)
→ 얼굴[표면] 위에 있는
형 표면상의, 피상적인
The product gives a **superficial** impression of warmth.
그 제품은 따뜻하다는 표면상의 인상을 준다.
⊕ superficially 부 표면[피상]적으로, 천박하게

superior
[supíəriər]

super(= above, over) + ior(접사) → 더 높은
형 우월한, 우세한
You can't eat it unless you pay me for my **superior** cooking skills. 학평
내 우월한 요리 솜씨에 대해 내게 돈을 지불하지 않으면 너는 그걸 먹을 수 없어.
⁜ superiority 명 우월, 우세

supernatural
[sùːpərnǽtʃərəl]

super(= above, over) + natur(= nature) + al(접사) → 자연을 초월한
형 초자연적인, 불가사의한
This novel was written about **supernatural** phenomena.
이 소설은 초자연적인 현상들에 관하여 쓰였다.
⁜ supernaturally 부 초자연적으로

surface
[sə́ːrfis]

sur(= above, over) + face(표면) → 표면의 위
명 표면, 외관
Tap your finger on the **surface** of a wooden table or desk. 학평
손가락으로 나무 탁자나 책상의 표면 위를 두드려라.

surpass
[sərpǽs]

sur(= beyond) + pass(= passer: go by) → 초월하여 가다
동 뛰어넘다, 능가하다
The percentage of spending on housing **surpassed** the percentage of spending on food in 2003. 학평
2003년에 주거비용 비율은 음식 소비 비율을 뛰어넘었다.
⁜ surpassable 형 뛰어넘을 수 있는

surplus
[sə́ːrplʌs]

sur(= above, over) + plus(= more) → 지나치게 많은 것
명 과잉, 잉여 형 과잉의, 잉여의
We should use our **surplus** to help others. 학평
우리는 다른 사람들을 돕기 위해 우리의 잉여를 사용해야 한다.

supreme
[suprí:m]

라틴어 supremus(= highest)에서 유래
형 최고의, 최상의
He ran with **supreme** confidence.
그는 최고의 자신감을 가지고 달렸다.
⁜ supremacy 명 패권, 지상주의

Voca Plus

- the **supreme** happiness 최상의 행복
- a **supreme** effort 지대한 노력
- a **supreme** court 최고 법원, 대법원
- the **supreme** representative 최고 대표 위원
- **supreme** headquarters 최고 사령부

dia-

사이에(between), 가로질러(across)

diagonal
[daiǽgənl]

dia(= across) + gon(= angle) + al(접사) → 가로질러서 각을 갖고 있는
형 대각선의, 사선의 명 대각선
He drew a **diagonal** line on the page. 그는 그 페이지에 대각선[사선]을 그었다.
⊹ diagonally 부 대각선으로, 비스듬하게

> **Voca & Voca** 도형을 나타내는 단어
>
> ▶ circle 원(형), 동그라미
> The radius of a **circle** is half the diameter.
> 원의 반지름은 지름의 반이다.
> ▶ oval 타원형; 타원형의
> The racetrack is an **oval**.
> 그 경주장은 타원형이다.
> ▶ square 정사각형; 정사각형의
> Write a letter in the **square**.
> 정사각형 안에 글자를 써 넣으세요.
> ▶ rectangle 직사각형
> Fold the paper into a **rectangle**.
> 그 종이를 직사각형으로 접어라.
> ▶ triangle 삼각형
> He cut the sandwiches into **triangles**.
> 그는 샌드위치를 삼각형으로 잘랐다.

dialect
[dáiəlèkt]

dia(= between) + lect(= legein: speak)
→ 특정 지역의 사람들 사이에 주고받는 말
명 방언, 사투리
In the Middle Ages, people in England spoke such a variety of
local **dialects**. 학평
중세 시대에, 영국 사람들은 매우 다양한 지역 방언을 사용했다.

dialogue
[dáiəlɔ̀:g]

dia(= between) + logue(= speak) → 서로 말을 주고받는 것
명 대화, 회화, 문답(= dialog)
The setting, time period, **dialogue** and other details are
changed. 수능
배경, 시기, 대화, 그리고 다른 세부 사항은 바뀌어 있다.

diameter
[daiǽmitər]

dia(= across) + meter(= measure)
→ 한쪽에서 다른 쪽까지 가로질러 측정한 것
명 지름, 직경
What is the **diameter** of the circle? 그 원의 지름이 얼마입니까?
⊹ diametric 형 지름의

Daily Test

A 영어는 우리말로, 우리말은 영어로 쓰시오.

01	excavate	_____	02	교환하다; 교환	e_____
03	excel	_____	04	독점적인, 배타적인	e_____
05	expand	_____	06	퇴학시키다, 추방하다	e_____
07	explode	_____	08	드러내다, 노출시키다	e_____
09	extinct	_____	10	외향적인, 사교적인	o_____
11	outlet	_____	12	관점, 세계관, 전망, 사고방식	o_____
13	surpass	_____	14	외래 환자	o_____
15	outstanding	_____	16	표면상의, 피상적인	s_____
17	superior	_____	18	초자연적인, 불가사의한	s_____
19	diagonal	_____	20	지름, 직경	d_____

B 오른쪽 해석을 보고, 빈칸에 가장 적절한 단어를 [보기]에서 골라 쓰시오.

보기   exaggerate   exhale   outcome   outnumber   surplus

01 We should use our _____ to help others.

우리는 다른 사람들을 돕기 위해 우리의 잉여를 사용해야 한다.

02 Hold your breath for a moment and _____.

잠시 숨을 참았다가 내쉬어라.

03 In the short run it didn't lead to a great _____.

단기적으로는 그것이 좋은 결과로 이어지지 않았다.

04 Why do women _____ men in the college?

왜 그 대학에는 여자의 수가 남자의 수보다 더 많을까?

05 People usually _____ about the time they waited.

사람들은 보통 자신이 기다린 시간에 대해 과장해서 말한다.

정답 A 01 발굴하다, (구멍 등을) 파다 02 exchange 03 뛰어나다, 능가하다 04 exclusive 05 확대[팽창]시키다, 확대[팽창]되다 06 expel 07 폭발하다, (갑자기 강한 감정을) 터뜨리다, 폭발적으로 증가하다 08 expose 09 멸종된, 소멸된, 사라진 10 outgoing 11 배출구, 배출 수단, 출구, (전기) 콘센트, 직판점 12 outlook 13 뛰어나다, 능가하다 14 outpatient 15 뛰어난, 두드러진, 미지불된 16 superficial 17 우월한, 우세한 18 supernatural 19 대각선의, 사선의; 대각선 20 diameter
B 01 surplus 02 exhale 03 outcome 04 outnumber 05 exaggerate

over-

위에(above, over), 과도하게(excessively)

overall
[òuvərɔ́ːl] 형 부
[óuvərə̀ːl] 명

over(= over) + all → 모든 것의 위에 있는
형 전반적인, 전체의 부 전부, 대체로 명 (가슴받이가 달린) 작업 바지
In 2016 there was an **overall** percentage increase in each genre. 학평
2016년에는 각각의 장르에서 전반적인 비율 증가가 있었다.

overcome
[òuvərkʌ́m]

over(= over) + come → 위에서 오다
동 극복하다
Isn't it amazing that animals **overcome** harsh winters through sleeping? 학평
동물이 잠을 통해 혹독한 겨울을 극복하는 게 놀랍지 않나요?

overestimate
[òuvəréstəmeit]

over(= excessively) + estimate(= value: 가치를 평가하다)
→ 과도하게 가치를 평가하다
동 과대평가하다
We underestimate the old and **overestimate** the new. 학평
우리는 오래된 것을 과소평가하고 새로운 것을 과대평가한다.
◦ overestimation 명 과대평가

overlap
[òuvərlǽp]

over(= over) + lap(= fold: 접다) → 위에 접다
동 겹치다, 겹쳐지다
The bird's feathers **overlap** each other.
그 새의 깃털은 서로 겹쳐져 있다.

overlook
[òuvərlúk]

over(= over) + look → 위에서 보다
동 간과하다, 못 본 체하다, 내려다보다
What we have **overlooked** is the ant's environment. 모평
우리가 간과한 것은 개미의 환경이다.

Voca Plus
- **overlook** a shortcoming 결점을 간과하다
- **overlook** one's mistake 남의 실수를 못 본 체하다
- **overlook** the college grounds 대학 운동장을 내려다보다 학평

oversee
[òuvərsíː]

over(= over) + see → 위에서 보다
통 감독하다
They **oversee** many functional areas, each with its own specialists. (학평)
그들은 각각 분야에 전문가가 있는 많은 기능적 분야를 감독한다.

overtake
[òuvərtéik]

over(= above, over) + take → 위에서 잡다
통 추월하다, 능가하다
It's dangerous to **overtake** another vehicle on this road.
이 길에서 다른 차량을 추월하는 것은 위험하다.

overwhelm
[òuvərhwélm]

over(= above, over) + whelm(= whelmen: turn upside down) → 위에서 뒤집어엎다
통 압도하다, 제압하다
She didn't feel she'd be **overwhelmed** by campus events. (학평)
그녀는 자신이 캠퍼스 행사에 압도될 거라고 느끼지 않았다.

---

a-   강조(intensive)

abide
[əbáid]

a(intensive) + bide(= bidan: endure 견디다) → 참고 견디다
통 참다, 견디다
I can't **abide** her rudeness. (학평)
나는 그녀의 무례함을 참을 수 없다.

amaze
[əméiz]

a(intensive) + maze(= masian: overwhelm with wonder) → 놀라서 당황하게 하다
통 깜짝 놀라게 하다
He was **amazed** at the power of the wind. (학평)
그는 바람의 힘에 깜짝 놀랐다.
⊕ amazing 형 놀라운   amazement 명 놀라움

arise
[əráiz]

a(intensive) + rise → 강하게 올라오다
통 발생하다, 생기다
Anxieties **arise** when sudden cultural changes are coming. (학평)
갑작스러운 문화적 변화가 다가오고 있을 때 불안감이 생긴다.

ashamed
[əʃéimd]

a(intensive) + shamed(= scamian: be ashamed)
→ 몹시 창피를 당한
형 부끄러운, 수치스러운
I feel **ashamed** that I've been lazy.
나는 게을렀던 것이 부끄럽다.

awake
[əwéik]

a(intensive) + wake(깨어나다) → 잠에서 깨어난
형 잠들지 않은, 깨어 있는
She was **awake** when I came home.
내가 집에 왔을 때 그녀는 잠들지 않고 깨어 있었다.

de-
아래로(down), 떨어져, 멀리(away, off), 반대(opposite), 강조(intensive)

declare
[diklέər]

de(= intensive) + clare(= clarare: clarify 명확하게 하다) → 분명히 하다
동 선언하다, 신고하다
People were **declared** dead when their hearts stopped beating. 학평
사람들은 심장 박동이 멈췄을 때, 사망한 것으로 선언되었다.
❀ declaration 명 선언(문), 신고(서)
　 declarable 형 선언할 수 있는, (세관) 신고해야 할

decode
[di:kóud]

de(= opposite) + code(부호로 처리하다) → 부호화한 것을 풀다
동 해독하다, 이해하다
He helped **decode** many enemy messages.
그는 적의 많은 메시지를 해독하는 것을 도와주었다.
❀ decoder 명 암호 해독자, 자동 암호 해독 장치

defrost
[di:frɔ́st]

de(= opposite) + frost(성에가 끼다) → 얼어 있는 것을 녹이다
동 해동하다, 성에를 제거하다
A microwave oven saves a great deal of time in **defrosting** food.
전자레인지는 음식을 해동할 때 많은 시간을 절약해 준다.

delay
[diléi]

de(= away) + lay(= leave) → (일·약속 등을) 멀리 떼어 두다
동 연기하다, 지체하다　명 연기, 지체
The exam date has been **delayed** from 11th to 13th of May. 학평
시험 날짜가 5월 11일에서 13일로 연기되었다.
Her flight was **delayed**. 학평
그녀의 비행이 지체되었다.

demerit
[di:mérit]

de(= opposite) + merit(장점) → 장점의 반대
명 단점, 결점, 약점
What are the merits and **demerits** of free trade?
자유 무역의 장점과 단점은 무엇인가?

depress
[diprés]

de(= down) + press(누르다) → 내리누르다
동 우울하게 하다, 불경기가 되게 하다
It was his thinking that was **depressing** him. 학평
그를 우울하게 하는 것은 바로 그의 생각이었다.
⁂ depression 명 우울(증), 불경기　　depressed 형 우울한, 불경기의

deregulate
[di:régjulèit]

de(= away) + regul(= regula: ruler) + ate(접사)
→ 통치자를 멀리 두다 → 규제를 풀다
동 규제를 철폐하다
He explained the need to **deregulate** the telecom industry.
그는 이동 통신 산업의 규제를 철폐할 필요성을 설명했다.
⁂ deregulation 명 규제 철폐

despise
[dispáiz]

de(= down) + spise(= spicere: look at) → 아래로 보다
동 경멸하다, 얕보다, 혐오하다
She **despised** him for his arrogance.
그녀는 그의 거만함 때문에 그를 경멸했다.

destabilize
[di:stéibəlaiz]

de(= away) + sta(= stand) + bil(접사) + ize(접사)
→ 서 있는[안정된] 상태에서 벗어나게 하다
동 불안정하게 만들다
An economic crisis can **destabilize** democracy.
경제 위기가 민주주의를 불안정하게 만들 수 있다.

deviate
[dí:vièit]

de(= off) + vi(= via: way) + ate(접사) → 길에서 벗어나다[떨어져 나가다]
동 벗어나다, 일탈하다
Sailors had to **deviate** from their normal course.
선원들은 정상적인 항로에서 벗어나야만 했다.
⁂ deviation 명 일탈, 탈선

under-   아래에(beneath)

underdeveloped
[ʌ̀ndərdivéləpt]

under(= beneath) + de(= undo) + velop(= veloper: wrap up) + ed(접사)
→ 감싸 놓은 것을 벗기는 것[발전]이 불충분한
[형] 저개발[후진]의, 발달이 불충분한
What would it take for **underdeveloped** countries to become developed?
저개발 국가가 개발되기 위해서 무엇이 필요할 것인가?
❖ underdevelop [동] 충분히 발육[개발·발달]시키지 않다
   underdevelopment [명] 발달 부진, 저개발

underestimate
[ʌ̀ndəréstəmeit]

under(= beneath) + estim(= aestimatus: value) + ate(접사)
→ 가치를 너무 낮게 평가하다
[동] 과소평가하다, 너무 적게 추산하다
They often **underestimate** their abilities. 학평
그들은 자신의 능력을 자주 과소평가한다.

undergo
[ʌ̀ndərgóu]

under(= beneath) + go → (일·곤란 등의) 아래로 가다
[동] 겪다, 참다
Learning to ski can be the most embarrassing experiences an adult can **undergo**. 학평
스키를 배우는 것은 성인이 겪을 수 있는 가장 당혹스러운 경험일 수 있다.

undergraduate
[ʌ̀ndərgrǽdʒuit]

under(= beneath) + gradu(= gradus: step) + ate(접사)
→ 단계를 밟아 학위를 받은 사람[졸업생]보다 아랫사람
[명] 대학생 [형] 대학생의
On completing his **undergraduate** degree he started graduate work in mathematics. 학평
대학 학위를 마치자마자 그는 수학으로 대학원 공부를 시작했다.

underground
[ʌ̀ndərgràund] [형] [명]
[ʌ̀ndərgráund] [부]

under(= beneath) + ground(땅, 지면) → 땅 아래의
[형] 지하의, 비밀의 [명] 땅속, 지하 (조직) [부] 지하에서, 비밀리에
The town has built an **underground** parking lot with an elevator. 학평
그 도시는 승강기가 갖추어진 지하 주차장을 지었다.

underlie
[ʌndərlái]

under(= beneath) + lie(놓여 있다) → 아래에 놓여 있다
동 ~의 기저를 이루다, ~의 밑에 있다
A theme of love **underlies** much of his writing.
사랑이란 테마는 그의 글의 상당 부분의 기저를 이룬다.

underline
[ʌndərláin] 동
[ʌndərlàin] 명

under(= beneath) + line(선을 긋다) → 아래에 선을 긋다
동 밑줄을 긋다, 강조하다   명 밑줄
All the mistakes had been **underlined** in red ink.
모든 오류는 빨간색 잉크로 밑줄이 그어져 있었다.

undermine
[ʌndərmáin]

under(= beneath) + mine(= dig) → 아래를 파다
동 약화시키다, ~의 밑을 파다
Cultural biases would not **undermine** the accuracy of their work. 학평
문화적 편견이 그들이 하는 일의 정확성을 약화시키진 않을 것이다.

undershirt
[ʌndərʃə̀:rt]

under(= beneath) + shirt → 셔츠 안쪽에 입는 옷
명 속옷, 내의
His **undershirt** is wet with sweat.
그의 속옷은 땀으로 젖어 있다.

> **Voca & Voca** 속옷
> • undershirt (주로 남성·아동용의) 속셔츠
>   James wears a green **undershirt**.
>   James는 초록색 속셔츠를 입고 있다.
> • underwear 속옷, 내의
>   I took my clothes off – shoes, socks, **underwear** and all. 학평
>   나는 신발, 양말, 속옷 등등의 모든 옷을 벗었다.

understand
[ʌndərstǽnd]

under(= beneath) + stand → (상대방의) 아래 입장에 서 보다
동 이해하다
To **understand** behavior, one has to look at the environment. 모평
행동을 이해하려면, 우리는 환경을 봐야 한다.
⬦ understandable 형 이해할 수 있는, 알 수 있는

Daily Test

A 우리말은 영어로, 영어는 우리말로 쓰시오.

01 전반적인, 전체의; 전부, 대체로 o_____   02 overlap _____

03 감독하다 o_____   04 overwhelm _____

05 발생하다, 생기다 a_____   06 abide _____

07 연기하다, 지체하다; 연기, 지체 d_____   08 decode _____

09 단점, 결점, 약점 d_____   10 depress _____

11 경멸하다, 얕보다 d_____   12 deviate _____

13 과소평가하다 u_____   14 undergo _____

15 대학생; 대학생의 u_____   16 undermine _____

17 밑줄을 긋다, 강조하다; 밑줄 u_____   18 underground _____

19 속옷, 내의 u_____   20 understand _____

B 오른쪽 해석을 보고, 네모 안에서 적절한 단어를 고르시오.

01 I feel ashamed / awake that I've been lazy. | 나는 게을렀던 것이 부끄럽다.

02 It's dangerous to overlook / overtake another vehicle on this road. | 이 길에서 다른 차량을 추월하는 것은 위험하다.

03 We underestimate the old and overcome / overestimate the new. | 우리는 오래된 것을 과소평가하고 새로운 것을 과대평가한다.

04 He explained the need to deregulate / destabilize the telecom industry. | 그는 이동 통신 산업의 규제를 철폐할 필요성을 설명했다.

05 A theme of love underlies / undermines much of his writing. | 사랑이란 테마는 그의 글의 상당 부분의 기저를 이룬다.

정답 A 01 overall 02 겹치다, 겹쳐지다 03 oversee 04 압도하다, 제압하다 05 arise 06 참다, 견디다 07 delay 08 해독하다, 이해하다 09 demerit 10 우울하게 하다, 불경기가 되게 하다 11 despise 12 벗어나다, 일탈하다 13 underestimate 14 겪다, 참다 15 undergraduate 16 약화시키다, ~의 밑을 파다 17 underline 18 지하의, 비밀의; 땅속, 지하 (조직); 지하에서, 비밀리에 19 undershirt 20 이해하다
B 01 ashamed 02 overtake 03 overestimate 04 deregulate 05 underlies

sub-/sup-

아래에, 밑에(under, underneath, beneath)
아래에서 위로(up from below, up from under)

subdue
[səbdjú:]

라틴어 subdere(= place beneath)에서 유래 → 아래에 놓다
동 진압하다, 억누르다
The police managed to **subdue** the riot. 경찰은 폭동을 가까스로 진압했다.

submarine
[sʌ̀bməríːn]

sub(= under) + marine(바다의) → 바다 밑의
형 해저의, 잠수함의   명 잠수함
Seaweed is a **submarine** plant. 해초는 해저 식물이다.

submerge
[səbmə́:rdʒ]

sub(= under) + merge(= immerse: 담그다, 적시다)
→ 물 아래 빠뜨리다
동 물속에 담그다, 잠수하다
They were asked to keep their hands **submerged** in an ice
bucket. 학평
그들은 얼음 바구니에 손을 계속 담가 두도록 요청받았다.

subscribe
[səbskráib]

sub(= underneath) + scribe(= write) → 서류의 아랫부분에 서명하다
동 구독하다, 가입하다, 기부하다
You can **subscribe** to the magazine for $24 a year.
여러분은 일 년에 24달러로 잡지를 구독할 수 있다.
❖ subscription 명 구독(료), 기부(금)   subscriber 명 구독자, 기부자

subtitle
[sʌ́btàitl]

sub(= under) + title → 아래에 있는 제목, 부가 제목
명 부제, 자막   동 부제를 달다, 자막 처리를 하다
All videos must include **subtitles**. 학평
모든 비디오는 자막을 담고 있어야 한다.

supplement
[sʌ́pləmənt] 명
[sʌ́pləmènt] 동

sup(= up from below) + ple(= fill) + ment(접사)
→ 부족한 아랫부분을 채운 것
명 보충[추가](물), 부록   동 부가하다, 보완하다
Kevin sometimes eats fish as a **supplement** to his vegetarian diet.
Kevin은 이따금씩 자신의 채식에 대한 보충물로 생선을 먹는다.
❖ supplementary 형 보충의, 추가의

support

[səpɔ́:rt]

sup(= up from under) + port(= carry) → 아래에서 위로 떠받치다

동 지지하다, 부양하다, 받치다   명 지지, 부양, 받침

No matter what you decide, I will **support** your decision.

네가 무엇을 결정하든지 나는 너의 결정을 지지할 거야.

We need your **support** and participation. 학평

우리는 당신의 지지와 참여를 필요로 해요.

suppress

[səprés]

sup(= under) + press(= push against)

→ 맞서는 것에 대항하여 아래로 누르다

동 억누르다, 억압하다

Politics cannot be **suppressed**. 모평

정치적 견해는 억압될 수 없다.

❇ suppression 명 억압, 진압

ant-/anti- 반대하여(opposite), 대항하여(against)

antarctic

[æntɑ́:rktik]

ant(= opposite) + arctic(= arctic: 북극(의)) → 북극의 반대편

명 남극   형 남극의

Do you know that penguins live in the **Antarctic**?

펭귄이 남극에 사는 것을 아니?

❇ the Antarctic 명 남극 지역   Antarctica 명 남극 대륙

antonym

[ǽntənim]

ant(= opposite) + onym(= name) → 반대되는 말[명칭]

명 반의어

'Hot' is the **antonym** of 'cold.' 'hot'은 'cold'의 반의어이다.

Voca & Voca synonym 동의어

'Bias' and 'prejudice' are **synonyms**.

'bias'와 'prejudice'는 동의어이다.

antibody

[ǽntibàdi]

anti(= against) + body → 병균에 대항하는 몸에 있는 물질

명 항체

An **antibody** is a substance produced by the body to fight disease.

항체는 질병과 싸우기 위해 몸에 의해 만들어지는 물질이다.

anticommunism

[æntikámjunìzm]

anti(= against) + commun(= common) + ism(접사)

→ 공산주의에 반대하는 사상

명 반공주의

When **anticommunism** began to spread, he was arrested.

반공주의가 확산되기 시작했을 때, 그는 체포되었다.

❇ anticommunist 명 반공주의자

antipathy
[æntípəθi]

anti(= against) + pathy(=feeling) → 반대의 감정
명 반감
There has been strong **antipathy** between the two groups.
두 단체 사이에 강한 반감이 있어 왔다.

> **Voca & Voca** 반감 vs. 공감
> ▶ antipathy 반감
>   a growing **antipathy** towards the idea 그 생각에 대해 커져가는 반감
> ▶ sympathy 공감, 동정, 유감
>   He wrote a letter expressing his **sympathy**.
>   그는 자신의 공감을 표현하는 편지를 썼다.

antisocial
[æntisóuʃəl]

anti(= against) + soci(= partner) + al(접사)
→ 파트너와 함께하려고 하지 않는
형 비사교적인, 반사회적인
Antisocial people avoid parties.
비사교적인 사람들은 파티를 피한다.
⊕ antisocialist 명 비사교적인 사람, 반사회주의자

counter-/
contra-/contro-
대항하여, 반대하여
(against, opposite)

counteract
[kàuntərǽkt]

counter(= against) + act → 대항해서 역으로 작용하다
동 (악영향에) 대응하다, 중화시키다, 거꾸로 행동하다
The new drug will **counteract** the poison.
그 신약은 독성을 중화시킬 것이다.
⊕ counteraction 명 반작용, 중화작용, 방해

counterattack
[kàuntərətǽk] 동
[káuntərətæk] 명

counter(= against) + attack → 대항해서 역으로 공격하다
동 역습하다, 반격하다   명 역습, 반격
The enemy **counterattacked** at night.
적은 밤에 역습했다.

counterfeit
[káuntərfit]

counter(= against) + feit(=faire: make, do)
→ 진짜에 대항하여 만들어진 것
명 위조 물건, 모조품, 가짜   형 위조의, 가짜의   동 위조하다
His signature turned out to be a **counterfeit**.
그의 서명은 위조된 것임이 판명되었다.

counterpart
[káuntərpà:rt]

counter(= against) + part → 대응되는 다른 한쪽
몡 상대, 상응 관계에 있는 사람[것]
There's a direct **counterpart** to pop music in the classical song. 모평
고전 성악곡에는 대중음악에 직접 상응하는 음악이 있다.

contrary
[kántreri]

contra(= opposite) + (a)ry(접사) → 어떤 것과 완전히 반대되는
혱 정반대의 몡 정반대되는 것
Investigators sometimes turn a blind eye to **contrary** evidence. 학평
조사자들은 가끔 정반대되는 증거를 못 본 체한다.
❖ on the contrary 그와는 반대로

contrast
[kəntrǽst] 동
[kántræst] 명

contra(= opposite) + st(= stare: stand) → 정반대의 위치에 있는 것
통 대조하다, 대비하다 몡 대조, 대비, 차이
The new category is not **contrasted** against the old one. 학평
그 새로운 범주는 이전 것과 대조되지 않는다.
❖ in[by] contrast 대조적으로

controversy
[kántrəvə̀:rsi]

contro(= against) + vers(= turn, change) + y(접사)
→ ~에 대항하여 역으로 말하는 것
몡 논란, 논쟁
There is considerable **controversy** surrounding the general intelligence. 학평
일반 지능을 둘러싼 상당한 논란이 있다.
❖ controvert 통 반박하다   controversial 혱 논란을 불러일으키는

ob-/op-   반대하여(against), 위에(over)

oblige
[əbláidʒ]

ob(= against) + lige(= ligare: bind)
→ 자유로운 생각에 반대되게 묶어 놓다
통 의무적으로 ~하게 하다, 도움을 베풀다
The ship was **obliged** to change its course.
그 배는 경로를 바꿀 수밖에 없었다.
❖ obligation 몡 의무, 책임   obligatory 혱 의무적인, 필수의

obstacle
[ábstəkl]

ob(= against) + sta(= stand) + cle(접사)
→ ~에 대항하여 서 있는 것
몡 장애(물), 걸림돌
She had overcome an even bigger **obstacle**. 학평
그녀는 훨씬 더 큰 장애물을 극복했다.

obscure
[əbskjúər]

ob(= over) + scure(= scurus: covered)
→ (분명하게 보지 못하도록) 위에서 덮어 놓은
형 불분명한, 모호한, 잘 알려지지 않은   동 모호하게 하다
The origin of the custom is **obscure**.
그 풍습의 기원은 불분명하다.
⬧ obscurity 명 불분명함, 모호함, 무명

Voca & Voca 불분명한
▶ vague 희미한, 모호한, 애매한
She gave me only a **vague** answer.
그녀는 나에게 애매한 답변만 했다.
▶ ambiguous 애매모호한, 여러 가지로 해석될 수 있는
A word isn't **ambiguous** by itself but is used ambiguously. 학평
단어는 그 자체로 애매한 것이 아니라, 애매하게 사용된다.

obstinate
[ábstənit]

ob(= against) + stin(= stinare: stand) + ate(접사)
→ 대항하여 자신의 입장을 고수하며 서 있는
형 고집 센, 완강한
He is always **obstinate** in his opinion.
그는 항상 자신의 의견에 고집이 세다.
⬧ obstinacy 명 고집, 완고함

obvious
[ábviəs]

ob(= against) + vi(= way) + ous(접사)
→ 길에서 마주하고 있어서 잘 보이는
형 분명한, 명백한
There isn't an **obvious** connection between the items and your problem. 학평
그 물품과 당신의 문제 사이에는 분명한 연관성이 없다.
⬧ obviously 부 명백히, 분명하게

Voca & Voca 명백한, 분명한
▶ apparent 분명한, 누가 봐도 알 수 있는
The fact is **apparent** to everybody.
그 사실은 모두에게 분명하다.
▶ evident 분명한, 눈에 띄는
The effect of long-term public commitment was **evident**. 학평
장기 공적 서약의 효과는 분명했다.
▶ distinct 뚜렷이 다른, 분명한
There is a **distinct** smell of gas.
분명히 가스 냄새가 난다.
▶ manifest 명백한, 분명한
What he did was a **manifest** mistake.
그가 한 일은 명백한 실수였다.

opposite
[ápəzit]

op(= against) + pos(e)(= poser: place) + ite(접사)
→ 마주 보는 곳에 위치한
명 정반대의 사람[것] 형 정반대의, 마주 보는
The **opposite** is also true. 학평
정반대도 또한 사실이다.
⊕ oppose 통 반대하다   opposition 명 반대

sec(t)-/se-   떼어내서(apart), 자르다(cut)

sector
[séktər]

sec(= cut) + tor(접사) → 자르기
명 부문, 분야, 부채꼴
Tourism is a key **sector** in Italy's economy.
관광은 이탈리아의 경제에 핵심적인 부문이다.
The area of a **sector** is like a part of a pie.
부채꼴의 면적은 파이의 한 부분과 같다.

segregate
[ségrəgèit]

se(= apart) + greg(= flock) + ate(접사) → 따로 모으다
통 차별하다, 분리하다
Some cultures still **segregate** minorities.
몇몇 문화들은 여전히 소수자들을 차별한다.
Smoking and non-smoking areas must be **segregated**.
흡연 구역과 금연 구역이 분리되어야 한다.
⊕ segregation 명 분리

select
[silékt]

se(= apart) + lect(= legere: gather) → 따로 떼어 모으다
통 선택하다, 선발하다 형 선발된, 선택된
One must **select** a particular strategy appropriate to the
occasion. 모평
사람들은 그 경우에 알맞은 특별한 전략을 선택해야 한다.
⊕ selection 명 선발, 선별된 것

separate
[sépərèit] 통
[sépərit] 형

se(= apart) + par(= get ready) + ate(접사) → 따로 떼어 준비하다
통 분리하다, 떼어 놓다 형 분리된, 개별적인
Separate the eggs first.
달걀을 먼저 (흰자와 노른자로) 분리하세요.
The twins were in **separate** incubators, as per hospital rules. 학평
그 쌍둥이는 병원 규칙에 따라 분리된 인큐베이터에 있었다.
⊕ separation 명 분리

Daily Test

A 영어는 우리말로, 우리말은 영어로 쓰시오.

01	submarine	_____	02	물속에 담그다, 잠수하다	s_____
03	subscribe	_____	04	보충[추가](물); 부가하다	s_____
05	suppress	_____	06	반의어	a_____
07	antisocial	_____	08	대응하다, 중화시키다	c_____
09	counterattack	_____	10	상대, 상응 관계에 있는 것[사람]	c_____
11	contrast	_____	12	논란, 논쟁	c_____
13	oblige	_____	14	장애(물), 걸림돌	o_____
15	obstinate	_____	16	분명한, 명백한	o_____
17	sector	_____	18	정반대의 것; 정반대의	o_____
19	select	_____	20	분리하다; 분리된	s_____

B 오른쪽 해석을 보고, 빈칸에 가장 적절한 단어를 [보기]에서 골라 쓰시오.

보기　antipathy　counterfeit　segregate　subdue　support

01 The police managed to _____ the riot.　경찰은 폭동을 가까스로 진압했다.

02 We need your _____ and participation.　우리는 당신의 지지와 참여를 필요로 해요.

03 Some cultures still _____ minorities.　몇몇 문화들은 여전히 소수자들을 차별한다.

04 His signature turned out to be a(n) _____.　그의 서명은 위조된 것임이 판명되었다.

05 There has been strong _____ between the two groups.　두 단체 사이에 강한 반감이 있어 왔다.

정답 Ⓐ 01 해저의, 잠수함의; 잠수함 02 submerge 03 구독하다, 가입하다, 기부하다 04 supplement 05 억누르다, 억압하다 06 antonym 07 비사교적인, 반사회적인 08 counteract 09 역습하다, 반격하다; 역습, 반격 10 counterpart 11 대조하다, 대비하다; 대조, 대비, 차이 12 controversy 13 의무적으로 ~하게 하다, 도움을 베풀다 14 obstacle 15 고집 센, 완강한 16 obvious 17 부문, 분야, 부채꼴 18 opposite 19 선택하다, 선발하다; 선발된, 선택된 20 separate
Ⓑ 01 subdue 02 support 03 segregate 04 counterfeit 05 antipathy

Review Test 1 (DAY 01~05)

A 영어는 우리말로, 우리말은 영어로 쓰시오.

01	premature	_____	02	명망, 위신, 신망, 위세	p	_____
03	prophesy	_____	04	낭비하는, 사치스러운	e	_____
05	insert	_____	06	한데 얽(히)다	i	_____
07	interpersonal	_____	08	속상하게 하다, 뒤엎다	u	_____
09	exaggerate	_____	10	발굴하다, (구멍 등을) 파다	e	_____
11	superficial	_____	12	지름, 직경	d	_____
13	overestimate	_____	14	불안정하게 만들다	d	_____
15	despise	_____	16	(~의) 기저를 이루다	u	_____
17	submerge	_____	18	대응하다, 중화시키다	c	_____
19	antonym	_____	20	불분명한, 모호한	o	_____

B 다음 단어를 우리말 뜻에 맞게 변형하여 쓰시오.

01 prescribe → _____ (처방(전))

02 install → _____ (설치, 설치된 것)

03 intervene → _____ (개입)

04 excel → _____ (탁월한)

05 superior → _____ (우월, 우세)

06 declare → _____ (선언할 수 있는)

07 subscribe → _____ (구독자, 기부자)

08 counteract → _____ (반작용의, 중화성의)

C 다음 영영사전 풀이에 해당하는 단어를 바르게 연결하시오.

01 infect ·   · ⓐ to give someone a disease

02 depress ·   · ⓑ to make someone feel very unhappy

03 outnumber ·   · ⓒ to keep something in its original state

04 antipathy ·   · ⓓ a strong feeling of dislike for someone

05 preserve ·   · ⓔ to be larger in number than another group

D 다음 문장의 빈칸에 적절한 단어를 [보기]에서 골라 쓰시오.

> 보기   obstacle   outcome   prejudice   suppress

01 The AI robot may try to push the _____ out of the way.

02 If we ignore or _____ health symptoms, they will become progressively louder and more extreme.

03 The conversation focuses on the process of change rather than the _____. 학평

04 If the norms support openness, the contact has a greater chance of reducing _____. 학평

E 다음 네모 안에서 문맥에 맞는 적절한 단어를 고르시오.

01 Your train overlooks / overtakes a slightly slower train. 학평

02 Your team has made every effort to expand / exhaust our market to Kenya. 학평

03 A.I. systems used in hospitals interfere / interpret complex medical information. 학평

04 People become more attached to each other when their love is prejudiced / prohibited. 학평

정답 **A** 01 (너무) 이른, 시기상조의 02 prestige 03 예언하다, 예측하다 04 extravagant 05 끼워 넣다 06 interwind
07 사람 간의, 대인관계의 08 upset 09 과장하다 10 excavate 11 표면상의, 피상적인 12 diameter 13 과대평
가하다 14 destabilize 15 경멸하다, 얕보다, 혐오하다 16 underlie 17 물속에 담그다, 잠수하다 18 counteract
19 반의어 20 obscure

B 01 prescription 02 installation 03 intervention 04 excellent 05 superiority 06 declarable
07 subscriber 08 counteractive

C 01 ⓐ (감염시키다) 02 ⓑ (우울하게 하다) 03 ⓔ (수가 더 많다) 04 ⓓ (반감) 05 ⓒ (보존하다)

D 01 obstacle 02 suppress 03 outcome 04 prejudice

E 01 overtakes 02 expand 03 interpret 04 prohibited

해석 **D** 01 인공 지능 로봇은 경로에서 장애물을 밀어내려 할 수도 있다. 02 우리가 건강상의 증상을 무시하거나 억제한다면, 그것들은 계속해서 더
시끄럽고, 더 극단적이게 될 것이다. 03 그 대화는 결과보다 변화의 과정에 초점을 맞추고 있다. 04 만약 그 규범들이 개방성을 지지한다면,
그 접촉은 편견을 줄일 더 큰 가능성을 가진다.

E 01 여러분의 기차는 약간 더 느린 기차를 따라잡는다. 02 당신의 팀은 우리의 시장을 케냐로 확대하기 위해 모든 노력을 기울여 왔다.
03 병원에서 사용되는 인공 지능 시스템은 복잡한 의료 정보를 분석한다. 04 사랑이 금지될 때 사람들은 서로에게 더 애착감이 생긴다.

a(b)-

향하여(to), 떨어진(away, off)

abandon
[əbǽndən]

a(= ad: to) + bandon(= power) → 힘에 굴복하다
통 포기하다, 버리다, 떠나다
I had **abandoned** all hope of getting a pony. 모평
나는 조랑말을 갖는 모든 희망을 포기해 버렸다.
⊕ abandonment 명 유기, 버림

abnormal
[æbnɔ́ːrməl]

ab(= off) + norm(= rule) + al(접사) → 규칙으로부터 떨어진
형 비정상적인, 이상한
They thought his weird behavior was **abnormal**.
그들은 그의 괴상한 행동이 비정상이라고 생각했다.

> **Voca & Voca** '이상한'의 의미를 가진 어휘
> ▶ weird 괴상한, 기묘한
>   a **weird** dream 괴상한[기묘한] 꿈
> ▶ odd 이상한, 특이한, 홀수의, 한 짝의
>   an **odd** feeling 이상한 느낌
>   an **odd** shoe 신발 한 짝
> ▶ peculiar 기이한, 특이한
>   the most **peculiar** plants found in the desert 모평
>   사막에서 발견된 가장 기이한 식물
> ▶ bizarre 기이한, 특이한
>   a **bizarre** situation 기이한 상황

absence
[ǽbsəns]

라틴어 absent(= be away)에서 유래 → 존재하지 않음
명 부재, 결석
The **absence** of an audience has affected performers of all types. 모평
청중의 부재는 모든 유형의 공연자들에게 영향을 미쳐 왔다.
⊕ absent 형 결석한

abstract
[ǽbstrækt]

ab(s)(= ab: away) + tract(= draw) → 세상의 관심으로부터 먼
형 추상적인   명 추상적인 것, (논문의) 초록
Pablo Picasso used **abstract** forms to shape the world. 모평
세상을 모양 짓기 위해 Pablo Picasso는 추상적인 형태를 이용했다.
I read the **abstract** of the paper.
나는 그 논문의 초록을 읽었다.

absurd
[əbsə́ːrd]

라틴어 absurdus(= out of tune)에서 유래 → 곡조가 맞지 않는
형 말도 안 되는, 황당한
To say that young people never read is **absurd**.
젊은이들이 절대 읽지 않는다고 말하는 것은 말도 안 되는 소리이다.

co-/col-/com-/con- 함께(together)

coed
[kóuèd]

co(= together) + ed(= educational) → 남녀공학의
형 남녀혼성의, 남녀공학의, 남녀공용의
The boys and girls played a **coed** soccer game.
남녀 아이들이 남녀혼성 축구 경기를 했다.
The high school has **coed** classes.
그 고등학교에는 남녀 합반이 있다.

coexist
[kòuigzíst]

co(= together) + exist(존재하다) → 같이 존재하다
동 공존하다, 같은 때에 존재하다
The quest for profit and the search for knowledge cannot
coexist. 수능
이윤 추구와 지식 탐구는 공존할 수 없다.
⊕ coexistence 명 공존

cooperate
[kouápərèit]

co(= together) + operate(= work) → 같이 일하다
동 협력하다
We should **cooperate** to get the best result. 학평
최고의 결과를 얻기 위해 우리는 협력해야 한다.
⊕ cooperation 명 협력

coordinate
[kouɔ́:rdənèit]

co(= together) + ordin(= order) + ate(접사) → 함께 순서를 정하다
동 조정하다, 통합하다, 조화시키다
The brain **coordinates** the body's muscle movements.
뇌는 신체의 근육 움직임을 조정한다.
She'll show you how to **coordinate** patterns and colors.
무늬와 색을 어떻게 조화시키는지 그녀가 여러분에게 보여 줄 것이다.
❖ coordination 명 조정, 통합

collaborate
[kəlǽbərèit]

col(= together) + labor(= work) + ate(접사) → 함께 일하다
동 협력하다, 공동으로 하다
She agreed to **collaborate** with him for the project.
그녀는 그 프로젝트를 위해 그와 협력하기로 동의했다.
❖ collaboration 명 협력

> **Voca & Voca** 협동하다, 협력하다
> ▶ cooperate (함께 일하며) 협동하다, 협력하다
>   It will be much easier if everyone **cooperates**.
>   모두가 협력하면 그것이 훨씬 더 쉬울 것이다.
> ▶ collaborate (여러 사람이 공동으로) 협력하다
>   Leonardo Da Vinci **collaborated** with other people. 학평
>   레오나르도 다빈치는 다른 사람들과 협력했다.

combine
[kəmbáin]

com(= together) + bine(= bini: two by two) → 합치다
동 결합하다, 단합하다
Taekwondo **combines** combat and self-defense techniques. 학평
태권도는 전투 기술과 자기방어 기술을 결합한다.
❖ combination 명 결합

committee
[kəmíti]

com(= together) + mitt(= mittere: send) + ee(접사)
→ 함께 보내는 사람들
명 위원회
Let's join the organizing **committee**. 학평
조직위원회에 합류합시다.

compassion
[kəmpǽʃən]

com(= together) + pass(= pati: suffer) + ion(접사)
→ 같이 고통스러워함
명 동정심, 연민
He was moved with **compassion** at the sight.
그는 그 광경을 보고 동정심을 느꼈다.
❖ compassionate 형 동정하는

compose
[kəmpóuz]

com(= together) + pose(= pausa: pause) → 같은 곳에 놓다
동 구성하다, 작곡하다, 작문하다
Facts alone do not **compose** a piece of writing.
사실들만으로 한 편의 글을 구성하는 것은 아니다.
Ole Bull is believed to have **composed** more than 70 works. [학평]
Ole Bull은 70곡이 넘는 작품을 작곡한 것으로 알려져 있다.
• composition 명 구성, 작문

concentrate
[kánsəntrèit]

con(= together) + centr(= center) + ate(접사) → 중앙으로 함께 모이다
동 집중하다
Small communities had to **concentrate** all their effort on survival. [수능]
작은 공동체는 생존에 자신들의 모든 노력을 집중해야 했다.
• concentration 명 집중

concord
[káŋkɔ:rd]

con(= together) + cord(= cor: heart) → 같은 마음
명 (의견·이해의) 일치, (사물 간의) 화합, 조화
Two tribes solved the problem in **concord** with each other.
두 부족은 서로 화합하여 그 문제를 해결했다.

conform
[kənfɔ́:rm]

con(= together) + form → 형태를 같게 하다
동 따르다, 순응시키다[하다], 부합하다
Products must **conform** to national standards.
제품들은 국가 표준에 따라야 한다.
The symptoms didn't **conform** to any known virus.
그 증상은 알려진 어떤 바이러스와도 부합하지 않았다.
• conformity 명 순응

connect
[kənékt]

con(= together) + nect(= nectere: tie) → 한데 묶다
동 연결하다, 연관시키다, 친해지다
I want to **connect** the projector to my smartphone. [학평]
나는 프로젝터를 내 스마트폰에 연결하고 싶다.
The boys shared the same hobbies so they easily **connected**.
그 소년들은 같은 취미를 갖고 있어서 쉽게 친해졌다.
• connection 명 연결

> **Voca Plus**
> • **connect** the dots 단편적 사실에서 결론을 도출하다
> • **connect** batteries in a series 전지를 직렬로 연결하다
> • **connect** to a website 웹 사이트에 접속하다

contemporary
[kəntémpərèri]

con(=together) + tempor(=time) + ary(접사) → 같은 시대와 함께 연관된
형 현대의, 동시대의 명 동시대 사람
Most **contemporary** high art began as some sort of craft. 학평
대부분의 현대 고급 예술은 일종의 공예로 시작했다.
As a storyteller, Dickens beats all his **contemporaries**.
이야기꾼으로서, Dickens는 동시대 사람 모두를 능가한다.

converge
[kənvə́:rdʒ]

con(=together) + verge(=bend: 굽히다) → 한데로 굽혀지다
동 수렴하다, 한 점[선]에 모이다
People tend to **converge** too rapidly on a solution. 학평
사람들은 해결책에 너무 빨리 수렴하는 경향이 있다.

converse
[kənvə́:rs]

con(=together) + verse(=a line of poetry) → 함께 시를 읊다
동 대화하다, 서로 이야기하다
She doesn't **converse** with people outside of the family.
그녀는 가족 밖의 사람들과 이야기를 하지 않는다.
❖ conversation 명 대화

sym-/syn-   함께(together)

symbol
[símbəl]

sym(=together) + bol(=bole: throw) → 함께 던짐 → 함께 던져 표시함
명 상징, 기호, 모양
The heart-shaped **symbol** has no known meaning. 학평
하트 모양의 그 상징에는 알려진 의미가 없다.

> **Voca & Voca** 징후, 신호, 지표
> ▶ sign 징후, 조짐
>   Stomachaches may be a **sign** of stress.
>   복통은 스트레스의 징후일 수 있다.
> ▶ indicator (일의 현황, 사정 변화 등을 나타내는) 지표
>   Learn how to analyze the economic **indicators**.
>   경제 지표들을 분석하는 방법을 배워라.
> ▶ signal (어떤 일이 있거나 있을 것이라는) 신호
>   Our sadness **signals** are received by others. 학평
>   우리의 슬픔 신호는 다른 사람들에 의해 수령된다.

symmetry
[símətri]

sym(= together) + metry(= meter: measure) → 같은 치수
명 대칭, 균형
Ancient Chinese architecture emphasized **symmetry** in its designs.
중국의 고대 건축 양식은 설계에 대칭을 강조했다.

sympathy
[símpəθi]

sym(= together) + path(= feeling) + y(접사) → 함께 느낌
명 동정, 연민, 동조, 공감
You may show **sympathy** by expressing your concern in words. 한평
말로 염려를 표현하여 동정을 표현할 수도 있다.
❖ sympathize 통 동정하다, 지지하다
  sympathetic 형 동정적인, 동조하는

synchronize
[síŋkrənàiz]

syn(= together) + chron(= time) + ize(접사) → 동시에 일어나다
통 동시에 발생하다, 동시에 움직이다, 일치시키다
The **synchronized** explosions brought chaos to the city center.
동시에 발생한 폭발이 도시 중심부에 혼돈을 가져왔다.

synonym
[sínənim]

syn(= together) + onym(= name) → 같은 이름
명 동의어, 유의어
'Sad' and 'unhappy' are **synonyms**.
'sad'와 'unhappy'는 동의어이다.
❖ synonymous 형 동의어[유의어]의, 아주 밀접한

synopsis
[sinápsis]

syn(= together) + opsis(= sight) → 함께 봄 → 함께 추린 내용
명 (글·희곡 등의) 개요
For each title there is a brief **synopsis** of the book.
각 제목마다 책의 간략한 개요가 나와 있다.

synthetic
[sinθétik]

syn(= together) + the(= place) + t(= tos: 접사) + ic(접사)
→ 함께 놓아 두는
형 합성의, 종합의
Synthetic pesticides are necessary to grow food. 모평
식량을 재배하기 위해 합성 살충제가 필요하다.
❖ synthesize 통 합성하다   synthesis 명 합성, 종합

Daily Test

A 우리말은 영어로, 영어는 우리말로 쓰시오.

01 부재, 결석   a_____   02 abandon _____

03 말도 안 되는, 황당한   a_____   04 coordinate _____

05 공존하다, 같은 때에 존재하다 c_____   06 collaborate _____

07 구성하다, 작곡하다   c_____   08 committee _____

09 집중하다   c_____   10 concord _____

11 동시대의; 동시대 사람   c_____   12 converge _____

13 상징, 기호, 모양   s_____   14 converse _____

15 남녀혼성의, 남녀공학의   c_____   16 sympathy _____

17 동시에 발생하다   s_____   18 synonym _____

19 (글·희곡 등의) 개요   s_____   20 synthetic _____

B 오른쪽 해석을 보고, 네모 안에서 적절한 단어를 고르시오.

01 Products must conform / connect to national standards.   제품들은 국가 표준에 따라야 한다.

02 We should coexist / cooperate to get the best result.   최고의 결과를 얻기 위해 우리는 협력해야 한다.

03 He was moved with committee / compassion at the sight.   그는 그 광경을 보고 동정심을 느꼈다.

04 Pablo Picasso used abnormal / abstract forms to shape the world.   세상을 모양 짓기 위해 Pablo Picasso는 추상적인 형태를 이용했다.

05 Ancient Chinese architecture emphasized symmetry / sympathy in its designs.   중국의 고대 건축 양식은 설계에 대칭을 강조했다.

정답 Ⓐ 01 absence 02 포기하다, 버리다, 떠나다 03 absurd 04 조정하다, 통합하다, 조화시키다 05 coexist 06 협력하다, 공동으로 하다 07 compose 08 위원회 09 concentrate 10 (의견·이해의) 일치, (사물 간의) 화합, 조화 11 contemporary 12 수렴하다, 한 점(선)에 모이다 13 symbol 14 대화하다, 서로 이야기하다 15 coed 16 동정, 연민, 동조, 공감 17 synchronize 18 동의어, 유의어 19 synopsis 20 합성의, 종합의
Ⓑ 01 conform 02 cooperate 03 compassion 04 abstract 05 symmetry

Day 07

il-/im-/in-/ir-   부정(not)

illegal
[ilí:gəl]

il(= not) + leg(= law) + al(접사) → 법을 지키지 않는
[형] 불법적인
I'll remove the **illegal** flyers in the buildings. [모평]
제가 건물에 있는 불법 전단지를 떼어 낼게요.
⁕ illegality [명] 불법, 불법 행위

Voca Plus
- an **illegal** weapon 불법 무기
- **illegal** drugs 불법 약물
- **illegal** parking/gambling/hunting 불법 주차/도박/사냥
- **illegal** immigrants 불법 이민자
- an **illegal** act 불법 행위

illiterate
[ilítərət]

il(= not) + liter(= letter) + ate(접사) → 글자를 모르는
[형] 문맹의, (특정 분야에 대해) 잘 모르는
I'm computer **illiterate**. 나는 컴맹이다.
⁕ illiteracy [명] 문맹, 무식

immortal
[imɔ́:rtl]

im(= not) + mort(= death) + al(접사) → 죽지 않는
[형] 불멸의, 죽지 않는   [명] 불멸의 인물, 신
A man's soul is said to be **immortal**.
인간의 영혼은 불멸이라고들 한다.
⁕ immortality [명] 불멸

immune
[imjú:n]

im(= not) + mune(= munis: performing services)
→ 근무 수행이 필요 없는 → 면제되는
[형] 면역성이 있는, 영향을 받지 않는, 면제되는
Your **immune** system is working overtime to fight off the infection. [학평]
여러분의 면역 체계는 감염을 물리치기 위해서 초과 근무를 하고 있다.
⁕ immunity [명] 면역력, 면제

impatience
[impéiʃəns]

im(= not) + pati(= suffer) + ence(접사) → 견디지 못함

명 성급함, 조급, 못 견딤

The dog waited for Amy with **impatience**.

그 개는 Amy를 조급하게 기다렸다.

⊕ impatient 형 안달하는, 못 견디는

impractical
[impræktikəl]

im(= not) + practic(= use) + al(접사) → 쓸모가 없는

형 비실용적인, 비현실적인

It would be **impractical** to try out every single new idea.

새 아이디어를 하나하나 모조리 시험해 보는 것은 비실용적일 것이다.

inability
[ìnəbíləti]

in(= not) + abil(= habilis: handy) + ity(접사) → 손재주가 없음

명 할 수 없음, 무능력

Tony's **inability** to get the joke bothered me.

Tony가 농담을 이해하지 못해 나는 신경이 쓰였다.

> **Voca Plus**
> • **inability** to maintain stillness 평온을 유지하지 못함
> • **inability** to make friends 친구를 사귀지 못함
> • **inability** to cope with a terrible handicap
>   심한 장애에 대처하지 못함
> • **inability** to give a coherent answer
>   일관성 있는 대답을 하지 못함

inadequate
[inædikwət]

in(= not) + ad(= to) + equ(= equal) + ate(접사)

→ 동등하지 않은 → 적당하지 않은

형 부적당한, 부적절한, 불충분한, 부족한

You are so **inadequate** that they chose not to share information with you. 학평

당신이 매우 부적당하여 그들이 당신과 정보 공유를 하지 않기로 했다.

⊕ inadequacy 명 부적당함, 불충분함

inappropriate
[ìnəpróupriət]

in(= not) + ap(= ad: to) + propri(= one's own) + ate(접사)

→ 자기 자신에게로 향할 수 없는

형 부적절한, 부적합한

The term "vacuum" is an **inappropriate** name. 학평

'진공'이라는 용어는 부적절한 이름이다.

indefinite
[indéfənit]

in(= not) + de(= completely) + fin(= finire: limit) + ite(접사)
→ 완전히 제한하지 않는
[형] 애매한, 불명확한, 무기한의
He gave me an **indefinite** answer, i.e. neither yes nor no.
그는 나에게 애매한 대답을 주었는데, 즉, 긍정도 부정도 아니었다.
⁑ indefinitely [부] 애매하게, 무기한으로

indirect
[ìndərékt]

in(= not) + di(= dis: apart) + rect(= guide)
→ 따로따로 안내하지 않는
[형] 간접적인, 우회하는
All lying, when discovered, has **indirect** harmful effects. [학평]
모든 거짓말은 밝혀졌을 때 간접적인 해로운 영향을 미치게 된다.

inevitable
[inévitəbl]

in(= not) + evit(e)(= avoid) + able(접사) → 피할 수 없는
[형] 불가피한, 피할 수 없는
Gene expression is not necessarily **inevitable**. [학평]
유전자 발현은 반드시 불가피한 것은 아니다.
⁑ inevitability [명] 피할 수 없음, 불가피함, 필연성

injustice
[indʒʌ́stis]

in(= not) + just(= fair) + ice(접사) → 공정하지 않음
[명] 불평등, 부당함, 부당성
The article is about social **injustice**. [학평]
그 기사는 사회 불평등에 관한 것이다.

innumerable
[injú:mərəbl]

in(= not) + numer(= number) + able(접사) → 수를 매길 수 없는
[형] 셀 수 없이 많은, 무수한
There are **innumerable** examples of his generous nature.
그의 인자한 품성을 보여 주는 무수한 사례들이 있다.

invalid
[ìnvǽlid]

in(= not) + val(= strong) + id(접사) → 강력하지 않은 → 효력이 없는
[형] 무효의, 효력 없는, 타당하지 않은
Your ticket is **invalid** without the airline's official stamp.
항공사의 공식 인장이 없으면 네 항공권은 무효이다.
⁑ invalidity [명] 무효

invisible
[invízəbl]

in(= not) + vis(= see) + ible(접사) → 볼 수 없는
형 보이지 않는, 볼 수 없는, 무형의
Spoken words are **invisible** and untouchable. 모평
내뱉은 말은 눈에 보이지 않고 만질 수 없다.
❖ invisibility 명 눈에 보이지 않음, 나타나 있지 않음

irrational
[iráʃənl]

ir(= not) + ration(= reason) + al(접사) → 이성이 없는
형 비이성적인, 비논리적인
People are **irrational**, but so are you. 모평
사람들은 비이성적이고, 여러분도 마찬가지이다.
❖ irrationality 명 이성이 없음, 불합리, 부조리

irreparable
[irépərəbl]

ir(= not) + repar(= repair) + able(접사) → 회복할 수 없는
형 회복할 수 없는, 바로잡을 수 없는
The disease does **irreparable** damage to the nervous system.
그 병은 신경계에 회복할 수 없는 손상을 준다.

irresponsible
[ìrispánsəbl]

ir(= not) + respons(= answer) + ible(접사) → 대답할 수 없는
형 무책임한
He was a responsible man dealing with an **irresponsible** kid. 모평
그는 무책임한 아이를 다루는 책임감 있는 사람이었다.
❖ irresponsibility 명 책임을 지지 않음, 무책임
  irresponsibly 부 무책임하게

un-
부정(not)

unable
[ʌnéibl]

un(= not) + able → 가능하지 않은
형 할 수 없는
Sandra is **unable** to concentrate. 수능
Sandra는 집중할 수가 없다.

uncommon
[ʌnkámən]

un(= not) + common(흔한) → 흔하지 않은
형 흔하지 않은, 드문
It is not **uncommon** to hear talk about how lucky we are. 학평
우리가 얼마나 운이 좋은지에 관한 말을 듣는 것이 드물지 않다.
⁜ uncommonness 명 드묾, 희귀함

unconscious
[ʌnkánʃəs]

un(= not) + con(= with) + sci(= know) + ous(접사)
→ 의식을 가지지 않은
형 무의식적인, 의식 불명의
Unconscious habits can keep us safe. 학평
무의식적인 습관이 우리를 계속 안전하게 할 수 있다.
⁜ unconsciously 부 무의식적으로   unconsciousness 명 무의식

unemployed
[ʌnimplɔ́id]

un(= not) + employed(고용된) → 고용되지 못한
형 실직한
Ironically, once **unemployed**, the workers became healthier. 학평
의아하게도, 실직하고 나서 노동자들은 더 건강해졌다.
⁜ unemployment 명 실직

unfair
[ʌnfɛ́ər]

un(= not) + fair(공평한) → 공평하지 않은
형 불공평한
People reject **unfair** offers. 모평
사람들은 불공평한 제안을 거절한다.
⁜ unfairness 명 불공평함

unforgivable
[ʌnfərgívəbl]

un(= not) + forgiv(용서하다) + able(접사) → 용서가 가능하지 않은
형 용서받을 수 없는
He made an **unforgivable** mistake.
그는 용서받을 수 없는 실수를 저질렀다.

unfortunate
[ʌnfɔ́ːrtʃənit]

un(= not) + fortun(= luck) + ate(접사) → 운이 좋지 않은
형 불운의, 불행의
An **unfortunate** accident took place. 학평
불운한 사건이 일어났다.

> **Voca & Voca** un(= reverse: 반대로) + 동사
> ▶ unlock (잠갔던 것을) 열다
>   He **unlocked** the door with the key.
>   그는 그 열쇠로 문을 열었다.
> ▶ unload (실었던 짐을) 내리다
>   He **unloaded** the box. 학평
>   그가 상자를 내렸다.
> ▶ unfold (접은 것을) 펼치다
>   She **unfolded** her arms.
>   그녀가 팔을 폈다.

unknown
[ʌnnóun]

un(= not) + known(알려진) → 알려지지 않은
형 알려지지 않은, 무명의
I wanted to explore the Amazon, the **unknown** and mysterious world. 수능
나는 알려지지 않은 신비스러운 세계인 아마존을 탐험하고 싶었다.

unreliable
[ʌ̀nrilái əbl]

un(= not) + reli(= rely: 믿다, 의지하다) + able(접사) → 믿을 수 없는
형 믿을 수 없는, 신뢰할 수 없는
He's totally **unreliable** as our leader.
그는 우리의 지도자로서 전혀 신뢰할 수 없다.

unstable
[ʌnstéibl]

un(= not) + stable(안정된) → 안정되지 않은
형 불안정한
The **unstable** climatic conditions are causing a decrease in strawberry production. 학평
불안정한 기후 상태가 딸기 생산 감소를 일으키고 있다.
⊕ unstableness 명 불안정함

unsuitable
[ʌnsúːtəbl]

un(= not) + suit(적합하다) + able(접사) → 적합할 수 없는
형 부적합한
This place is **unsuitable** for riding a bike.
이곳은 자전거 타기에 부적합하다.

Daily Test

A 영어는 우리말로, 우리말은 영어로 쓰시오.

01	illegal	_____	02	문맹의, 잘 모르는	i	_____
03	immune	_____	04	성급함, 조급, 못 견딤	i	_____
05	impractical	_____	06	애매한, 불명확한, 무기한의	i	_____
07	inadequate	_____	08	불가피한, 피할 수 없는	i	_____
09	injustice	_____	10	셀 수 없이 많은, 무수한	i	_____
11	invisible	_____	12	비이성적인, 비논리적인	i	_____
13	irresponsible	_____	14	흔하지 않은, 드문	u	_____
15	unconscious	_____	16	실직한	u	_____
17	unforgivable	_____	18	불안정한	u	_____
19	unknown	_____	20	부적합한	u	_____

B 오른쪽 해석을 보고, 빈칸에 가장 적절한 단어를 [보기]에서 골라 쓰시오.

보기   immortal   inappropriate   invalid   unfortunate   unreliable

01 An _____ accident took place.

불운한 사건이 일어났다.

02 The term "vacuum" is an _____ name.

'진공'이라는 용어는 부적절한 이름이다.

03 He's totally _____ as our leader.

그는 우리의 지도자로서 전혀 신뢰할 수 없다.

04 A man's soul is said to be _____.

인간의 영혼은 불멸이라고들 한다.

05 Your ticket is _____ without the airline's official stamp.

항공사의 공식 인장이 없으면 네 항공권은 무효이다.

정답 Ⓐ 01 불법적인 02 illiterate 03 면역성이 있는, 영향을 받지 않는, 면제되는 04 impatience 05 비실용적인, 비현실적인
06 indefinite 07 부적당한, 부적절한, 불충분한, 부족한 08 inevitable 09 불평등, 부당함, 부당성 10 innumerable
11 보이지 않는, 볼 수 없는, 무형의 12 irrational 13 무책임한 14 uncommon 15 무의식적인, 의식 불명의
16 unemployed 17 용서받을 수 없는 18 unstable 19 알려지지 않은, 무명의 20 unsuitable
Ⓑ 01 unfortunate 02 inappropriate 03 unreliable 04 immortal 05 invalid

non-   부정(not)

nonfiction
[nànfíkʃən]

non(= not) + fiction(거짓, 상상) → 거짓이 없음
명 논픽션
James writes historical **nonfiction**.
James는 역사 논픽션을 쓴다.

nonflammable
[nànflǽməbl]

non(= not) + flamm(=flame: set on fire) + able(접사)
→ 불에 타지 않는
형 불연성의
The curtain is made of **nonflammable** material.
그 커튼은 불연성 재료로 만들어져 있다.
❖ nonflammability **명** 불연성, 비인화성

nonnegotiable
[nànnigóuʃiəbl]

non(= not) + negoti(= negotiate: 협상하다) + able(접사)
→ 협상이 가능하지 않은
형 협상할 수 없는
The politician said the meeting was about his **nonnegotiable**
stance.
그 정치인은 그 회의가 자신의 협상할 수 없는 입장에 관한 것이었다고 말했다.

nonrenewable
[nànrinjúːəbl]

non(= not) + renew(갱신하다) + able(접사) → 갱신할 수 없는
형 갱신 불가능한, 재생 불가능한
They claim limits on use of **nonrenewable** resources. (학평)
그들은 재생 불가능한 자원의 사용 제한을 주장한다.

nonsense
[nánsens]

non(= not) + sense(이치) → 이치에 맞지 않음
명 터무니없는 것, 허튼소리
It is **nonsense** to say that next year the universe will be '13.7
billion and one' years old. (학평)
내년에 우주가 '137억 1년'이라고 말하는 것은 터무니없는 것이다.

nonverbal
[nὰnvə́ːrbəl]

non(= not) + verb(= word) + al(접사) → 말로 하지 않는
형 비언어적인
Nonverbal cues are better indicators of speaker intent. 모평
비언어적인 신호가 화자의 의도를 더 잘 나타내는 지표이다.

dis-
부정(not)

disadvantage
[dìsədvǽntidʒ]

dis(= not) + advant(= avant: before) + age(접사)
→ 앞서가지 못하는 것
명 불이익, 불리한 점
Some species suffer **disadvantages** from living in groups. 모평
몇몇 종은 집단으로 살면서 불이익을 겪는다.
⁕ disadvantageous 형 불리한

disagree
[dìsəgríː]

dis(= not) + agree → 동의하지 않다
동 동의하지 않다, 의견이 다르다
I **disagreed** with her opinion.
나는 그녀의 의견에 동의하지 않았다.
⁕ disagreement 명 의견 차이, 불일치

disappear
[dìsəpíər]

dis(= not) + appear(나타나다) → 나타나지 않다
동 사라지다
All my fear **disappeared**! 학평
내 모든 공포가 사라졌다!
⁕ disappearance 명 사라짐

disappoint
[dìsəpɔ́int]

dis(= not) + appoint(= appointer: make ready) → 준비되지 못하다
동 실망시키다
The concert **disappointed** him yesterday.
어제 그 콘서트는 그를 실망시켰다.
⁕ disappointment 명 실망

disapprove
[dìsəprúːv]

dis(= not) + approve(= approbare: regard as good)
→ 좋다고 여기지 않다
동 반대하다, 승인하지 않다
I wholly **disapprove** of what you say.
나는 당신이 말하는 것에 전적으로 반대한다.
⊕ disapproval 명 반대

Voca & Voca 반대하다
▶ oppose (계획이나 정책에) 반대하다
They will **oppose** changing the law.
그들은 그 법률 개정에 반대할 것이다.
▶ object (계획이나 정책에) 반대하다
I **object** to the terms of the contract. 나는 그 계약 조건에 반대한다.
▶ protest (정책 등에 공개적으로) 반대하다, 시위하다
They **protest** the decision. 그들은 그 결정에 반대한다.

discomfort
[diskʌ́mfərt]

dis(= not) + com(intensive) + fort(= fortis: strong)
→ 강력한 힘이 없음
명 불편함
You are more aware of other people's **discomforts**. 학평
여러분은 다른 사람들의 불편함을 더 많이 인식한다.

discover
[diskʌ́vər]

dis(= not) + cover(덮다, 감추다) → 덮지 않다
동 발견하다
If you join, you get to **discover** some of Costa Rica's fascinating
secrets. 모평
참여하면, 코스타리카의 매혹적인 비밀 일부를 발견하게 된다.
⊕ discovery 명 발견

dislike
[disláik]

dis(= not) + like → 좋아하지 않다
동 싫어하다
Both humans and rats **dislike** bitter and sour foods. 수능
사람과 쥐 모두 쓰고 신 음식을 싫어한다.
⊕ dislikable 형 싫어하는

disqualify
[diskwáləfài]

dis(= not) + qualify(자격을 주다) → 자격을 없애다
동 실격시키다, 자격을 박탈하다
He was **disqualified** from the competition for violating the
rules. 그는 규정을 위반하여 그 시합에서 실격당했다.

mis-
잘못된, 나쁜(wrong), 잘못되게, 나쁘게(wrongly)

misbehave
[mìsbihéiv]

mis(= wrongly) + behave → 그릇되게 행동하다
동 버릇없이 굴다, 비행을 저지르다
Kids often **misbehave** because they want attention.
아이들은 관심을 원하기 때문에 자주 버릇없이 군다.
⊕ misbehavior 명 나쁜 행실

misconception
[mìskənsépʃən]

mis(= wrong) + con(= com: intensive) + cept(= capere: take)
+ ion(접사) → 마음에 철저하게 품은 잘못된 생각
명 오해, 잘못된 생각
This **misconception** is called the false-consensus effect. 학평
이런 오해는 허위 합의 효과라고 불린다.

misdeed
[misdí:d]

mis(= wrong) + deed(= act) → 잘못된 행동
명 악행, 비행
Jason should pay for his **misdeeds**.
Jason은 자신의 악행에 대한 대가를 치러야 한다.

misdirect
[mìsdirékt]

mis(= wrongly) + di(= dis: apart) + rect(= regere: guide)
→ 잘못된 방향으로 안내하다
동 엉뚱한 곳으로 보내다, 적절하지 못하게 이용하다
Our admiration is often **misdirected**. 모평
우리의 감탄은 자주 잘못된 곳으로 보내진다.
⊕ misdirection 명 잘못된 지시

misinterpret
[mìsintə́:rprit]

mis(= wrongly) + inter(= between) + pret(= prath: spread
abroad) → 중간에서 말을 잘못 퍼뜨리다 → 잘못 통역하다
동 오해하다, 잘못 해석하다, 오역하다
She completely **misinterpreted** what I said.
그녀는 내가 말한 것을 완전히 오해했다.
⊕ misinterpretation 명 오해, 오역

mislead
[mislí:d]

mis(= wrongly) + lead(이끌다) → 잘못 이끌다
동 속이다, 오도하다, 오해하게 하다
It was just a deliberate attempt to **mislead** him.
그것은 그를 속이려는 의도적인 시도일 뿐이었다.

misplace
[mispléis]

mis(= wrongly) + place(물건의 놓을 위치를 정하다)
→ 잘못된 위치에 놓다
동 둔 곳을 잊다
I seem to have **misplaced** my keys.
열쇠를 둔 곳을 내가 잊은 것 같다.
⁑ misplaced 형 부적절한, 잘못된, 엉뚱한
   misplacement 명 잘못 두기

misspell
[misspél]

mis(= wrongly) + spell(철자를 쓰다) → 철자를 잘못 쓰다
동 철자를 잘못 말하다[쓰다]
Although he **misspelled** the word, the judges told him he had
spelled the word right. 학평
그가 철자를 잘못 말했지만 심판은 그가 단어 철자를 맞혔다고 말했다.
⁑ misspelling 명 철자 오기, 틀린 철자

misuse
[misjú:z] 동
[misjú:s] 명

mis(= wrongly) + use → 잘못 사용하다
동 악용하다, 오용하다   명 악용, 오용
A student's online ID got stolen and **misused** last week. 학평
지난주에 학생 한 명의 온라인 신분증이 분실되었고 악용되었다.
⁑ misusage 명 악용, 오용, 학대, 혹사

re-
다시(again), 뒤로(back)

recite
[risáit]

re(= again) + cite(= summon: 소환[호출]하다) → 다시 불러내다
동 암송하다, 낭독하다
Participants should memorize and **recite** one of the poems. 학평
참가자들은 시 한 편을 암기하여 암송해야 한다.
⁑ recitation 명 낭독, 암송
   recital 명 낭독회, 독주회, 연주회

reconcile
[rékənsàil]

re(= again) + concile(= concilare: make friendly)
→ 다시 친밀하게 만들다
동 조화[일치]시키다, 화해시키다, 조정[중재]하다
It's difficult to **reconcile** these two conflicting requirements.
이 두 가지 상충되는 요건을 조화시키는 것이 어렵다.
⁑ reconciliation 명 조화, 화해

recover
[rikʌ́vər]

고대 프랑스어 recovrer(= come back, get again)에서 유래
→ 돌아오다, 되찾다
图 회복하다, 되찾다, 회수하다
Your body will **recover** faster. (학평)
여러분의 몸은 더 빠르게 회복될 것이다.
⚬ recovery 圐 회복, 되찾음

remain
[riméin]

re(= back) + main(= stay) → 뒤에 남아 있다
图 여전히 ~이다, 머무르다, 남아 있다
People **remain**, at least partly, in an imaginary world. (모평)
사람들은 적어도 부분적으로는 상상 속의 세계에 머물러 있다.
⚬ remains 圐 유적, 유물

remove
[rimúːv]

re(= back) + move → (안 보이게) 뒤쪽으로 옮기다
图 제거하다, 옮기다, 치우다
Please **remove** all your personal items like boxes. (학평)
상자와 같은 개인 물품을 모두 치워 주세요.
⚬ removal 圐 제거, 철폐

represent
[rèprizént]

re(again) + present(앞에 내놓다) → 다시 앞에 내놓다 → 보여 주다
图 보여 주다, 대표[대신]하다, 나타내다
These scenes may **represent** what has actually happened. (학평)
이러한 장면들은 실제 일어난 것을 보여 줄 수도 있다.
⚬ representation 圐 묘사, 표현, 대표, 대리
  representative 圐 대표자, 대리인

retrieve
[ritríːv]

re(= again) + trieve(= trouver: find) → 다시 찾아오다
图 생각해 내다, 되찾아오다, 검색하다
They will try harder to **retrieve** more memories. (학평)
그들은 더 많은 기억을 생각해 내려고 더 열심히 노력할 것이다.
⚬ retrieval 圐 되찾기, 회수, 회복, 복구

Daily Test

A 우리말은 영어로, 영어는 우리말로 쓰시오.

01	터무니없는 것, 허튼소리	n_____	02	nonnegotiable	_____
03	비언어적인	n_____	04	disadvantage	_____
05	사라지다	d_____	06	disagree	_____
07	발견하다	d_____	08	discomfort	_____
09	싫어하다	d_____	10	disqualify	_____
11	오해, 잘못된 생각	m_____	12	misbehave	_____
13	악행, 비행	m_____	14	mislead	_____
15	철자를 잘못 말하다[쓰다]	m_____	16	recite	_____
17	여전히 ~이다, 남아 있다	r_____	18	reconcile	_____
19	보여 주다, 대표[대신]하다	r_____	20	retrieve	_____

B 오른쪽 해석을 보고, 네모 안에서 적절한 단어를 고르시오.

01 Your body will recover / remove faster.

여러분의 몸은 더 빠르게 회복될 것이다.

02 The concert disappointed / disapproved him yesterday.

그 콘서트는 어제 그를 실망시켰다.

03 She completely misinterpreted / misdirected what I said.

그녀는 내가 말한 것을 완전히 오해했다.

04 I seem to have misplaced / misused my keys.

열쇠를 둔 곳을 내가 잊은 것 같다.

05 The curtain is made of nonflammable / nonrenewable material.

그 커튼은 불연성 재료로 만들어져 있다.

정답 A 01 nonsense 02 협상할 수 없는 03 nonverbal 04 불이익, 불리한 점 05 disappear 06 동의하지 않다, 의견이 다르다 07 discover 08 불편함 09 dislike 10 실격시키다, 자격을 박탈하다 11 misconception 12 버릇없이 굴다, 비행을 저지르다 13 misdeed 14 속이다, 오도하다, 오해하게 하다 15 misspell 16 암송하다, 낭독하다 17 remain 18 조화일치시키다, 화해시키다, 조정[중재]하다 19 represent 20 생각해 내다, 되찾아오다, 검색하다

B 01 recover 02 disappointed 03 misinterpreted 04 misplaced 05 nonflammable

with-   떨어져(away), 대항하여(against)

withdraw
[wiðdrɔ́:]

with(= away) + draw → 하나하나 떨어뜨려 끌어당기다
통 물러나다, 철수하다, 철회하다, 인출하다
Mike had to **withdraw** from the competition due to an injury.
Mike는 부상 때문에 경기에서 물러나야 했다.
I'd like to **withdraw** money from my account. 모평
나는 계좌에서 돈을 인출하려고 한다.
⊕ withdrawal 명 철수, 철회, 인출

withhold
[wiðhóuld]

with(= away) + hold → 떨어뜨려 놓은 채로 쥐고 있다
통 주지 않다, 보류하다, 억제하다
It can feel as though you're being chilly or **withholding**
something. 모평
그것은 마치 당신이 냉랭해지거나 무엇인가를 주지 않고 있는 것처럼 느껴질 수도 있다.

withstand
[wiðstǽnd]

with(= against) + stand → 대항하여 서다
통 견디다, 버티다, 저항하다
They can **withstand** heat and cold. 학평
그들은 더위와 추위를 견딜 수 있다.

ac-/ad-   ~ 쪽으로(to), ~을 향하여(toward)

accelerate
[əksélərèit]

ac(= to) + celer(= swift: 신속한) + ate(접사)
→ (~에 속도를 더해) 신속하게 하다
통 가속하다, 빠르게 하다
Catalysts **accelerate** the rate of a chemical reaction.
촉매제는 화학 반응 속도를 빠르게 한다.
⊕ acceleration 명 가속(도)

accompany
[əkÁmpəni]

ac(=to) + company(=fellow, partner) → ~의 일행이 되다
동 동행하다, 수반하다, 반주하다
Who would **accompany** her but us? 학평
우리 말고 누가 그녀와 동행하겠어요?
⊕ accompaniment 명 부속물, 반주

account
[əkáunt]

ac(=to) + count(셈, 계산) → (계산 결과가) ~이 됨
명 설명, 기술, 계좌, 장부 동 설명하다, 생각하다, 간주하다, (비율을) 차지하다
He instantly gave an **account** of what he had seen.
그는 자신이 본 것을 즉시 설명했다.
Ontario **accounted** for 37 percent of international students in
1992. 학평
Ontario는 1992년 국제 학생의 37퍼센트를 차지했다.

accumulate
[əkjú:mjulèit]

ac(=to) + cumul(=heap: 쌓아 올린 것) + ate(접사)
→ ~에 쌓아 올리다
동 축적하다, 축적되다, 모으다, 모이다
The body tends to **accumulate** problems. 학평
신체는 문제를 축적하는 경향이 있다.
⊕ accumulation 명 축적(물), 누적

accuse
[əkjú:z]

ac(=toward) + cuse(=causa: cause) → ~에 원인을 두다
동 고발하다, 비난하다
Mr. Smith **accused** her of having stolen money.
Smith 씨는 그녀가 돈을 훔쳤다고 고발했다.
⊕ accusation 명 고발, 비난, 혐의 (제기)

accustomed
[əkÁstəmd]

ac(=to) + custom(=costume: habit, practice) + ed(접사)
→ ~에 습관화된
형 익숙한, 평상시의, ~에 습관화된
The audience are **accustomed** to feelings of sadness and
anger.
관중들은 슬픔과 화난 감정에 익숙해 있다.

administer
[ədmínistər]

ad(=toward) + minister(=serve) → ~을 향해 시중들다[도움이 되게 하다]
동 관리하다, 집행하다, (약을) 투여하다
This grant will be **administered** by local charities.
이 보조금은 지역 자선단체에 의해 관리될 것이다.
⊕ administration 명 관리[행정], 행정 기관
administrative 형 관리[행정]상의

advocate

[ǽdvəkéit] 통
[ǽdvəkət] 명

ad(=toward) + voc(=vocare: call) + ate(접사) → ~을 향해 목소리를 내다
통 지지하다, 옹호하다 명 지지자, 옹호자
We **advocate** non-violence in words, thoughts, and deeds.
우리는 말, 생각, 그리고 행동 속의 비폭력을 지지한다.
Cleveland Amory was an author and animal **advocate**. 학평
Cleveland Amory는 작가이자 동물 옹호자였다.

en-   ~하게 하다[만들다](make)

encode

[inkóud]

en(=make) + code → 암호로 만들다
통 암호화하다, 부호화하다
Heredity itself **encodes** the results of environmental influences. 학평
유전 자체가 환경적 영향의 결과를 암호화하는 것이다.

encounter

[inkáuntər]

en(=make) + counter(=against) → 마주보게 만들다
통 (뜻하지 않게) 마주치다, 접하다 명 뜻밖의 만남, 조우
Workers **encountered** a number of difficulties. 학평
노동자들은 여러 어려움을 마주쳤다.

endanger

[indéindʒər]

en(=make) + danger → 위험하게 만들다
통 위험에 빠뜨리다, 위태롭게 만들다
Global marine biodiversity is increasingly **endangered**. 학평
전 세계의 해양 생물의 다양성이 점점 더 위험에 처해지고 있다.
⁑ endangered 형 위험에 빠진, 멸종 위기의
   endangerment 명 위험에 빠진 상태

endeavor

[indévər]

en(=make) + deavor(=dever: duty)
→ 해야 할 의무로 만들며 열심히 하는 것
명 노력, 애씀 통 노력하다
We should make every **endeavor** to bring about peace.
우리는 평화를 이끌어 내기 위해 모든 노력을 다해야 한다.

enforce

[infɔ́:rs]

en(=make) + force → 힘이나 권력을 가지고 어떤 일을 하게 하다
통 (법 등을) 집행하다, 시행하다, 강요하다
Governments make laws and the police **enforce** them.
정부가 법을 만들고, 경찰이 법을 집행한다.
⁑ enforcement 명 집행, 시행, 강제

engage
[ingéidʒ]

en(= make) + gage(= pledge: 서약하다)

→ 서약하면서 어떤 일을 하게 하다

[동] 하다, 참여하다, 종사하다, 약혼하다, (관심을) 끌다

Some parrots will **engage** in bizarre behaviors. 학평

몇몇 앵무새는 이상한 행동을 할 것이다.

Rachel and Tim are getting **engaged**.

Rachel과 Tim은 약혼할 예정이다.

⁂ engagement [명] 약속, 관여, 참여, 약혼

enhance
[inhǽns]

en(= make) + hance(= high) → 높은 곳으로 끌어올리다

[동] (가치·지위 등을) 높이다, 향상하다

This positive relationship will **enhance** a particular plant's capacity. 학평

이런 긍정적인 관계는 특정한 식물의 능력을 향상할 것이다.

⁂ enhancement [명] 향상, 상승, 고양

enlighten
[inláitn]

en(= make) + light + en(접사) → (무지한 곳에) 빛을 밝히다

[동] 설명하다, 계몽하다, ~에 빛을 비추다

Please **enlighten** us on this point.

이 점에 대해 우리에게 설명해 주세요.

⁂ enlightening [형] 계몽적인, 정보를 제공하는, 깨우치는

enlightenment [명] 깨우침, 이해, 계몽(주의), 교화

enrich
[inrítʃ]

en(= make) + rich → 풍성하게 만들다

[동] 풍요롭게 하다, 질을 높이다

Music study **enriches** all the learning. 학평

음악 공부는 모든 학습의 질을 높인다.

⁂ enrichment [명] 풍부하게 함, 강화, 비옥화

enroll
[inróul]

en(= make) + roll(= document: 문서) → 문서에 기입하다

[동] 등록하다, 명부에 올리다, 입학하다[시키다]

She **enrolled** her children in a private school.

그녀는 아이들을 사립학교에 입학시켰다.

⁂ enrollment [명] 등록, 입학, 입대

ensure
[inʃúər]

en(= make) + sure → 확실하게 만들다

[동] 반드시 ~하게 하다, 보장하다

We will **ensure** that it doesn't happen again.

우리는 반드시 그런 일이 다시는 생기지 않도록 것이다.

entangle
[intǽŋgl]

en(=make) + tangle(=seaweed: 해초) → 해초에 걸리게 하다

图 뒤얽히게 하다, 얽어매다, (함정·곤란에) 빠뜨리다

He was **entangled** in a messy lawsuit.

그는 지저분한 법적 소송에 얽혔다.

⊕ entanglement 图 (얽히고 설킨) 복잡한 관계

entitle
[intáitl]

en(=make) + title → 권한[제목]을 만들어 주다

图 자격을 주다, 제목을 붙이다

I am **entitled** to receive a full refund within 2 months. 학평

나는 두 달 이내에 전액 환불을 받을 자격이 있다.

⊕ entitlement 图 자격, 권리가 있는 것

entrust
[intrást]

en(=make) + trust → 신뢰[믿음]의 관계를 만들다

图 맡기다, 위임하다, 위탁하다

He **entrusted** his son's education to a private tutor.

그는 아들의 교육을 가정교사에게 맡겼다.

⊕ entrustment 图 위탁, 위임, 촉탁

tele-
멀리 떨어진(far, distant)

telecommute
[tèlikəmjú:t]

tele(= distant) + commute(통근하다)

→ 통신 시설을 이용해 집에서 통근을 대신하다

图 (통신 시설을 이용해) 재택근무하다

Some of the employees are allowed to **telecommute**.

그 직원들 중 일부는 재택근무가 허용된다.

⊕ telecommuting 图 재택근무   telecommuter 图 재택근무자

telepathy
[təlépəθi]

tele(=far) + pathy(=feeling) → 멀리 떨어져 있어도 느끼는 감정

图 텔레파시

I do believe **telepathy** exists.

나는 실제로 텔레파시가 존재한다고 믿는다.

⊕ telepathic 图 텔레파시를 이용한

telescope
[téləskòup]

tele(=far) + scope(=look) → 멀리 떨어진 것을 볼 수 있게 하는 것

图 망원경

Mitchell spotted a comet through her **telescope**. 학평

Mitchell은 자신의 망원경을 통해 혜성을 발견했다.

⊕ telescopic 图 망원경의, 망원경으로 본

per-

널리, 줄곧, 내내(through, throughout)

permanent
[pə́:rmənənt]

per(= throughout) + man(= stay) + ent(접사)
→ 끝까지 어떤 상태를 유지하는
형 영구적인, 영속적인, 불변의
Jobs may not be **permanent**. 수능
일자리가 영구적이지 않을 수도 있다.
✢ permanence 명 영구(성), 영속, 불변

persevere
[pə̀:rsəvíər]

per(= throughout) + severe(= strict: 엄격한)
→ 포기하지 않고 자기 자신을 계속 엄격하게 대하다
동 인내하다, 끈질기게 노력하다
He was tired, but he **persevered** and finished the race.
그는 지쳤지만 인내하며 경주를 끝마쳤다.
✢ perseverance 명 인내(력), 불굴의 노력

perspective
[pərspéktiv]

per(= through) + spect(= look at) + ive(접사) → 전체를 두루 살펴봄
명 관점, 균형 잡힌 시각, 사리분별력, 원근법
"You're stuck in your **perspective**," he said. 학평
"너는 너의 관점에 갇혀 있어."라고 그가 말했다.

> **Voca & Voca** 관점, 전망, 예상, 기대
> ▶ outlook 관점, 견해, 인생관, (앞날에 대한) 전망
>   The event totally changed my **outlook** on politics.
>   그 사건은 정치에 대한 나의 견해를 완전히 바꿨다.
> ▶ prospect 전망, 예상, 기대
>   He is excited by the **prospect** of returning to school.
>   그는 학교로 돌아갈 기대로 들떠 있다.
> ▶ viewpoint 관점, 시각
>   She approaches the issue from an opposite **viewpoint**.
>   그녀는 정반대의 시각으로 그 문제에 접근한다.

persuade
[pərswéid]

per(= throughout) + suade(= urge) → ~하는 내내 촉구하다
동 (~하도록) 설득하다
Kids try to **persuade** their parents to do things for them. 학평
아이들은 부모가 자신을 위해 무언가를 하도록 설득하려고 노력한다.
✢ persuasion 명 설득

Daily Test

A 영어는 우리말로, 우리말은 영어로 쓰시오.

01	withdraw	_____	02	주지 않다, 보류하다	w_____
03	withstand	_____	04	동행하다, 수반하다, 반주하다	a_____
05	accumulate	_____	06	고발하다, 비난하다	a_____
07	administer	_____	08	지지하다; 지지자	a_____
09	encode	_____	10	마주치다; 뜻밖의 만남	e_____
11	endeavor	_____	12	집행하다, 시행하다	e_____
13	enhance	_____	14	설명하다, 계몽하다, ~에 빛을 비추다	e_____
15	enrich	_____	16	반드시 ~하게 하다, 보장하다	e_____
17	entitle	_____	18	재택근무하다	t_____
19	permanent	_____	20	인내하다, 끈질기게 노력하다	p_____

B 오른쪽 해석을 보고, 빈칸에 가장 적절한 단어를 [보기]에서 골라 쓰시오.

보기	accelerate	account	accustomed	engage	persuade

01 He instantly gave a(n) _____ of what he had seen.

그는 자신이 본 것을 즉시 설명했다.

02 Some parrots will _____ in bizarre behaviors.

몇몇 앵무새는 이상한 행동을 할 것이다.

03 Catalysts _____ the rate of a chemical reaction.

촉매제는 화학 반응 속도를 빠르게 한다.

04 The audience are _____ to feelings of sadness and anger.

관중들은 슬픔과 화난 감정에 익숙해 있다.

05 Kids try to _____ their parents to do things for them.

아이들은 부모가 자신을 위해 무언가를 하도록 설득하려고 노력한다.

정답 **A** 01 물러나다, 철수하다, 철회하다, 인출하다 02 withhold 03 견디다, 버티다, 저항하다 04 accompany 05 축적하다, 축적되다, 모으다, 모이다 06 accuse 07 관리하다, 집행하다, (약을) 투여하다 08 advocate 09 암호화하다, 부호화하다 10 encounter 11 노력, 애씀; 노력하다 12 enforce 13 (가치·지위 등을) 높이다, 향상하다 14 enlighten 15 풍요롭게 하다, 질을 높이다 16 ensure 17 자격을 주다, 제목을 붙이다 18 telecommute 19 영구적인, 영속적인, 불변의 20 persevere
B 01 account 02 engage 03 accelerate 04 accustomed 05 persuade

10

trans-
한 곳에서 다른 곳으로(across)

transect
[trænsékt]

tran(s)(= across) + sect(= cut) → 가로질러 자르다
동 가로지르다, 가로로 쪼개다
They used the trails that **transect** the forest.
그들은 숲을 가로지르는 길을 이용했다.
⁑ transection 명 횡단

transform
[trænsfɔ́ːrm]

trans(= across) + form(형태) → 하나의 형태를 다른 형태로 바꾸다
동 완전히 바꿔 놓다, 변형시키다
The Internet has **transformed** the way we live. 학평
인터넷은 우리가 사는 방식을 완전히 바꿔 놓았다.
⁑ transformation 명 완전한 변화, 변형, 탈바꿈

translate
[trænsléit]

trans(= across) + late(= carry) → 한 언어를 다른 언어로 옮기다
동 번역하다, ~로 해석하다
I'm sure he can **translate** your advertisement into Chinese. 학평
그는 분명 당신의 광고를 중국어로 번역할 수 있을 거예요.
⁑ translation 명 번역, 통역   translator 명 번역가, 통역사

transplant
[trænsplǽnt]

trans(= across) + plant(심다) → 이쪽에서 저쪽으로 옮겨 심다
동 이식하다, 옮겨 심다, 이주시키다
You can't **transplant** the flowers now. 학평
그 꽃을 지금 옮겨 심을 수는 없어요.
⁑ transplantation 명 이식, 이주

transport
[trænspɔ́ːrt] 동
[trǽnspɔ̀ːrt] 명

trans(= across) + port(= carry) → 이쪽에서 저쪽으로 실어 나르다
동 수송하다, 운송하다, 운반하다   명 수송, 운송
Heavy items are expensive to **transport** by air.
무거운 물품을 항공으로 수송하는 것은 비용이 많이 든다.
⁑ transportation 명 수송, 운송

mon-/mono- 하나(one)

monarch
[mánərk]

mon(= one) + arch(= ruler) → 혼자 지배하는 사람
명 군주
Queen Elizabeth is the current **monarch** of the U.K.
Elizabeth 여왕이 현재 영국의 군주이다.
⊕ monarchy 명 군주제, 군주국

> **Voca & Voca** 정부의 형태
> ▶ republic 공화국
>   the **Republic** of Korea 대한민국
> ▶ principality 공국(공작이 다스리는 나라)
>   the **Principality** of Monaco 모나코 공국
> ▶ authority 자치 정부
>   Palestinian **Authority** 팔레스타인 자치 정부(국가로서 존재하지 않지만 민족에 대한 자치를 시행함)

monologue
[mánəlɔːg]

mono(= one) + logue(= speech) → 혼자 하는 말
명 독백, 독백 형식의 극(= monolog)
He ignored the question and continued his **monologue**.
그는 그 질문을 무시하고 독백을 계속했다.

monotone
[mánətòun]

mono(= one) + tone → 음색이 하나임
명 단조로움 형 단조로운
Since he spoke in a flat **monotone**, I felt bored.
그가 변화가 없는 단조로운 어조로 말해서 나는 지루함을 느꼈다.
⊕ monotonous 형 단조로운, 변함없는

uni- 하나(one)

unicorn
[júːnəkɔ̀ːrn]

uni(= one) + corn(= horn) → 뿔이 하나인 동물
명 유니콘, 일각수
The national animal of Scotland is the **unicorn**.
스코틀랜드의 국가 (상징) 동물은 유니콘이다.

union
[júːnjən]

unionem(= oneness, unity: 하나 됨, 통합)에서 유래 → 하나 됨
명 조합, 결합
The student **union** is holding a charity event. 학평
학생회가 자선 행사를 개최할 계획이다.

unique
[juːníːk]

라틴어 unicus(= one)에서 유래 → 하나의
형 고유한, 독특한, 독창적인
Are you looking for **unique** and eco-friendly furniture for your child? 학평
아이를 위한 고유하고 친환경적인 가구를 찾고 있나요?
⁂ uniqueness 명 고유함, 독특함

universal
[jùːnəvə́ːrsəl]

uni(= one) + vers(e)(= versus: turn) + al(접사)
→ 하나로 회전하는 것의
형 보편적인, 우주의
Particular knowledge is objective, neutral, and **universal**. 학평
특정 지식은 객관적이고, 중립적이며, 보편적이다.

di-/du-   둘(two)

dilemma
[dilémə]

di(= two) + lemma(= premise: 전제) → (한 번에 해결해야 할) 두 가지 사건
명 진퇴양난, 딜레마
AIs could lead us in resolving moral **dilemmas**. 수능
인공 지능은 도덕적 진퇴양난의 해결로 우리를 이끌 수 있다.

divorce
[divɔ́ːrs]

라틴어 divortium(= separation)에서 유래 → 분리
명 이혼, 분리   동 이혼[분리]시키다
The marriage ended in **divorce** in 2020.
그 결혼은 2020년에 이혼으로 끝났다.
Science cannot be **divorced** from politics.
과학은 정치와 분리될 수 없다.

dual
[djúː(ː)əl]

du(= two) + al(접사) → 둘의
형 둘의, 이중의
The number of families with **dual** incomes is increasing.
맞벌이 가정의 수가 증가하고 있다.

duplicate
[djúːpləkit] 명 형
[djúːpləkèit] 동

du(= two) + plicate(= plicare: fold) → 접어서 두 개로 만들다
명 복제물   형 똑같은, 사본의   동 복제[복사]하다
I lost the original form so they sent me a **duplicate**.
내가 원본 형태를 잃어버려서 그들이 내게 복제물을 보내주었다.
None of the tuba's sounds are **duplicated** by the violin. 학평
튜바의 소리 중 어떤 것도 바이올린에 의해 복제되지 않는다.

tri-
셋(three)

tribe
[traib]

tri(=three) + be(= be)
→ 세 개로 존재하는 것 (고대 로마의 부족 세 개에서 유래)
몡 부족
The native people of Nauru consist of 12 **tribes**. 학평
Nauru 원주민은 12개의 부족으로 이루어져 있다.

> **Voca Plus** tribe의 유래
> 로마에 원래 살았던 세 개의 부족(Luceres 족, Ramnes 족, Tities 족)을
> 'tri + be'라고 부른 데서 유래

triple
[trípl]

tri(=three) + ple(= plus: fold) → 세 배
통 세 배로 하다   혱 세 배의
The average buying power has more than **tripled**. 학평
평균 구매력이 세 배 넘게 늘었다.

trivial
[tríviəl]

tri(= three) + vi(a)(= road) + al(접사) → 길모퉁이의, 흔한
혱 사소한
They didn't know what was important and what was **trivial**. 학평
그들은 무엇이 중요하고 무엇이 사소한지 몰랐다.

cent-/centi-
백(hundred)

cent
[sent]

cent(= hundred) → 100개짜리
몡 센트(미국, 캐나다 등의 화폐 단위, 1달러의 100분의 1)
I don't think you deserve a **cent**.
당신은 1센트도 받을 자격이 없다고 생각한다.

centennial
[senténiəl]

cent(= hundred) + ennial(=year) → 100년
혱 100년마다의, 100세의   몡 100주년 기념제(祭)
The **centennial** Olympics were in Atlanta, Georgia.
100주년 기념 올림픽 경기는 조지아 주의 애틀랜타 시에서 있었다.

century
[séntʃəri]

cent(= hundred) + ury(= uria: group) → 100개가 모인
몡 세기, 백 년
In the 20th **century**, average life expectancy rose by nearly 30
years. 학평
20세기에 평균 기대 수명은 거의 30년이 늘어났다.

centipede
[séntəpìːd]

centi(= hundred) + pede(= pes: foot) → 발이 많은 곤충
명 지네
The bird is trying to eat the **centipede**.
그 새는 지네를 먹으려 하고 있다.

kilo-
천(thousand)

kilogram
[kíləɡræm]

kilo(= thousand) + gram → 1,000그램
명 킬로그램
You need to lose three **kilograms** before the match. 학평
당신은 시합 전에 (몸무게) 3킬로그램을 줄여야 해요.

kilowatt
[kíləwàt]

kilo(= thousand) + watt → 1,000와트
명 킬로와트(전력의 단위: 1,000와트)
A **kilowatt** is 1,000 watts and is a unit of power.
1킬로와트는 1,000와트이고 전력의 단위이다.

milli-
천(thousand), 1,000분의 1(a thousandth)

milligram
[míliɡræm]

milli(= a thousandth) + gram → 1,000분의 1그램
명 밀리그램(1그램의 1/1,000)
Salt in foods is measured in **milligrams**.
식품에 함유된 염분은 밀리그램으로 측정된다.

million
[míljən]

milli(= mille: thousand) + on(= one: 접사) → 큰 수
명 백만
Coaches of big universities can earn more than $1 **million** a year. 학평
큰 대학의 코치는 연간 백만 달러가 넘는 돈을 벌 수 있다.

millionaire
[mìljənέər]

milli(= mille: thousand) + on(= one) + aire(접사)
→ 큰돈이 있는 사람
명 백만장자
A **millionaire** paid a fortune to travel in space.
한 백만장자가 우주여행을 하려고 거금을 지불했다.

> **Voca & Voca** 백만장자(millionaire)보다 부자인 사람의 명칭
> ▶ billionaire 억만장자
>   James is a **billionaire**. James는 억만장자이다.
> ▶ multimillionaire 수백만장자
>   The number of **multimillionaires** is increasing.
>   수백만장자의 수가 늘고 있다.

millisecond
[míləsèkənd]

milli(= a thousandth) + second → 1,000분의 1초
명 밀리세컨드(1/1,000초)
The entire process occurs in less than one **millisecond**.
전체 과정이 1,000분의 1초도 안 되어서 일어난다.

multi-   많은(many)

multicultural
[mÀltikÁltʃərəl]

multi(= many) + cultur(= cultura: till 땅을 갈다) + al(접사) → 다문화의
형 다문화의
I couldn't find enough **multicultural** students. 〔학평〕
나는 다문화 학생들을 충분히 찾을 수 없었다.
❋ multiculturalism **명** 다문화주의

multifunctional
[mÀltifÁŋkʃənl]

multi(= many) + function(기능) + al(접사) → 다기능의
형 다기능의
We'd rather buy a **multifunctional** device.
우리가 다기능 기기를 사는 게 낫겠어요.

multiple
[mÁltəpl]

multi(= many) + ple(= plus: fold) → 여러 배의
형 다수의 **명** 배수
Multitasking is about **multiple** tasks alternately sharing one resource. 〔수능〕
멀티태스킹은 다수의 일이 하나의 자원을 번갈아 공유하는 것에 관한 것이다.
12 is the lowest common **multiple** of 4 and 6.
12는 4와 6의 최소공배수이다.
❋ multiply **동** 곱하다, 증식하다

multitude
[mÁltitjùːd]

multi(= many) + tude(접사) → 많은 상태
명 수가 많음, 군중
Let's consider the **multitude** of ways people benefit from insects. 〔학평〕
사람들이 곤충에게서 혜택을 받는 다수의 방법을 생각해 보자.

Daily Test

A 우리말은 영어로, 영어는 우리말로 쓰시오.

01 번역하다, ~로 해석하다　t_____

02 transform　_____

03 수송(하다), 운송(하다)　t_____

04 transect　_____

05 독백, 독백 형식의 극　m_____

06 monarch　_____

07 단조로움; 단조로운　m_____

08 union　_____

09 진퇴양난, 딜레마　d_____

10 dual　_____

11 부족　t_____

12 trivial　_____

13 100년마다의, 100세의　c_____

14 century　_____

15 백만　m_____

16 centipede　_____

17 고유한, 독특한, 독창적인　u_____

18 multiple　_____

19 다문화의　m_____

20 multifunctional　_____

B 오른쪽 해석을 보고, 네모 안에서 적절한 단어를 고르시오.

01 You can't transform / transplant the flowers now.

그 꽃을 지금 옮겨 심을 수는 없어요.

02 None of the tuba's sounds are duplicated / divorced by the violin.

튜바의 소리 중 어떤 것도 바이올린에 의해 복제되지 않는다.

03 A milligram / millionaire paid a fortune to travel in space.

한 백만장자가 우주여행을 하려고 거금을 지불했다.

04 Particular knowledge is objective, neutral, and unique / universal.

특정 지식은 객관적이고, 중립적이며, 보편적이다.

05 Let's consider the multitude / multifunctional of ways people benefit from insects.

사람들이 곤충에게서 혜택을 받는 다수의 방법을 생각해 보자.

Review Test 2 (DAY 06~10)

A 영어는 우리말로, 우리말은 영어로 쓰시오.

01	combine	_____	02	추상적인	a_____
03	symmetry	_____	04	현대의, 동시대의	c_____
05	indefinite	_____	06	불멸의; 불멸의 인물	i_____
07	unsuitable	_____	08	흔하지 않은, 드문	u_____
09	nonsense	_____	10	실격시키다, 자격을 박탈시키다	d_____
11	misdeed	_____	12	화해시키다, 조정[중재]하다	r_____
13	accompany	_____	14	익숙한, 평상시의	a_____
15	encounter	_____	16	암호화하다, 부호화하다	e_____
17	monotone	_____	18	이식하다, 옮겨 심다	t_____
19	union	_____	20	사소한	t_____

B 다음 단어를 우리말 뜻에 맞게 변형하여 쓰시오.

01 collaborate → _____ (협력)

02 sympathy → _____ (동정하다, 지지하다)

03 illiterate → _____ (문맹, 무식)

04 unconscious → _____ (무의식)

05 disapprove → _____ (반대)

06 withdraw → _____ (철수, 철회, 인출)

07 telescope → _____ (망원경의, 망원경으로 본)

08 unique → _____ (고유함, 독특함)

C 다음 영영사전 풀이에 해당하는 단어를 바르게 연결하시오.

01 invalid ·   · ⓐ having no force or effect

02 abandon ·   · ⓑ to have a different opinion

03 disagree ·   · ⓒ someone who supports a particular idea

04 advocate ·   · ⓓ to stop doing something before it is finished

05 translate ·   · ⓔ to change words from one language to another language

D 다음 문장의 빈칸에 적절한 단어를 [보기]에서 골라 쓰시오.

> 보기　concentrate　　invisible　　permanent　　recover

01 Children need to be able to _____ on the task at hand. 학평

02 Telling the story a few more times will ensure its _____ place in the story index. 모평

03 This instinctive exchange gradually helped the sick twin to _____ and regain his health. 학평

04 Black ice is often practically _____ to drivers or persons stepping on it. 학평

E 다음 네모 안에서 문맥에 맞는 적절한 단어를 고르시오.

01 Using a recorder has some advantages / disadvantages and is not always best. 학평

02 Like stress, negative emotions can damage the immortal / immune response. 모평

03 You may be able to build a road strong enough to withdraw / withstand spring floods. 학평

04 Amy took a one-week leave of absence / presence to be with her mother. 학평

정답 Ⓐ 01 결합하다, 단합하다 02 abstract 03 대칭, 균형 04 contemporary 05 애매한, 불명확한, 무기한의 06 immortal 07 부적합한 08 uncommon 09 터무니없는 것, 허튼소리 10 disqualify 11 악행, 비행 12 reconcile 13 동행하다, 수반하다 14 accustomed 15 마주치다, 접하다; 뜻밖의 만남, 조우 16 encode 17 단조로움; 단조로운 18 transplant 19 조합, 결합 20 trivial

Ⓑ 01 collaboration 02 sympathize 03 illiteracy 04 unconsciousness 05 disapproval 06 withdrawal 07 telescopic 08 uniqueness

Ⓒ 01 ⓐ (효력 없는) 02 ⓓ (포기하다) 03 ⓑ (의견이 다르다) 04 ⓒ (지지자) 05 ⓔ (번역하다)

Ⓓ 01 concentrate 02 permanent 03 recover 04 invisible

Ⓔ 01 disadvantages 02 immune 03 withstand 04 absence

해석 Ⓓ 01 아이들은 당면 과제에 집중할 수 있어야 한다. 02 몇 번 더 그 이야기를 말하다보면 그것은 이야기 지표에서 영구적인 위치를 확보할 것이다. 03 이러한 본능적인 교감은 아픈 쌍둥이가 회복하여 다시 건강해지도록 점차적으로 도와주었다. 04 블랙 아이스는 사실상 자주 운전자나 그 위를 걷는 사람에게 보이지 않는다.

Ⓔ 01 녹음기를 사용하는 것은 일부 단점이 있으며 항상 최고는 아니다. 02 부정적인 감정은 스트레스처럼 면역 반응을 손상할 수 있다. 03 여러분은 봄철 홍수를 견딜 만큼 충분히 튼튼한 길을 만들 수 있을지도 모른다. 04 Amy는 자기 어머니와 함께 있으려고 1주 휴가를 냈다.

Progress Test 1 (DAY 01~10)

A 영어는 우리말로, 우리말은 영어로 쓰시오.

01	prophesy	_____	02	예비의; 예비 행위	p_____

01 prophesy _____　　02 예비의; 예비 행위　p_____

03 inborn _____　　04 중급의, 중간의　i_____

05 excavate _____　　06 외향적인, 사교적인　o_____

07 superficial _____　　08 겹치다, 겹쳐지다　o_____

09 despise _____　　10 위조 물건; 위조의　c_____

11 submerge _____　　12 논란, 논쟁　c_____

13 obstinate _____　　14 말도 안 되는, 황당한　a_____

15 compassion _____　　16 수렴하다　c_____

17 synthetic _____　　18 성급함, 조급, 못 견딤　i_____

19 represent _____　　20 군주　m_____

B 다음 괄호 안에 주어진 단어를 이용하여, 빈칸에 알맞은 말을 쓰시오.

01 시기상조, 조산, 조숙 _____ (premature)

02 간섭, 방해 _____ (interfere)

03 패권, 지상주의 _____ (supreme)

04 불멸 _____ (immortal)

05 실망 _____ (disappoint)

06 낭독, 암송 _____ (recite)

C 다음 영영사전 풀이에 해당하는 단어를 [보기]에서 골라 쓰시오.

보기　abide　　accuse　　exhaust　　obscure　　pretend

01 difficult to understand : _____

02 to tire out or wear out someone : _____

03 to imagine and act out a particular role : _____

04 to accept or bear someone or something bad : _____

05 to say that someone has done something bad : _____

D 다음 네모 안에서 문맥에 맞는 적절한 단어를 고르시오.

01 Being full and feeling satisfied are obscure / separate matters. 수능

02 The challenge is not to let those moments accumulate / transect and affect your self-belief. 학평

03 Seeing the hero battle obstacles and overcome / overlap crises engages the viewer in an emotional struggle. 학평

04 Glass engineering is expensive, causing the market to be exclusive / trivial. 모평

E 다음 빈칸에 알맞은 말을 고르시오.

01 Philosophers attempt to give _____, general definitions of what it is to be human. 학평

① abstract   ② impractical   ③ coexisitng   ④ sympathetic   ⑤ contemporary

02 The populations of many species are declining because habitats are being _____. 학평

① stabilized   ② deviated   ③ undermined   ④ understood   ⑤ underestimated

03 As long as he keeps his information to himself, he may feel _____ to those who do not know it. 모평

① inferior   ② exhausted   ③ superior   ④ outgoing   ⑤ superficial

04 If technology _____ automobiles that pollute the air, it is because pollution was not recognized as a problem. 수능

① promoted   ② previewed   ③ prevented   ④ produced   ⑤ prospected

---

정답 **Ⓐ** 01 예언하다, 예측하다 02 preliminary 03 타고난, 천부적인 04 intermediate 05 발굴하다, (구멍 등을) 파다 06 outgoing 07 표면상의, 피상적인 08 overlap 09 경멸하다, 얕보다, 혐오하다 10 counterfeit 11 물속에 담그다, 잠수하다 12 controversy 13 고집 센, 완강한 14 absurd 15 동정심, 연민 16 converge 17 합성의, 종합의 18 impatience 19 보여 주다, 대표[대신]하다, 나타내다 20 monarch

Ⓑ 01 prematurity 02 interference 03 supremacy 04 immortality 05 disappointment 06 recitation

Ⓒ 01 obscure (불분명한, 모호한) 02 exhaust (지치게 하다) 03 pretend (~인 척하다) 04 abide (참다, 견디다) 05 accuse (고발하다, 비난하다)

Ⓓ 01 separate 02 accumulate 03 overcome 04 exclusive

Ⓔ 01 ① 02 ③ 03 ③ 04 ④

해석 **Ⓓ** 01 배가 부르다는 것과 만족감을 느낀다는 것은 별개의 문제다. 02 문제는 그러한 순간이 축적되어 여러분의 자기 확신에 영향을 주도록 놔두지 않는 것이다. 03 영웅이 장애물과 싸우고 위기를 극복하는 것을 보는 것은 관객을 감정적 투쟁에 빠지게 한다. 04 유리 공학은 돈이 많이 들어서, 그 결과 시장은 독점적이 된다.

Ⓔ 01 철학자들은 인간이라는 것이 무엇인가에 대한 추상적이고 일반적인 정의를 내리려고 한다. 02 서식지가 약화되고 있으므로, 많은 종의 개체 수가 감소하고 있다. 03 자신의 정보를 남에게 말하지 않는 동안은, 그는 그것을 알지 못하는 사람들보다 자신이 우월하다고 느낄 수도 있다. 04 기술이 공기를 오염시키는 자동차를 생산했다면 그것은 오염이 문제로 인식되지 않기 때문이다.

접미사

Day 11

-ment
행위(action), 결과(result)

acknowledgement
[əknálidʒmənt]

acknowledge(aknow(= understand)와 knowlechen(= admit)을 합친 말) + ment(접사) → 이해하고 인정함

명 인정, 인식

We want an **acknowledgement** of the existence of the problem.
우리는 문제가 있다는 것에 대한 인정을 원한다.

⁑ acknowledge 통 인정하다

agreement
[əgríːmənt]

a(= to) + gree(= gre: pleasing) + ment(접사)
→ 기분 좋은 쪽으로 가는 행위

명 합의, 동의, 협정

There's a mutual **agreement** of cooperation that governs the competition. 학평
경쟁을 지배하는 협력에 대한 상호 합의가 있다.

⁑ agree 통 합의하다, 동의하다

> **Voca & Voca** 동의
>
> ▶ agreement (일반적인) 동의, 합의
>   Mary's parents nodded in **agreement**. 학평
>   Mary의 부모님은 고개를 끄덕여 동의했다.
> ▶ approval (계획·제안·요청에 대한 공식적인) 승인
>   Calling a product natural needs government **approval**.
>   어떤 제품을 천연이라고 부르는 데는 정부 승인이 필요하다.
> ▶ consent (특히 권위 있는 사람에 의한) 동의, 허락
>   A signed guardian **consent** form is required. 학평
>   보호자의 서면 동의 양식이 필요하다.

allotment
[əlátmənt]

al(= ad: to) + lot(= loter: lot) + ment(접사)
→ 모두에게 나누어 주는 행위

명 할당(량), 배당(량)

The budget **allotment** for each county is below what is needed.
군(郡)별 예산 할당은 필요로 하는 금액보다 적다.

⁑ allot 통 할당하다, 배당하다

assessment
[əsésmənt]

as(= ad: to) + sess(= sedere: sit) + ment(접사)
→ 앉아서 값을 정함
명 평가, 평가액
Their emphasis on understanding leads to negative academic
assessment. 학평
이해하기에 대한 그들의 강조가 부정적인 학업 평가를 초래한다.
⁑ **assess** 통 평가하다

movement
[múːvmənt]

move(움직이다) + ment(접사) → 움직이는 행위
명 움직임, 이동, 운동
She continued to participate in antiwar **movements**. 학평
그녀는 반전 운동에 계속 참여했다.
⁑ **move** 통 움직이다, 이동하다, 옮기다, 이사하다

> **Voca Plus**
> • eye **movements** 눈의 움직임 모평
> • a small **movement** 작은 동작
> • a quick/sudden **movement** 빠른/갑작스러운 동작
> • a slow **movement** 느린 동작
> • an easy **movement** (노력이 필요 없는) 쉬운 동작
> • a smooth **movement** 부드러운 동작

-ion
행위(action), 상태(condition)

conservation
[kɑ̀nsərvéiʃən]

con(= together) + serv(e)(= servare: maintain) + at(e)(접사) + ion(접사)
→ 함께 유지하는 상태
명 보호, 보존
Protecting fig trees is an important **conservation** goal. 학평
무화과나무를 보호하는 것은 중요한 보존 목표이다.
⁑ **conserve** 통 보호하다, 보존하다, 아껴 쓰다

> **Voca Plus**
> • species **conservation** 종 보존 학평
> • wildlife **conservation** 야생 생물 보호
> • environmental **conservation** 환경 보존
> • marine **conservation** 해양 보존

fascination
[fæ̀sənéiʃən]

fascinat(e)(= fascinatus: enchant 매혹하다) + ion(접사)
→ 마음을 사로잡은 상태
명 매력, 매혹, 매료됨
The **fascination** of the game lies in its ability to transport the
self. 그 경기의 매력은 그것의 자아를 이동시키는 능력에 있다.
⁑ **fascinate** 통 마음을 사로잡다, 매혹[매료]하다

formation
[fɔ:rméiʃən]

form(= create) + at(e)(접사) + ion(접사) → 창조하는 행위
명 구성, 형성
Physical space was the key to friendship **formation**. 〈학평〉
물리적 공간이 우정 형성의 핵심이었다.
⁘ form **명** 형태 **동** 형성하다

-ure
행위(action), 상태(state)

---

closure
[klóuʒər]

clos(e)(= shut) + ure(접사) → 닫는 행위, 닫힌 상태
명 폐쇄, 종료
The work will require full **closure** of the library. 〈학평〉
그 작업에는 도서관의 전면 폐쇄가 필요할 것이다.

moisture
[mɔ́istʃər]

moist(= wet: 젖은) + ure(접사) → 젖은 상태
명 수분, 습기
Some **moisture** is needed in the air. 〈학평〉
공기 중에는 약간의 수분이 필요하다.

mixture
[míkstʃər]

mixt(= mixed) + ure(접사) → 혼합된 상태
명 혼합, 혼합물, 혼합체
Her stories are a **mixture** of fiction and real-life difficulties. 〈학평〉
그녀의 이야기는 허구와 실생활에서의 문제점들의 혼합이다.

pleasure
[plézər]

pleas(e)(= plaisir: satisfy) + ure(접사) → 만족한 상태
명 기쁨, 즐거움, 기쁜 일
We all enjoy the **pleasure** of being left alone with a good book. 〈학평〉
우리 모두는 좋은 책 한 권을 가지고 혼자 남겨지는 즐거움을 즐긴다.
⁘ please **동** 기쁘게 하다 pleasant **형** 즐거운, 기분 좋은

-ance
상태(state), 행위(action)

---

annoyance
[ənɔ́iəns]

annoy(= anuier: anger) + ance(접사) → 화가 난 상태
명 짜증, 성가심
Alarms are more than just an **annoyance**. 경보음은 단순한 성가심을 넘어선다.
⁘ annoy **동** 짜증나게 하다, 성가시게 하다

> **Voca Plus**
> • great **annoyance** 몹시 성가심   • to one's **annoyance** 성가시게도
> • feel **annoyance** 짜증이 나다   • show **annoyance** 짜증을 내다
> • give much **annoyance** to ~에게 많은 괴로움을 끼치다

defiance
[difáiəns]

defi(= challenge) + ance(접사) → 도전하는 행위
명 반항, 도전
Tom spoke with a tone of **defiance**.
Tom은 반항하는 어투로 말했다.
⊕ **defy** 동 반항하다, 저항하다   **defiant** 형 반항하는, 저항하는

reluctance
[rilʌ́ktəns]

re(= back) + luct(= luctari: struggle) + ance(접사)
→ 뒤로 물리려 애쓰는 행위
명 마지못해 함, 꺼림
Grace finally agreed, but with **reluctance**.
Grace는 마침내 동의했지만, 마지못해 그렇게 했다.
⊕ **reluctant** 형 마지못한, 꺼리는, 주저하는

-ness
상태(state), 특징(quality)

awareness
[əwέərnis]

aware(알고 있는) + ness(접사) → 알고 있는 상태
명 인식, 알고 있음, 자각
Playing the piano can improve children's musical **awareness**. 학평
피아노를 치는 것이 아이의 음악적 인식을 향상할 수 있다.
⊕ **aware** 형 알고 있는, 의식이 높은

bitterness
[bítərnis]

bitter(= biter: sharp, cutting) + ness(접사) → 뾰족한 맛 → 쓴맛
명 씀, 쓴맛
Tony experienced the **bitterness** of one-way love.
Tony는 일방적인 사랑의 쓴맛을 경험했다.
⊕ **bitter** 형 (맛이) 쓴, 쓰라린, (언쟁 등이) 격렬한

faithfulness
[féiθfəlnis]

faith(= feit: trust) + ful(접사) + ness(접사) → 신뢰할 만한 특징
명 충실함, 신뢰할 만함
Dogs are known for their **faithfulness** to their master.
개는 주인에 대한 충실함으로 유명하다.
⊕ **faithful** 형 충실한, 신의 있는

shyness
[ʃáinis]

shy(= sceoh: timid) + ness(접사) → 겁이 많은 상태
명 겁 많음, 수줍음
Shyness is a trait that seems to be partially hereditary. 학평
수줍음은 부분적으로 유전적인 것처럼 보이는 특성이다.
⊕ **shy** 형 수줍어하는, ~을 두려워하는

weakness
[wíːknis]

weak(= wac: weak, soft) + ness(접사) → 약한 상태
명 약함, 힘이 없음, 약점
The **weakness** of local networks lies in their self-containment. 학평
지역 네트워크의 약점은 그것의 자기만족에 있다.

-ity/-ty 성질(quality)

complexity
[kəmpléksəti]

complex(복잡한) + ity(접사) → 복잡한 성질
명 복잡성
Myths conveyed truth about the **complexity** of life. 학평
신화는 삶의 복잡성에 관한 진실을 전달했다.

purity
[pjúərəti]

pur(= pure) + ity(접사) → 순수한 성질
명 순수(성), 순도
White roses symbolize **purity** and innocence.
흰 장미는 순수와 순결을 상징한다.
⁜ purify 동 순수하게 하다, 정화시키다

> **Voca & Voca** 순수성, 결백함, 진짜임
> ▶ innocence 결백함
> The accused protested his **innocence**.
> 피고는 자신의 결백을 주장했다.
> ▶ genuineness 진본임, 진위
> He tried to prove the **genuineness** of the book.
> 그는 그 책이 진본임을 입증하려 했다.

certainty
[sə́:rtnti]

certain(확실한) + ty(접사) → 확실한 성질
명 확실성
Many people work for a position of **certainty**.
많은 사람들이 확실한 지위를 위해 일한다.

variety
[vəráiəti]

varie(= various) + ty(접사) → 다양한 성질
명 다양성, 다양함
We'll display a wide **variety** of children's books. 학평
우리는 매우 다양한 어린이용 도서를 전시할 예정이다.
⁜ vary 동 다르다, 다양하다

-al 상태(state), 행위(action)

arrival
[əráivəl]

arriv(= arrive) + al(접사) → 도착한 상태
명 도착
The driver dropped it off here right after the **arrival**. 학평
도착 직후 운전자가 그것을 여기에 내려놓았다.
⁜ arrive 동 도착하다

disposal
[dispóuzəl]

dis(= apart, away) + pos(= pose: place) + al(접사) → 처분하는 행위

명 처분, 처리

No system of waste **disposal** can be absolutely safe. 모평

어떤 폐기물 처리 체제도 절대적으로 안전할 수는 없다.

⊕ dispose 통 처분하다

proposal
[prəpóuzəl]

pro(= forward) + pos(= poser: place) + al(접사) → 앞에 놓는 것

명 제안, 청혼

They think your **proposal** has great potential. 수능

당신의 제안이 훌륭한 잠재력을 가지고 있다고 그들은 생각한다.

⊕ propose 통 제안하다, 청혼하다

renewal
[rinjú:əl]

renew(갱신하다) + al(접사) → 갱신 행위

명 갱신, 부활

It's difficult not to notice repetition and **renewal** going on all around you. 학평

반복과 갱신이 여러분 주변 모두에게 일어나고 있다는 것을 알아차리지 못하기란 어렵다.

⊕ renew 통 갱신하다

-cy
상태(state), 성질(quality)

accuracy
[ǽkjurəsi]

accura(= accurate: 정확한) + cy(접사) → 정확한 상태

명 정확성, 정확함

Despite its **accuracy**, there was no clear use for the device. 학평

정확성에도 불구하고 그 장비에 대한 분명한 용도가 없었다.

fluency
[flú:ənsi]

fluen(= fluent: 유창한) + cy(접사) → 유창한 성질

명 유창성

Marketers can take advantage of conceptual **fluency**. 학평

마케터들은 개념적 유창성을 이용할 수 있다.

intimacy
[íntəməsi]

intima(= intimate: 친밀한) + cy(접사) → 친밀한 상태

명 친밀함

Intimacy between friends can be expressed in various ways.

친구 간의 친밀감은 다양한 방법으로 표현될 수 있다.

privacy
[práivəsi]

priva(= private: 사적인) + cy(접사) → 사적인 상태

명 사생활, 혼자 있는 상태

For me, **privacy** is more important than functions. 학평

내게는 사생활이 기능보다 더 중요하다.

Daily Test

A 영어는 우리말로, 우리말은 영어로 쓰시오.

01	complexity _____	02	다양성, 다양함 v_____
03	disposal _____	04	제안, 청혼 p_____
05	renewal _____	06	정확성, 정확함 a_____
07	intimacy _____	08	합의, 동의, 협정 a_____
09	privacy _____	10	할당(량), 배당(량) a_____
11	assessment _____	12	움직임, 이동, 운동 m_____
13	conservation _____	14	매력, 매혹, 매료됨 f_____
15	closure _____	16	혼합, 혼합물, 혼합체 m_____
17	defiance _____	18	씀, 쓴맛 b_____
19	awareness _____	20	약함, 힘이 없음, 약점 w_____

B 오른쪽 해석을 보고, 빈칸에 가장 적절한 단어를 [보기]에서 골라 쓰시오.

보기   acknowledgement   formation   moisture   purity   reluctance

01 Some _____ is needed in the air.	공기 중에는 약간의 수분이 필요하다.
02 Physical space was the key to friendship _____.	물리적 공간이 우정 형성의 핵심이었다.
03 We want a(n) _____ of the existence of the problem.	우리는 문제가 있다는 것에 대한 인정을 원한다.
04 Grace finally agreed, but with _____.	Grace는 마침내 동의했지만, 마지못해 그렇게 했다.
05 White roses symbolize _____ and innocence.	흰 장미는 순수와 순결을 상징한다.

-(e)ry

행위(action), 종류(kind)

bravery
[bréivəri]

brav(= brave: 용감한) + ery(접사) → 용감한 행위
명 용감함
His **bravery** saved many people's lives.
그의 용감함이 많은 사람들의 생명을 구했다.

machinery
[məʃí:nəri]

machin(= machine: 기계) + ery(접사) → 기계 종류
명 기계(류)
The early cotton masters wanted to keep their **machinery**
running. 수능
초기의 목화 농장주들은 자신들의 기계를 계속 가동하기를 원했다.

robbery
[rábəri]

robb(= rob: 강도질하다) + ery(접사) → 강도 행위
명 강도 (사건), 강도질
Participants in the study watched a film of a **robbery**. 학평
연구의 참가자들은 강도 사건을 다룬 영화를 보았다.

> **Voca & Voca** 강도, 절도
> ▶ robbery (폭력을 사용하는) 강도 사건
> There was a **robbery** in this area.
> 이 지역에서 강도 사건이 발생했다.
> ▶ burglary 절도, 빈집털이
> The man committed a **burglary**.
> 그 남자는 절도를 저질렀다.
> ▶ theft (특정 물건을 대상으로 하는) 도용, 절도
> Identity **theft** can take many forms in the digital world. 학평
> 신원 도용은 디지털 세계에서 많은 유형을 띨 수 있다.

jewelry
[dʒú:əlri]

jewel(보석) + ry(접사) → 보석 종류
명 보석(류)
He carves **jewelry** at the factory.
그는 공장에서 보석을 세공한다.

-tude
상태, 상황(state, condition), 특성(quality)

fortitude
[fɔ́:rtətjùːd]

forti(= fortis: strong, brave) + tude(접사) → 강하고 용감함
명 불굴의 정신, 굳세고 용감함
You showed great **fortitude** and strength in your match today.
너는 오늘 경기에서 멋진 불굴의 정신과 저력을 보여 주었다.

gratitude
[grǽtətjùːd]

grat(i)(= gratus: thankful, pleasing) + tude(접사) → 감사하기
명 감사, 고마움, 사의
She wanted to share her achievement and express her
gratitude. 학평
그녀는 자신의 성취를 나누고 감사를 표현하고 싶었다.

solitude
[sálitjùːd]

soli(= solus: alone) + tude(접사) → 혼자 있는 상태
명 고독, 외로움, 독거
Adults report that their worst experiences have taken place in
solitude. 학평
성인들은 자신의 최악의 경험이 고독 속에서 발생했다고 말한다.
✿ solitary 형 혼자 하는, 외딴, 외로운

-age
행위(act), 과정(process), 상태(condition)

blockage
[blákidʒ]

block(막다) + age(접사) → 막는 행위
명 방해(물), 장애(물), 봉쇄
These severe inequalities form a **blockage** to economic
growth.
이 심각한 불평등이 경제 성장에 대한 방해물을 형성한다.

coverage
[kávəridʒ]

cover(= covrir: cover, protect) + age(접사) → 덮는[보장하는] 것
명 보도, 방송, (적용, 보상, 보급 등의) 범위
Media **coverage** of sports is carefully edited. 학평
스포츠에 대한 대중 매체의 보도는 면밀하게 편집된다.

leakage
[líːkidʒ]

leak(= moisten: 촉촉해지다) + age(접사) → 촉촉해짐 → 새어 나감
명 유출, 누설, 누출, 누수
Leakage of sensitive information is difficult to prevent.
민감한 정보의 유출은 막기가 어렵다.

spoilage
[spɔ́ilidʒ]

spoil(= split, break off) + age(접사) → (찢기고 갈라진) 손상된 상태
명 부패, 손상, 약탈
Chemicals are commonly added to food to prevent **spoilage**.
부패를 막기 위해 화학 물질이 일반적으로 식품에 추가된다.

storage
[stɔ́ːridʒ]

stor(= store: 저장하다) + age(접사) → 저장하기
명 저장(소), 보관(소)
I'd like one with at least 500 liters of **storage**. 모평
저는 적어도 500리터의 저장 (용량)을 가진 걸 원해요.

-hood
상태, 상황(state, condition), 기간(period)

adulthood
[ədʌ́lthùd]

adult + hood(접사) → 어른인 상태, 성인기
명 성인기, 성년
Most children will leave their homes as soon as they reach **adulthood**.
대부분의 아이들은 성인기에 이르는 대로 집을 떠날 것이다.

childhood
[tʃáildhùd]

child + hood(접사) → 아이인 상태, 어린 시절
명 유년기, 어린 시절
During his **childhood**, Wright fell in love with the rolling landscape. 학평
어린 시절에 Wright는 언덕으로 이루어진 경치에 반했다.

nationhood
[néiʃənhùd]

nation + hood(접사) → 국민인 상태
명 국민임, 국민의 신분, 국민성
The sense of **nationhood** is not equal across territories.
국민으로서의 의식이 영토의 전역에 걸쳐 똑같지 않다.

neighborhood
[néibərhùd]

neighbor + hood(접사) → 이웃 사람이 있는 상태
명 인근, 이웃, 근처
Your cooperation will help make our **neighborhood** a safer place. 학평
여러분의 협조가 우리 이웃을 더 안전한 장소로 만들도록 도울 것이다.

-ship

상태, 상황(state, condition), 능력(skill), 신분(position)

authorship
[ɔ́:θərʃip]

author + ship(접사) → 작가[저작자]의 직분[역할]
명 원작자(임), 저술업
There have been doubts raised about his **authorship**.
그가 원작자인지에 대한 의구심이 제기되어 왔다.

censorship
[sénsərʃip]

censor(검열하다) + ship(접사) → 검열 행위
명 검열 (제도), 검열관의 직무[직권, 임기]
The artist would not accept the **censorship**. 학평
그 예술가는 검열을 받아들이지 않을 것이다.

citizenship
[sítizənʃip]

citizen + ship(접사) → 시민의 신분[권리, 특권, 책임감]
명 시민권, 시민의 신분[자질]
Dual **citizenship** is becoming more and more tolerated.
이중 시민권은 점점 더 용인되고 있다.

editorship
[éditərʃip]

editor + ship(접사) → 편집장의 지위, 편집 능력
명 편집장의 지위[직무], 편집, 편집상의 솜씨
I abandoned my newspaper **editorship** and became a doctor.
나는 신문 편집장의 지위를 버리고 의사가 되었다.

friendship
[fréndʃip]

friend + ship(접사) → 친구인 상태
명 우정, 친선
Friends and **friendship** mean different things to different people. 학평
친구와 우정이 서로 다른 사람들에게 서로 다른 것들을 의미한다.

hardship
[háːrdʃip]

hard + ship(접사) → 어려움이 있는 상태
명 고난, 어려움, 곤란
For Ricky, playing baseball was a way to forget his **hardship**. 모평
Ricky에게 야구를 하는 것은 고난을 잊게 해 주는 방법이었다.

100 Voca POWER 어원

-dom
상태, 상황(state, condition), 영역(realm)

boredom
[bɔ́:rdəm]

bore(지루하게 만들다) + dom(접사) → 지루한 상태
명 지루함, 따분함, 권태
Boredom is one of the main reasons people abandon exercise.
지루함은 사람들이 운동을 포기하는 주요 이유들 중 하나이다.

freedom
[frí:dəm]

free + dom(접사) → 자유로운 상태
명 자유(로운 상태), 해방, 면제
In 1824, Peru won its **freedom** from Spain. 학평
1824년에 페루가 스페인으로부터 자유를 얻었다.

kingdom
[kíŋdəm]

king + dom(접사) → 왕의 영역
명 왕국, 왕의 통치, (동식물 분류상의) 계(界)
The zoo offers you a chance to explore the amazing animal **kingdom**! 학평
동물원은 재미있는 동물 왕국을 탐험할 기회를 여러분에게 제공합니다!

wisdom
[wízdəm]

wis(= learned) + dom(접사) → 학식이 있는 상태
명 지혜, 슬기, 현명함
Comics contain **wisdom** about the nature of life. 학평
만화는 삶의 본질에 관한 지혜를 담고 있다.

-er/-or
행위자(a person who does an action)

entertainer
[èntərtéinər]

entertain(즐겁게 해주다) + er(접사) → 즐겁게 해주는 사람
명 연예인, 엔터테이너
Few of us can become the **entertainer** we would like to be. 모평
우리 중에 우리가 되기 원하는 연예인이 될 수 있는 사람은 거의 없다.
⊕ entertainment 명 오락, 여흥, 접대

director
[diréktər]

direct(지시하다) + or(접사) → 지시를 내리는 사람
명 감독, 지도자, 관리자, (회사의) 임원
I cannot believe you finally became a **director**. 학평
당신이 결국 감독이 되었다는 것이 믿기지 않아요.
⊹ direction 명 지시, 방향

inspector
[inspéktər]

inspect(조사하다) + or(접사) → 조사하는 사람
명 검사원, 조사자
His first job was with a US petroleum company, as an
inspector. 학평
그의 첫 일자리는 미국 석유 회사의 검사원이었다.
⊹ inspection 명 조사, 검사

investigator
[invéstəgèitər]

investigate(수사하다, 조사하다) + or(접사) → 수사나 조사를 하는 사람
명 조사자, 수사관
Investigators are happiest when they're using their brain
power. 모평
조사자는 자신들이 지적 능력을 사용하고 있을 때 가장 행복하다.
⊹ investigation 명 수사, 조사

prosecutor
[prásəkjù:tər]

prosecute(기소하다) + or(접사) → 기소하는 사람
명 검사, 기소자, 실행자
The **prosecutor** will prove that Mr. Brown is guilty.
그 검사는 Brown 씨가 유죄임을 입증할 것이다.
⊹ prosecution 명 기소, 고소, 구형, 실행

supervisor
[sú:pərvàizər]

supervise(감독하다) + or(접사) → 감독하는 사람
명 감독관, 관리자
George is the safety **supervisor** for an engineering company. 학평
George는 엔지니어링 회사의 안전 감독관이다.
⊹ supervision 명 관리, 감독, 지휘

vendor
[véndər]

vend(팔다) + or(접사) → 물건을 파는 사람
명 상인, 행상인, 노점상
Outside the theater, there was a row of flower **vendors**.
극장 밖에 한 줄로 늘어선 꽃 판매 상인들이 있었다.

Daily Test

A 우리말은 영어로, 영어는 우리말로 쓰시오.

01 기계(류)   m_____   02 fortitude   _____
03 보도, 방송   c_____   04 leakage   _____
05 저장(소), 보관(소)   s_____   06 adulthood   _____
07 유년기, 어린 시절   c_____   08 neighborhood _____
09 시민권, 시민의 신분[자질] c_____   10 friendship   _____
11 고난, 어려움, 곤란   h_____   12 boredom   _____
13 자유(로운 상태), 해방, 면제 f_____   14 wisdom   _____
15 왕국, 왕의 통치   k_____   16 entertainer   _____
17 감독, 지도자, 관리자   d_____   18 inspector   _____
19 감독관, 관리자   s_____   20 vendor   _____

B 오른쪽 해석을 보고, 네모 안에서 적절한 단어를 고르시오.

01 His bravery / robbery saved many people's lives.

그의 용감함이 많은 사람들의 생명을 구했다.

02 The artist would not accept the authorship / censorship.

그 예술가는 검열을 받아들이지 않을 것이다.

03 The investigator / prosecutor will prove that Mr. Brown is guilty.

그 검사는 Brown 씨가 유죄임을 입증할 것이다.

04 She wanted to share her achievement and express her gratitude / solitude.

그녀는 자신의 성취를 나누고 감사를 표현하고 싶었다.

05 These severe inequalities form a blockage / spoilage to economic growth.

이 심각한 불평등이 경제 성장에 대한 방해물을 형성한다.

정답 A 01 machinery 02 불굴의 정신, 굳세고 용감함 03 coverage 04 유출, 누설, 누출, 누수 05 storage 06 성인기, 성년 07 childhood 08 인근, 이웃, 근처 09 citizenship 10 우정, 친선 11 hardship 12 지루함, 따분함, 권태 13 freedom 14 지혜, 슬기, 현명함 15 kingdom 16 연예인, 엔터테이너 17 director 18 감사원, 조사자 19 supervisor 20 상인, 행상인, 노점상
B 01 bravery 02 censorship 03 prosecutor 04 gratitude 05 blockage

Day 13

-ee
행위를 당하는 사람(a person who is affected by an action)

absentee
[ǽbsəntíː]

absent(부재의) + ee(접사) → 부재중인 사람
명 부재자, 결석자, 불참자
There are two sick **absentees** in my class today.
오늘 나의 학급에는 두 명의 병결자가 있다.
❖ absence 명 부재, 결석, 결근

interviewee
[ìntərvjuːíː]

interview(면접하다) + ee(접사) → 면접을 받는 사람
명 면접을[인터뷰를] 받는 사람
He asked the **interviewee** very difficult questions.
그는 면접을 받는 사람에게 매우 어려운 질문을 했다.
❖ interviewer 명 면접관

-ist
행위자(a person who does an action)

biologist
[baiɑ́lədʒist]

biology(생물학) + ist(접사) → 생물학을 연구하는 사람
명 생물학자
An American naturalist and marine **biologist**, William Beebe was born in 1877. 학평
미국의 동식물 학자이자 해양 생물학자인 William Beebe는 1877년에 태어났다.
❖ biology 명 생물학　biological 형 생물학적인

chemist
[kémist]

chem(= alchemy: 연금술) + ist(접사) → 연금술을 하는 사람
→ 화학 약품을 다루는 사람
명 화학자, 약사
The **chemist** assumes that chemical reactions are lawful. 모평
화학자는 화학 반응이 법칙적이라고 가정한다.
❖ chemistry 명 화학, 화학 작용
　chemical 형 화학의　명 화학 물질[제품]

economist
[ikánəmist]

econom(y)(경제) + ist(접사) → 경제를 연구하는 사람
명 경제학자
Economists are worried about rapid inflation.
경제학자들은 급격한 인플레이션을 걱정한다.
❖ economics 명 경제학

journalist
[dʒə́:rnəlist]

journal(정기간행물, 잡지, 신문) + ist(접사)
→ 신문, 잡지 등을 만드는 일에 종사하는 사람
명 기자, 언론인
Even the best **journalists** can be tricked by lies. 학평
최고의 기자도 거짓말에 속아 넘어갈 수 있다.
❖ journalism 명 저널리즘, 언론

physicist
[fízisist]

physic(s)(물리학) + ist(접사) → 물리학을 연구하는 사람
명 물리학자
For the **physicist**, the duration of a "second" is precise. 수능
물리학자에게, '1초'의 지속 시간은 정확하다.
❖ physics 명 물리학

> **Voca & Voca** physicist vs. physician
> ▶ physicist 명 물리학자
>   a nuclear **physicist** 핵물리학자
> ▶ physician 명 (내과) 의사
>   the **physician** who makes a complex diagnosis
>   복잡한 진단을 내리는 의사

psychologist
[saikálədʒist]

psycholog(y)(심리학) + ist(접사) → 심리학을 연구하는 사람
명 심리학자
Psychologists believe that insight is the result of a restructuring. 모평
심리학자들은 통찰력이 재구성의 결과물이라고 믿는다.
❖ psychological 형 심리적인　psychoanalysis 명 심리 분석

-ant
행위자(a person who does an action)

accountant
[əkáuntənt]

account(계산) + ant(접사) → 계산을 하는 사람
명 회계사
I believe you'll become a good **accountant**. 학평
당신이 좋은 회계사가 될 거라고 믿어요.

attendant
[əténdənt]

attend(= pay attention) + ant(접사) → 주의, 관심을 가져 주는 사람
명 안내원, 종업원   형 참석한
The **attendant** showed them to their seats.
안내원은 그들을 좌석으로 안내했다.
❖ attention 명 주의, 관심, 배려   attendance 명 출석, 참석

participant
[pɑːrtísəpənt]

particip(ate)(참석하다) + ant(접사) → 행사[일]에 참가한 사람
명 참가자
There are so many **participants** this year. 모평
올해에는 참가자가 매우 많다.
❖ participation 명 참석

-ary
행위자(a person who does an action)

missionary
[míʃənèri]

mission(임무) + ary(접사)
→ 종교 전파의 임무를 수행하기 위해 돌아다니는 사람
명 선교사
He went to India as a **missionary**.
그는 선교사로 인도에 갔다.

secretary
[sékrətèri]

secret(비밀) + ary(접사) → 비밀을 취급하는 사람
명 비서, 서기, 장관
You can ask the **secretary**, Ms. Stevens, for a copy. 학평
당신은 비서인 Stevens 씨께 복사를 부탁할 수 있어요.

-ive
행위자(a person who does an action)

detective
[ditéktiv]

detect(발견하다) + ive(접사) → 사건의 원인을 찾아내는 사람
명 탐정, 수사관   형 탐정의
A **detective** must find the clues. 학평
탐정은 단서를 찾아야 한다.
❖ detection 명 발견, 간파, 탐지   detector 명 탐지기

representative
[rèprizéntətiv]

represent(대표하다) + ive(접사) → 대표하는 사람

명 대표자, (판매) 대리인, 대표하는 것 　형 대표적인, 전형적인

You're the **representative** of our class. 모평

네가 우리 반 대표이다.

▪ representation 명 대표, 대리, 표현, 묘사

-able/-ible 　할 수 있는(capable)

available
[əvéiləbl]

a(= ab: to) + vail(= worth) + able(접사) → 가치가 있는

형 이용할 수 있는, 유효한

Is the program **available** anytime? 학평

그 프로그램을 아무 때나 이용할 수 있나요?

The ticket is **available** on day of issue only.

표는 발행된 날에만 유효하다.

▪ availability 명 이용할 수 있음

durable
[djúərəbl]

dur(e)(= last) + able(접사) → 오래 갈 수 있는

형 내구성이 강한, 오래 견디는

The roofs are **durable**, so they last for a long time.

그 지붕들은 내구성이 있어서 오래 간다.

▪ durability 명 내구성

memorable
[mémərəbl]

memor(= mindful) + able(접사) → 염두에 둘 수 있는

형 기억에 남을, 중대한

I'd like this video to be a **memorable** present for her. 학평

이 비디오가 그녀에게 기억에 남을 선물이면 좋겠어요.

notable
[nóutəbl]

not(e) + able(접사) → 주목할 수 있는

형 주목할 만한, 유명한

There is one **notable** actor among many outstanding ones.

많은 뛰어난 배우들 가운데 한 명의 주목할 만한 배우가 있다.

reliable
[riláiəbl]

reli(= rely) + able(접사) → 신뢰할 수 있는

형 신뢰할 만한

That's why you need to buy things only at **reliable** online shops. 학평

그것이 바로 당신이 신뢰할 만한 온라인 상점에서만 물건을 사야 하는 이유예요.

▪ reliability 명 신뢰성

remarkable
[rimá:rkəbl]

re(= again) + mark + able(접사) → 다시 표시할 수 있는
형 놀라운, 주목할 만한
The sense of hearing gives us a **remarkable** connection with
the invisible order of things. 학평
청각은 우리에게 사물의 보이지 않는 질서와의 놀라운 연결을 가져다준다.

flexible
[fléksəbl]

flex(= bend) + ible(접사) → 구부릴 수 있는
형 유연한, 융통성이 있는
Children are generally very **flexible**. 학평
아이들은 일반적으로 매우 유연하다.
⁑ flexibility 명 유연성

negligible
[néglidʒəbl]

neg(= not) + lig(= leg: pick up) + ible(접사) → 선택하지 않아도 되는
형 무시해도 좋은, 하찮은
The pay that the soldiers received was **negligible**.
병사들이 받은 봉급은 무시할 만한[하찮은] 정도였다.
⁑ negligence 명 무시, 무관심

sensible
[sénsəbl]

sens(e) + ible(접사) → 분별할 수 있는
형 분별 있는, 현명한
He may look like a fool in the eyes of **sensible** people.
분별 있는 사람들의 눈에는 그가 바보처럼 보일 수도 있다.

-ic

연관시키는(relating to),
특성을 가진(characterized by)

economic
[ì:kənámik]

econom(y) + ic(접사) → 경제의
형 경제의
Raising taxes slows down **economic** growth.
세금을 올리는 것은 경제 성장을 늦춘다.
⁑ economical 형 경제적인, 절약하는

ironic
[airánik]

iron(y) + ic(접사) → 아이러니의
형 아이러니의, 반어의, 비꼬는
It's **ironic** that the painter is blind.
그 화가가 앞을 못 본다는 점이 아이러니이다.

romantic
[roumǽntik]

romant(= romaunt: 낭만적인, 사랑에 잘 빠지는) + ic(접사)
→ 낭만적인

형 낭만적인
I didn't know you're interested in **romantic** movies. 수능
당신이 낭만적인 영화에 관심이 있는지 몰랐어요.

-ous
성질을 가진(possessing), 가득한(full of)

envious
[énviəs]

envi(= invidia: eye maliciously 심술궂게 보다) + ous(접사)
→ 미운 마음이 있는
형 부러워하는, 질투심이 나는
He was **envious** of his friend's toy gun.
그는 친구의 장난감 총이 부러웠다.

furious
[fjúəriəs]

furi(=furia: rage 분노) + ous(접사) → 분노를 가진
형 몹시 화가 난, 맹렬한
The father was **furious**. 학평
아버지는 몹시 화가 났다.
They drove off at a **furious** pace.
그들은 맹렬한 속도로 차를 몰고 갔다.

glorious
[glɔ́:riəs]

glori(= gloria: fame) + ous(접사) → 유명한 → 영광스러운
형 영광스러운, 빛나는
It was a **glorious** page in English history.
그것은 영국 역사상 영광스러운 한 페이지였다.

industrious
[indʌ́striəs]

industri(= industria: diligence) + ous(접사) → 부지런한
형 근면한, 성실한
She is an **industrious** researcher.
그녀는 근면한 연구자이다.

simultaneous
[sàiməltéiniəs]

simultane(= simultim: at the same time) + ous(접사) → 동시의
형 동시의
The researchers asked the students to perform a **simultaneous** task. 학평
연구자들은 그 학생들에게 동시에 일어나는 과업을 수행할 것을 요청했다.
⁂ simultaneously 부 동시에

spontaneous
[spɑntéiniəs]

spont(= willingly) + an(접사) + (e)ous(접사) → 자발적인
형 자발적인, 즉흥적인
The individual's participation is a **spontaneous** reaction. 모평
개인의 참여는 자발적인 반응이다.
⁂ spontaneously 부 자발적으로

Daily Test

A 영어는 우리말로, 우리말은 영어로 쓰시오.

01 economist _____
02 생물학자 b_____

03 chemist _____
04 물리학자 p_____

05 psychologist _____
06 회계사 a_____

07 attendant _____
08 선교사 m_____

09 secretary _____
10 탐정, 수사관; 탐정의 d_____

11 durable _____
12 유연한, 융통성이 있는 f_____

13 notable _____
14 신뢰할 만한 r_____

15 remarkable _____
16 분별 있는, 현명한 s_____

17 economic _____
18 부러워하는, 질투심이 나는 e_____

19 simultaneous _____
20 자발적인, 즉흥적인 s_____

B 오른쪽 해석을 보고, 빈칸에 가장 적절한 단어를 [보기]에서 골라 쓰시오.

> 보기 absentee   journalist   negligible   participant   representative

01 There are two sick _____s in my class today.
오늘 나의 학급에는 두 명의 병결자가 있다.

02 Even the best _____s can be tricked by lies.
최고의 기자도 거짓말에 속아 넘어갈 수 있다.

03 There are so many _____s this year.
올해에는 참가자가 매우 많다.

04 You're the _____ of our class.
네가 우리 반 대표이다.

05 The pay that the soldiers received was _____.
병사들이 받은 봉급은 무시할 만한[하찮은] 정도였다.

-ive
성질을 가진(quality of), 성향이 있는(inclined to)

defensive
[difénsiv]

de(= away) + fens(=fendere: strike) + ive(접사)
→ (상대의 검을) 쳐서 멀리 보내는
형 방어하는, 방어의
He became **defensive** and tried to protect himself.
그는 방어적이 되었고 자신을 보호하려 했다.

effective
[iféktiv]

effect + ive(접사) → 효과적인
형 효과적인, 효력이 있는
Green tea leaves are very **effective** at getting rid of bad smells. 학평
녹차 잎은 악취를 없애는 데 매우 효과적이다.
⁜ effectively 부 효과적으로

negative
[négətiv]

negat(= negate: deny) + ive(접사) → 부정적인
형 부정의, 부정적인, 음성의
Ultraviolet light can cause some **negative** effects on the skin. 학평
자외선은 피부에 몇몇 부정적 효과를 낼 수 있다.
Her pregnancy test was **negative**.
그녀의 임신 검사는 음성이었다.
⁜ negatively 부 부정적으로

objective
[əbdʒéktiv]

ob(= against) + ject(=jet: throw) + ive(접사) → 반대하여 던지는
형 객관적인 명 목표
There are no **objective** goals in novels. 모평
소설에는 객관적인 목표가 없다.
The program has achieved its **objective**.
그 프로그램은 자신의 목표를 달성했다.
⁜ objectively 부 객관적으로

persuasive
[pərswéisiv]

per(= thoroughly) + suas(= suadere: urge) + ive(접사)
→ 완전히 설득하는
형 설득력이 있는, 설득을 잘하는
The salesman had a very **persuasive** way of talking.
그 판매원은 매우 설득력 있게 말하는 방식을 갖고 있었다.
⁜ persuade 동 설득하다   persuasion 명 설득

-ary/-sory/-tory   ~의(of), 연관이 있는(relating to)

complimentary
[kàmpləméntəri]

compli(= complere: complete) + ment(접사) + ary(접사)
→ 완성한 것과 연관이 있는

형 칭찬하는, 무료의

Ms. Stevens was very **complimentary** about your work.

Stevens 선생님께서 네 작품을 무척 칭찬하셨어.

⁙ compliment 통 칭찬하다 명 칭찬(의 말), 찬사

> **Voca Plus**
> • a **complimentary** remark 칭찬의 말
> • a **complimentary** ticket 초대권
> • a **complimentary** address 축사

elementary
[èləméntəri]

element(= elementum: first principle) + ary(접사) → 첫째 원리의

형 기본적인, 초보의

I'm only familiar with the subject at an **elementary** level.

나는 기본적인 수준에서 그 주제에 친숙할 뿐이다.

⁙ element 명 요소, 원리, 원소

imaginary
[imædʒənèri]

imagin(= image) + ary(접사) → 마음속에 떠오르는 영상과 연관된

형 상상의, 가공의

Sniffing at an **imaginary** odor isn't an absentminded habit. 학평

상상의 냄새에 코를 킁킁거리는 것은 멍한 상태에서 행해지는 습관이 아니다.

⁙ imagine 통 상상하다   imagination 명 상상, 상상력

literary
[lítərèri]

liter(= letter) + ary(접사) → 글자의 → 글자로 표현한

형 문학의, 문학적인

Do you think reading **literary** works will help improve my imagination? 모평 문학 작품을 읽는 것이 상상력 향상을 도울 것이라고 생각하세요?

⁙ literature 명 문학, 문헌

solitary
[sálətèri]

sol(= sole: 단 하나의) + it(y)(접사) + ary(접사) → 혼자의

형 혼자의, 혼자 하는, 단 하나의

Reading is a fundamentally **solitary** experience. 학평

독서는 근본적으로 혼자 하는 경험이다.

⁙ solitude 명 고독

stationary
[stéiʃənèri]

stat(= stand) + ion(접사) + ary(접사) → 서 있는 것과 연관 있는

형 움직이지 않는, 정지된

The bus collided with a **stationary** vehicle.

그 버스가 정지해 있는 차량과 충돌했다.

⁙ station 명 정거장, 주둔지   통 배치하다

compulsory
[kəmpʌ́lsəri]

com(=together) + pul(=pellere: drive) + sory(접사) → 함께 몰고 가는

형 강제적인, 의무적인, 필수의

Attendance at lectures is **compulsory**.

강의 출석은 의무적이다.

⁜ compel 동 강요[강제]하다   compulsion 명 강요

explanatory
[iksplǽnətɔ̀:ri]

ex(=out) + plana(=planus: flat) + tory(접사)
→ 밖을 반반하게 하는 것과 연관 있는 → 설명을 통해 반반해진

형 설명하기 위한, 이유를 밝히는

There are **explanatory** notes at the end of each chapter.

각 장의 끝부분에 설명하기 위한 주석이 있다.

satisfactory
[sæ̀tisfǽktəri]

satisfac(=do enough) + tory(접사) → 충분히 행한 → 만족한

형 만족스러운, 훌륭한, 충분한

It is assumed the existing set of conditions is much less **satisfactory**. 학평

기존의 상황은 훨씬 덜 만족스럽게 여겨진다.

⁜ satisfy 동 만족시키다   satisfaction 명 만족, 흡족

-ate/-ite   특징을 가진(quality of)

affectionate
[əfékʃənit]

af(=ad: to) + fect(=facere: do) + ion(접사) + ate(접사) → 해줄 마음이 있는

형 다정한, 애정 어린

His father was very **affectionate** towards his children.

그의 아버지는 자녀들에게 매우 다정했다.

⁜ affection 명 애정, 보살핌

desolate
[désələt]

de(=completely) + sol(=solare: make lonely) + ate(접사)
→ 매우 외롭게 만드는 특징을 가진

형 황량한, 적막한, 고독한

There was a **desolate** plain ahead of us.

우리 앞에는 황량한 벌판이 펼쳐져 있었다.

⁜ desolation 명 황량함, 적막함

> **Voca Plus**
> - **desolate** landscape 적막한 풍경
> - **desolate** life 고독한 생활
> - **desolate** mountain path 인적이 드문 산길
> - **desolate** sight 적막한 광경

definite
[défənit]

de(=completely) + fin(=finire: limit) + ite(접사) → 확실하게 제한하는

형 분명한, 뚜렷한, 확실한

There is no **definite** order in treating an illness. 학평

병을 치료하는 데에는 분명한 순서가 없다.

favorite
[féivərit]

favor(= goodwill) + ite(접사) → 선의의 특징을 가진
형 가장 좋아하는   명 좋아하는 사람[것]
My **favorite** band signed my ticket. (수능)
내가 가장 좋아하는 밴드가 내 티켓에 사인을 해 주었다.
⊕ favor 명 호의, 인기, 편애   동 호의를 보이다, 편애하다

-ant/-ent   성향이 있는(inclined to)

brilliant
[bríljənt]

brilli(= brillare: glitter 반짝이다) + ant(접사) → 반짝이는 성향이 있는
형 훌륭한, 뛰어난, 아주 밝은, 눈부신
His acting is **brilliant** for his young age. (학평)
그의 연기는 어린 나이에 비해 훌륭하다.
⊕ brilliance 명 탁월, 걸출

> **Voca & Voca** 환한, 선명한
> ▶ bright 환한, 밝은, 빛나는
>   a **bright**, unique, and safe space (학평)
>   환하고, 독특하고, 안전한 장소
> ▶ vivid (색상이) 선명한
>   Her eyes were a **vivid** green. 그녀의 눈은 선명한 녹색이었다.

buoyant
[bɔ́iənt]

buoy(= lift) + ant(접사) → 위로 올라가는 성향이 있는
형 부력이 있는, 자신감에 차 있는, 경기가 좋은
Salt water is more **buoyant** than fresh water.
바닷물은 민물보다 부력이 더 크다.
⊕ buoyancy 명 부력, 상승 추세

relevant
[réləvənt]

relev(= relevare: lighten) + ant(접사)
→ 가볍게 만드는 성향이 있는 → 연관이 있는
형 연관된, 적절한, 유의미한
Drones can gather **relevant** data. (학평)
드론이 연관된 자료를 모을 수 있다.
⊕ relevance 명 관련(성), 적절

vibrant
[váibrənt]

vibr(= vibrare: shake) + ant(접사) → 흔들리는 성향이 있는
형 떨리는, 진동하는, 활기찬
His **vibrant** voice is fantastic. 그의 떨리는 목소리는 환상적이다.
⊕ vibrate 동 떨다, 진동하다, 진동시키다   vibration 명 떨림, 진동

absorbent
[əbsɔ́:rbənt]

ab(= from) + sorb(= sorbere: suck in) + ent(접사)
→ 빨아들이는 성향이 있는
형 흡수력 있는, 잘 빨아들이는
These paper towels are very **absorbent**.
이 종이 수건들은 흡수력이 매우 좋다.
⊕ absorb 동 흡수하다, 받아들이다   absorption 명 흡수, 몰두

-ful
가득한, 풍부한(full of)

delightful
[diláitfəl]

delight(= delite: pleasure) + ful(접사) → 즐거움이 풍부한
형 기분 좋은, 마음에 드는
There is a **delightful** little garden behind the house.
그 집 뒤에 마음에 드는 작은 정원이 있다.
⟡ delight 통 많은 기쁨을 주다, 아주 즐겁게 하다 명 기쁨, 즐거움

grateful
[gréitfəl]

grate(= gratus: gratitude 감사) + ful(접사) → 감사로 가득한
형 고마워하는, 감사하는
I am very **grateful** for this opportunity. 학평
저는 이 기회를 주신 것에 대해 무척 감사드려요.

respectful
[rispéktfəl]

re(= back) + spect(= specere: look at) + ful(접사) → 뒤를 보게 되는
형 존중하는, 경의를 표하는
Audience feedback assists the speaker in creating a **respectful** connection with the audience. 학평
청중의 피드백은 연사가 청중과 존중하는 관계를 만드는 것을 도와준다.
⟡ respect 통 존경하다, 존중하다 명 존경, 존중

skillful
[skílfəl]

skill(= skil: distinction 뛰어남) + ful(접사) → 뛰어남으로 가득한
형 능숙한, 숙련된, 솜씨 있는
You're the most **skillful** debate competitor ever. 학평
너는 여태까지 가장 능숙한 토론 상대이다.
⟡ skill 명 기술, 재능

-al
관계가 있는(relating to)

formal
[fɔ́ːrməl]

form(격식, 형식) + al(접사) → 격식과 관계가 있는
형 공식적인, 격식을 차린
Her **formal** education lasted only two years. 학평
그녀의 공식 교육은 겨우 2년간 지속되었다.
⟡ formalize 통 격식을 갖추다, 공식화하다

historical
[histɔ́ːrikəl]

histor(= history: 역사) + ic(접사) + al(접사) → 역사와 관계가 있는
형 역사의, 역사상의
You should watch a **historical** movie. 모평
여러분은 역사 영화를 봐야 한다.
⟡ historic 형 역사적으로 중요한

literal
[lítərəl]

liter(= letter) + al(접사) → 문자와 관계가 있는
형 글자 그대로의, 직역의
A **literal** meaning of the name Tapies is 'walls.'
Tapies라는 이름의 글자 그대로의 의미는 '벽'이다.
⁑ literalness 명 문자 그대로임, 직역

medical
[médikəl]

medic(= medicus: 의사) + al(접사) → 의사와 관계가 있는
형 의학의, 의료의
Did you buy **medical** and travel insurance? 학평
의료 보험과 여행 보험을 구입했나요?
⁑ medicine 명 의학, 의술, 약

national
[nǽʃənəl]

nation + al(접사) → 국가와 관계가 있는
형 국가의, 국립의
They are very important **national** heritage sites.
그곳들은 매우 중요한 국가 유산 지역이다.
⁑ nationalize 통 국영화하다, 국유화하다

-ish
특징이 있는(characteristic)

childish
[tʃáildiʃ]

child + ish(접사) → 어린이의 특징을 가진
형 유치한, 어린애 같은
The **childish** drawing was quickly dismissed by Sherman. 학평
Sherman은 그 유치한 그림을 곧장 묵살해 버렸다.
⁑ childishness 명 유치함

> **Voca & Voca** 유치한, 순진한
> ▶ childish 유치한
> Don't be so **childish**!
> 그렇게 유치하게 굴지 마!
> ▶ childlike 어린이다운, 순진한
> They were very innocent and **childlike**.
> 그들은 매우 순수하고 어린애 같았다.

foolish
[fúːliʃ]

fool + ish(접사) → 바보의 특징을 가진
형 어리석은, 멍청한
You may make some **foolish** spending choices. 학평
여러분은 몇몇 어리석은 지출 선택을 할지도 모른다.
⁑ foolishness 명 어리석음

selfish
[sélfiʃ]

self + ish(접사) → 자기 자신만 생각하는 특징이 있는
형 이기적인
Our politics is groupish, not **selfish**. 학평
우리의 정치는 이기적인 것이 아니라 집단 이기적인 것이다.
⁑ selfishness 명 이기적임

Daily Test

A 우리말은 영어로, 영어는 우리말로 쓰시오.

01 객관적인; 목표   o_____   02 negative _____

03 설득력이 있는   p_____   04 compulsory _____

05 기본적인, 초보의   e_____   06 imaginary _____

07 문학의, 문학적인   l_____   08 solitary _____

09 움직이지 않는, 정지된   s_____   10 affectionate _____

11 훌륭한, 뛰어난, 아주 밝은   b_____   12 vibrant _____

13 연관된, 적절한, 유의미한   r_____   14 delightful _____

15 고마워하는, 감사하는   g_____   16 respectful _____

17 공식적인, 격식을 차린   f_____   18 literal _____

19 의학의, 의료의   m_____   20 selfish _____

B 오른쪽 해석을 보고, 네모 안에서 적절한 단어를 고르시오.

01 He became defensive / effective and tried to protect himself.

그는 방어적이 되었고 자신을 보호하려 했다.

02 Ms. Stevens was very complimentary / explanatory about your work.

Stevens 선생님께서 네 작품을 무척 칭찬하셨어.

03 There was a desolate / definite plain ahead of us.

우리 앞에는 황량한 벌판이 펼쳐져 있었다.

04 These paper towels are very absorbent / buoyant.

이 종이 수건들은 흡수력이 매우 좋다.

05 You may make some childish / foolish spending choices.

여러분은 몇몇 어리석은 지출 선택을 할지도 모른다.

정답 A 01 objective 02 부정의, 부정적인, 음성의 03 persuasive 04 강제적인, 의무적인, 필수의 05 elementary
06 상상의, 가공의 07 literary 08 혼자의, 혼자 하는, 단 하나의 09 stationary 10 다정한, 애정 어린 11 brilliant
12 떨리는, 진동하는, 활기찬 13 relevant 14 기분 좋은, 마음에 드는 15 grateful 16 존중하는, 경의를 표하는
17 formal 18 글자 그대로의, 직역의 19 medical 20 이기적인

B 01 defensive 02 complimentary 03 desolate 04 absorbent 05 foolish

-less
없는(without)

careless
[kɛ́ərlis]

care + less(접사) → 주의가 없는
휑 부주의한
Many **careless** fishermen had lost their lives on these rocks. 학평
부주의한 많은 낚시꾼들이 이 바위들 위에서 목숨을 잃었다.
⁑ carelessness 명 부주의함

countless
[káuntlis]

count + less(접사) → 셀 수 없는
휑 셀 수 없이 많은, 무수한
There are **countless** examples of scientific inventions. 학평
과학적 발명의 예는 셀 수 없이 많다.
⁑ countlessly 튀 무수히

useless
[júːslis]

use + less(접사) → 사용할 수 없는
휑 쓸모없는
What works for one person is **useless** for another. 학평
어떤 사람에게 효과가 있는 것이 다른 사람에게는 쓸모가 없다.
⁑ uselessly 튀 쓸모없이

valueless
[vǽljuːlis]

value + less(접사) → 가치가 없는
휑 가치가 없는, 무가치한
If the results are biased, the study is **valueless**.
그 결과가 편향된 것이라면 그 연구는 가치가 없다.
⁑ valuelessness 명 무가치함

-y
관계가 있는(relating to),
특징이 있는(characteristic)

dusty
[dʌ́sti]

dust(먼지) + y(접사) → 먼지와 관계가 있는
형 먼지투성이의
We can keep clothes from getting **dusty**. [학평]
옷이 먼지투성이가 되지 않도록 할 수 있다.

noisy
[nɔ́izi]

nois(= noise) + y(접사) → 소음의 특징이 있는
형 시끄러운, 소음이 있는
Both mammals and birds are **noisy** creatures. [학평]
포유동물과 조류는 모두 시끄러운 생물이다.
⁜ noisiness 명 소란함, 시끄러움

worthy
[wə́:rði]

worth + y(접사) → 가치와 관계가 있는
형 가치가 있는, 자격이 있는
The finding is **worthy** of notice.
그 연구 결과는 주목할 만한 가치가 있다.
⁜ worthiness 명 가치 있음, 자격 있음

-ize
~이 되게 하다(cause to be), ~이 되다(become),
~한 행위를 나타내다(denote kinds or instances
of behaviors or activities)

apologize
[əpɑ́lədʒàiz]

apo(= from, off) + log(= logos: speech) + ize(접사)
→ 변호하는 말을 하다
동 사과하다, 변명하다, 변호하다
I've tried to **apologize**, but she's still angry at me. [학평]
내가 사과하려고 했지만, 그녀는 여전히 내게 화가 나 있다.
⁜ apology 명 사과, 사죄, 변명

characterize
[kǽriktəràiz]

character(특성) + ize(접사) → 특성을 나타내다
동 특징을 기술하다, 성격을 묘사하다, ~에 특성을 부여하다
Ibises are **characterized** by their downward-curved bills. [학평]
Ibis는 아래쪽으로 구부러진 부리에 의해 특징지어진다.
⁜ characterization 명 특성 표시, 성격 묘사

civilize
[sívəlàiz]

civil(시민의) + ize(접사) → 시민답게 하다
동 문명화하다, 세련되게 하다
They hoped to **civilize** the Native Americans.
그들은 아메리카 원주민들을 문명화하기를 희망했다.
❖ civilization 명 문명 (사회), 개화

emphasize
[émfəsàiz]

em(= en: in) + phas(= phainein: show) + ize(접사)
→ ~을 나타내 보이다 → 강조하다
동 강조하다, 역설하다
We should **emphasize** all the good things that will happen. 학평
일어날 모든 좋은 점을 우리는 강조해야 한다.
❖ emphasis 명 강조, 역점, 주안점

maximize
[mǽksəmàiz]

maxim(= maximus: greatest) + ize(접사) → 극대화하다
동 극대화하다, 최대한 활용하다
It will **maximize** your happiness. 학평
그것이 여러분의 행복을 극대화할 것이다.
❖ maximization 명 극대화
   maximum 형 최고의, 최대의 명 최고, 최대

memorize
[méməràiz]

memor(= memoria: 기억, 추억, 추모) + ize(접사) → 기억하다
동 암기하다, 기억하다, 추도하다
I **memorized** almost all of the lines for that role before the audition. 학평
나는 오디션 전에 그 역할을 위한 대사를 거의 모두 암기했다.
❖ memory 명 기억(력)   memorization 명 암기, 기억

moralize
[mɔ́rəlàiz]

moral(사회에서 사람이 하는 적절한 행동의) + ize(접사)
→ 사회에서 적절한 행동을 취하게 하다
동 도덕적으로 고찰하다, 설교하다
His father **moralized** about the boy's situation and accused him of being lazy.
그의 아버지는 아이의 상황에 대해 도덕적으로 고찰했고, 그가 게으른 것을 비난했다.
❖ moral 형 도덕적인, 도덕상의   morality 명 도덕, 도덕성

summarize
[sʌ́məràiz]

summar(= summarius: 요약한) + ize(접사) → 요약하다
동 요약하다
Try to **summarize** the following passage in a few words.
다음 구절을 몇 단어로 요약해 보시오.
⊕ summary 명 요약, 개요 형 간략한, 약식의

symbolize
[símbəlàiz]

symbol(기호) + ize(접사) → 기호화하다
동 상징하다, 나타내다
In some countries, eating pork **symbolizes** progress. 학평
몇몇 나라에서는 돼지고기를 먹는 것이 진보를 상징한다.
⊕ symbolization 명 상징화, 기호화

sympathize
[símpəθàiz]

sym(= syn: together) + path(= pathos: feeling) + ize(접사)
→ 함께 느끼다
동 공감하다, 동정하다, 찬성하다
Creatures sometimes **sympathize** with each other's distress.
생명체는 때때로 서로의 고통을 공감한다.
⊕ sympathy 명 공감, 동정, 연민
    sympathetic 형 공감하는, 동정적인

-ate
~이 되게 하다(cause to be)

domesticate
[douméstəkèit]

domestic(집안의, 가정 내의) + ate(접사) → 집에 있게 하다
동 사육하다, 길들이다
The camel was first **domesticated** in southern Arabia. 학평
낙타는 남부 아라비아에서 처음으로 사육되었다.
⊕ domestication 명 사육, 길들이기
    domestic 형 길든, 국내의, 집안의

evaporate
[ivǽpərèit]

e(= ex: out) + vapor(= steam) + ate(접사) → 증기를 빠져나가게 하다
동 증발하다, 증발시키다, 건조시키다
Hot water **evaporates** faster than cool water.
뜨거운 물이 차가운 물보다 더 빠르게 증발한다.
⊕ evaporation 명 증발, 발산, (희망 따위의) 소멸

motivate
[móutəvèit]

motiv(= motive: 동기) + ate(접사)
→ 동기를 부여하여 행동하게 하다
동 동기를 부여하다, 자극하다
I just wanted to **motivate** him to do better next time. 〔학평〕
나는 다음에 더 잘하도록 그에게 동기를 부여하고자 했을 뿐이다.
※ motivation 명 자극, 동기 유발, 유도

originate
[ərídʒənèit]

origin(기원) + ate(접사) → 기원하다, 생겨나다
동 시작되다, 유래하다, 일으키다
The fire **originated** in the four-story Brown Building.
화재는 4층짜리 Brown Building에서 시작되었다.
※ origination 명 시작, 개시

-fy/-ify
만들다(make), ～이 되게 하다(cause to be),
～이 되다(become)

classify
[klǽsəfài]

classi(= classis: class 계급, 등급) + fy(접사) → 계급을 만들다
동 분류[구분]하다, 등급을 매기다
Many men can **classify** their worries. 〔학평〕
많은 사람들은 자신의 걱정거리를 분류할 수 있다.
※ classification 명 분류, 유형, 범주

identify
[aidéntəfài]

identi(= identitatem: sameness) + fy(접사) → 동일한 것으로 여기다
동 확인하다, 알아보다, 동일시하다
It is easy to **identify** media as old or new. 〔수능〕
매체가 구식인지 신식인지를 확인하는 것은 쉽다.
※ identity 명 신원, 신분, 독자성
   identification 명 신원 확인, 신분 증명, 동일시

simplify
[símpləfài]

simpli(= simple) + fy(접사) → 간단하게 하다
동 간소화하다, 평이하게 하다
They have done everything they can to **simplify** the procedure.
그들은 절차를 간소화하기 위해 자신들이 할 수 있는 모든 것을 해 왔다.
※ simplification 명 간소화, 단순화

specify
[spésəfài]

speci(= species: kind, sort) + fy(접사) → 일일이 종류를 들어 말하다
동 (구체적으로) 명시하다, 상술하다
Architects **specify** structural forms of a building. 학평
건축가는 건물의 구조적 형태를 명시한다.
❖ specific 형 구체적인, 분명한, 특정한
specification 명 명세서, 상술

amplify
[æmpləfài]

ampl(= amplus: wide, large) + ify(접사) → 넓히다
동 증폭시키다, 확대하다
Information technologies may serve to **amplify** existing prejudices. 학평
정보 통신 기술이 기존의 편견을 증폭하는 역할을 할 수도 있다.
❖ ample 형 충분한, 광대한, 풍만한
amplification 명 증폭, 확대, 확장

clarify
[klǽrəfài]

clar(= clarus: clear) + ify(접사) → 명확하게 하다
동 명확하게 하다, 분명히 말하다
Questions help **clarify** the situation.
질문은 상황을 명확하게 하는 데 도움이 된다.
❖ clarification 명 해명, 설명

diversify
[divə́:rsəfài]

divers(= diversus: 다른 방향으로 전환한) + ify(접사)
→ 다른 방향으로 전환하게 하다
동 다양화하다, ~에 변화를 주다
Families have to be encouraged to **diversify** their diets. 학평
가정은 식단을 다양화하도록 권장받아야 한다.
❖ diverse 형 다양한, 가지각색의   diversification 명 다양화, 다각화

intensify
[inténsəfài]

intens(= intensus: stretched) + ify(접사)
→ (관심이나 신경 등이) 뻗어 있게 하다
동 강화하다, 증대하다, 심화하다
We will **intensify** efforts to fight corruption.
우리는 부패와 싸우기 위한 노력을 강화할 것이다.
❖ intensification 명 강화, 증대   intense 형 극심한, 강렬한
intensely 부 격하게

-en

~이 되게 하다(cause to be), ~이 되다(become),
~을 갖게 하다(cause to have)

broaden
[brɔ́:dn]

broad(넓은) + en(접사) → 넓히다
동 넓히다, 넓어지다
This experience helped **broaden** her view of the world.
이 경험은 그녀의 세계관을 넓히는 데 도움이 되었다.

heighten
[háitən]

height(가장 높은 곳, 정점) + en(접사) → 높이다
동 강화하다, 높이다, 고조시키다
Darkness **heightens** the effect of fear.
어둠은 두려움의 영향을 강화한다.

loosen
[lú:sən]

loos(= loose: 느슨한, 구속 받지 않는) + en(접사) → 느슨하게 하다
동 풀다, 느슨하게 하다, 완화하다
Why don't you **loosen** your seat belt for a while? 학평
좌석 벨트를 잠시 풀어 놓는 게 어때요?

strengthen
[stréŋkθən]

strength(체력, 힘) + en(접사) → 힘을 만들다
동 강화하다, 강력해지다
How can sleep **strengthen** my memory? 모평
수면이 어떻게 내 기억을 강화할 수 있나요?

weaken
[wí:kən]

weak(약한, 부드러운) + en(접사) → 약해지게 하다
동 약화시키다, 묽게 하다, 약해지다
The **weakened** immune system leads to infection. 학평
약화된 면역 체계가 감염을 일으킨다.

Daily Test

A 영어는 우리말로, 우리말은 영어로 쓰시오.

01	careless _____	02	가치가 없는, 무가치한 v_____
03	dusty _____	04	시끄러운, 소음이 있는 n_____
05	apologize _____	06	문명화하다, 세련되게 하다 c_____
07	emphasize _____	08	극대화하다, 최대한 활용하다 m_____
09	moralize _____	10	상징하다, 나타내다 s_____
11	sympathize _____	12	사육하다, 길들이다 d_____
13	evaporate _____	14	시작되다, 유래하다 o_____
15	amplify _____	16	명확하게 하다 c_____
17	intensify _____	18	(구체적으로) 명시하다 s_____
19	simplify _____	20	풀다, 느슨하게 하다, 완화하다 l_____

B 오른쪽 해석을 보고, 빈칸에 가장 적절한 단어를 [보기]에서 골라 쓰시오.

보기   countless   diversify   motivate   strengthen   summarize

01 How can sleep _____ my memory?   수면이 어떻게 내 기억을 강화할 수 있나요?

02 I just wanted to _____ him to do better next time.   나는 다음에 더 잘하도록 그에게 동기를 부여하고자 했을 뿐이다.

03 There are _____ examples of scientific inventions.   과학적 발명의 예는 셀 수 없이 많다.

04 Try to _____ the following passage in a few words.   다음 구절을 몇 단어로 요약해 보시오.

05 Families have to be encouraged to _____ their diets.   가정은 식단을 다양화하도록 권장받아야 한다.

정답 **A** 01 부주의한 02 valueless 03 먼지투성이의 04 noisy 05 사과하다, 변명하다, 변호하다 06 civilize 07 강조하다, 역설하다 08 maximize 09 도덕적으로 고찰하다, 설교하다 10 symbolize 11 공감하다, 동정하다, 찬성하다 12 domesticate 13 증발하다, 증발시키다, 건조시키다 14 originate 15 증폭시키다, 확대하다 16 clarify 17 강화하다, 증대하다, 심화하다 18 specify 19 간소화하다, 평이하게 하다 20 loosen
    B 01 strengthen 02 motivate 03 countless 04 summarize 05 diversify

Review Test 3 (DAY 11~15)

A 영어는 우리말로, 우리말은 영어로 쓰시오.

01	allotment	_____	02	매력, 매혹, 매료됨	f	_____
03	closure	_____	04	반항, 도전	d	_____
05	disposal	_____	06	기계(류)	m	_____
07	spoilage	_____	08	인근, 이웃, 근처	n	_____
09	prosecutor	_____	10	기자, 언론인	j	_____
11	detective	_____	12	동시의	s	_____
13	defensive	_____	14	칭찬하는, 무료의	c	_____
15	desolate	_____	16	이기적인	s	_____
17	summarize	_____	18	공감하다, 동정하다	s	_____
19	domesticate	_____	20	넓히다, 넓어지다	b	_____

B 다음 단어를 우리말 뜻에 맞게 변형하여 쓰시오.

01 pleasure → _____ (기쁘게 하다)

02 purity → _____ (순수하게 하다, 정화시키다)

03 prosecutor → _____ (기소, 고소, 구형, 실행)

04 absentee → _____ (결석, 결근, 부재)

05 negligible → _____ (무시, 무관심)

06 compulsory → _____ (강요)

07 buoyant → _____ (부력, 상승 추세)

08 moralize → _____ (도덕, 도덕성)

C 다음 영영사전 풀이에 해당하는 단어를 바르게 연결하시오.

01 literal •   • ⓐ the protection of nature

02 gratitude •   • ⓑ a feeling of appreciation or thanks

03 imaginary •   • ⓒ existing only in your mind or imagination

04 accountant •   • ⓓ involving the ordinary or usual meaning of a word

05 conservation •   • ⓔ someone whose job is to keep the financial records

D 다음 문장의 빈칸에 적절한 단어를 [보기]에서 골라 쓰시오.

> **보기** accuracy   hardship   objective   supervisor

01 Not all the information is checked for _____ before being posted online. 〈학평〉

02 A _____ may say to a trainee, "See me after the meeting." 〈학평〉

03 Many parents who have experienced personal _____ desire a better life for their children. 〈학평〉

04 The best way to accomplish a difficult _____ is to stop thinking that it is possible. 〈학평〉

E 다음 네모 안에서 문맥에 맞는 적절한 단어를 고르시오.

01 The theory is that the nods of a listener signal interest and agreement / assessment. 〈학평〉

02 Successful negotiators manage the countless / valueless strategic choices and decisions in the negotiation process. 〈학평〉

03 Humans must be flexible / negligible enough to eat a variety of items. 〈학평〉

04 From a distance, the eye would receive a mixture / moisture of red and green light. 〈학평〉

정답 Ⓐ **01** 할당(량), 배당(량) **02** fascination **03** 폐쇄, 종료 **04** defiance **05** 처분, 처리 **06** machinery **07** 부패, 손상, 약탈 **08** neighborhood **09** 검사, 기소자, 실행자 **10** journalist **11** 탐정, 수사관; 탐정의 **12** simultaneous **13** 방어하는, 방어의 **14** complimentary **15** 황량한, 적막한, 고독한 **16** selfish **17** 요약하다 **18** sympathize **19** 사육하다, 길들이다 **20** broaden

Ⓑ **01** please **02** purify **03** prosecution **04** absence **05** negligence **06** compulsion **07** buoyancy **08** morality

Ⓒ **01** ⓐ (글자 그대로의) **02** ⓑ (감사, 고마움, 사의) **03** ⓒ (상상의, 가공의) **04** ⓔ (회계사) **05** ⓓ (보호, 보존)

Ⓓ **01** accuracy **02** supervisor **03** hardship **04** objective

Ⓔ **01** agreement **02** countless **03** flexible **04** mixture

해석 Ⓓ **01** 모든 정보가 온라인에 게시되기 전에 정확성을 점검받는 것은 아니다. **02** 한 관리자가 한 수습 직원에게 "회의 후에 저 좀 봅시다."라고 말할 수 있다. **03** 개인적인 고난을 경험한 많은 부모들은 자신의 자녀가 더 나은 삶을 살기를 바란다. **04** 어려운 목표를 달성하는 최선의 방법은 그것이 가능하다는 생각을 그만하는 것이다.

Ⓔ **01** 그 이론은 청자의 끄덕임이 흥미와 동의를 나타낸다는 것이다. **02** 성공적인 협상가는 협상 과정에서 수많은 전략적인 선택과 결정을 관리한다. **03** 인간은 다양한 것들을 먹을 수 있을 만큼 충분히 유연해야 한다. **04** 멀리 떨어져서 보면, 눈은 빨간빛과 녹색빛의 혼합을 받게 될 것이다.

어근

Day 16

abil
적성(aptitude), 능숙한(handy)

availability
[əvèiləbíləti]

a(= ad: to) + vail(= worth) + abil(= aptitude) + ity(접사)
→ 가치 있게 사용할 수 있음

명 이용 가능성, 효용, 유효성

Hotel room **availability** and rates change daily.

호텔 객실 이용 가능 여부와 요금은 매일 바뀐다.

⚬ avail 동 쓸모가 있다   available 형 이용할 수 있는

capability
[kèipəbíləti]

cap(= hold) + abil(= aptitude) + ity(접사) → 감당하기에 적합한 것

명 능력, 역량

We often lose our inner **capability**. 학평

우리는 자주 우리의 내부 능력을 잃어버린다.

⚬ capable 형 할 수 있는, 유능한

disability
[dìsəbíləti]

dis(= not) + abil(= aptitude 소질) + ity(접사) → 적합한 소질이 없음

명 장애, 무능력

She had a learning **disability** when she was growing up. 학평

그녀는 자랄 때 학습 장애를 가지고 있었다.

⚬ disable 동 (신체에) 장애를 입히다   disabled 형 장애를 가진

act/ag
움직이다, 행하다(move, do, act),
촉구하다(drive, urge)

active
[ǽktiv]

act(= do) + ive(접사) → 열심히 하는

형 활발한, 활동적인, 적극적인

Achieve cooperation via **active** communication. 학평

활발한 의사소통을 통해 협력을 얻어 내세요.

⚬ activity 명 활동, 움직임   activist 명 활동가, 운동가

activate
[ǽktəvèit]

act(= do) + iv(e)(접사) + ate(접사) → 활발하게 만들다
图 작동시키다, 활성화하다
Press the button to **activate** the machine.
그 기계를 작동시키려면 버튼을 누르세요.
⁑ activation 圐 활성화

actual
[ǽktʃuəl]

act(u)(= act: do) + al(접사) → 실제로 하는
혱 실제의, 사실상의
The novel is based on **actual** events.
그 소설은 실제 사건을 토대로 한다.
⁑ actuality 圐 실제, 현실, 사실

exact
[igzǽkt]

ex(= out) + act(= drive) → 어떤 것의 상태나 모습을 있는 그대로 끄집어 낸
혱 정확한, 정밀한, 꼼꼼한
The **exact** same concept applies to many areas of our lives. 학평
정확히 똑같은 개념이 우리 삶의 많은 방면에 적용된다.
⁑ exactness 圐 정확(성)   exactitude 圐 정밀성

> **Voca & Voca** 정확한, 정밀한
> ▶ correct (틀리지 않고) 정확한
>   The answer he provided was **correct**. 학평
>   그가 제공한 대답은 정확했다.
> ▶ accurate (세심하게 신경을 기울여) 정확한, 정밀한
>   This is an **accurate** description of life in the island.
>   이것은 그 섬에서의 삶에 대한 정확한 묘사이다.
> ▶ precise (세세하게 구별하여) 정밀한, 정확한, 꼼꼼한
>   It was impossible to keep a **precise** record of time. 학평
>   정밀하게 시간 기록을 계속 하는 것은 불가능했다.

react
[riǽkt]

re(= back) + act(= do) → 어떤 행동을 되받아 행하다
图 반응하다
Many **react** negatively to the request. 학평
많은 사람들이 그 요청에 부정적으로 반응한다.
⁑ reaction 圐 반응, 반작용   reactive 혱 반응[반작용]을 보이는

transaction
[trænsǽkʃən]

trans(= through) + act(= drive) + ion(접사)
→ 서로에게 이득이 되는 것을 이끌어 내는 것
圐 거래, 매매, 처리
Most **transactions** are processed by computer.
대부분의 거래는 컴퓨터로 처리된다.
⁑ transact 图 거래하다, 매매하다

agenda
[ədʒéndə]

라틴어 agendus(= do)에서 유래 → 해야 할 일
명 안건, 의제, 계획, 행동 강령
What's on the **agenda** for today's meeting?
오늘 회의 안건이 무엇인가요?

agent
[éidʒənt]

ag(= do) + ent(접사) → 어떤 일을 대신 해주는 사람
명 대리인, 중개인, (연예·스포츠의) 에이전트, (첩보·정보 분야의) 정부 직원
I got a phone call from my **agent**. 모평
나는 내 대리인으로부터 전화를 받았다.
⬥ agency 명 대리점, 대행사

agitate
[ǽdʒitèit]

ag(= drive) + it(= go) + ate(접사) → ~하는 방향으로 가도록 몰아가다
동 (마음을) 동요시키다, 뒤흔들다, 주장하다, 휘젓다
The people were **agitated** over the news.
사람들은 그 소식에 (마음이) 동요되었다.
⬥ agitation 명 동요, 선동, 뒤흔듦

agony
[ǽgəni]

고대 프랑스어 agonie(= mental suffering)에서 유래 → 정신적 고통
명 심한 (정신적) 고통
He was sweating and screaming in **agony**.
그는 심한 고통으로 진땀을 흘리고 있었고 비명을 지르고 있었다.

aer/aero   공중, 대기(air, atmosphere)

aerial
[ɛ́əriəl]

aer(= air) + (i)al(접사) → 공중과 관련된
형 공중의, 대기의, 항공기에 의한
Researchers have to search archives of **aerial** photographs. 수능
연구자들은 항공사진의 기록 보관소를 뒤져야 한다.

aerobic
[ɛəróubik]

aero(= air) + bi(= bio: life) + (i)c(접사) → 생명을 유지하는 공기의
형 유산소의, 유산소 운동의
Jogging is a typical **aerobic** exercise.
조깅은 대표적인 유산소 운동이다.
⬥ aerobics 명 에어로빅

aerodynamic
[ɛ̀əroudainǽmik]

aero(= air) + dynam(= power) + ic(접사) → 공기와 관련된 힘의
형 공기[기체] 역학의
Engineers made efforts to make the design more **aerodynamic**.
공학자들은 그 디자인을 보다 더 공기 역학적으로 만들려고 노력했다.
◦ aerodynamics 명 공기[기체] 역학

aerospace
[ɛ́ərəspèis]

aero(= atmosphere) + space
→ 대기권의 공간, 공중에 있는 공간
명 항공 우주, 항공 산업 형 항공 우주의
The airplane was designed using **aerospace** technology.
그 비행기는 항공 우주 기술을 사용하여 설계되었다.

ali/alter 다른, 또 다른(other, another)

alibi
[ǽləbài]

ali(= other) + bi(= location)
→ (어떤 사건이 있었을 때) 다른 장소에 있었다는 사실
명 현장 부재 증명(알리바이), 변명, 구실
He had a perfect **alibi** for the day of the robbery.
그는 강도 사건이 있었던 날에 완벽한 알리바이가 있었다.

alien
[éiljən]

라틴어 alienus(= strange, foreign)에서 유래 → 이상하고 이국적인
형 외계의, 외국의, 이질적인 명 외국인, 외계인
Do you believe in **alien** life?
외계 생명체가 존재한다고 믿습니까?
◦ alienate 통 멀어지게 만들다, 소외감을 느끼게 하다

alter
[ɔ́:ltər]

alter(= other) → 다른 것[상태]으로 만들다
통 바꾸다, 고치다, 변하다, 달라지다
Many behaviors **alter** or change the environment. 학평
많은 행동이 환경을 바꾸거나 변화시킨다.
◦ alteration 명 변화, 개조, 고침

alternate
[ɔ́:ltərnèit] 통
[ɔ́:ltərnit] 형

alter(n)(= other) + ate(접사) → 하나 다음에 다른 것
통 (두 가지 중 하나씩) 번갈아 나오다 형 번갈아 하는, 하나 거르는
The classes will **alternate** between cooking lessons and gardening lessons. 학평
수업은 요리 수업과 원예 수업 간에 번갈아 할 예정이다.

alternative
[ɔːltə́ːrnətiv]

alternat(e) + ive(접사) → 어떤 것을 대신할 수 있는 것
형 대안의, 대체 가능한   명 대안, 대체물
Stop and consider **alternative** courses of action. 학평
멈추고 대안적인 행동 방침을 고려해 보세요.

anim(a)
생명, 숨결(life, breath)

animate
[ǽnəmèit] 동
[ǽnəmit] 형

anima(= life) + (a)te(접사) → 생명을 불어넣다
동 생기를 불어넣다, 만화 영화로 만들다   형 살아 있는, 생물인
A smile **animated** her face.
미소로 그녀의 얼굴이 생기가 돌았다.
⁕ animation 명 생기, 만화 영화

animism
[ǽnəmìzm]

anim(= anima: life) + ism(접사) → 모든 것에 있는 생명
명 애니미즘(자연계의 모든 것에 영적 혹은 생명적인 것이 있다는 사상)
Animism is the belief that everything around has a spirit.
애니미즘은 주위의 모든 것이 영혼을 가지고 있다는 믿음이다.

# ann/annu/enn
1년의(yearly)

annals
[ǽnlz]

ann(= yearly) + als(접사) → 1년마다 나오는 것
명 역사, 연대기
Pele was the greatest player in the **annals** of football.
Pele는 축구 역사에서 가장 위대한 선수였다.

anniversary
[ænəvə́ːrsəri]

ann(i)(= yearly) + vers(= turn) + ary(접사) → 해마다 돌아오는 것
명 (해마다의) 기념일, 기념제
Our shopping mall's 6th **anniversary** is right around the corner. 학평
우리 쇼핑몰의 여섯 번째 기념일이 코앞으로 다가왔다.

annual
[ǽnjuəl]

annu(=yearly) + al(접사) → 1년의

[형] 1년의, 1년마다의, 1년생 식물의 [명] 연보, 연감, 1년생 식물

This is the third **annual** competition. 학평

이 대회는 세 번째 연례 경연대회이다.

The Siam Tulip is an **annual** crop widely found in Thailand.

Siam Tulip은 태국에서 널리 발견되는 1년생 작물이다.

⋄ annually [부] 매년

> **Voca Plus**
> • **annual** ring 나이테
> • **annual** usage 연간 사용(량)
> • an **annual** pay award 연간 급여 인상분
> • an **annual** subscription 1년 구독(료)

perennial
[pəréniəl]

per(=through) + enn(i)(=yearly) + al(접사) → 여러 해 동안 나오는

[형] (아주 오랫동안) 지속되는, 여러 해 계속하는 [명] 다년생 식물

Lack of resources has been a **perennial** problem.

자원 부족이 지속되는 문제가 되어 왔다.

She planted wildflowers and **perennials** in her garden.

그녀는 정원에 들꽃과 다년생 식물을 심었다.

anx/ang   걱정스러운(worried), 고뇌에 지친(distressed)

anxiety
[æŋzáiəti]

라틴어 anxietatem(=anguish, anxiety)에서 유래 → 고통, 불안

[명] 불안, 걱정, 근심

You need to control **anxiety** and negative thoughts. 학평

여러분은 불안과 부정적인 생각을 통제해야 한다.

anxious
[ǽŋkʃəs]

라틴어 anxius(=worried, distressed)에서 유래 → 걱정스러운

[형] 불안한, 걱정스러운, 열망하는

I grew **anxious** because the time for surgery was drawing closer. 학평

수술 시간이 더 바짝 다가오고 있어서 나는 점점 불안해졌다.

⋄ anxiously [부] 걱정스럽게

anguish
[ǽŋgwiʃ]

라틴어 angustia(=tight place)에서 유래 → 숨이 막히는 느낌

[명] 고통, 괴로움, 고민, 번민

His heart was torn with **anguish**.

그의 심장은 고통으로 찢어지는 것 같았다.

Daily Test

A 우리말은 영어로, 영어는 우리말로 쓰시오.

01	이용 가능성, 효용, 유용성	a_____		02	active	_____	
03	작동시키다, 활성화하다	a_____		04	actual	_____	
05	반응하다	r_____		06	exact	_____	
07	거래, 매매, 처리	t_____		08	agitate	_____	
09	심한 (정신적) 고통	a_____		10	aerial	_____	
11	공기[기체] 역학의	a_____		12	aerospace	_____	
13	현장 부재 증명(알리바이), 변명	a_____		14	alien	_____	
15	대안의; 대안, 대체물	a_____		16	animate	_____	
17	역사, 연대기	a_____		18	anniversary	_____	
19	불안, 걱정, 근심	a_____		20	anxious	_____	

B 오른쪽 해석을 보고, 네모 안에서 적절한 단어를 고르시오.

01 We often lose our inner capability / disability.

우리는 자주 우리의 내부 능력을 잃어버린다.

02 What's on the agenda / agent for today's meeting?

오늘 회의 안건이 무엇인가요?

03 Many behaviors alter / alternate or change the environment.

많은 행동이 환경을 바꾸거나 변화시킨다.

04 Lack of resources has been a(n) annual / perennial problem.

자원 부족이 지속되는 문제가 되어 왔다.

05 His heart was torn with anguish / anxiety.

그의 심장은 고통으로 찢어지는 것 같았다.

정답 **A** 01 availability 02 활발한, 활동적인, 적극적인 03 activate 04 실제의, 사실상의 05 react 06 정확한, 정밀한, 꼼꼼한 07 transaction 08 (마음을) 동요시키다, 뒤흔들다, 주장하다, 휘젓다 09 agony 10 공중의, 대기의, 항공기에 의한 11 aerodynamic 12 항공 우주, 항공 산업, 항공 우주의 13 alibi 14 외계의, 외국의, 이질적인; 외국인, 외계인 15 alternative 16 생기를 불어넣다, 만화 영화로 만들다; 살아 있는, 생물인 17 annals 18 (해마다의) 기념일, 기념제 19 anxiety 20 불안한, 걱정스러운, 열망하는

B 01 capability 02 agenda 03 alter 04 perennial 05 anguish

17

apt/ept 적절한, 들어맞는(fit)

adapt
[ədǽpt]

ad(=to) + apt(=fit) → 맞게 하다
동 적응시키다, 조절하다, 개작[각색]하다
Certain insects are **adapted** for hiding. 수능
어떤 곤충들은 숨는 것을 위해 적응되어 있다.
The novels were **adapted** for movie production.
그 소설들은 영화 제작을 위해 각색되었다.
⁜ adaptation 명 적응, 각색

apt
[æpt]

apt(=fit) → 잘 맞는
형 적절한, 하기 쉬운
This black dress appears to be **apt** for the party.
이 검은 드레스가 파티에 적절한 것 같아요.
Babies are **apt** to put things into their mouths.
아기들은 입에 물건들을 넣기 쉽다.

aptitude
[ǽptitjùːd]

apt(i)(=fit) + tude(접사) → 잘 맞는 상태
명 소질, 적성
He has a natural **aptitude** for language.
그는 선천적으로 언어에 소질이 있다.

> **Voca Plus**
> • an **aptitude** for music 음악에 대한 적성
> • develop one's **aptitude** 소질을 계발하다
> • Scholastic **Aptitude** Test (미) (대학 입학) 학습 능력 적성 시험(SAT)

inept
[inǽpt]

in(=not) + ept(=fit) → 부적당한
형 서투른, 부적당한
I seem to be **inept** at everything except writing.
나는 글쓰기를 제외한 모든 것에 서투른 것 같다.

attitude
[ǽtitjùːd]

라틴어 aptitudinem(= aptitude)에서 유래 → 맞는 상태
명 태도, 마음가짐
The students' **attitudes** became more optimistic. 수능
학생들의 태도가 더 낙관적으로 변했다.
A positive **attitude** can lead to success.
긍정적인 마음가짐은 성공으로 이어질 수 있다.

aqua   물(water)

aquaculture
[ǽkwəkʌ̀ltʃər]

aqua(= water) + culture(= act of growing) → 물에서 키우기
명 양식업, 수경 재배
Aquaculture may cause many environmental problems.
양식업은 많은 환경 문제들을 유발할 수 있다.

aquarium
[əkwɛ́əriəm]

aqua(= water) + (a)rium(= place) → 물이 있는 장소
명 수족관
I'd like to buy tickets for the **aquarium**. 학평
나는 수족관 입장권을 사고 싶다.

aquatic
[əkwǽtik]

aqua(= water) + tic(접사) → 물의
형 수생(水生)의, 물의
Baby green turtles eat worms and **aquatic** insects.
아기 바다거북은 벌레들과 수생 곤충들을 먹는다.

arc   활(bow)

arch
[ɑːrtʃ]

arch(= arc: bow) → 활 모양의 것
명 아치, (발바닥의) 오목한 부분
Look at this **arch**-shaped rose tunnel. 학평
이 아치 모양의 장미 동굴을 보세요.
Wear shoes that support the **arches** of your feet.
발바닥의 오목한 부분을 받쳐 주는 신발을 신어라.

archery
[ɑ́ːrtʃəri]

arch(= arc: bow) + ery(접사) → 활로 하는 것
명 궁술, 궁도
It's a term from **archery**, and it means "to miss the mark." 학평
그것은 궁술에서 온 용어인데, 그것은 '과녁을 빗나가다'라는 의미이다.
⊕ archer 명 궁수

ard/ars   태우다(burn)

ardent
[áːrdənt]

ard(= burn) + ent(접사) → 불타는
형 열렬한, 불타는
He received **ardent** support from the voters.
그는 유권자들로부터 열렬한 지지를 받았다.
∺ ardently 부 열렬히, 열심히

arson
[áːrsn]

ars(= ard: burn) + (i)on(접사) → 불태우는 행위
명 방화
Reporters said the fire was caused by **arson**.
기자들은 그 화재가 방화에 의해 발생했다고 말했다.

arm   무기(weapon), 장비(gear)

army
[áːrmi]

중세 라틴어 armata(= armed force)에서 유래 → 무장한 군대
명 군대, 육군, 무리
I thought you were supposed to join the **army**. 학평
당신이 군에 입대할 예정이라고 생각했어요.
An **army** of ants was moving toward the river.
개미의 무리가 강을 향해 움직이고 있었다.

armor
[áːrmər]

고대 프랑스어 armeure(= arms, gear)에서 유래 → 무기
명 갑옷
Knights used to wear **armor** in battle.
기사들은 전투에서 갑옷을 착용하곤 했다.

disarm
[disáːrm]

dis(= away) + arm(= arma: arms, gear) → 무기를 멀어지게 하다
동 무장 해제하다, 무기를 거두다
A smile has a magical power to **disarm** people.
미소는 사람들을 무장 해제하는 마법적인 힘을 가진다.

unarmed
[ʌnáːrmd]

un(= not) + arm(= arms, gear) + ed(접사) → 무기가 없는
형 무기를 가지지 않은, 무장하지 않은
The police found that the man was **unarmed**.
경찰은 그 남자가 비무장인 것을 발견했다.

art

솜씨(craft), 기술(skill)

artful
[áːrtfəl]

art(= craft) + ful(= full of) → 솜씨 가득한
형 기교 있는, 노련한, 교묘한
The **artful** questioner builds on the responses and increases his understanding. 학평
노련한 질문자는 그 반응을 기반으로 해서 자신의 이해를 높인다.
❖ art 명 기술, 예술

artifact
[áːrtəfæ̀kt]

art(i)(= craft) + fact(= factum: thing made) → 솜씨를 부려 만든 것
명 가공품, 인공물, 유물
A clay pot is an example of a material **artifact**. 학평
점토 항아리는 재료 가공품의 한 사례이다.

artificial
[àːrtəfíʃəl]

art(i)(= craft) + fic(= make) + ial(접사) → 사람의 솜씨로 만든
형 인공의, 인위적인, 모조의, 가짜의
AI stands for **artificial** intelligence. 학평
AI는 인공 지능을 의미한다.

> **Voca & Voca** 인조의, 가짜의
> ▶ synthetic 합성된, 인조의
>   **synthetic** pesticide 합성 살충제 모평
>   **synthetic** fabrics 인조 직물
> ▶ false 자연 그대로가 아닌, 가짜의
>   **false** teeth 의치
>   **false** information 가짜 정보 모평
> ▶ man-made 사람이 만든, 인조의
>   **man-made** fibers such as nylon 나일론과 같은 인조 섬유
> ▶ fake 모조의, 가짜의
>   **fake** money 가짜 돈 모평

artisan
[áːrtəzən]

artis(= artitus: trained in arts and craft) + an(= ian)
→ 기술 훈련을 받은 사람
명 장인, 기능 보유자
The **artisan** built a splendid chair with only three legs.
그 장인은 다리가 세 개만 달린 훌륭한 의자를 만들었다.

artist
[áːrtist]

art(= craft) + ist(접사) → 솜씨를 가진 사람, 예술 하는 사람
명 예술가, 화가
You'll be required to write the **artist** and title of each work. 모평
각 작품의 화가와 작품명을 쓰라고 할 거예요.

artwork

[ɑ́:rtwə̀:rk]

art(= skill) + work(= something done) → 기술을 살려 만든 것

명 예술품

Your **artwork** will be judged by our panel. 학평

여러분의 예술 작품은 심사위원단에 의해 심사를 받을 것이다.

aster/astro   별(star)

asteroid

[ǽstərɔ̀id]

aster(= star) + oid(= resembling) → 별을 닮은 것

명 소행성

On September 8, a huge **asteroid** passed close to Earth.

9월 8일에, 거대 소행성이 지구 가까이로 지나갔다.

disaster

[dizǽstər]

dis(= apart) + aster(= star) → 별과 떨어져 있음 → 불길함 → 재앙

명 재앙, 참사, 재난

Some scientific discoveries led to terrible **disasters** in human history. 학평

몇몇 과학적 발견들은 인류 역사에서 끔찍한 재난을 초래했다.

❖ disastrous 형 처참한, 형편없는

astrology

[əstrálədʒi]

astro(= star) + logy(= science, study) → 별을 연구하는 학문

명 점성학, 점성술

Astrology is the study of the influence of the stars on human affairs.

점성학은 인간사에 관한 별들의 영향에 관한 연구이다.

❖ astrologist 명 점성술사

astronaut

[ǽstrənɔ̀:t]

astro(= star) + naut(= sailor) → 별을 항해하는 선원

명 우주 비행사

Mae C. Jemison was named the first black woman **astronaut** in 1987. 학평

Mae C. Jemison은 1987년에 최초의 흑인 여성 우주 비행사로 명명되었다.

astronomy

[əstránəmi]

astro(= star) + nomy(= order 질서)

→ 별의 질서를 연구하는 학문

명 천문학

Before the night sky observations, there will be a special lecture on **astronomy**. 모평

밤하늘 관찰 이전에, 천문학 특별 강의가 있을 예정이다.

❖ astronomer 명 천문학자

audi　듣다(hear, listen)

audible
[ɔ́ːdəbl]

audi(= hear) + ble(접사) → 들을 수 있는

형 잘 들리는, 들을 수 있는

Our ears receive sounds across the spectrums of **audible** wavelengths. 학평

우리의 귀는 들을 수 있는 파장의 스펙트럼에 걸쳐 있는 소리를 받아들인다.

audience
[ɔ́ːdiəns]

audi(= listen) + ence(접사) → 듣는 사람

명 청중, 관객

Gabby became more afraid of speaking before a large **audience**. 모평

Gabby는 많은 청중들 앞에서 말하는 것이 더 두려워졌다.

> **Voca Plus** '관중이 있다'라는 표현
> ▶ have an audience 청중을 가지다, 관객이 있다
>   The program **has a** massive **audience**, ranging from children to seniors.
>   그 프로그램에는 어린이에서 노인까지 관객이 많다.
> ▶ attract [draw] an audience 관중을 끌다
>   The show **attracted [drew] an audience** of more than 2 million.
>   그 쇼는 2백만 명이 넘는 관중을 끌었다.

audition
[ɔːdíʃən]

audi(= listen) + t(=tus: 접사) + ion(접사) → 들어보는 것

명 (가수·배우 등의) 오디션 동 오디션을 보다, 오디션을 실시하다

I'm going to an **audition** for a musical this afternoon. 학평

나는 오늘 오후에 뮤지컬 오디션을 보러 갈 예정이다.

auditorium
[ɔ̀ːditɔ́ːriəm]

audi(= listen) + torium(= place) → 들어보는 곳

명 강당, 객석

The musical will be held in the **auditorium** for two days. 학평

뮤지컬은 강당에서 이틀 동안 열릴 예정이다.

auditory
[ɔ́ːditɔ̀ːri]

audi(= hear) + tory(접사) → 들을 수 있는

형 청각의, 귀의

A propane cannon or other **auditory** stimuli should fire only when wild animals come close. 학평

프로판 대포나 다른 청각 자극은 야생 동물이 가까이 올 때만 발사되어야 한다.

Daily Test

A 영어는 우리말로, 우리말은 영어로 쓰시오.

01	apt	_____	02	적응시키다, 조절하다	a_____
03	inept	_____	04	태도, 마음가짐	a_____
05	aquaculture	_____	06	궁술, 궁도	a_____
07	aquatic	_____	08	방화	a_____
09	armor	_____	10	무장하지 않은	u_____
11	artful	_____	12	인공의, 인위적인	a_____
13	artisan	_____	14	예술품	a_____
15	astrology	_____	16	우주 비행사	a_____
17	astronomy	_____	18	재앙, 참사, 재난	d_____
19	audience	_____	20	강당, 객석	a_____

B 오른쪽 해석을 보고, 빈칸에 가장 적절한 단어를 [보기]에서 골라 쓰시오.

보기   aptitude   ardent   artifact   asteroid   disarm

01 On September 8, a huge _____ passed close to Earth.

9월 8일에, 거대 소행성이 지구 가까이로 지나갔다.

02 He has a natural _____ for language.

그는 선천적으로 언어에 소질이 있다.

03 He received _____ support from the voters.

그는 유권자들로부터 열렬한 지지를 받았다.

04 A clay pot is an example of a material _____.

점토 항아리는 재료 가공품의 한 사례이다.

05 A smile has a magical power to _____ people.

미소는 사람들을 무장 해제하는 마법적인 힘을 가진다.

auto 자아, 자신(self)

autocrat
[ɔ́:təkræt]

auto(= self) + crat(= krat: power) → 자신이 권력을 가진 사람
명 독재자, 전제 군주
He was a democrat, not an **autocrat**.
그는 독재자가 아니라 민주주의자였다.
⊹ autocratic 형 독재의, 독재적인   autocracy 명 독재 정치, 독재 국가

autograph
[ɔ́:təgræf]

auto(= self) + graph(= write) → 자신이 스스로 쓴 것[쓰다]
명 (유명인의) 사인   동 (유명인이) 사인을 해 주다
After the flying performances, there will be an **autograph**
event. 모평
비행 공연 후에, 사인회가 있을 예정이다.

automatic
[ɔ́:təmǽtik]

auto(= self) + mat(os)(= thinking) + ic(접사) → 스스로 생각하는
형 자동의, 무의식적인
A turtle doesn't have **automatic** body temperature control. 학평
거북에게는 체온을 자동으로 조절하는 능력이 없다.

automation
[ɔ́:təméiʃən]

auto(= self) + mat(os)(= thinking) + ion(접사)
→ 스스로 생각해서 한 행위
명 자동화, 자동 제어
Automation in factories keeps increasing productivity. 학평
공장 자동화는 생산성을 계속 높이고 있다.
⊹ automate 동 자동화하다

automotive
[ɔ́:təmóutiv]

auto(= self) + motive(= motivus: moving) → 스스로 움직이는
형 자동차의
The nation's **automotive** industry kicked off in the 1950s.
그 나라의 자동차 산업은 1950년대에 시작됐다.

autonomy
[ɔ:tánəmi]

auto(= self) + nomy(= order) → 스스로 질서를 정하는 것
[명] 자율(성), 자치(권)
The universities want to preserve their **autonomy** from government.
그 대학들은 정부로부터의 자율성을 유지하고 싶어 한다.
⊕ autonomous [형] 자율의, 자치의

autopilot
[ɔ:toupàilət]

auto(= self) + pilot(= pillote: rudder 방향타)
→ 스스로 방향타를 조종하는 것
[명] 자동 조종 장치
The **autopilot** can land the plane in conditions where the pilot can't.
자동 조종 장치는 조종사가 할 수 없는 상황에서 비행기를 착륙시킬 수 있다.

bat

치다, 때리다(beat)

battle
[bǽtl]

라틴어 battuere(= beat)에서 유래
[명] 전투, 싸움
See, my mind has won the **battle** over my body. [모평]
보라. 내 정신은 내 몸과의 전투에서 이겼다.

batter
[bǽtər]

라틴어 battuere(= beat)에서 유래
[동] 두드리다, 때리다 [명] (야구의) 타자, 치는 사람
Alex **battered** at the door with his feet.
Alex는 발로 문을 두드렸다.
The perceived tempo is faster for **batter** number one. [수능]
인식된 템포(속도)는 1번 타자에게 더 빠르다.

> **Voca & Voca** 때리다, 공격하다
> ▶ hit, strike 가격하다, 때리다
> He **hit** me on the back.
> 그가 내 등을 때렸다.
> ▶ attack, assault 공격하다
> They decided to **attack** the enemy first.
> 그들은 적을 먼저 공격하기로 결정했다.

combat
[kámbæt]

com(= together) + bat(= beat) → 서로 때리는 것

명 전투, 싸움   동 싸우다

He captured scenes from the Korean War as a **combat** photographer. 학평

그는 종군 사진 기자로 한국 전쟁 장면을 촬영했다.

The device is used to **combat** fires.

그 장비는 화재와 싸우는 데 사용된다.

debate
[dibéit]

de(= completely) + bat(e)(= beat) → 매우 때리다

동 논의하다, 논쟁하다   명 논의, 논쟁

Politicians will **debate** the bill this week.

정치인들은 그 법안을 이번 주에 논의할 것이다.

Debate requires a lot of preparation. 학평

토론은 많은 준비를 요구한다.

⊕ debatable 형 이론[논란]의 여지가 있는

rebate
[rí:beit]

re(= again) + bat(e)(= beat) → 다시 때림[받음]

명 환불

We are allowed a **rebate** of $50.

우리는 50달러를 환불받을 수 있다.

bene   좋은, 선한(good)

benefit
[bénəfit]

bene(= good) + fit(= facere: do) → 좋은 행동

명 혜택, 이득   동 혜택을 얻다, (~에게) 도움이 되다

I had a **benefit** from the new tax policy.

나는 새 조세 정책으로 혜택을 받았다.

Members **benefit** from a constant flow of new information. 모평

구성원들은 지속적인 새로운 정보의 흐름으로부터 혜택을 얻는다.

> **Voca & Voca**   혜택, 이익, 수익
> ▶ advantage 혜택, 이로움
>   There isn't any **advantage** to leaving early.
>   일찍 떠나는 것에 대한 어떤 혜택도 없다.
> ▶ profit 수익
>   Each girl had made a **profit** of sixty-four dollars. 학평
>   각 소녀는 64달러의 수익을 냈다.
> ▶ interest 이자, 이익
>   It's tough for me to pay **interest** on the loan.
>   나는 그 대출금에 대해 이자를 내는 것이 힘들다.

beneficial
[bènəfíʃəl]

bene(=good) + fic(i)(=making) + al(접사) → 이로움을 만드는

형 유익한, 이로운

Train travel seems quite **beneficial** in many ways. 모평

기차 여행은 여러모로 아주 유익한 것 같다.

beneficent
[bənéfisnt]

bene(=good) + fic(=making) + ent(접사) → 이로움을 만드는 성질의

형 선을 베푸는, 인정이 많은, 자비로운

Kevin is a **beneficent** person to people in need.

Kevin은 어려운 사람들에게 선을 베푸는 사람이다.

⊕ beneficence 명 선행, 자선

bi/bin   두 개(two), 두 번(twice)

biannual
[baiǽnjuəl]

bi(=two) + annu(=annus: year) + al(접사) → 일 년에 두 번의

형 연 2회의

They need to have a **biannual** examination.

그들은 연 2회의 검진을 받아야 한다.

bicentennial
[bàisenténiəl]

bi(=two) + cent(=hundred) + enni(=annus: year) + al(접사)
→ 백년이 두 번인

형 200년의, 200년마다의

My school had a **bicentennial** celebration yesterday.

우리 학교는 어제 200주년 기념행사를 했다.

biennial
[baiéniəl]

bi(=two) + enni(=annus: year) + al(접사) → 2년마다의

형 2년마다의, 격년의

The city hosts a **biennial** art exhibition.

그 도시는 2년마다 열리는 미술 전시회를 주최한다.

bilateral
[bailǽtərəl]

bi(=two) + later(=side) + al(접사) → 두 개의 측면이 있는

형 양측의, 쌍방의

Two countries will hold **bilateral** talks.

두 나라는 양자회담을 가질 것이다.

bilingual
[bailíŋgwəl]

bi(=two) + lingu(=lingua: tongue) + al(접사) → 두 개의 언어를 가진

형 2개 국어를 구사할 수 있는

Anna is **bilingual** in Japanese and French.

Anna는 일본어와 프랑스어 2개 국어를 구사할 수 있다.

⊕ bilingualism 명 2개 국어를 말하는 능력

bimonthly
[baimʌ́nθli]

bi(=two) + month(월) + ly(접사) → 2개월마다의
형 격월의, 두 달에 한 번씩의
His company publishes a **bimonthly** magazine.
그의 회사는 격월 잡지를 출간한다.

bipolar
[baipóulər]

bi(=two) + pol(=pole: 극) + ar(접사) → 극이 두 개인
형 양극을 지닌, 양극단의
Everything in nature is **bipolar**, a positive pole and a negative one.
자연에 있는 모든 것은 양극과 음극의 양극을 지니고 있다.

binary
[báinəri]

bin(=two) + ary(접사) → 두 개로 이루어진
형 이진법의, 두 부분으로 이뤄진
Calculating using only 1s and 0s is called the **binary** system.
1과 0만을 사용해서 계산하는 것이 이진법 체계라고 불린다.

bio   인생, 생물(life, living matter)

biochemistry
[bàioukémistri]

bio(=life) + chemist(=chymist: 화학) + ry(접사) → 생명학과 화학의 학문
명 생화학
We need to naturally balance the body's **biochemistry**. 학평
우리는 자연스럽게 신체의 생화학 균형을 맞춰야 한다.

biodiversity
[bàioudivə́:rsəti]

bio(=life) + divers(=diverse: 다양한) + ity(접사)
→ 생명의 다양한 성질
명 생물 다양성, 종의 다양성
Wasteland is a treasure of **biodiversity**. 학평
미개간지는 생물 다양성의 보고이다.

biography
[baiágrəfi]

bio(=life) + graph(=written) + y(접사) → 인생과 관련하여 쓰여진 것
명 전기
Write about a field you enjoyed in college: **biography**, art, archeology. 학평
여러분이 대학 때 좋아했던 분야인 전기, 예술, 고고학에 관해서 글을 쓰세요.

biology
[baiá:lədʒi]

bio(= life) + logy(= science, study) → 생명과 관련된 학문
명 생물학
Welcome back to my marine **biology** class. 학평
제 해양 생물학 교실에 다시 오신 걸 환영합니다.
❋ biological **형** 생물학의

biosphere
[báiəsfiər]

bio(= life) + sphere(= place) → 생명이 존재하는 장소
명 생물권(생물이 살 수 있는 지구 표면과 대기권)
The **biosphere** seems to be recovering from the damage.
생물권은 그 손상에서 회복되고 있는 것 같다.

biotechnology
[bàiouteknáːlədʒi]

bio(= life) + techno(= skill) + logy(= science, study)
→ 생명과 관련된 기술의 연구
명 생명공학
The country leads the world in the field of **biotechnology**.
그 나라는 생명공학 분야에서 세계를 이끈다.

antibiotic
[æ̀ntibaiáːtik]

anti(= against) + bio(= living matter) + tic(접사)
→ 살아 있는 것에 저항하는
형 항생제의   **명** 항생제
The doctor gave me an **antibiotic** shot.
그 의사는 나에게 항생제를 주사했다.
Our overuse of **antibiotics** is threatening the health. 학평
우리의 항생제 과다 사용이 건강을 위협하고 있다.

autobiography
[ɔ̀:təbaiáːgrəfi]

auto(= self) + bio(= life) + graph(= write) + y(접사)
→ 자기 스스로 인생과 관련하여 쓴 것
명 자서전
In 1789 he published his **autobiography**. 학평
1789년에 그는 자신의 자서전을 출간했다.

microbiology
[màikroubaiáːlədʒi]

micro(= very small) + bio(= life) + logy(= science, study)
→ 매우 작은 생물에 관한 학문
명 미생물학
The discovery will open a new era in **microbiology**.
그 발견은 미생물학에서 새 시대를 열 것이다.

Daily Test

A 우리말은 영어로, 영어는 우리말로 쓰시오.

01 독재자, 전제 군주   a_____   02 automatic _____

03 자동화, 자동 제어   a_____   04 autonomy _____

05 자동차의   a_____   06 battle _____

07 전투, 싸움; 싸우다   c_____   08 batter _____

09 혜택, 이득; 혜택을 얻다   b_____   10 bianuual _____

11 200년의, 200년마다의   b_____   12 bilingual _____

13 격월의, 두 달에 한 번씩의   b_____   14 bipolar _____

15 이진법의, 두 부분으로 이뤄진   b_____   16 biochemistry _____

17 생물 다양성, 종의 다양성   b_____   18 biography _____

19 미생물학   m_____   20 antibiotic _____

B 오른쪽 해석을 보고, 네모 안에서 적절한 단어를 고르시오.

01 In 1789 he published his autobiography / autocrat.

1789년에 그는 자신의 자서전을 출간했다.

02 Politicians will debate / rebate the bill this week.

정치인들은 그 법안을 이번 주에 논의할 것이다.

03 Two countries will hold biennial / bilateral talks.

두 나라는 양자회담을 가질 것이다.

04 The biology / biosphere seems to be recovering from the damage.

생물권은 그 손상에서 회복되고 있는 것 같다.

05 Kevin is a beneficial / beneficent person to people in need.

Kevin은 어려운 사람들에게 선을 베푸는 사람이다.

정답 **A** 01 autocrat 02 자동의, 무의식적인 03 automation 04 자율(성), 자치(권) 05 automotive 06 전투, 싸움
07 combat 08 두드리다, 때리다; (야구의) 타자, 치는 사람 09 benefit 10 연 2회의 11 bicentennial 12 2개 국어를
구사할 수 있는 13 bimonthly 14 양극을 지닌, 양극단의 15 binary 16 생화학 17 biodiversity 18 전기
19 microbiology 20 항생제의; 항생제
B 01 autobiography 02 debate 03 bilateral 04 biosphere 05 beneficent

camp
야영지, 평야, 평원(field)

campaign
[kæmpéin]

라틴어 campus(=field)에서 유래 → 평원에서 진을 치는 모습
📙 선거 운동, 캠페인, 군사 행동 📗 캠페인을 벌이다
I'll help you to promote your **campaign**. 학평
제가 여러분이 캠페인을 홍보하는 것을 도울게요.

> **Voca Plus**
> • launch [begin] a **campaign** 선거 운동을 시작하다
> • run [conduct, carry out] a **campaign** 선거 운동을 하다
> • lead a **campaign** 선거 운동을 이끌다
> • **campaign** promise 선거 공약 수능

campground
[kǽmpgràund]

camp(=field: 야영지) + ground(장소, 지면, 땅) → 야영하는 장소
📙 야영지, 캠프장
Water is available in the **campground**.
물은 야영지에서 이용 가능하다.

campus
[kǽmpəs]

라틴어 campus(=field)에서 유래 → 교정
📙 교정, 구내
CI offers walking tours of the **campus** led by a student guide. 학평
CI는 학생 도우미가 안내하는 캠퍼스 도보 투어를 제공한다.

encamp
[inkǽmp]

en(=make) + camp(=field: 야영지) → 야영지를 만들다
📗 야영하다
He decided to **encamp** for the night.
그는 그날 밤에 야영하기로 정했다.

candid
흰색의(white), 진실한(sincere), 정직한(honest)

candid
[kǽndid]

라틴어 candidum(= white, sincere, honest)에서 유래
→ 진실한, 정직한

형 솔직한, 있는 그대로의, 공평한

The lack of a positive expression unintentionally leaks a **candid** reaction. 모평

긍정적인 표정의 부족은 자신도 모르게 솔직한 반응을 흘린다[비친다].

candidate
[kǽndidèit]

candid(= white, sincere, honest) + ate(접사) → 고대 로마 시대에 순백의 옷을 걸치고 공직자가 되기를 열망하는 사람 → 후보

명 지원자, 후보자

I'm curious about what the **candidates**' promises are this year. 학평

올해의 후보자 공약이 무엇인지에 대해 나는 궁금하다.

cap/cept/ceiv/ceipt/ceit/cip
머리, 우두머리(head),
취하다, 붙잡다, 갖고 있다(take, hold)

capable
[kéipəbl]

cap(= hold) + able(접사) → 담을 수 있는 → 감당할 수 있는

형 ~할 수 있는, 유능한

The hand is **capable** of clawing soil to dig out an edible root. 학평

먹을 수 있는 뿌리를 캐기 위해서 손으로 땅을 팔 수 있다.

◈ capability 명 능력, 재능, 수완

caption
[kǽpʃən]

cap(t)(= take) + ion(접사) → (앞부분에) 붙여 놓은 것

명 캡션(사진이나 삽화 등에 붙인 설명), 표제, 자막

동 ~에 캡션[표제·자막·설명]을 붙이다

He explained the **captions** under the photographs.

그는 사진 아래에 있는 캡션을 설명해 주었다.

captivate
[kǽptəvèit]

cap(t)(= take) + iv(접사) + ate(접사) → 매력으로 마음을 사로잡다

동 마음을 사로잡다, 매혹하다

We were **captivated** by the beautiful landscape.

우리는 아름다운 풍경에 사로잡혔다.

capture
[kǽptʃər]

cap(t)(=take) + ure(접사) → 잡는 행위

명 포획(물), 약탈   **동** 붙잡다, 포획하다, 사로잡다

Mexico has banned the live **capture** of dolphins.

멕시코는 돌고래의 생포를 금지했다.

They would **capture** me and take me back to that awful place. 학평

그들이 나를 붙잡아서 그 끔찍한 장소로 다시 보낼 것이었다.

deception
[disépʃən]

de(=from) + cept(=take) + ion(접사) → ~에게서 가져가는 것 → 속임(수)

명 속임(수), 기만, 사기

Law enforcement has a new tool for detecting **deception**. 학평

법집행은 속임수를 알아내는 새로운 도구를 가지고 있다.

⊕ deceive **동** 속이다, 기만하다

perceptual
[pərséptʃuəl]

per(=thoroughly) + cept(=take) + ual(접사) → 철저히 파악하는

형 지각(력)의, 지각이 있는

The world of images is not filtered by our **perceptual** frame. 모평

이미지의 세계는 우리의 지각 틀에 의해 걸러지지 않는다.

susceptible
[səséptəbl]

sus(=up from under) + cept(=take) + ible(접사)
→ 밑에서부터 잡을 수 있는[아래부터 작용을 받을 수 있는]

형 ~의 영향을 받기 쉬운, 감염되기 쉬운, 민감한

Judgmental systems are **susceptible** to personal biases and emotions.

판단 체계는 개인적인 편견과 감정에 영향을 받기 쉽다.

conceive
[kənsíːv]

con(=com: intensive) + ceiv(e)(=take) → (마음속에서 강하게) 품다

동 생각해 내다, 상상하다

They **conceived** a plan to withdraw the troops.

그들은 군대를 철수할 계획을 생각해 냈다.

⊕ conception **명** 생각, 관념, 구상

perceive
[pərsíːv]

per(=thoroughly) + ceiv(e)(=take) → 철저히 파악하다

동 인지[지각]하다, 알아차리다

Black is **perceived** to be twice as heavy as white. 학평

검정색은 흰색보다 두 배 무겁게 인식된다.

⊕ perception **명** 지각, 인식

receive
[risíːv]

re(=back) + ceiv(e)(=take) → 가져오다

동 받다, 수령하다, 수신하다

I **received** a call from Sarah. 모평

나는 Sarah에게서 전화를 받았다.

⊕ reception **명** 환영, 환영회

receipt
[risí:t]

re(=back) + ceipt(=take) → 가져온 것
명 영수증, 수령(한 물건)
Enclosed are copies of my **receipts**. 학평
제 영수증 사본을 동봉합니다.

conceit
[kənsí:t]

con(= com: intensive) + ceit(=take)
→ 원하는 생각을 마음속으로 완전히 가져가는 것
명 자만심, 자부심, (기발한) 착상
We often forget our own shortcomings and become full of
conceit. 우리는 흔히 자신의 결점을 잊고 자만심으로 가득 차게 된다.

deceit
[disí:t]

de(=from) + ceit(=take) → ~에게서 가져가는 것 → 속임(수)
명 기만, 사기, 속임(수)
Criminals have perfected the art of manipulation and **deceit**. 학평
범죄자들은 조작과 사기의 기술에 통달했다.

anticipate
[æntísəpèit]

anti(= ante: before) + cip(=take) + ate(접사) → 미리 잡아내다[파악하다]
동 고대하다, 예상하다, 예측하다
You may remember the past or **anticipate** the future. 학평
여러분은 과거를 기억하거나 미래를 고대할지도 모른다.

discipline
[dísəplin]

dis(=apart) + cip(l)(=take) + ine(접사) → 따로 취해지는 것
명 학과목, 규율, 절제(력) 동 훈련하다, 절제하다
Many **disciplines** are better learned by entering into the doing. 수능
많은 학과목이 실제로 행함으로써 더 잘 학습된다.
I'm trying to **discipline** myself to eat less food.
나는 음식을 덜 먹으려고 스스로 절제하려고 노력 중이다.

participate
[pɑ:rtísəpèit]

parti(= part) + cip(=take) + ate(접사) → ~의 부분을 차지하다 → 참가하다
동 참여[참가]하다, 관여하다
All pets are welcome to **participate**. 학평
모든 반려동물의 참가를 환영합니다.
⊕ participation 명 참여, 참가   participant 명 참가자, 관계자

> **Voca & Voca** 참가하다, 관여하다
> ▶ take part 참가[참여·가담]하다
>   Each student can **take part** in a maximum of two events. 학평
>   각 학생은 최대 두 개의 행사에 참여할 수 있다.
> ▶ play a role [part] 한 몫을 하다, 관여하다, 역할을 맡다
>   Food **plays a** large **part** in how much you enjoy the outdoors. 수능
>   음식은 여러분이 야외 활동을 얼마만큼 즐기는가에 많은 역할을 한다.
> ▶ be involved 가담[참여]하다, 관계되다, 관여하다
>   They **were involved** in illegal activities.
>   그들은 불법적인 활동에 가담했다.

recipe
[résəpì:]

라틴어 recipe(=take)에서 유래 → 약을 받음, 처방전
명 조리법, 처방전, 방법, 비결
I'll introduce some insect-based **recipes**. 수능
곤충을 기반으로 하는 몇 가지 요리법을 소개할게요.

recipient
[risípiənt]

re(=back) + cip(i)(=take) + ent(접사) → ~을 가져온 사람
명 수령인, 용기
She is the oldest **recipient** of the award, winning in 1980 at age 44.
그녀는 44세로 1980년에 수상한, 나이가 가장 많은 수상자이다.

achieve
[ətʃíːv]

라틴어 ad caput(= come to a head)에서 유래 → 머리까지 도달하다
동 달성하다, 성취하다, 성공하다
Objectivity can be **achieved** by photography. 학평
사진에 의해 객관성이 달성될 수 있다.
⁑ achievement 명 달성, 성취

capit/capt   머리, 우두머리(head)

capita
[kǽpitə]

capit(a)(=head) → 머리
명 머리 (caput의 복수형)
The income per **capita** is getting higher each year.
1인당 소득이 매년 높아지고 있다.

capital
[kǽpitəl]

capit(= head) + al(접사) → 머리의, 주요한
형 대문자의, 자본의, 사형의   명 수도, 대문자, 자본
I like that the words are written in **capital** letters. 학평
단어들을 대문자로 쓴 것이 마음에 들어요.
Rome is one of the world's most beautiful **capitals**.
로마는 세계의 가장 아름다운 수도 중 한 곳이다.

capitalize
[kǽpətəlàiz]

capit(= head) + al(접사) + ize(접사) → 머리를[자본을] 이용하다
동 활용하다, 대문자로 쓰다, 자본화하다
Switzerland **capitalizes** on its natural beauty to attract tourists.
스위스는 관광객을 끌어들이기 위해 자연의 아름다움을 활용한다.
I like the way you **capitalized** all the letters. 학평
당신이 글자를 모두 대문자로 쓴 방식이 마음에 들어요.
⁑ capitalism 명 자본주의   capitalist 명 자본가, 자본주의자

captain
[kǽptin]

고대 프랑스어 captitaine(= one who stands at the head of others)에서 유래 → 다른 사람의 머리 위에 서 있는 사람
명 (스포츠) 주장, (항공기) 기장, 선장
Tony is the **captain** of the swim team. (모평)
Tony는 수영 팀의 주장이다.

car
마차, 탈것(**carriage, wagon, vehicle**), 짐(**load**)

carpenter
[káːrpəntər]

car(pent)(= carriage) + er(접사)
→ 나무로 마차를 만드는 목공일을 하는 사람
명 목수
I saw the **carpenter** nailing something to the wall.
나는 그 목수가 뭔가를 벽에 박고 있는 것을 보았다.

career
[kəríər]

라틴어 cararia(= track for wheeled vehicle)에서 유래
→ 바퀴 달린 탈것이 다니는 길 → 인생 여정
명 직업, 경력
In 1946, she began her **career** as a teacher. (학평)
1946년에 그녀는 교사로서 경력을 시작했다.

> **Voca & Voca** 직업
> ▶ occupation 규칙적으로 일에 종사하고 그것을 위해 훈련을 받는 직업
> Fill in your name, address and **occupation**.
> 이름, 주소, 직업을 기입하세요.
> ▶ profession 변호사, 의사, 교사 등과 같이 전문적인 지식을 필요로 하는 직업
> **Professions** in the medical field require years of training.
> 의료 분야의 직업은 수년간의 훈련을 필요로 한다.

carriage
[kǽridʒ]

car(ri)(= carriage)+ age(접사) → 마차로 운반하는 것
명 운반, 수송, (열차의) 객차, 마차
The horse-drawn **carriage** was itself a technological innovation.
(학평) 말이 끄는 마차는 그 자체로 기술 혁명이다.
⊕ carry 동 나르다, 운반하다, 휴대하다

carrier
[kǽriər]

car(ri)(= carriage) + er(접사) → 운반을 하는 사람[것]
명 운반인, 운송 회사, 수송선, (병원균의) 보균자
Mail **carriers** are being affected a lot by automation. (학평)
우편물 운반인은 자동화에 의해 영향을 많이 받고 있다.

Daily Test

A 영어는 우리말로, 우리말은 영어로 쓰시오.

01	campground	_____	02	지원자, 후보자	c_____
03	capable	_____	04	대문자의; 수도, 자본	c_____
05	captivate	_____	06	포획(물); 사로잡다	c_____
07	deception	_____	08	~의 영향을 받기 쉬운	s_____
09	conceive	_____	10	인지[지각]하다, 알아차리다	p_____
11	receipt	_____	12	자만심, (기발한) 착상	c_____
13	anticipate	_____	14	규율, 학과목; 훈련하다	d_____
15	participate	_____	16	달성하다, 성취하다, 성공하다	a_____
17	capitalize	_____	18	목수	c_____
19	carriage	_____	20	직업, 경력	c_____

B 오른쪽 해석을 보고, 빈칸에 가장 적절한 단어를 [보기]에서 골라 쓰시오.

보기   candid   captain   deceit   encamp   perceptual

01 He decided to _____ for the night.
그는 그날 밤에 야영하기로 정했다.

02 Tony is the _____ of the swim team.
Tony는 수영 팀의 주장이다.

03 Criminals have perfected the art of manipulation and _____.
범죄자들은 조작과 사기의 기술에 통달했다.

04 The world of images is not filtered by our _____ frame.
이미지의 세계는 우리의 지각 틀에 의해 걸러지지 않는다.

05 The lack of a positive expression unintentionally leaks a(n) _____ reaction.
긍정적인 표정의 부족은 자신도 모르게 솔직한 반응을 흘린다[비친다].

정답 A 01 야영지, 캠프장 02 candidate 03 ~할 수 있는, 유능한 04 capital 05 마음을 사로잡다, 매혹하다 06 capture 07 속임(수), 기만, 사기 08 susceptible 09 생각해 내다, 상상하다 10 perceive 11 영수증, 수령(한 물건) 12 conceit 13 고대하다, 예상하다, 예측하다 14 discipline 15 참가[참여]하다, 관여하다 16 achieve 17 활용하다, 대문자로 쓰다, 자본화하다 18 carpenter 19 운반, 수송, (열차의) 객차, 마차 20 career
B 01 encamp 02 captain 03 deceit 04 perceptual 05 candid

char(=car) 마차, 탈것(carriage, wagon, vehicle), 짐(load)

charge
[tʃɑ:rdʒ]

고대 프랑스어 charge(= a load, a weight)에서 유래 → 짐, 무게
명 요금, 책임, 고소, 충전 동 요금을 청구하다, 고소하다, 충전하다
Participation in the contest is free of **charge**. 학평
대회 참여는 무료이다.
The hotel **charges** $200 a night.
그 호텔의 요금은 하룻밤에 200달러이다.

> **Voca & Voca** 요금, 가격, 비용
> ▶ rate 단위당(當) 기준 가격
>   room **rate** 객실 요금
> ▶ fare 탈것의 요금
>   bus **fare** 버스 요금
> ▶ fee 무형의 봉사에 대한 요금
>   tuition **fee** 수업료
> ▶ cost 지급된 대가, 비용
>   **cost** of housing 주거 비용

discharge
[distʃɑ́:rdʒ]

dis(= not) + charge(= load) → 짐을 내리다
동 내보내다, 석방하다, 방출하다, 해임하다 명 석방, 방출, 해임
He was **discharged** from the hospital earlier than expected.
그는 병원에서 예상보다 더 일찍 퇴원했다.
Control over **discharge** of mercury is clearly needed for prevention. 수능
예방을 위해서 수은 방출에 대한 통제가 절실하게 필요하다.

overcharge
[óuvərtʃɑ̀:rdʒ]

over(= too much) + charge(요금을 부과하다) → 과도하게 요금을 부과하다
동 많이 청구하다, 너무 많이 싣다[충전하다]
The taxi driver tried to **overcharge** her.
택시 기사는 그녀에게 바가지를 씌우려 했다.

recharge
[ri:tʃɑ́:rdʒ]

re(= again, back) + charge(충전하다) → 다시 충전하다
동 재충전하다[되다] 명 재충전
Breaks are necessary to **recharge** your mental stamina. 학평
휴식은 정신적인 체력을 재충전하는 데 필요하다.

cas/cay/cid 떨어지다, 가라앉다(fall, sink)

casual
[kǽʒjuəl]

cas(u)(=fall) + al(접사) → 떨어지는 것을 개의치 않는
형 무심한, 느긋한, 평상시의
Your **casual** behavior can cause inconvenience for others. 학평
여러분의 무심한 행동이 다른 사람에게 불편을 끼칠 수 있다.
⁑ casually 부 무심코, 건성으로, 평상복으로

occasion
[əkéiʒən]

oc(= ob: down) + cas(=fall) + ion(접사) → 갑자기 어떤 일이 떨어지는 것
명 특정한 경우[행사], 특별한 일
No matter what you can afford, save great wine for special
occasions. 학평
무엇이든 살 여유가 있더라도, 특별한 경우를 위해 훌륭한 포도주를 아껴 두어라.
⁑ occasional 형 가끔 일어나는   occasionally 부 가끔

decay
[dikéi]

de(= down) + cay(=fall) → 썩어서 내려앉다
동 썩다, 부패하다, 쇠퇴하다   명 부패, 쇠퇴
Too many sweets will make your teeth **decay**.
단것을 너무 많이 먹으면 너의 치아가 썩을 것이다.
The essential oil can protect the plant against **decay**. 학평
정유(精油)는 식물을 부패로부터 보호할 수 있다.

accident
[ǽksidənt]

ac(= ad: to) + cid(=fall) + ent(접사) → 우연히 떨어지는[닥치는] 안 좋은 일
명 우연, 사고
I met him quite by **accident**.
나는 아주 우연히 그를 만났다.
He died in a car **accident** in 1951. 모평
그는 1951년에 자동차 사고로 사망했다.
⁑ accidental 형 우연한, 돌발적인

coincidence
[kouínsidəns]

co(= together) + in(= on) + cid(=fall) + ence(접사) → 동시에 떨어진 일
명 우연의 일치, 동시 발생
What a **coincidence**! I'm going there too.
정말 우연의 일치네! 나도 거기에 갈 거야.
⁑ coincidental 형 우연의 일치인

incident
[ínsidənt]

in(= on) + cid(= fall) + ent(접사) → 누구에게 떨어지거나 닥치는 일
명 (특이하거나 불쾌한) 일, (폭력적이거나 위험한) 사건
We hired information security experts to investigate this **incident**. 학평
우리는 이 사건을 조사할 정보 보안 전문가를 고용했다.
❖ incidental 형 부수적으로 일어나는, 부차적인

---

cast

던지다(throw)

---

cast
[kæst]

cast(= throw) → 던지다
동 던지다, 드리우다, 배역을 정하다 명 출연진, 깁스, 주형
The fisherman **cast** a net into the water.
그 어부는 그물을 물속으로 던졌다.
Cathy was **cast** for the part of *Snow White*.
Cathy는 '백설 공주'의 배역을 맡았다.

---

broadcast
[brɔ́:dkæst]

broad(= extended) + cast(= throw) → 널리 어떤 사실을 퍼뜨리다
동 방송하다, 방영하다, 널리 알리다 명 방송, 방영(물)
You watch a news program **broadcast** from New York. 학평
여러분은 뉴욕에서 방송되는 뉴스 프로그램을 시청한다.
❖ broadcaster 명 방송인, 방송 진행자

---

castaway
[kǽstəwèi]

cast(= throw) + away(= far) → (배가 난파되어) 먼 곳으로 던져진
명 조난자, 버림받은 사람[것] 형 버려진, 표류한
They have found another missing **castaway**.
그들은 또 다른 실종된 조난자를 찾았다.

---

forecast
[fɔ́:rkæst]

fore(= before) + cast(= throw)
→ (어떤 일이 일어날 것이라는 생각을) 미리 던지다
명 예측, 예보 동 예측하다, 예보하다
Weather **forecasts** are always probabilistic. 학평
일기 예보는 언제나 확률적이다.
❖ forecaster 명 예측하는 사람, 기상 요원

outcast
[áutkæst]

out + cast(= throw) → 밖으로 던져진
뗑 추방된 사람, 따돌림 받는 사람, 부랑자 뗑 쫓겨난, 버림받은, 집 없는
They were often treated as social **outcasts**.
그들은 자주 사회적으로 추방된 사람처럼 취급당했다.

caus
이유, 동기(reason, motive, case)

cause
[kɔːz]

cause(= caus: reason) → 이유
뗑 원인, 이유, (대의) 명분 뗑 야기하다, 초래하다
The investigators have found the **cause** of the fire.
조사관들이 그 화재의 원인을 찾아냈다.
Parking there may **cause** accidents and block traffic. 모평
거기에 주차하면 사고를 야기하고 교통을 방해할 수 있다.

causality
[kɔːzǽləti]

caus(= reason) + al(접사) + ity(접사) → 원인이 만들어 내는 것과 관련됨
뗑 인과 관계
Direct **causalities** were not found.
직접적인 인과 관계는 밝혀지지 않았다.
⊕ causal 뗑 인과 (관계)의, 원인이 되는

caut
조심하는(guard against)

caution
[kɔ́ːʃən]

caut(= guard against) + ion(접사) → 조심, 신중
뗑 조심, 신중 뗑 주의를 주다
The chemicals should be treated with **caution**.
그 화학물질들은 조심해서 다루어져야 한다.
Experts **caution** parents not to tell children they're bad. 학평
전문가들은 부모들에게 아이들이 나쁘다고 그들에게 말하지 말라고 주의를 준다.
⊕ cautious 뗑 조심하는

precaution
[prikɔ́:ʃən]

pre(= before) + caut(= guard against) + ion(접사) → 미리 조심하기
명 예방책, 조심, 경계
This **precaution** will avoid potential issues.
이 예방책은 발생할 수 있는 문제를 피하게 할 것이다.

centr
중앙의(center)

central
[séntrəl]

centr(= center) + al(접사) → 중심의
형 중심의, 중앙의
There is no **central** control of the movement of the group. 학평
집단의 움직임에 대한 중앙 통제는 없다.
❖ centralize 통 중앙집권화하다

> **Voca Plus**
> **central** government 중앙 정부
> **central** angle 중심각
> **central** nervous system 중추 신경계

eccentric
[ikséntrik]

ec(= ek: out) + centr(= center) + ic(접사) → 중심에서 벗어난
형 별난, 괴짜의
He had an **eccentric** habit of collecting socks.
그는 양말을 모으는 별난 취미를 갖고 있었다.

egocentric
[ì:gouséntrik]

ego(= self) + centr(= center) + ic(접사) → 자기중심적인
형 자기중심적인, 이기적인
She broke my trust with her **egocentric** behavior.
그녀는 자기중심적인 행동으로 내 신뢰를 깨뜨렸다.

cept
잡다(take)

accept
[əksépt]

ac(= ab: to) + cept(= take) → 받아들이다
통 받아들이다, 인정하다
Please note that we won't **accept** a CD copy of your film. 학평
우리는 영화의 CD 복사본을 받지 않을 것임을 주목해 주세요.
He **accepted** that he had been careless.
그는 자신이 부주의했다는 것을 인정했다.

concept
[kánsept]

con(= com: with) + cept(= take) → 갖고 있는 것
명 개념, 생각
The **concept** of 'degrowth' asks: "do I really need this object?" 학평
'탈성장'이라는 개념은 "내가 정말 이 물건을 필요로 하는가?"라는 질문을 던진다.

> **Voca & Voca** 개념, 이론
> ▶ notion 개념, 생각
>   a fundamental **notion** 기본 개념
> ▶ theory 이론, 학설, 설(說)
>   the **theory** of relativity 상대성 이론

exception
[iksépʃən]

ex(= out) + cept(= take) + ion(접사) → 밖으로 돌린 것
명 예외, 제외
Without **exception**, the hero and heroine live happily ever after. 학평
예외 없이 남자 주인공과 여자 주인공은 영원히 행복하게 산다.
❖ **exceptional** 형 예외적인

intercept
[ìntərsépt]

inter(= between) + cept(= take) → 중간에서 가져가다
동 가로채다, 도중에서 빼앗다, 가로막다
Identity thieves can **intercept** payments and empty your bank account. 학평
신원 도용자들은 지불금을 가로챌 수 있고 여러분의 은행 계좌를 텅 비울 수 있다.

reception
[risépʃən]

recept(= recipere: receive) + ion(접사) → 받아들임
명 받아들임, 환영, 접수처, 연회
Such books will meet with a favorable **reception**.
그런 책들은 호의적으로 받아들여질 것이다.

> **Voca Plus**
> • **reception** area 접수 구역
> • a wedding **reception** 결혼 피로연
> • a warm/cold **reception** 따뜻한 환영/냉담한 응대

cert
분명한(sure), 정해진(settled)

certain
[sə́:rtn]

cert(= sure) + ain(= an: 접사) → 확실한

형 확실한, 확신하는, 어떤, 무슨

It is **certain** that they will arrive in time.
그들이 늦지 않게 도착하리라는 것은 확실하다.

You can grow **certain** plants directly in water. 학평
어떤 식물들은 물속에서 직접 기를 수 있다.

❖ certainly 부 분명히

certificate
[sərtífəkit]

라틴어 certificatum(= thing certified)에서 유래 → 분명하게 하는 것

명 증명서, 면허

Each volunteer will receive a volunteer **certificate** of recognition. 학평
각 자원자는 자원봉사 인정 증명서를 받을 것이다.

Voca Plus

- issue a **certificate** 면허를 발급하다
- an accounting **certificate** 회계사 자격증
- a $50 gift **certificate** 50달러짜리 상품권

certify
[sə́:rtəfài]

cert(i)(= sure) + fy(접사) → 분명하게 하다

동 증명[보증]하다, 검정[허가]하다, 공인하다, 면허를 주다

I **certify** that this document is a true copy.
나는 본 서류가 틀림없는 사본임을 증명한다.

Our guides are **certified** in first aid.
우리 가이드들은 응급 처치 면허가 있다.

uncertain
[ʌnsə́:rtn]

un(= not) + cert(= sure) + ain(= an: 접사) → 확실하지 않은

형 확신이 없는, 불명확한, 분명치 않은

She's **uncertain** about what to do after she graduates. 학평
그녀는 졸업 후에 뭘 할지에 대해 확신이 없다.

❖ uncertainty 명 불확실성

Daily Test

A 우리말은 영어로, 영어는 우리말로 쓰시오.

01	우연, 사고	a_____	02	occasion	_____
03	던지다; 출연진, 깁스	c_____	04	decay	_____
05	예측, 예보; 예측하다, 예보하다	f_____	06	castaway	_____
07	인과 관계	c_____	08	central	_____
09	받아들이다, 인정하다	a_____	10	concept	_____
11	가로채다, 도중에서 빼앗다	i_____	12	certificate	_____
13	증명[보증]하다, 공인하다	c_____	14	uncertain	_____
15	예외, 제외	e_____	16	broadcast	_____
17	요금; 요금을 청구하다	c_____	18	discharge	_____
19	별난, 괴짜의	e_____	20	overcharge	_____

B 오른쪽 해석을 보고, 네모 안에서 적절한 단어를 고르시오.

01 She broke my trust with her eccentric / egocentric behavior.

그녀는 자기중심적인 행동으로 내 신뢰를 깨뜨렸다.

02 The chemicals should be treated with caution / precaution.

그 화학물질들은 조심해서 다루어져야 한다.

03 Your casual / coincident behavior can cause inconvenience for others.

여러분의 무심한 행동이 다른 사람에게 불편을 끼칠 수 있다.

04 Such books will meet with a favorable exception / reception.

그런 책은 호의적으로 받아들여질 것이다.

05 Breaks are necessary to discharge / recharge your mental stamina.

휴식은 정신적인 체력을 재충전하는 데 필요하다.

Review Test 4 (DAY 16~20)

A 영어는 우리말로, 우리말은 영어로 쓰시오.

01	actual	_____	02	심한 (정신적) 고통	a_____
03	transaction	_____	04	항공 우주; 항공 우주의	a_____
05	aquaculture	_____	06	갑옷	a_____
07	ardent	_____	08	예술품	a_____
09	artifact	_____	10	우주 비행사	a_____
11	automation	_____	12	양측의, 쌍방의	b_____
13	bipolar	_____	14	생화학	b_____
15	candidate	_____	16	마음을 사로잡다, 매혹하다	c_____
17	coincidence	_____	18	조난자, 버림받은 사람[것]	c_____
19	causality	_____	20	증명[보증]하다, 검정[허가]하다	c_____

B 다음 단어를 우리말 뜻에 맞게 변형하여 쓰시오.

01 react → _____ (반응, 반작용)

02 agitate → _____ (동요, 선동, 뒤흔듦)

03 animate → _____ (생기, 만화 영화)

04 archery → _____ (궁수)

05 autocrat → _____ (독재 정치, 독재 국가)

06 deception → _____ (속이다, 기만하다)

07 accident → _____ (우연한, 돌발적인)

08 caution → _____ (조심하는)

C 다음 영영사전 풀이에 해당하는 단어를 바르게 연결하시오.

01 battle ・   ・ ⓐ the ability to do something

02 candid ・   ・ ⓑ a natural ability to learn something

03 aptitude ・   ・ ⓒ a fight between two armies in a war

04 capability ・   ・ ⓓ to look ahead to something with pleasure

05 anticipate ・   ・ ⓔ honest, especially about something that is unpleasant

D 다음 문장의 빈칸에 적절한 단어를 [보기]에서 골라 쓰시오.

> 보기   audition   biodiversity   disability   precaution

01 I heard you participated in the _____ for the musical. 모평

02 It is shortsighted to rely solely on protected areas to preserve _____. 학평

03 The most obvious _____ to prevent major damage is not to drop your device. 학평

04 He started to take off his _____ aids to show them his permanent injuries. 학평

E 다음 네모 안에서 문맥에 맞는 적절한 단어를 고르시오.

01 Forms of communication such as argument and debate / rebate become polarized. 학평

02 A businessman's optimistic forecast / outcast can be blown away by a recession. 학평

03 Architecture is conceived / received and designed in response to an existing set of conditions. 학평

04 Jim's relationship with artists helped him capture / deceive some of his most vivid imagery. 수능

Progress Test 2 (DAY 01~20)

A 영어는 우리말로, 우리말은 영어로 쓰시오.

01	forefather	_____	02	보편적인, 우주의	u_____
03	extravagant	_____	04	매력, 매혹, 매료됨	f_____
05	excavate	_____	06	유출, 누설, 누출, 누수	l_____
07	overlap	_____	08	규제를 철폐하다	d_____
09	supplement	_____	10	항체	a_____
11	coexist	_____	12	별난, 괴짜의	e_____
13	nonflammable	_____	14	주목할 만한, 유명한	n_____
15	misconception	_____	16	실격시키다	d_____
17	withhold	_____	18	움직이지 않는, 정지된	s_____
19	enhance	_____	20	소행성	a_____

B 다음 괄호 안에 주어진 단어를 이용하여, 빈칸에 알맞은 말을 쓰시오.

01 발표, 제출 _____ (present)
02 장래의, 유망한, 곧 있을 _____ (prospect)
03 간소화, 단순화 _____ (simplify)
04 반대하다 _____ (opposite)
05 제거, 철폐 _____ (remove)
06 처분하다 _____ (disposal)

C 다음 영영사전 풀이에 해당하는 단어를 [보기]에서 골라 쓰시오.

| 보기 | absurd | bilingual | childish | discharge | unique |

01 typical of a child : _____
02 very special or unusual : _____
03 extremely silly, foolish, or unreasonable : _____
04 using or able to speak two languages : _____
05 to end the employment of someone : _____

다음 네모 안에서 문맥에 맞는 적절한 단어를 고르시오.

01 I'm worried that our presentation topic is appropriate / inappropriate. 학평

02 Since metal is more durable / flexible than silicone, I'll take two metal pans. 학평

03 We expelled / supported a local charity, so I'd like to help children overseas this time. 학평

04 Traces of mercury can appear in lakes far removed from any such industrial discharge / recharge. 수능

E 다음 빈칸에 알맞은 말을 고르시오.

01 After watching the video of their trauma simulation, they were disturbed and _____.

① central ② selfish ③ capable ④ anxious ⑤ talented

02 The philosophy of "friendly AI" is that inventors should create robots that are _____ to humans. 학평

① binary ② casual ③ antibiotic ④ beneficial ⑤ susceptible

03 Even under ideal circumstances, hunting these fast animals with spear is a(n) _____ task. 수능

① obvious ② defensive ③ uncertain ④ effective ⑤ controversial

04 She _____ her arms and showed off the marks from her mother's fingernails. 학평

① expelled ② exposed ③ expanded ④ exhausted ⑤ exploded

정답 Ⓐ 01 조상, 선조 02 universal 03 낭비하는, 사치스러운 04 fascination 05 발굴하다, (구멍 등을) 파다 06 leakage 07 겹치다, 겹쳐지다 08 deregulate 09 보충[추가](물), 부록; 부가하다, 보완하다 10 antibody 11 공존하다, 같은 때에 존재하다 12 eccentric 13 불연성의 14 notable 15 오해, 잘못된 생각 16 disqualify 17 주지 않다, 보류하다, 억제하다 18 stationary 19 (가치·지위 등을) 높이다, 향상시키다 20 asteroid

Ⓑ 01 presentation 02 prospective 03 simplification 04 oppose 05 removal 06 dispose

Ⓒ 01 childish(어린아이 같은) 02 unique(고유한, 독특한) 03 absurd(말도 안되는) 04 bilingual(2개 국어를 구사할 수 있는) 05 discharge(해고하다, 방출하다)

Ⓓ 01 inappropriate 02 durable 03 supported 04 discharge

Ⓔ 01 ④ 02 ④ 03 ③ 04 ②

해석 Ⓓ 01 우리 발표 주제가 적절하지 않을까 나는 걱정이다. 02 철이 실리콘보다 더 내구성이 강하니 철로 된 팬을 두 개 살게요. 03 우리가 지역 자선단체를 후원했으니 이번에 나는 해외에 있는 아이들을 돕고 싶다. 04 그런 어떤 산업적인 방출로부터 멀리 떨어진 호수에서도 미량의 수은이 나타날 수 있다

Ⓔ 01 트라우마 모의실험에 관한 비디오를 시청한 이후, 그들은 불안하고 초조했다. 02 '우호적 인공 지능'이라는 철학은 개발자들이 인간들에게 이로운 로봇을 만들어야 한다는 것이다. 03 이상적인 환경에서도, 이 빠른 동물을 창으로 사냥하는 것은 불확실한 일이다. 04 그녀는 자기 팔을 드러내며 어머니의 손톱으로 생긴 자국을 자랑했다.

ces(s)/cease/ ced(e)/ceed

가다(go), 떠나다(leave off), 양도하다(yield)

ancestry
[ǽnsèstri]

an(= ante: before) + ces(= cede: go) + try(접사) → 이전에 온 것
몡 가계, 혈통
I can trace my **ancestry** back over 1,000 years.
나는 내 가계를 천 년도 넘게 거슬러 올라갈 수 있다.
⁜ ancestor 몡 조상, 선조

predecessor
[prédisèsər]

pre(= before) + de(= past) + cess(= cede: go) + or(접사)
→ 이전에 간 사람
몡 전임자
Your **predecessor** put in a good word for you.
당신의 전임자가 당신에 대해 좋은 말을 했다.

cease
[si:s]

라틴어 cessare(= leave off)에서 유래 → 멈추다, 포기하다
동 멈추다, 그만두다
The general ordered his men to **cease** fire.
장군은 부하들에게 사격을 멈추라고 명령했다.

deceased
[disí:st]

de(= away) + cease(= cede: go) + (e)d → 멀리 떠난
혱 죽은, 고(故)
The body of the **deceased** was removed from his home.
죽은 사람의 시신이 그의 집에서 옮겨졌다.

concede
[kənsí:d]

con(= thoroughly) + cede(= cedere: yield 양도하다) → 주어 버리다
동 인정하다, 넘겨주다
We must **concede** that this is true.
우리는 이것이 사실이라고 인정해야 한다.
The king had to **concede** power to the army.
왕은 군대에 권력을 넘겨주어야 했다.

precede
[prisíːd]

pre(= before) + cede(= go) → 먼저 가다

동 선행하다, 먼저 일어나다

Failure **precedes** success. 학평

실패가 성공을 선행한다. (실패한 후에야 성공이 온다.)

procedure
[prəsíːdʒər]

pro(= forward) + ced(= cede: go) + ure(접사) → 순서대로 진행되는 행동

명 절차, 순서, 수술

Each phase requires its own **procedures** and expertise. 학평

각 단계는 그 자체의 절차와 전문적인 기술을 필요로 한다.

Weigh the patient before the **procedure**.

수술 전에 환자의 체중을 측정하세요.

> **Voca Plus**
> • legal **procedure** 소송 절차
> • summary **procedure** 약식 절차
> • undergo a surgical **procedure** 외과 수술을 받다

recede
[risíːd]

re(= back) + cede(= go) → 뒤로 돌아가다

동 물러나다, 멀어져 가다

When the flood waters **recede**, we'll go home.

홍수로 인한 물이 빠지면 우리는 집에 갈 것이다.

The sound of whistles **receded** into the fog.

휘파람 소리는 안개 속으로 멀어져 갔다.

exceed
[iksíːd]

ex(= out) + ceed(= cede: go) → 넘어가다

동 넘다, 초과하다, 초월하다

Video clips should not **exceed** three minutes. 학평

동영상은 3분을 넘어서는 안 된다.

The Korean team **exceeded** expectations.

한국 팀은 예상을 초월했다.

꙳ **excess** 명 과도, 초과   **excessive** 형 지나친, 과도한

proceed
[prəsíːd]

pro(= forward) + ceed(= cede: go) → 앞으로 나아가다

동 나아가다, 전진하다   명 수익금(pl.)

Let's **proceed** to the next program.

다음 프로그램으로 나아갑시다.

All **proceeds** will be donated to Avana House. 학평

모든 수익금은 Avana House에 기부될 것이다.

succeed
[səksíːd]

suc(= sub: next to) + ceed(= cede: go) → 다음에 가다
동 성공하다, 계승하다
Emily has a drive to **succeed** and will try anything. 학평
Emily는 성공의 의욕이 있고, 어떤 것이든 시도할 것이다.
Mary would **succeed** to the throne at the age of three months.
Mary는 생후 3개월에 왕위를 계승할 것이었다.
♦ **successful** 형 성공적인   **successive** 형 연속적인, 잇따른

cide/cise 자르다(cut), 죽이다(kill)

decide
[disáid]

de(= off) + cide(= cut) → (문제 등을) 잘라내 분리시키다 → 결정에 이르다
동 결정하다, 결정을 내리다
Why did you **decide** not to enter the marathon this year? 학평
올해는 왜 마라톤에 참여하지 않기로 결정했나요?
♦ **decision** 명 결정

> **Voca & Voca** 결정하다, 결정을 내리다
> ▶ make up one's mind (오래 생각한 다음) 결심하다
>   To **make up my mind**, I'll have to hear their speeches. 학평
>   결심을 하기 위해, 나는 그들의 연설을 들어봐야겠다.
> ▶ resolve (굳게) 다짐하다
>   Jane **resolved** not to tell him the truth.
>   Jane은 그에게 진실을 말하지 않기로 굳게 다짐했다.
> ▶ determine (공식적으로) 결정하다
>   It assumes that social institutions **determine** culture. 모평
>   사회 제도가 문화를 결정한다고 가정한다.

pesticide
[péstisàid]

pest(i)(= 해충) + cide(= kill) → 해충을 죽이는 것
명 살충제, 농약
This **pesticide** kills insects instantaneously.
이 살충제는 곤충을 즉시 죽인다.

suicide
[súːisàid]

sui(= self) + cide(= kill) → 스스로를 죽이는 것
명 자살, 자살 행위
The police believe he committed **suicide**.
경찰은 그가 자살했다고 믿는다.
♦ **suicidal** 형 자살 충동을 느끼는, 몹시 위험한

concise
[kənsáis]

con(= together) + cise(= cut) → 함께 잘라낸
형 간결한, 축약된
Authors should be using **concise** language. 학평
작가는 간결한 언어를 사용해야 한다.
♦ **conciseness** 명 간결, 간명

precise
[prisáis]

pre(= before) + cise(= cut) → 미리 잘라낸 → 군더더기를 잘라낸

형 정확한, 정밀한

We can give a **precise** number to different sounds. 수능

우리는 서로 다른 음에 정확한 숫자를 매길 수 있다.

◦ precision 명 정확, 정밀

circu/circul/circum 원(circle), 둘레(round)

circuit
[sə́:rkit]

circu(= round) + i(= ire: go) + t(= tus: 접사) → 둘레를 돌아가다

명 순환(로), 순회 (노선), (전기) 회로

The earth takes 365 days to make a **circuit** of the sun.

지구가 태양을 한 바퀴 순환하는 데는 365일이 걸린다.

circus
[sə́:rkəs]

라틴어 circus(= ring, circular line)에서 유래 → 원으로 된 고리를 넘는 행위

명 곡예, 서커스

A father took his son to the **circus**. 학평

아버지가 아들을 서커스에 데리고 갔다.

circular
[sə́:rkjulər]

circul(= circle) + ar(접사) → 원 형태의

형 원형의, 순환하는

Circular seating arrangements activated people's need to belong. 학평

원형 좌석 배치는 사람들의 소속 욕구를 활성화했다.

circulate
[sə́:rkjulèit]

circul(= circle) + ate(접사) → (원의 형태로) 돌게 하다

동 순환하다, 순환시키다, 유포하다

In a day, 8 tons of blood is **circulated** throughout the body.

하루에, 8톤의 혈액이 몸 전체를 순환한다.

◦ circulation 명 (혈액) 순환, 유통

circumstance
[sə́:rkəmstæns]

circum(= round) + sta(= stand) + (a)nce(접사) → 주변에 서 있는 것

명 환경, 상황, 사정, 처지

People make a living according to given **circumstances**. 학평

인간은 주어진 환경에 따라 생계를 유지한다.

cit

불러내다(summon), 불러일으키다(arouse)

cite
[sait]

라틴어 citare(= summon)에서 유래 → 불러내다

동 (이유·예를) 들다, 끌어대다, 인용하다

Several factors were **cited** as the cause of the political unrest.

정치 불안의 원인으로 여러 요인들이 제기되었다.

Many advertisements **cite** statistical surveys. 학평

많은 광고는 통계 조사를 인용한다.

◦ citation 명 인용, 인용구

> **Voca & Voca** 언급하다
> ▶ mention 많은 정보를 주지 않고 간단히 언급하다
> Nobody ever **mentioned** that movie to me.
> 그 누구도 내게 그 영화를 언급하지 않았다.
> ▶ refer to (비교적 격식적으로) ~에 대해 언급하다
> I promised not to **refer to** the matter again.
> 나는 그 문제를 다시는 언급하지 않기로 약속했다.

excite
[iksáit]

ex(= out) + cit(e)(= arouse) → (감정을) 밖으로 불러일으키다

동 흥분하게 만들다, (특정한 감정을) 불러일으키다

The news **excited** everybody. 그 소식에 모두가 흥분했다.

◦ excitement 명 흥분, 신남

incite
[insáit]

in(= into) + cit(e)(= arouse) → (감정을) 안으로 불러일으키다

동 선동하다, 조장하다, 일으키게 하다

There was no evidence that he had **incited** violence.

그가 폭력을 선동했다는 증거는 없었다.

◦ incitement 명 선동, 조장

civ

시민(citizen)

civic
[sívik]

civ(= citizen) + ic(접사) → 시민의

형 시민의

Changing the name of a **civic** landmark changes its meaning. 학평

시민의 지역 명소의 이름을 바꾸는 것은 그것의 의미를 바꿔 놓는다.

> **Voca Plus**
> • **civic** center 시민 회관　　　• **civic** awareness 시민 의식
> • **civic** activist 시민 운동가　　• **civic** life 시민 생활
> • **civic** group 시민 단체　　　　• **civic** right 시민권
> • **civic** identity 시민 정체성 학평
> • **civic** sentiment 시민 정서 학평

civil
[sívəl]

civ(= citizen) + il(접사) → 시민의
형 시민의, 민간의
The projects are being undertaken by 13 **civil** groups.
그 계획들은 13개 민간단체에 의해 시행되고 있다.

civilian
[sivíljən]

civil + ian(접사) → 시민의 신분을 가진 사람
명 민간인
I am a **civilian**, and I will be treated as such.
나는 민간인이니 그런 대우를 받을 것이다.

civilization
[sìvəlizéiʃən]

civil + iz(e)(접사) + ation(접사) → 시민화되는 것
명 문명, 문명 사회
For its time, ancient Greek **civilization** was remarkably
advanced. 학평 그 당시, 고대 그리스 문명은 놀라울 정도로 진보했었다.
⁑ civilize 동 문명화하다

---

claim   외치다(cry out)

claim
[kleim]

clamare(= cry out)에서 유래 → 크게 외치다 → 주장하다
동 주장하다, 요구하다, 청구하다   명 주장, 청구
Parents may **claim** that they spend a lot of time with their
children. 학평 부모는 자신들이 많은 시간을 자녀들과 함께 보낸다고 주장할지도 모른다.
The victim's **claims** were ignored by the police.
그 피해자의 주장은 경찰에게 외면당했다.

exclaim
[ikskléim]

ex(= out) + claim(= cry out) → 밖으로 외치다
동 소리치다, 큰 소리로 말하다
Anna **exclaimed** with joy, "Oh! Is that my handkerchief?" 학평
Anna는 기뻐하며 "오! 그것이 제 손수건인가요?"라고 소리쳤다.
⁑ exclamation 명 감탄사

proclaim
[proukléim]

pro(= forth) + claim(= cry out) → 앞을 향해 외치다
동 공표하다, 선언하다, 분명히 보여 주다
The president **proclaimed** the republic's independence.
대통령은 공화국의 독립을 공표했다.

reclaim
[rikléim]

re(= against) + claim(= cry out) → ~에 대항하여 외치다 → 반환을 요구하다
동 되찾다, 반환을 요구하다
I **reclaimed** my bag from the lost luggage office.
나는 분실물 취급소에서 내 가방을 되찾았다.

Daily Test

A 영어는 우리말로, 우리말은 영어로 쓰시오.

01	ancestry	_____	02	멈추다, 그만두다	c	_____
03	exceed	_____	04	선행하다, 먼저 일어나다	p	_____
05	procedure	_____	06	결정하다, 결정을 내리다	d	_____
07	suicide	_____	08	간결한, 축약된	c	_____
09	precise	_____	10	순환하다, 순환시키다, 유포하다	c	_____
11	circumstance	_____	12	(이유·예를) 들다, 인용하다	c	_____
13	incite	_____	14	문명, 문명 사회	c	_____
15	excite	_____	16	소리치다, 큰 소리로 말하다	e	_____
17	civic	_____	18	공표하다, 선언하다	p	_____
19	claim	_____	20	되찾다, 반환을 요구하다	r	_____

B 오른쪽 해석을 보고, 빈칸에 가장 적절한 단어를 [보기]에서 골라 쓰시오.

보기   circuit   civilian   concede   pesticide   recede

01	We must _____ that this is true.	우리는 이것이 사실이라고 인정해야 한다.
02	This _____ kills insects instantaneously.	이 살충제는 곤충을 즉시 죽인다.
03	When the flood waters _____, we'll go home.	홍수로 인한 물이 빠지면 우리는 집에 갈 것이다.
04	I am a _____, and I will be treated as such.	나는 민간인이니 그런 대우를 받을 것이다.
05	The earth takes 365 days to make a _____ of the sun.	지구가 태양을 한 바퀴 순환하는 데는 365일이 걸린다.

정답 Ⓐ 01 가계, 혈통 02 cease 03 넘다, 초과하다, 초월하다 04 precede 05 절차, 순서, 수술 06 decide 07 자살, 자살 행위 08 concise 09 정확한, 정밀한 10 circulate 11 환경, 상황, 사정, 처지 12 cite 13 선동하다, 조장하다, 일으키게 하다 14 civilization 15 흥분하게 만들다, (특정한 감정을) 불러일으키다 16 exclaim 17 시민의 18 proclaim 19 주장하다, 요구하다, 청구하다; 주장, 청구 20 reclaim
Ⓑ 01 concede 02 pesticide 03 recede 04 civilian 05 circuit

Day

22

clin

기울다(bend, lean)

decline
[dikláin]

de(=from) + clin(e)(= clinare: bend) → ~로부터 기울다
동 내려가다, 감소하다, 거절하다   명 경사, 하락
We hope that the price of the product will **decline**.
우리는 그 제품의 가격이 내려가기를 바라고 있다.

incline
[inkláin]

in(= into) + clin(e)(= clinare: bend) → 안으로 기울다
동 기울게 하다
Poverty **inclines** people towards crime.
가난이 사람들을 범죄로 기울게 한다.
⊕ inclination 명 기울기, 경사도, 성향

recline
[rikláin]

re(= back) + clin(e)(= clinare: bend) → 뒤로 기울다
동 뒤로 넘어가다
The seats in the car **recline** almost like beds.
그 차의 좌석들은 거의 침대처럼 뒤로 넘어간다.

climate
[kláimit]

라틴어 clima(= slope of the earth)에서 유래
→ 지구 경사면에서 본 태양의 각도를 통해 기후를 알아냄
명 기후
70 percent of the world's coffee could disappear due to
climate change. 학평
세계 커피의 70퍼센트가 기후 변화로 인해 사라질 수 있다.

climax
[kláimæks]

라틴어 climax(= ladder)에서 유래 → 사다리를 타고 올라감
명 최고조, 절정
After an hour, my frustration reached its **climax**. 모평
한 시간 후에, 내 좌절감은 최고조에 이르렀다.

Part Ⅲ 어근 • DAY 22   **177**

clos/clud   닫다(close, shut)

disclose
[disklóuz]

dis(= not) + clos(e)(닫다) → 닫아두지 않다
[동] 밝히다, 폭로하다
The company didn't **disclose** details of the agreement.
그 회사는 합의에 관한 세부 사항을 밝히지 않았다.
⁜ disclosure [명] 폭로

enclose
[inklóuz]

en(= in) + clos(e)(닫다) → 안에 닫아두다
[동] 동봉하다, 둘러싸다
He mailed the letters, but didn't **enclose** the checks. 〔학평〕
그는 편지를 우편으로 부쳤지만, 수표는 동봉하지 않았다.
⁜ enclosure [명] 울타리를 친 지역

conclude
[kənklúːd]

con(= together) + clud(e)(= claudere: shut) → 함께 닫아두다
[동] 결론을 내리다, 끝내다
The judge had to **conclude** the poor boy was guilty.
판사는 그 가엾은 소년이 유죄라고 결론을 내려야 했다.
A salesperson's aim is to **conclude** a sale profitably. 〔모평〕
한 판매원의 목표는 수익성 있게 판매를 끝내는 것이다.
⁜ conclusion [명] 결론

exclude
[iksklúːd]

ex(= out) + clud(e)(= claudere: shut) → 밖에 두고 닫다
[동] 배제하다, 제외하다
They must make difficult decisions about whom to **exclude**. 〔학평〕
그들은 누구를 배제해야 할지에 대한 어려운 결정을 내려야 한다.
⁜ exclusion [명] 배제, 제외

include
[inklúːd]

in(= 안에) + clud(e)(= claudere: shut) → 안에 두고 닫다
[동] 포함하다
The event **includes** a fashion show. 〔모평〕
그 행사에는 패션쇼가 포함되어 있다.
⁜ inclusion [명] 포함   inclusive [형] 포괄적인

cognit/cogniz/ gno
알다(know)

cognition
[kɑgníʃən]

cognit(= cognoscere: know) + ion(접사) → 알고 있는 것
명 인식
Survivors have developed their skill of rapid **cognition**. 학평
생존자들은 신속하게 인식하는 능력을 발전시켰다.
❀ **cognitive** 형 인식의

recognize
[rékəgnàiz]

re(= again) + cogniz(e)(= cognoscere: know) → 다시 알게 되다
동 인지하다, 알아보다, 인정하다
Even an unmusical person can **recognize** an octave. 수능
음악에 소질이 없는 사람이라도 한 옥타브를 인지할 수 있다.

diagnose
[dáiəgnòus]

dia(= apart) + gno(se)(= gnosis: know) → 따로 떼어 알아내다
동 진단하다
Her mother had been **diagnosed** with a serious illness. 학평
그녀의 어머니가 중병 진단을 받았다.
❀ **diagnosis** 명 진단

ignore
[ignɔ́:r]

라틴어 ignorare(= not to know)에서 유래
동 무시하다
He **ignored** her and put a glass into her hands. 학평
그는 그녀를 무시하고는 그녀의 손에 잔을 쥐어 주었다.
❀ **ignorance** 명 무지

commun
공통의, 함께(common)

communal
[kámju:nəl]

commun(= common) + al(접사) → 공동으로 하는
형 공동의
The dead were buried in large **communal** graves.
사망자들은 큰 공동묘지에 묻혔다.

communicate
[kəmjúːnəkèit]

commun(= common) + icate(접사) → 함께 나누다
통 의사소통하다
They make unique sounds to **communicate** with each other.
그들은 서로 의사소통하기 위해서 독특한 소리를 낸다.
⁜ communication 명 의사소통

communism
[kámjənìzm]

commun(= common) + ism(접사) → 공동체를 중시하는 사상
명 공산주의
The movie shows the history of **communism**.
그 영화는 공산주의의 역사를 보여 준다.

> **Voca Plus** '이념, 사상, 이데올로기'를 나타내는 –ism
> • socialism 사회주의
> • racism 인종 차별주의
> • nationalism 민족주의
> • modernism 현대주의, 모더니즘
> • romanticism 낭만주의

community
[kəmjúːnəti]

commun(= common) + ity(접사) → 공동으로 하는 것
명 공동체
The artists encourage creativity and culture in our **community**. 모평
예술가들은 우리 공동체의 창의성과 문화를 장려한다.

> **Voca & Voca** 조직, 협회, 기관
> ▶ organization 조직, 기구
>   Bikes4Hope is a non-profit **organization**. 모평
>   Bikes4Hope는 비영리 단체이다.
> ▶ association 협회
>   He works for the Football **Association**.
>   그는 축구 협회에서 일한다.
> ▶ institution (특정 목적을 지닌 대규모) 기관
>   He established an educational **institution**.
>   그는 교육 기관을 설립했다.

cor(d)/cour   심장, 마음(heart)

core
[kɔːr]

cor(e)(= cor: heart) → 심장
명 핵심, 중심부   형 핵심적인
The repertoire varied but the **core** was largely the same. 모평
레퍼토리는 다양했지만, 핵심은 대체로 같았다.

accord
[əkɔ́:rd]

ac(= ad: to) + cord(= heart) → 마음으로 향하는 상태
명 합의, 일치 통 일치하다, 부여하다
They signed a peace **accord** last month.
그들은 지난달에 평화 합의안에 서명했다.
❖ accordance 명 일치, 합치

discord
[dískɔ:rd]

dis(= apart) + cord(= heart) → 마음이 떨어져 있음
명 불화, 불일치
There is constant **discord** in the company.
그 회사에는 지속적인 불화가 있다.

record
[rikɔ́:rd] 통
[rékərd] 명

re(= again) + cord(= heart) → 마음에 다시 담다
통 기록하다, 녹음하다 명 기록
For many centuries European science was **recorded** in Latin. 학평
수 세기 동안, 유럽의 과학은 라틴어로 기록되었다.
We have no **record** of your reservation. 학평
우리에게는 당신의 예약 기록이 없어요.

courage
[kə́:ridʒ]

cour(= heart) + age(접사) → 마음에서 나오는 것
명 용기
Courage made him win the game.
용기로 인해 그는 그 경기에서 이겼다.
❖ courageous 형 용기 있는

encourage
[inkə́:ridʒ]

en(= cause) + courage(용기) → 용기를 내게 하다
통 장려하다, 격려하다, 용기를 북돋우다
Parents **encourage** creative activities in the child. 학평
부모들은 자녀에게 창의적인 활동을 장려한다.
❖ encouragement 명 장려, 격려

corp
신체, 단체, 조직체(body)

corporate
[kɔ́:rpərit]

라틴어 corporare(= form into a body)에서 유래 → 조직체로 된
형 기업[회사]의, 법인체의, 공동의
Interesting **corporate** names attract new customers. 학평
흥미로운 기업명이 새로운 고객을 유치한다.
❖ corporation 명 기업, 법인, 조합
   incorporate 통 (법인체를) 설립하다, 법인으로 만들다, 통합시키다

corps
[kɔːr]

라틴어 corpus(= body)에서 유래 → 구성원들의 몸체 → 군단, 단체
명 군단, 단, 부대, 단체
After graduating, he joined the United States Marine **Corps**. 학평
졸업 후에 그는 미국 해병대에 입대했다.

corpse
[kɔːrps]

라틴어 corpus(= body)에서 유래 → 시체
명 시체, 송장
The police found no **corpse**.
경찰은 어떤 시체도 찾지 못했다.

cour
달리다(run)

courier
[kúriər]

라틴어 currere(= run)의 행위자를 의미하는 curritor(= runner)에서 유래
→ 심부름꾼
명 배달[운반]원, 여행 안내인
A motorcycle **courier** arrived in a rush.
한 오토바이 배달원이 황급히 도착했다.

course
[kɔːrs]

cour(= currere: run) + se(접사) → 정해진 길을 따라 달리는 것
명 강좌, 과정
This is a beginners' **course**. 학평
이 강좌는 입문 강좌이다.

concourse
[kánkɔːrs]

con(= com: together) + cour(= currere: run) + se(접사)
→ 정해진 길을 따라 달려서 모인 곳
명 중앙 광장, 집합
They gathered in the station's **concourse**.
그들은 역의 중앙 광장에 모였다.

discourse
[dískɔːrs] 명
[diskɔ́ːrs] 동

dis(= apart) + cour(= currere: run) + se(접사)
→ 서로 떨어져 정해진 길을 따라 달리는 것 → 서로 담소를 나누는 것
명 이야기, 담론, 강연 동 이야기하다, 강연하다
The media does not provide a neutral **discourse**. 모평
대중 매체는 중립적 담론을 제공하지 않는다.

Daily Test

A 우리말은 영어로, 영어는 우리말로 쓰시오.

01	기후	c_____	02	recline	_____
03	결론을 내리다, 끝내다	c_____	04	climax	_____
05	포함하다	i_____	06	exclude	_____
07	인지하다, 알아보다	r_____	08	cognition	_____
09	진단하다	d_____	10	ignore	_____
11	의사소통하다	c_____	12	communal	_____
13	핵심, 중심부; 핵심적인	c_____	14	record	_____
15	장려하다, 용기를 북돋우다	e_____	16	courage	_____
17	기업[회사]의, 법인체의	c_____	18	corpse	_____
19	배달[운반]원, 여행 안내인	c_____	20	course	_____

B 오른쪽 해석을 보고, 네모 안에서 적절한 단어를 고르시오.

01 The movie shows the history of communism / community.

그 영화는 공산주의의 역사를 보여 준다.

02 There is constant accord / discord in the company.

그 회사에는 지속적인 불화가 있다.

03 We hope that the price of the product will decline / incline.

우리는 그 제품의 가격이 내려가기를 바라고 있다.

04 The media does not provide a neutral concourse / discourse.

대중 매체는 중립적 담론을 제공하지 않는다.

05 He mailed the letters, but didn't disclose / enclose the checks.

그는 편지를 우편으로 부쳤지만, 수표는 동봉하지 않았다.

정답 **A** 01 climate 02 뒤로 넘어가다 03 conclude 04 최고조, 절정 05 include 06 배제하다, 제외하다 07 recognize 08 인식 09 diagnose 10 무시하다 11 communicate 12 공동의 13 core 14 기록하다, 녹음하다; 기록 15 encourage 16 용기 17 corporate 18 시체, 송장 19 courier 20 강좌, 과정
B 01 communism 02 discord 03 decline 04 discourse 05 enclose

23

crac 지배(rule)

aristocracy
[ærìstάkrəsi]

aristo(= aristos: best) + crac(= kratos: rule) + y(접사)
→ 가장 잘 교육받은 사람들에 의한 지배
명 귀족 (계급), 상류 계급, 귀족 정치, 귀족 사회
Manuals of "good manners" are addressed to the **aristocracy**. 모평
'좋은 예절'의 교범은 귀족 계급에 초점이 맞추어져 있다.
⊕ aristocrat 명 귀족, 귀족 정치 주의자
　aristocratic 형 귀족(적)인, 귀족 정치의

autocracy
[ɔːtάkrəsi]

auto(= autos: self) + crac(= kratos: rule) + y(접사)
→ 지배자 스스로의 의사에 의한 지배
명 독재 국가, 전제 군주국, 전제[독재] 정치
Taiwan shifted from **autocracy** to democracy in 1996.
대만은 1996년에 독재 국가에서 민주주의 국가로 바뀌었다.
⊕ autocrat 명 전제 군주, 독재자　　autocratic 형 독재적인

bureaucracy
[bjuərάkrəsi]

bureau(= desk, office) + crac(= kratos: rule) + y(접사)
→ 책상에서 일하는 사람들에 의한 지배
명 관료 정치, 관료 체제, 관료주의
All the magazines harshly criticized the **bureaucracy**.
모든 잡지들은 혹독하게 관료 정치를 비판했다.
⊕ bureaucrat 명 공무원, 관료, 관료주의자
　bureaucratic 형 관료의, 절차가 번잡한

democracy
[dimάkrəsi]

demo(= demos: common people) + crac(= kratos: rule)
+ y(접사) → 민중에 의한 지배
명 민주주의, 민주주의 국가
Thomas Jefferson had an enduring interest in **democracy**. 모평
Thomas Jefferson은 민주주의에 대해 지속적인 관심이 있었다.
⊕ democrat 명 민주주의자, 민주당원
　democratic 형 민주주의의, 민주적인, 평등한

creas 자라나다, 생겨나다(grow)

decrease
[dikríːs] 통
[díːkriːs] 명

de(= away from) + creas(e)(= crescere: grow)
→ 자라나는 것에서 멀어지다 → 줄어들다
통 감소하다, 줄이다   명 감소, 하락
In 1995, the unemployment rate **decreased** to 4.8 percent.
1995년에 실업률은 4.8퍼센트로 감소했다.
There has been a **decrease** in the water level because of years
of drought. 학평
몇 년간의 가뭄 때문에 수위가 낮아졌다.

increase
[inkríːs] 통
[ínkriːs] 명

in(= in) + creas(e)(= crescere: grow) → ~에서 자라나다[생겨나다]
통 증가하다, 인상되다   명 증가, 인상
The level of violence has **increased** a lot compared to two
years ago. 폭력 수준이 2년 전에 비해 많이 증가해 왔다.
The blood donation rate showed continuous **increase** after
2006. 학평 헌혈률은 2006년 후에 지속적인 증가를 보였다.

> **Voca & Voca** 증가하다
> ▶ escalate 오르다
>   Land cost is **escalating** in certain cities.
>   토지 비용이 특정 도시들에서 오르고 있다.
> ▶ soar 급증[급등]하다
>   The federal debt has **soared** during the recent economic crisis. 모평
>   연방 부채가 최근 경제 위기 동안 급증했다.
> ▶ skyrocket 폭등하다
>   The inflation rate **skyrocketed** right after the crisis.
>   물가 상승률이 그 위기 직후 폭등했다.

creat 만들다, 생산하다(make, bring forth)

create
[kriéit]

라틴어 creare(= make, bring forth)에서 유래 → 만들어 내다
통 만들어 내다, 창조하다, 창작하다
I have just **created** a great new recipe. 수능
내가 훌륭한 새 조리법을 막 만들어 냈다.
⊕ creation 명 창조, 창작   creative 형 창조적인, 창의적인

creature
[kríːtʃər]

creat(= creare: make) + ure(접사) → 만들어진 것, 창조된 것
명 창조물, 생물
Robots are mechanical **creatures**. 학평 로봇은 기계적 창조물이다.

recreate

[rìkriéit]

re(= back, again) + creat(e)(= creare: make) → 다시 만들다

통 다시 만들다, 기분 전환을 하다

The story was **recreated** as an opera in the eighteenth century. 그 이야기는 18세기에 오페라로 다시 만들어졌다.

recreation

[rèkriéiʃən]

re(= back, again) + creat(= creare: make) + ion(접사)

→ 다시 만든 것, 개조, 재창조

명 기분 전환, 휴양, 오락, 레크리에이션

Lifelong learning might be seen as a new form of **recreation**. 학평

평생 학습은 오락의 새로운 형태로 보일지도 모른다.

cred

믿다, 믿고 맡기다(believe, entrust)

credit

[krédit]

라틴어 creditum(= loan)에서 유래 → 믿고 빌려줌

명 신용(도), 신용 대출[거래], 대학 이수 학점 통 입금하다, 믿다

I'll use this coupon and pay by **credit** card. 학평

이 쿠폰을 사용하고 신용카드로 계산할게요.

Interest will be **credited** to your account.

이자는 당신의 계좌로 입금될 거예요.

credible

[krédəbl]

cred(= credere: believe) + ible(접사) → 믿을 수 있는

형 믿을[신뢰할] 수 있는, 확실한

Nonverbal cues are more **credible** than verbal cues. 모평

비언어적 신호가 언어적 신호보다 더 믿을 수 있다.

⚜ credibility 명 신뢰성, 진실성

credulous

[krédʒələs]

cred(= credere: believe) + ulous(접사) → 잘 믿는 경향이 있는

형 잘 믿는[속는], (남의 말을) 쉽사리 곧이듣는

Love is as **credulous** as a child. 사랑은 아이처럼 잘 믿는 것이다.

discredit

[diskrédit]

dis(= opposite of) + cred(it)(= credere: believe) → 믿지 않다

통 신빙성을 없애다, 신임[평판]을 떨어뜨리다, 의심하다 명 불명예, 의혹

Claims in this book have been **discredited** by later research.

이 책에 있는 주장은 이후의 연구에 의해 신빙성이 없어졌다.

incredible

[inkrédəbl]

in(= not) + cred(= credere: believe) + ible(접사) → 믿을 수 없는

형 믿을 수 없는, 믿기 힘든, (믿기 어려울 만큼) 훌륭한

The results are **incredible**. 학평

결과는 믿을 수 없는 정도이다.

⚜ incredibility 명 믿을 수 없음, 믿어지지 않음

creed
[kri:d]

라틴어 credo(= I believe)에서 유래 → 신념을 담은 진술
명 신조, 신념, 교리
A **creed** is necessary to define the faith.
신조는 믿음을 규정하는 데 필요하다.

---

cret
일어나다, 자라나다(arise, grow)

concrete
[kánkri:t]

con(= com: together) + cret(e)(= crescere: grow)
→ 결합체로 함께 자라나 단단한
형 구체적인, 콘크리트로 된 **명** 콘크리트
Participants focused on objective facts and **concrete** details. (학평)
참여자들은 객관적인 사실과 구체적인 세부 사항에 초점을 맞췄다.

> **Voca Plus**
> • **concrete** results 구체적인 결과
> • a **concrete** example 구체적인 예
> • take **concrete** steps to *do* ~하기 위해 구체적인 조치를 취하다

crew
[kru:]

라틴어 crescere(= arise, grow)에서 유래 → 함께 행동하는 사람들
명 승무원, 무리, 일당
The incompetence of the captain and **crew** can lead to a
disastrous event. 기장과 승무원의 무능이 참사를 야기할 수 있다.

---

crimin
범죄(crime), 구별하다(distinguish)

criminal
[krímənl]

crimin(= crime) + al(접사) → 범죄를 저지른 사람
명 범인, 범죄자 **형** 범죄의, 형사상의
He was a violent and dangerous **criminal**.
그는 난폭하고 위험한 범죄자였다.
There is nothing **criminal** in doing this. (수능)
이렇게 할 때 죄가 되는 것은 없다.
⸙ crime **명** 범죄, 범행

discriminate
[diskríməneit]

dis(= apart) + crimin(= distinguish) + ate(접사) → 따로 구별하다
동 차별하다, 구별하다
The dog knows how to **discriminate** one scent from another. (모평)
개는 한 냄새를 다른 냄새와 구별하는 법을 알고 있다
⸙ discrimination **명** 차별, 식별

cri(t)

분리하다(separate), 판단하다(judge)

crisis
[kráisəs]

cri(= crit: separate) + sis(접사) → 분리되어 갈라진 상태
명 위기, 최악의 고비
When photography came along, painting was put in **crisis**. 수능
사진술이 나타났을 때, 회화는 위기에 처했다.

Voca & Voca 재난, 재앙
▶ disaster 개인이나 사회 전반에 재산이나 생명의 손실을 끼치는 큰 재해
  a natural **disaster** 자연재해, 천재지변
▶ catastrophe 대참사, 큰 재앙
  an economic **catastrophe** 경제적 대참사

critic
[krítik]

crit(= separate, judge) + ic(접사) → 옳고 그름을 구분하여 판단하는 사람
명 비평가, 평론가, 비판하는 사람
She is an influential film **critic** in Hollywood.
그녀는 할리우드에서 영향력 있는 영화 평론가이다.
⁂ criticism 명 비평, 평론, 비판 critical 형 비판[비난·비평]의, 중대한

criticize
[krítisàiz]

crit(= separate, judge) + ic(접사) + ize(접사) → 구분하여 판단하다
동 비판하다, 비난하다, 비평하다
Compliment your employees rather than **criticize**. 학평
종업원을 비판하기보다는 칭찬하라.

cult/colon

경작하다(cultivate)

agriculture
[ǽgrəkÀltʃər]

agri(= field) + cult(= cultivate) + ure(접사) → 들판을 경작하는 일
명 농업, 농사, 농학
More than 50% of the land is used for **agriculture**.
그 땅의 50퍼센트 넘게 농업에 사용된다.

cultivate
[kÁltəvèit]

cult(= cultivate) + iv(e)(접사) + ate(접사) → 경작하다
동 경작하다, 재배하다, 기르다, 함양하다
They worked hard to **cultivate** the wasteland.
그들은 황무지를 경작하려고 열심히 일했다.

culture
[kÁltʃər]

cult(= cultivate) + ure(접사) → 경작을 하면서 꽃피운 것
명 문화, 집단적 사고방식, 교양, 재배, 배양
For me, clothes are **culture**. 학평
내게는 옷이 문화이다.

colony
[káləni]

colon(= cultivate) + y(접사) → 외부인의 정착에 의해 경작된 땅

명 식민지, 군체, 군집

He was sold by slave traders and shipped to the British **colony** of Virginia. 학평 그는 노예상에 의해 팔려 영국 식민지 Virginia로 보내졌다.

⁙ **colonial** 형 식민지의   **colonize** 동 식민지로 만들다

---

cur/curr   달리다(run), 흐르다(flow)

---

excursion
[ikskə́:rʒən]

ex(= out) + cur(= run) + sion(접사) → 즐겁게 밖으로 달려 나가는 것

명 (단체로 짧게 하는) 여행, 소풍

We went on an **excursion** to the East Coast.

우리는 동부 해안으로 짧은 여행을 갔다.

---

concur
[kənkə́:r]

con(= together) + cur(= run) → 동시에 한 곳으로 달리다

동 동의하다, 동시에 발생하다

I don't **concur** with his views on many issues.

나는 여러 문제에 있어서 그의 견해에 동의하지 않는다.

---

occur
[əkə́:r]

oc(= ob: to) + cur(= run) → ~로 달려가서 충돌하여 생기다

동 일어나다, 발생하다, (생각 등이) 떠오르다

Such good things do not **occur** every day.

그렇게 좋은 일이 매일 일어나는 것은 아니다.

⁙ **occurrence** 명 발생, 발생한 일

---

recur
[rikə́:r]

re(= again, back) + cur(= run) → 생겨난 일을 다시 가서 하다

동 재발하다, 반복하다

There is little chance that the disease will **recur**.

그 병이 재발할 가능성은 거의 없다.

---

current
[kə́:rənt]

curr(= flow) + ent(접사) → 현재 흐르고 있는

형 현재의, 지금의, 통용되는   명 흐름, 해류, 기류, 전류

As you know, our **current** office is too small. 모평

알다시피, 우리의 현재 사무실은 너무 좁아요.

---

currency
[kə́:rənsi]

curr(= flow) + ency(접사) → 현재 통용되고 있는 돈

명 (유통되는) 통화, 화폐, 유통

The EU countries have adopted the Euro as their **currency**.

EU 국가들은 자신들의 통화로 유로를 채택했다.

---

curriculum
[kəríkjələm]

curr(i)(= run) + culum(= c(u)le: 접사) → 달리기 과정 → 현재 가르치고 있는 과정

명 교과 과정, 커리큘럼

In physical education programs, team sports dominate the **curriculum**. 모평 체육 교육 프로그램에서는 팀 스포츠가 교과 과정을 지배하고 있다.

Daily Test

A 영어는 우리말로, 우리말은 영어로 쓰시오.

01	bureaucracy	_____	02	민주주의, 민주주의 국가	d	_____
03	decrease	_____	04	창조물, 생물	c	_____
05	recreate	_____	06	믿을[신뢰할] 수 있는, 확실한	c	_____
07	discredit	_____	08	믿을 수 없는, 믿기 힘든	i	_____
09	creed	_____	10	구체적인; 콘크리트	c	_____
11	crew	_____	12	범인; 범죄의	c	_____
13	discriminate	_____	14	위기, 최악의 고비	c	_____
15	criticize	_____	16	농업, 농사, 농학	a	_____
17	colony	_____	18	동의하다, 동시에 발생하다	c	_____
19	recur	_____	20	여행, 소풍	e	_____

B 오른쪽 해석을 보고, 빈칸에 가장 적절한 단어를 [보기]에서 골라 쓰시오.

보기 autocracy   credulous   cultivate   currency   recreation

01 Love is as _____ as a child. | 사랑은 아이처럼 잘 믿는 것이다.

02 They worked hard to _____ the wasteland. | 그들은 황무지를 경작하려고 열심히 일했다.

03 Taiwan shifted from _____ to democracy in 1996. | 대만은 1996년에 독재 국가에서 민주주의 국가로 바뀌었다.

04 The EU countries have adopted the Euro as their _____. | EU 국가들은 자신들의 통화로 유로를 채택했다.

05 Lifelong learning might be seen as a new form of _____. | 평생 학습은 오락의 새로운 형태로 보일지도 모른다.

정답 **A** 01 관료 정치, 관료 체제, 관료주의 02 democracy 03 감소하다, 줄이다; 감소, 하락 04 creature 05 다시 만들다, 기분 전환을 하다 06 credible 07 신빙성을 없애다, 신임[평판]을 떨어뜨리다, 의심하다; 불명예, 의혹 08 incredible 09 신조, 신념, 교리 10 concrete 11 승무원, 무리, 일당 12 criminal 13 차별하다, 구별하다 14 crisis 15 비판하다, 비난하다, 비평하다 16 agriculture 17 식민지, 군체, 군집 18 concur 19 재발하다, 반복하다 20 excursion
B 01 credulous 02 cultivate 03 autocracy 04 currency 05 recreation

24

cur
주의, 돌봄(care)

curator
[kjuəréitər]

cur(a)(= care) + tor(접사) → 전시된 것을 설명해 주고 보살펴 주는 사람
명 (박물관, 미술관 등의) 전시 책임자, 큐레이터
Lily works at the museum as a **curator**.
Lily는 미술관에서 큐레이터로 일한다.

cure
[kjuər]

cur(e)(= care) → 관심을 갖고 보살피다
동 낫게 하다, 치유하다, 바로잡다   명 치유(법), 해결책
A team of doctors **cured** her of a rare disease.
한 팀의 의사들이 그녀의 희귀병을 낫게 했다.
Remember that prevention is better than **cure**. 학평
예방이 치료보다 더 낫다는 것을 기억하라.
⚬ **curable** 형 고칠 수 있는, 낫게 할 수 있는

curious
[kjúəriəs]

cur(i)(= care) + ous(접사) → 어떤 것에 관심이 끌리는
형 궁금한, 알고 싶어 하는, 호기심이 많은
They're **curious** about your new music career. 학평
그들은 당신의 새로운 음악 경력에 대해 궁금해 한다.
⚬ **curiosity** 명 호기심, 진기한 사람[것]

manicure
[mǽnəkjùər]

mani(= hand) + cur(e)(= care) → 손과 손톱을 돌보는 것
동 손톱 손질을 하다, 손 관리를 하다   명 손톱 손질, 손 관리
She **manicured** her nails.
그녀는 자신의 손톱 손질을 했다.

secure
[sikjúər]

se(= apart) + cur(e)(= care) → 걱정이나 근심에서 멀리 떨어져 있는
형 안전한, 튼튼한, 확실한   동 안전하게 하다, 확보하다
The office isn't very **secure** — we need some new locks.
사무실이 아주 안전하지는 않아서 우리는 몇 개의 새로운 자물쇠가 필요하다.
To **secure** your seat, please arrive 15 minutes before the departure. 모평
좌석을 확보하려면 출발 15분 전까지 도착하세요.
⚬ **security** 명 안전, 보안, 보장

cycl

순환하다(circle), 바퀴(wheel)

cycle
[sáikl]

cycle(= cycl: circle, wheel) → 한 바퀴 도는 것
명 순환, 주기, 회전, 자전거　동 순환하다, 자전거를 타다
Plants must die at the end of their life **cycle**. 학평
삶의 주기가 끝날 때 식물은 죽어야만 한다.
❖ cyclical 형 순환하는, 주기의　cyclist 명 자전거 타는 사람

cyclone
[sáikloun]

그리스어 kyklon(= moving in a circle)에서 유래
→ 휘감아 돌면서 움직이는 바람
명 대형 회오리바람, 사이클론(인도양의 열대성 저기압)
A terrible **cyclone** tore up trees and houses.
엄청난 사이클론이 나무와 집들을 완전히 파괴했다.
❖ cyclonic 형 사이클론의, 격렬한, 강렬한

encyclopedia
[ensàikləpí:diə]

en(= in) + cycl(o)(= cycl: circle) + pedia(= education)
→ 교육을 위한 모든 학문 분야를 담고 있는 것
명 백과사전
He is like a walking **encyclopedia**.
그는 걸어 다니는 백과사전과 같다(백과사전처럼 아는 것이 많다).

motorcycle
[móutərsàikl]

motor(= mover) + cycle(= cycl: wheel)
→ 바퀴를 모터로 돌리며 가는 것
명 오토바이
The researchers conducted a study of **motorcycle** accidents. 학평
연구자들이 오토바이 사고에 관한 연구를 했다.

recycle
[ri:sáikl]

re(= again) + cycle(= cycl: circle) → 폐품 등을 다시 순환시키다
동 재활용하다, 재생하다
We want to ask you to **recycle** this magazine for pick-up. 학평
우리는 수거를 위해 이 잡지를 재활용해 주기를 여러분께 부탁하고 싶어요.
❖ recycling 명 재활용, 재생

tricycle
[tráisikl]

tri(= three) + cycle(= cycl: wheel)
→ 바퀴가 세 개 달린 자전거[오토바이]
명 세발자전거, 삼륜 오토바이
He bought his niece a **tricycle** for her fourth birthday.
그는 조카의 네 번째 생일을 위해 조카에게 세발자전거를 사 주었다.

dens

빽빽한(thick)

dense
[dens]

dens(e)(= densus: thick) → 빽빽한

[형] 빽빽한, 밀집한

We live in a **dense** fabric of mutual aid. 학평

우리는 상호 도움의 빽빽한 조직 속에서 산다.

⁑ density [명] 밀집, 밀도

condense
[kəndéns]

con(= thoroughly) + dens(e)(= thick) → 완전히 빽빽하게 하다

[동] 압축하다, 응축하다

Would you **condense** this report into three pages?

이 보고서를 세 페이지로 압축해 주시겠어요?

The **condensed** gas became liquid. 응축된 가스는 액체가 되었다.

⁑ condensation [명] 압축, 응축

dicat/dict

가리키다(indicate, point), 말하다(say, speak),
선언하다(declare)

dedicate
[dédəkèit]

de(= away, down) + dicat(e)(= dicare: declare) → 바친다고 선언하다

[동] 바치다, 전념하다

You can **dedicate** time to move forward with your own goals. 모평

여러분은 자신의 꿈과 함께 앞으로 나아가도록 시간을 바칠 수 있다.

⁑ dedication [명] 헌신

indicate
[índəkèit]

in(= into) + dicat(e)(= dicare: declare) → 안으로 선언하다

[동] 보여 주다, 가리키다, 지적하다

Audience feedback **indicates** whether listeners understand
the speaker's ideas. 학평

청중의 피드백은 청자들이 연사의 생각을 이해하는지를 보여 준다.

⁑ indication [명] 지시, 표시

addict
[ǽdikt] [명]
[ədíkt] [동]

ad(= to) + dict(= declare) → 한쪽으로 선언한다

[명] 중독자 [동] 중독되게 하다

He is a serious online game **addict**.

그는 심각한 온라인 게임 중독자이다.

It is dangerous to get **addicted** to exercise. 학평

운동에 중독되는 것은 위험하다.

⁑ addictive [형] 중독성의   addiction [명] 중독

contradict
[kὰntrədíkt]

contra(= against) + dict(= speak) → 반박하다
동 모순되다, 부정[부인]하다, 반박하다
His mean actions **contradict** his fine words.
그의 비열한 행동은 그의 멋진 말과 모순된다.
⊕ contradictory 형 모순된   contradiction 명 부인, 반박

dictate
[díkteit]

라틴어 dictatus(= say repeatedly)에서 유래 → 반복하여 말하다
동 받아쓰게 하다, 지시[명령]하다
You can even **dictate** an email to the app.
그 앱에게 이메일을 받아쓰게 할 수도 있다.
Purpose and reason **dictate** our daily lives.
목적과 이유가 우리의 일상생활을 지시한다.
⊕ dictation 명 받아쓰기

dictionary
[díkʃənèri]

dict(= say) + ion(접사) + ary(접사) → 말을 저장해 두는 장소나 사람
명 사전
I spend so much time looking up new words in the **dictionary**. 수능
나는 사전에서 새 단어를 찾는 데 꽤 많은 시간을 쓴다.

> **Voca & Voca** 책을 나타내는 다양한 어휘
> ▶ reference book 참고서
>   check out **reference books** 참고서를 대출하다
> ▶ storybook 이야기책
>   a **storybook** for children 어린이를 위한 이야기책
> ▶ nonfiction 논픽션
>   historical **nonfiction** 역사적인 논픽션
> ▶ journal 정기 간행물, 학회지
>   a medical **journal** 의학 학회지

predict
[pridíkt]

pre(= before) + dict(= speak) → 미리 말하다
동 예언하다, 예보하다
You can't **predict** what is going to happen next. 학평
다음에 일어날 일을 여러분은 예측할 수 없다.
⊕ prediction 명 예언, 예보, 예상

verdict
[və́:rdikt]

ver(= true) + dict(= speak) → 사실을 말함
명 평결, 판결
The criminal had to accept a guilty **verdict**.
그 범죄자는 유죄 평결을 받아들여야 했다.

divid   나누다(divide)

divide
[diváid]

라틴어 dividere(= separate, divide)에서 유래 → 나누다

[통] 나누다, 분할하다, 나뉘다, 분할되다

When brushing, you should **divide** your mouth into four sections. (학평)

양치질을 할 때, 입을 네 구역으로 나누어야 한다.

❖ division [명] 나누기, 분할, 부분

dividend
[dívidènd]

라틴어 dividendum(= thing to be divided)에서 유래 → 나눈 것

[명] 배당금, 상금

The shareholders received a **dividend** of $4 per share.

주주들은 주당 4달러의 배당금을 받았다.

individual
[ìndəvídʒuəl]

in(= not) + divid(= divide) + ual(접사) → 나눌 수 없는

[형] 개인의, 각개의   [명] 개인

For decades, we have been measuring intelligence at the **individual** level. (학평)

수십 년 동안 우리는 지능을 개인의 수준에서 측정해 왔다.

The contest is open to both teams and **individuals**.

그 경연대회는 팀과 개인 모두 참여할 수 있다.

❖ individually [부] 개별적으로

don   주다(give), 선물(gift)

donate
[dóuneit]

라틴어 donationem(= giving: 기부)에서 유래 → 주다

[통] 기부[기증]하다

I'm planning to **donate** my old books to charity. (학평)

나는 중고 도서를 자선 단체에 기부할 예정이다.

❖ donation [명] 기부

> **Voca & Voca**   기부하다
>
> ▶ donate (특히 자선단체에) 기부하다
> All of the money will be **donated** to a local charity. (학평)
> 모든 돈을 지역 자선 단체에 기부할 예정이다.
> ▶ contribute (돈이나 노력을) 기부하다
> She **contributed** countless hours of work to make this event happen.
> 이 행사를 열기 위해 그녀는 수많은 시간의 노력을 기부했다.

donor
[dóunər]

don(= give) + or(접사) → 주는 사람
📖 기증자
Fred is known to be a regular blood **donor**.
Fred는 정기적인 혈액 기증자로 알려져 있다.

pardon
[pá:rdn]

par(= per: thoroughly) + don(= give) → 모든 것을 주다
📖 용서 📖 용서하다
They have to ask his **pardon** first.
그들은 먼저 그의 용서를 구해야 한다.

dos/dot 준 것(a giving), 주다(give)

dose
[dous]

라틴어 dosis(= a giving)에서 유래 → 준 것
📖 (어느 정도의) 양, (약의) 1회분, 복용량 📖 복용시키다, 투약하다
A large **dose** of vitamin C increases iron absorption sixfold. 〔학평〕
다량의 비타민 C 섭취는 철분 흡수를 여섯 배로 증진시킨다.
⊹ dosage 📖 (약의) 정량, 복용량[투여량]

overdose
[óuvərdòus]

over(= excessive) + dos(e)(= a giving) → 지나치게 준 것
📖 과다 복용, (약의) 지나친 투여
He had an **overdose** of painkillers.
그는 진통제를 과다 복용했다.

anecdote
[ǽnikdòut]

an(= not) + ec(= ex: out) + dot(e)(= give) → 밖으로 내놓지 않은 것
📖 일화, 개인적인 진술
You remember stories, **anecdotes**, and examples from the event. 〔학평〕
여러분은 그 행사로부터의 이야기들, 일화들, 그리고 사례들을 기억한다.

antidote
[ǽntidòut]

anti(= against) + dot(e)(= dotos: a giving) → 맞서기 위해 주는 것
📖 해독제, 해결책
There is no known **antidote** to the snake's poison.
그 뱀의 독에는 알려진 해독제가 없다.

Daily Test

A 우리말은 영어로, 영어는 우리말로 쓰시오.

01 낮게 하다; 치유(법) c_____
02 secure _____
03 순환, 주기; 순환하다 c_____
04 encyclopedia _____
05 재활용하다, 재생하다 r_____
06 tricycle _____
07 빽빽한, 밀집한 d_____
08 addict _____
09 모순되다, 부정[부인]하다, 반박하다 c_____
10 dedicate _____
11 사전 d_____
12 verdict _____
13 보여 주다, 가리키다, 지적하다 i_____
14 divide _____
15 배당금, 상금 d_____
16 individual _____
17 기부[기증]하다 d_____
18 pardon _____
19 과다 복용, (약의) 지나친 투여 o_____
20 anecdote _____

B 오른쪽 해석을 보고, 네모 안에서 적절한 단어를 고르시오.

01 They're curious / secure about your new music career.

그들은 당신의 새로운 음악 경력에 대해 궁금해 한다.

02 You can even dedicate / dictate an email to the app.

그 앱에게 이메일을 받아쓰게 할 수도 있다.

03 Would you condense / dense this report into three pages?

이 보고서를 세 페이지로 압축해 주시겠어요?

04 You can't predict / verdict what is going to happen next.

다음에 일어날 일을 여러분은 예측할 수 없다.

05 There is no known anecdote / antidote to the snake's poison.

그 뱀의 독에는 알려진 해독제가 없다.

정답 Ⓐ 01 cure 02 안전한, 튼튼한, 확실한; 안전하게 하다, 확보하다 03 cycle 04 백과사전 05 recycle 06 세발자전거, 삼륜 오토바이 07 dense 08 중독자; 중독되게 하다 09 contradict 10 바치다, 전념하다 11 dictionary 12 평결, 판결 13 indicate 14 나누다, 분할하다, 나뉘다, 분할되다 15 dividend 16 개인의, 각개의; 개인 17 donate 18 용서; 용서하다 19 overdose 20 일화, 개인적인 진술 Ⓑ 01 curious 02 dictate 03 condense 04 predict 05 antidote

Part Ⅲ 어근 • DAY 24 **197**

duc/duct 이끌다(lead)

deduce
[didjú:s]
de(= down) + duc(e)(= ducere: lead) → 아래로 가져가다
동 추론하다
From her remarks we **deduced** that she agreed with us.
그녀의 말에서 우리는 그녀가 우리에게 동의한다고 추론했다.
⬦ deduction 명 추론

educate
[édʒukèit]
e(= ex: out) + duc(= lead) + ate(접사) → 밖으로 이끌다
동 교육하다, 가르치다
Allen was **educated** at home as a child. 학평
Allen은 어릴 때 집에서 교육을 받았다.
⬦ education 명 교육

induce
[indjú:s]
in(= into) + duc(e)(= ducere: lead) → 안으로 이끌다
동 설득하다, 유발하다
Nothing would **induce** him to go home.
어떤 것도 그가 집에 가도록 설득하지 않을 것이다.
A magnet that is moving will **induce** a current.
움직이는 자석은 전류를 유발하기 마련이다.
⬦ inducement 명 유인책, 장려책

introduce
[ìntrədjú:s]
intro(= into) + duc(e)(= ducere: lead) → 안으로 끌고 가다
동 소개하다, 도입하다
I'd like to **introduce** a very meaningful concert. 학평
내가 매우 의미 있는 연주회를 소개하고자 한다.
⬦ introduction 명 소개, 도입

reduce
[ridjú:s]
re(= back) + duc(e)(= ducere: lead) → 뒤로 이끌다
동 줄이다, 낮추다
Taking the train helps **reduce** air pollution. 모평
기차를 타는 것은 대기 오염을 줄이는 것을 돕는다.
⬦ reduction 명 축소, 감소

seduce
[sidjúːs]

se(= aside, away) + duc(e)(= ducere: lead) → (집단으로부터) 끌어내다
동 유혹하다, 꾀다
A special sale **seduced** more people into buying.
특별 세일은 더 많은 사람들이 구입하도록 유혹했다.
⊕ seduction 명 유혹

abduction
[æbdʌ́kʃən]

ab(= away) + duct(= ducere: lead) + ion(접사) → 멀리 데려가는 것
명 유괴
The **abduction** of pets has become a serious problem.
반려동물 유괴는 심각한 문제가 되어 왔다.

conduct
[kándʌkt] 명
[kəndʌ́kt] 동

con(= together) + duct(= lead) → 함께 끌고 가다
명 행동, 지휘 동 행동하다, 지휘하다, (특정한 활동을) 하다
Such **conduct** goes well with his position.
그런 행동은 그의 직위에 잘 어울린다.
An experiment was **conducted** with a group who had low
satisfaction. 학평 만족감이 낮은 한 집단을 대상으로 실험이 행해졌다.
⊕ conductor 명 지휘자, 전도성 물체

> **Voca Plus**
> • a guest **conductor** 객원 지휘자
> • a bus **conductor** 버스 차장
> • a lightning **conductor** 피뢰침
> • a good/bad **conductor** 양/불량도체

conductive
[kəndʌ́ktiv]

conduct + ive(접사) → (어떤 성질을) 함께 끌고 가는
형 전도성의
Most metals are heat **conductive** materials.
대부분의 금속은 열 전도성 물질이다.

product
[prádəkt]

pro(= forward) + duct(= ducere: lead) → 앞을 향해 끌어낸 것 → 생산물
명 제품, 상품
The sales of our new **products** are not good. 학평
우리의 신제품 판매가 신통치 않다.
⊕ productive 형 생산적인

electr
전기의(electric)

electric
[iléktrik]

electr(= electric) + ic(접사) → 전기의
형 전기의, 전기를 이용하는
This may apply to tools such as an **electric** drill. 학평
이것은 전기 드릴과 같은 도구에 적용될 수도 있다.
⊕ electricity 명 전기

electronic
[ilektránik]

electr(=electric) + on(접사) + ic(접사) → 전자의

형 전자의, 전자 공학의

This newspaper is available in paper and **electronic** form.

이 신문은 종이와 전자 형태로 이용할 수 있다.

❖ electron 명 전자　electronics 명 전자 공학

equ/ident　같은(equal, same)

adequate
[ǽdikwət]

ad(=to) + equ(= equal) + ate(접사) → 동등하게 만드는 → 충분한

형 충분한, 적절한

Having an **adequate** farming system helps farmers overcome droughts. 학평

적절한 농경 체계를 가지는 것은 농부들이 가뭄을 극복하도록 돕는다.

❖ adequacy 명 적절, 타당성

equalize
[í:kwəlàiz]

equ(= equal) + al(접사) + ize(접사) → 같은 상태가 되도록 하다

통 동등하게 하다, 동점이 되다

We have tried to **equalize** the workload among employees.

우리는 종업원들 사이의 업무량을 동등하게 하려고 노력해 왔다.

❖ equal 형 평등한, 동등한

equation
[ikwéiʒən]

equ(= equal) + at(e)(접사) + ion(접사) → 같게 만드는 것

명 동일시, 방정식, 등식

The **equation** of knowledge with happiness can be dangerous.

지식과 행복의 동일시는 위험할 수 있다.

❖ equate 통 동일시하다

equitable
[ékwətəbl]

equ(= equal) + it(접사) + able(접사) → 같게 만들 수 있는 → 공정한

형 공정한, 공평한

There's a great need for a more **equitable** distribution of funds.

자금의 더 공정한 분배가 절실히 필요하다.

equity
[ékwəti]

equ(=equal) + ity(접사) → 같게 만듦

명 공평, 공정

The judge was famous for the **equity** of her decision.

그 판사는 판결의 공정성으로 유명했다.

inequality
[ìnikwáləti]

in(= not) + equ(= equal) + al(접사) + ity(접사) → 같지 않음
명 불평등, 불균등
People believe **inequality** should be minimal. 학평
사람들은 불평등이 최소여야만 한다고 믿는다.

> **Voca Plus**
> - racial **inequality** 인종 간의 불평등
> - **inequality** of opportunity 기회의 불균등
> - educational **inequality** 교육의 불균등
> - gender **inequality** in opportunities 남녀 간 기회의 불균등

identity
[aidéntəti]

ident(= same) + ity(접사) → 동일하게 여겨지는 것
명 정체성, 신원, 신분
Place **identity** is tied to a particular industry. 모평
장소 정체성은 특정 산업과 연관되어 있다.
⁜ identify 동 확인하다, 동일시하다

identical
[aidéntikəl]

ident(= same) + ic(= icus: 접사) + al(접사) → 같은 상태의
형 동일한, 똑같은
The formulas should appear **identical** to any two observers. 학평
그 공식들은 어느 두 관찰자에게든 동일하게 보여야 한다.

erg
일(work)

energetic
[ènərdʒétik]

en(= in) + erg(e)(= work) + tic(접사) → 일하고 있는
형 힘이 넘치는, 활기찬
He used to be such an active and **energetic** person. 학평
그는 매우 적극적이고 힘이 넘치는 사람이었다.

> **Voca & Voca** 힘이 넘치는
> ▶ dynamic 힘이 넘치고 새로운 것을 하기 원하는, 역동적인
>   We're looking for the most **dynamic** and fun names. 모평
>   우리는 가장 역동적이고 재미있는 이름을 찾고 있다.
> ▶ tireless 지칠 줄 모르는
>   Mother Teresa was a **tireless** campaigner for human rights.
>   테레사 수녀는 지칠 줄 모르는 인권 운동가였다.

energize
[énərdʒàiz]

en(= in) + erg(= work) + ize(접사) → 일하도록 힘을 주다
동 기운을 북돋우다, 활발하게 하다, 동력을 공급하다
Humor will **energize** our minds!
유머는 우리의 마음에 기운을 북돋울 것이다!
⁜ energizer 명 활력을 주는 사람

synergy
[sínərʤi]

syn(= together) + erg(= work) + y(접사) → 함께 일하는 효과
몡 상승 작용, 상승 효과
Teamwork results in a **synergy** that can be very productive.
팀워크는 매우 생산적일 수 있는 상승 효과를 가져온다.
⊕ synergistic 혱 상승적인

estim
가치 있게 여기다(value)

estimate
[éstəmèit] 통
[éstəmit] 몡

estim(= value) + ate(접사) → 가치 있게 여기다 → 가치를 평가하다
통 추정하다, 견적을 내다 몡 추정, 견적(서)
They **estimate** the journey will take at least one month.
그들은 그 여행이 적어도 한 달은 걸릴 것으로 추정한다.
Please send me the **estimate**. (학평)
제게 견적서를 보내 주세요.
⊕ estimation 몡 판단, 어림, 견적

esteem
[istí:m]

고대 프랑스어 estimer(= value)에서 유래 → 가치 있게 여기는 것
몡 존경, 경의 통 존경하다, 존중하다
Please accept the small gift we enclose as a mark of our
esteem.
저희가 동봉한 작은 선물을 존경의 징표로 받아주세요.
⊕ esteemed 혱 존경받는

fa/fess
말하다(speak)

fable
[féibl]

fa(= speak) + ble(= bula: instrument) → 말하는 도구 → 이야기
몡 (꾸며낸) 이야기, 우화
The story of Kaldi might be more **fable** than fact. (학평)
Kaldi의 이야기는 사실이라기보다 꾸며낸 이야기일지도 모른다.

fabulous
[fǽbjələs]

fabul(= fable) + ous(접사) → 우화에 나올 법한 → 굉장한
혱 멋진, 굉장한, 우화에 나오는
Come and enjoy the **fabulous** drawings and sculptures. (수능)
오셔서 멋진 그림과 조각을 즐기세요.

fame
[feim]

라틴어 fama(= speak)에서 유래 → (공공연히) 이야기함 → 명성
명 명성, 평판
Fame would be dependent on celebrity. 수능
명성은 인기도에 의해 좌우될 것이었다.
∷ famous 형 유명한

fate
[feit]

라틴어 fatum(= things spoken by the gods)에서 유래 → 신의 말씀
명 운명, 숙명
The judge will decide our **fate**.
그 판사가 우리의 운명을 결정할 것이다.

infancy
[ínfənsi]

in(= not) + fan(= fans: fa(= speak)의 변이형) + cy(접사)
→ 말하지 못함 → 어린아이
명 유아기, (발달의) 초창기
Child's desire for sweets begins early in **infancy**. 학평
단것에 대한 아이의 욕구는 유아기 초기에 시작된다.
∷ infant 명 유아, 젖먹이

preface
[préfis]

pre(= before) + face(= fari: fa(= speak)의 변이형) → 사전에 말함
→ 분문에 앞서는 이야기
명 서문, 머리말 동 서문을 쓰다, ~으로 말문을 열다
Please introduce a subject with a short **preface**.
짤막한 서문과 함께 주제를 도입해주세요.

confess
[kənfés]

con(= together) + fess(= speak) → 서로 말하다
동 (죄·잘못을) 고백하다, 인정하다
He later **confessed** that he was having a great deal of trouble. 모평
많은 어려움이 있었다고 그는 나중에 고백했다.
∷ confession 명 고백, 자백, 인정

profess
[prəfés]

pro(= forth) + fess(= speak) → 밖으로 말하다
동 공언[천명]하다, (사실이라고) 주장하다
The government **professes** to care about the poor.
정부는 가난한 사람들을 돌보겠다고 공언한다.

profession
[prəféʃən]

profess + ion(접사) → 공언할 수 있는 위치 → 전문성이 있는 직업
명 직업, 전문직
Another **profession** that can be taken over by robots is referees. 학평
로봇에게 인수될 수 있는 다른 직업은 심판이다.

Daily Test

A 영어는 우리말로, 우리말은 영어로 쓰시오.

01	conductive	_____	02	추론하다	d_____

01 conductive _____　　02 추론하다　　　　　　d_____

03 educate _____　　04 소개하다, 도입하다　i_____

05 seduce _____　　06 제품, 상품　　　　　p_____

07 electronic _____　　08 충분한, 적절한　　　a_____

09 equalize _____　　10 공평, 공정　　　　　e_____

11 identical _____　　12 힘이 넘치는, 활기찬　e_____

13 synergy _____　　14 추정하다; 추정, 견적(서) e_____

15 esteem _____　　16 (꾸며낸) 이야기, 우화　f_____

17 fabulous _____　　18 유아기, (발달의) 초창기 i_____

19 confess _____　　20 공언[천명]하다　　　p_____

B 오른쪽 해석을 보고, 빈칸에 가장 적절한 단어를 [보기]에서 골라 쓰시오.

보기 abduction   equation   identity   profession   reduce

01 Taking the train helps _____ air pollution.

기차를 타는 것은 대기 오염을 줄이는 것을 돕는다.

02 Place _____ is tied to a particular industry.

장소 정체성은 특정 산업과 연관되어 있다.

03 The _____ of pets has become a serious problem.

반려동물 유괴는 심각한 문제가 되어 왔다.

04 Another _____ that can be taken over by robots is referees.

로봇에게 인수될 수 있는 다른 직업은 심판이다.

05 The _____ of knowledge with happiness can be dangerous.

지식과 행복의 동일시는 위험할 수 있다.

정답 A 01 전도성의 02 deduce 03 교육하다, 가르치다 04 introduce 05 유혹하다, 꾀다 06 product 07 전자의, 전자 공학의 08 adequate 09 동등하게 하다, 동점이 되다 10 equity 11 동일한, 똑같은 12 energetic 13 상승 작용, 상승 효과 14 estimate 15 존경, 경의; 존경하다, 존중하다 16 fable 17 멋진, 굉장한, 우화에 나오는 18 infancy 19 (죄·잘못을) 고백하다, 인정하다 20 profess

B 01 reduce 02 identity 03 abduction 04 profession 05 equation

204 Voca POWER 어원

Review Test 5 (DAY 21~25)

A 영어는 우리말로, 우리말은 영어로 쓰시오.

01 concede _____
02 순환(로), 순회 (노선) c_____
03 pesticide _____
04 반환을 요구하다 r_____
05 exclude _____
06 시체, 송장 c_____
07 diagnose _____
08 담론; 이야기하다 d_____
09 democracy _____
10 차별하다, 구별하다 d_____
11 credulous _____
12 비평가, 평론가 c_____
13 encyclopedia _____
14 모순되다, 부정[부인]하다 c_____
15 verdict _____
16 해독제, 해결책 a_____
17 abduction _____
18 정체성, 신원, 신분 i_____
19 equalize _____
20 상승 작용, 상승효과 s_____

B 다음 단어를 우리말 뜻에 맞게 변형하여 쓰시오.

01 ancestry → _____ (조상, 선조)
02 succeed → _____ (연속적인, 잇따른)
03 conclude → _____ (결론)
04 courage → _____ (용기 있는)
05 bureaucracy → _____ (공무원, 관료, 관료주의자)
06 dedicate → _____ (헌신)
07 conduct → _____ (지휘자, 전도성 물체)
08 adequate → _____ (적절, 타당성)

C 다음 영영사전 풀이에 해당하는 단어를 바르게 연결하시오.

01 precede ·   · ⓐ able to be believed
02 climax ·   · ⓑ to happen, go, or come before
03 credible ·   · ⓒ exactly the same, or very similar
04 predict ·   · ⓓ to say that something will happen
05 identical ·   · ⓔ the most exciting and important part of a story

D 다음 문장의 빈칸에 적절한 단어를 [보기]에서 골라 쓰시오.

| 보기 | creatures | enclosed | exclaim | introduce |

01 Someone is likely to _____, "That was a perfect shot!" 학평

02 Dive into the ocean and discover thousands of amazing aquatic _____. 학평

03 We are pleased to _____ our company's recently launched training program. 학평

04 Please return the bottom portion of this letter with your check in the _____ envelope. 학평

E 다음 네모 안에서 적절한 단어를 고르시오.

01 One problem with harvesting teak is that the wood is very dense / light. 학평

02 The percentage of journeys by automobile has declined / inclined from 38% to 32%. 학평

03 As more providers entered the market, competition decreased / increased among them. 모평

04 Without population control, the demand for resources will eventually exceed / precede an ecosystem's ability to provide it. 모평

정답 **A** 01 인정하다, 넘겨주다 02 circuit 03 살충제, 농약 04 reclaim 05 배제하다, 제외하다 06 corpse 07 진단하다 08 discourse 09 민주주의, 민주주의 국가 10 discriminate 11 잘 믿는[속는], (남의 말을) 쉽사리 곧이듣는 12 critic 13 백과사전 14 contradict 15 평결, 판결 16 antidote 17 유괴 18 identity 19 동등하게 하다, 동점이 되다 20 synergy
B 01 ancestor 02 successive 03 conclusion 04 courageous 05 bureaucrat 06 dedication 07 conductor 08 adequacy
C 01 ⓑ (선행하다, 먼저 일어나다) 02 ⓔ (최고조, 절정) 03 ⓐ (믿을 수 있는) 04 ⓓ (예측하다) 05 ⓒ (동일한)
D 01 exclaim 02 creatures 03 introduce 04 enclosed
E 01 dense 02 declined 03 increased 04 exceed

해석 **D** 01 누군가는 아마도 "정말 완벽한 슛이었어!"라고 외칠 것이다. 02 바다에 뛰어들어 수천 마리의 놀라운 수중 생물들을 만나세요. 03 우리 회사에서 최근에 출시된 훈련 프로그램을 소개하게 되어 기뻐요. 04 이 편지의 아랫부분을 귀하의 수표와 함께 동봉된 봉투에 넣어 다시 보내 주세요.
E 01 티크를 벌목하는 데 하나의 문제는 목재의 밀도가 매우 높다는 것이다. 02 자동차에 의한 이동의 비율은 38%에서 32%로 감소했다. 03 더 많은 공급자들이 시장에 들어옴에 따라, 그들 사이의 경쟁이 증가했다. 04 인구 통제가 없으면, 자원에 대한 수요가 결국 그것을 제공할 생태계의 능력을 초과할 것이다.

26

fac/fect/fic   만들다(make), 하다(do)

facility
[fəsíləti]

fac(= make) + il(접사) + ity(접사) → 적절하도록 만든 것
명 시설, 설비
The company bought a new healthcare **facility** for staff.
그 회사는 직원을 위해 새 건강 관리 시설을 구입했다.

manufacture
[mæ̀njəfǽktʃər]

manu(= hand) + fac(t)(= do) + ure(접사)
→ 손으로 만드는 행위
동 생산하다, 제조하다   명 제조
The phone is no longer **manufactured**. 학평
그 전화기는 더 이상 생산되지 않는다.
He established a company to **manufacture** cars.
그는 자동차를 제조하기 위해 회사를 설립했다.

affect
[əfékt]

af(= ad: to) + fect(= do) → ~에게 일을 하다
동 영향을 주다
Every human being is **affected** by unconscious biases. 학평
모든 인간은 무의식적인 편견에 영향을 받는다.

defect
[díːfekt]

de(= away) + fect(= do) → 행위에서 멀어진 것
명 결함, 결점
The model turned out to have a manufacturing **defect**.
그 모델은 제조상의 결함이 있다고 밝혀졌다.
⊕ defective 형 결함이 있는

> **Voca & Voca** 결함, 결점
> ▶ drawback 결점, 문제점
>   The only **drawback** seems to be monetary.
>   유일한 결점은 비용면인 것 같다.
> ▶ fault 잘못, 결함, 흠
>   No one is without **fault**. 흠이 없는 사람은 없다.
> ▶ flaw (성격 등의) 결점, 흠, 결함
>   The mayor has no **flaws**. 그 시장은 흠잡을 데가 없다.

effect
[ifékt]

ef(= ex: out) + fect(= make) → 밖으로 만들어 내는 것
명 결과, 효과
Our actions are all purposeful, and all produce **effects**. 학평
우리의 행동은 모두 목적이 있으며 모든 것은 결과를 만들어 낸다.
⁑ effective 형 효과적인

efficient
[ifíʃənt]

ef(= ex: out) + fic(i)(= do) + ent(접사) → 밖으로 나오도록 일하는
형 효율적인
The manager responded in the most **efficient** way. 학평
그 관리자는 가장 효율적인 방법으로 대처했다.
⁑ efficiency 명 효율성

sufficient
[səfíʃənt]

suf(= sub: under) + fic(i)(= make) + ent(접사)
→ 아래에서 만들어 주는
형 충분한
You have a **sufficient** number of copies. 모평
여러분에게 충분한 수의 사본이 있다.

proficient
[prəfíʃənt]

pro(= forward) + fic(i)(= make) + ent(접사) → 앞으로 나아가는
형 능숙한
I'm **proficient** in three languages.
나는 3개 언어에 능숙하다.
⁑ proficiency 명 능숙함

fals/faul 속이다(deceive)

false
[fɔːls]

라틴어 falsus(= deceive: 속이다)에서 유래
형 거짓의, 가짜의
She gave **false** information to the strange man.
그녀는 그 낯선 남자에게 거짓 정보를 주었다.

> **Voca Plus**
> • a **false** tooth 의치, 틀니
> • a **false** passport 위조 여권
> • a **false** argument[belief] 잘못된 주장[믿음]

falsify
[fɔ́ːlsəfài]

fals(= false) + ify(접사) → 거짓으로 만들다
동 위조하다
He was told to **falsify** the report.
그는 그 보고서를 위조하라는 말을 들었다.
⁑ falsification 명 위조, 반증

fault
[fɔːlt]

고대 프랑스어 faute(= flaw)에서 유래 → 잘못된 것
명 잘못, 흠
It was my **fault** that we were late for the meeting.
우리가 회의에 늦은 것은 나의 잘못이었다.
He always found some **fault** with them. 모평
그는 항상 그것들에서 약간의 흠을 찾았다.
⬡ faulty 형 결함이 있는

default
[difɔ́ːlt]

de(negation: 부정) + fault(잘못) → 잘못을 부정함
명 채무 불이행, (컴퓨터) 기본값, 부전승
James now is in **default** on his loan.
James는 지금 대출금에 대한 채무를 이행하지 않고 있다.
How can I change the **default** settings on my printer?
어떻게 제 프린터의 기본값 설정을 바꿀 수 있습니까?

fend
치다(strike)

defend
[difénd]

de(= away) + fend(= strike) → 멀리 쳐내다
동 방어하다, 수비하다
Minorities consistently **defend** their position. 수능
소수 집단은 일관되게 자신의 입장을 방어한다.
⬡ defense 명 수비, 방어   defensive 형 방어적인

offend
[əfénd]

of(= ob: against) + fend(= strike) → 반대하여 치다
동 불쾌하게 하다
I didn't mean to **offend** Jane with my joke.
내가 농담으로 Jane을 불쾌하게 하려던 것은 아니었다.

fer
낳다(bear), 옮기다(carry)

fertile
[fə́ːrtl]

fer(t)(= bear) + ile(접사) → 낳을 수 있는
형 비옥한, 기름진
His farm used to be a **fertile** place. 그의 농장은 비옥한 곳이었다.
⬡ fertility 명 비옥함   fertilize 동 비료를 주다

infer
[infɔ́:r]

in(= in) + fer(= carry) → 안으로 옮기다

통 유추하다

Good readers can **infer** topics from the context.

뛰어난 독자들은 문맥에서 주제를 유추할 수 있다.

⊕ inference 명 유추, 추론

> **Voca & Voca** 추론하다, 추리하다
>
> ▶ deduce 추론[연역]하다
>   We can **deduce** a lot from what people say.
>   사람들이 말하는 것으로부터 우리는 많은 것을 추론할 수 있다.
> ▶ reason 추리[추론]하다
>   She **reasoned** that she must have misplaced her cellphone.
>   그녀는 자기 휴대전화를 잘못 둔 것이 분명하다고 추리했다.

prefer
[prifɔ́:r]

pre(= before) + fer(= carry) → (마음을) 앞으로 옮기다

통 선호하다, 더 좋아하다

People **prefer** cheaper wine to pricier bottles. 모평

사람들은 더 비싼 (와인)병들보다 더 싼 와인을 선호한다.

⊕ preference 명 선호(도)   preferable 형 선호되는, 바람직한

refer
[rifɔ́:r]

re(= again) + fer(= carry) → 다시 옮겨가다

통 언급하다, 참조하다

The speaker began to **refer** to his experiences.

그 연사는 자신의 경험에 관해 언급하기 시작했다.

⊕ reference 명 언급, 참조

suffer
[sʌ́fər]

suf(= sub: under) + fer(= carry) → 밑에서 옮기다

통 겪다, 시달리다

They are **suffering** from a series of problems. 학평

그들은 일련의 문제를 겪고 있다.

Many factories **suffer** from a shortage of skilled workers.

많은 공장들은 숙련된 노동자들의 부족에 시달린다.

transfer
[trænsfɔ́:r] 통
[trǽnsfər] 명

trans(= across) + fer(= carry) → 가로질러 옮기다

통 옮겨 가다   명 이동, 운반, 전이, 환승

The Chinese film studio plans to **transfer** to Hollywood.

그 중국의 영화사는 할리우드로 옮겨 갈 계획이다.

Tourism can result in the **transfer** of plants and animals. 학평

관광은 동식물을 이동시키는 결과를 낳을 수 있다.

fin
끝내다(end), 한정하다(limit)

finance
[fáinæns]

fin(= end) + ance(접사) → 끝나게 해주는 것 → 지불

명 재정, 금융 동 자금을 대다

He's been promoted to the position of **finance** director.

그는 재정 이사 지위로 승진되었다.

⸙ financial 형 재정의, 금융의

confine
[kənfáin]

con(= com: together) + fin(e)(= limit) → 같이 한계선을 가지다

동 가두다, 국한하다

Cats are **confined** to a small area. 학평

고양이들이 좁은 지역에 갇혀 있다.

⸙ confinement 명 한정

define
[difáin]

de(= completely) + fin(e)(= limit) → 경계를 완전하게 만들다

동 정의하다

Mental problems are difficult to **define**.

정신적 문제들은 정의하기가 어렵다.

Success is something tangible, clearly **defined** and measurable. 학평

성공은 실체가 있고 분명히 정의되며 측정할 수 있는 어떤 것이다.

⸙ definition 명 정의

infinite
[ínfənit]

in(= not) + fin(= limit) + ite(접사) → 한계가 없는

형 무한한

The organization is believed to have **infinite** sums of money.

그 단체는 무한한 금액을 보유하고 있다고 믿어진다.

⸙ finite 형 유한한

Voca Plus
- the **infinite** world 무한한 세상
- **infinite** progression 무한한 연속[발전]
- an **infinite** number of 무한한 수의
- an **infinite** range of 무한한 범위의

refine
[rifáin]

re(= again) + fin(e)(= end) → 반복해서 끝내다

동 정제하다, 개선하다, 다듬다

Oil companies invest a great amount of money to **refine** oil.

정유 회사들은 기름을 정제하기 위해서 엄청난 양의 돈을 투자한다.

The best science can really be seen as **refining** ignorance. 수능

최고의 과학은 실제로 무지를 개선하는 것으로 여겨질 수 있다.

firm

강하게 하다(strengthen), 강한(strong)

firmness
[fə́:rmnis]

firm(= strong) + ness(접사) → 강한 상태
명 확고함, 견고, 단단함, 강경한 의지
Loosely closed lips indicate a lack of **firmness**.
꽉 다물지 못한 입술은 확고함의 부족을 나타낸다.
⊕ firm 형 확고한, 단단한 명 회사

affirm
[əfə́:rm]

af(= to) + firm(= strengthen) → 강하게 하다
동 단언하다, 확언하다, 긍정하다
Brown **affirmed** that he would speak the truth.
Brown은 자신이 진실을 말할 거라고 단언했다.
⊕ affirmation 명 단언, 확언, 긍정
  affirmative 형 단정적인, 확언하는, 긍정의

confirm
[kənfə́:rm]

con(= com: intensive) + firm(= strengthen) → 더욱 확고하게 하다
동 (예약·약속 등을) 확인하다, (~이 사실임을) 보여 주다, 확증하다
This phenomenon has been tested and **confirmed**. 한평
이 현상은 검증되었고 확인되었다.
⊕ confirmation 명 확인

> **Voca & Voca** 입증하다
> ▶ support 입증하다, (사실임을) 뒷받침하다, 확인하다
>   There is no scientific evidence to **support** these claims.
>   이 주장들을 입증할 수 있는 과학적 증거는 없다.
> ▶ validate 입증하다, ~을 유효하게 하다
>   The information in this report has been **validated**.
>   이 보고서에 있는 정보는 입증되었다.
> ▶ verify 입증하다, 확증하다, 확인하다
>   Recent events have **verified** the prediction.
>   최근의 사건이 그 예측을 입증했다.

infirm
[infə́:rm]

in(= not) + firm(= strong) → 강하지 못한
형 병약[허약]한, (의지, 성격이) 약한, 결단력이 없는
He was too **infirm** to earn his own living.
그는 너무나 병약하여 자신의 생계를 꾸리지 못했다.

Daily Test

A 우리말은 영어로, 영어는 우리말로 쓰시오.

01 시설, 설비   f_____

02 manufacture   _____

03 영향을 주다   a_____

04 proficient   _____

05 위조하다   f_____

06 fault   _____

07 거짓의, 가짜의   f_____

08 infer   _____

09 비옥한, 기름진   f_____

10 prefer   _____

11 겪다, 시달리다   i_____

12 refer   _____

13 무한한   i_____

14 finance   _____

15 정제하다, 개선하다 r_____

16 confine   _____

17 정의하다   d_____

18 confirm   _____

19 단언하다, 확언하다 a_____

20 firmness   _____

B 오른쪽 해석을 보고, 네모 안에서 적절한 단어를 고르시오.

01 The model turned out to have a manufacturing defect / effect.

그 모델은 제조상의 결함이 있다고 밝혀졌다.

02 The manager responded in the most efficient / sufficient way.

그 관리자는 가장 효율적인 방법으로 대처했다.

03 Minorities consistently defend / offend their position.

소수 집단은 일관되게 자신의 입장을 방어한다.

04 The Chinese film studio plans to suffer / transfer to Hollywood.

그 중국의 영화사는 할리우드로 옮겨 갈 계획이다.

05 The best science can really be seen as defining / refining ignorance.

최고의 과학은 실제로 무지를 개선하는 것으로 여겨질 수 있다.

정답 A 01 facility 02 생산하다, 제조하다; 제조 03 affect 04 능숙한 05 falsify 06 잘못, 흠 07 false 08 유추하다 09 fertile 10 더 좋아하다, 선호하다 11 suffer 12 언급하다, 참조하다 13 infinite 14 재정, 금융; 자금을 대다 15 refine 16 가두다, 국한하다 17 define 18 (예약·약속 등을) 확인하다, (~이 사실임을) 보여 주다, 확증하다 19 affirm 20 확고함, 견고, 단단함, 강경한 의지
B 01 defect 02 efficient 03 defend 04 transfer 05 refining

Day 27

flect/flex 굽다, 구부리다(bend)

inflect
[inflékt]

in(= in) + flect(= bend) → 안으로 구부리다
동 어미를 변화시키다, 안으로 구부리다, 굴절시키다
Unlike the European languages, Chinese does not **inflect** a verb for tense.
유럽의 언어들과는 달리, 중국어는 시제에 대해 동사의 어미를 변화시키지 않는다.

reflect
[riflékt]

re(= back) + flect(= bend) → (빛이) 다시 굽다
동 반영하다, 비추다, 반사하다, 심사숙고하다
These prices **reflect** the interaction of demand and supply. 〔모평〕
이런 가격들은 수요와 공급의 상호작용을 반영한다.
❖ reflection 명 반사, 반영, 숙고
　reflective 형 반사하는, 반성하는, 사려 깊은

reflex
[rí:fleks] 명 형
[rifléks] 동

re(= back) + flex(= bend) → 반대로 구부러지는 것
명 반사 작용　형 반사 작용의　동 반사 작용을 일으키게 하다, 반전시키다
Our **reflexes** had to be quicker for survival. 〔학평〕
우리의 반사 작용은 생존을 위해 더 빨라야 했다.

flict 치다, 부딪치다(strike, dash)

afflict
[əflíkt]

af(= to) + flict(= strike) → ~을 향해 가격하다
동 시달리게 하다, 괴롭히다, 피해를 입히다
Many people are **afflicted** by depression.
많은 사람들이 우울증에 시달린다.
❖ affliction 명 고통, 괴로움, 고난

conflict

[kánflikt] 몡
[kənflíkt] 통

con(= com: together) + flict(= strike)
→ 함께 치는 것 → 대립하는 것

몡 갈등, 충돌, 말다툼   통 대립하다, 충돌하다, 상충하다

Members of collectivist groups are socialized to avoid **conflict**. 학평

집단주의 집단의 구성원은 갈등을 피하도록 사회화되어 있다.

> **Voca & Voca** 불화, 의견 충돌
>
> ▶ discord 불화, 다툼, 불협화음, 의견 충돌
>   Possible causes for **discord** among brothers should be avoided.
>   형제 간 불화를 일으킬 만한 원인들은 피해져야 한다.
> ▶ disharmony 불화, 부조화
>   Overlooking some issues could cause social **disharmony**.
>   몇 가지 사안을 간과하는 것은 사회적 불화를 야기할 수 있다.
> ▶ friction 불화, 의견 충돌, 마찰
>   It created **friction** between India and Pakistan.
>   그것은 인도와 파키스탄 사이의 불화를 만들었다.

inflict

[inflíkt]

in(= in) + flict(= strike, dash) → ~에 가격을 가하다

통 (손해·타격·고통 등을) 입히다[가하다], (벌을) 주다

The strikes **inflicted** serious damage on the economy.

그 파업은 경제에 심각한 손해를 입혔다.

⁑ infliction 몡 (고통·벌 등을) 가함, 고통, 형벌

flu

흐르다(flow)

fluid

[flú:id]

flu(= flow) + id(접사) → 흐르는 것

몡 액체, 유동체   혱 유동성의, 변하기 쉬운

She brought me a glass with a clear **fluid** in it. 모평

그녀가 나에게 투명한 액체가 담긴 유리잔을 가져왔다.

fluent

[flú:ənt]

flu(= flow) + ent(접사) → 흐르는 듯한

혱 유창한, 능숙한, (움직임·곡선 등이) 완만한

John is very **fluent** in English, French, and German.

John은 영어, 프랑스어, 그리고 독일어에 매우 유창하다.

⁑ fluency 몡 유창성, 능숙도

fluctuate

[flʌ́ktʃuèit]

flu(ctu)(= flow) + ate(접사) → 파도나 물결이 일렁이다

통 변동하다, 오르내리다, 동요하다

The extent of federal funding has **fluctuated** over the years.

연방 기금의 규모가 수년 동안 변동해 왔다.

⁑ fluctuation 몡 변동, 동요, 불안정

affluent

[ǽfluənt]

af(= to) + flu(= flow) + ent(접사) → 흘러들어 오는

혱 부유한, 풍부[풍족]한

They mainly come from **affluent** families.

그들은 주로 부유한 가정의 출신이다.

influence
[ínfluəns]

in(= into) + flu(= flow) + ence(접사)
→ 안으로 흘러들어 와 영향을 미침
명 영향(력), 효과   동 영향을 미치다
Our parents and families are powerful **influences** on us. 학평
우리의 부모와 가족은 우리에게 영향을 강력하게 준다.
⁕ influential 형 영향력이 있는, 유력한

> **Voca & Voca**   영향
>
> ▶ impact 영향(력), 효과, 충격
>   Some policies have a positive **impact** on economic growth.
>   몇몇 정책은 경제 성장에 긍정적인 영향을 미친다.
> ▶ effect 효과, 영향, 결과
>   The drug had the **effect** of making people look younger.
>   그 약은 사람들을 더 젊어 보이게 하는 효과가 있었다.
> ▶ consequence 결과, 영향(력)
>   Rewards can often lead to negative **consequences**. 학평
>   보상은 부정적인 결과를 자주 초래할 수 있다.

influenza
[ìnfluénzə]

중세 라틴어 influentia(= stellar emanation: 별빛의 발산)에서 유래
→ 별의 영향 → (병균이) 안으로 흘러들어 와 영향을 미침
명 유행성 감기, 독감
He occasionally suffers from **influenza**.
그는 가끔씩 유행성 감기로 고생한다.

form

형태, 형성시키다(form, shape)

former
[fɔ́:rmər]

form + er(접사) → 형태를 만드는 사람[것]
명 제작자, 형성자, 전자   형 이전의, 전자의
He thinks God is the **former** of our bodies.
그는 신이 우리의 몸을 만든다고 생각한다.
In a short speech, the **former** president thanked the mayor.
짧은 연설에서 전직 대통령이 시장에게 감사를 표했다.

formula
[fɔ́:rmjulə]

form + ula(접사) → 아주 작은 형식
명 공식, 방식, 제조법
The truth is that there is no magic **formula** for success.
성공을 위한 마법 공식이 없다는 것은 진실이다.
⁕ formulate 동 공식화하다, 명확히 말하다

deform
[difɔ́:rm]

de(= away) + form → 형태를 망치다, 형태에서 벗어나게 하다
동 변형시키다, ~의 모양을 훼손하다
Dynamic water pressure may **deform** the eyes of fast swimming animals.
강력한 수압은 빠르게 헤엄치는 동물의 눈을 변형시킬 수도 있다.

inform
[infɔ́ːrm]

in(=into) + form → (마음속에) 어떤 개념을 형성시키다
图 알리다, 통지하다
The main purpose is to **inform** you what is inside the food. 학평
주된 목적은 식품 안에 무엇이 들어 있는지 여러분에게 알려주는 것이다.
❖ information 명 정보, 지식   informative 형 유익한, 정보를 주는
   informational 형 정보의

reform
[rifɔ́ːrm]

re(=again) + form → 다시 구성하다
图 개혁하다, 개선하다 명 개혁, 개선
It is necessary to **reform** the tax system.
세금 제도를 개혁하는 것이 필요하다.

uniform
[júːnəfɔ̀ːrm]

uni(=one) + form → 하나의 형태
형 균일한, 획일적인, 한결같은 명 제복, 군복
Equality entails **uniform** or identical treatment. 모평
평등은 균일하거나 똑같은 대우를 내포한다.
❖ uniformity 명 한결같음, 동일성, 획일성

fort
강한(strong)

fortress
[fɔ́ːrtris]

fort(=strong) + ress(라틴어 itia: 접사)
→ 적이 들어오지 못하도록 강하게 둘러싼 곳
명 요새, 성채, 안전 지역
The soldiers began a violent attack on the **fortress**.
병사들은 그 요새에 맹렬한 공격을 시작했다.

comfort
[kʌ́mfərt]

com(강조) + fort(=strong) → 마음이 단단하게 되도록 북돋아 주다
명 편안, 안락, 위로, 편의시설 图 위로하다, 위안하다, 편하게 하다
They must take **comfort** in this familiar feeling. 학평
그들이 이런 친숙한 느낌에서 편안해지는 것이 틀림없다.
❖ comfortable 형 편한, 안락한, 쾌적한

> **Voca & Voca** 위로하다
> ▶ console (손실·상실감을) 위로하다
>   Nothing could **console** him after her death.
>   그녀의 사망 후에 아무것도 그를 위로할 수 없었다.

reinforce
[rìːinfɔ́ːrs]

re(=again) + in(=en: make) + force(=fort: strong)
→ 다시 강하게 만들다
图 강화하다, 보강하다
Commanders wanted to **reinforce** those areas. 학평
지휘관들은 그런 부분들을 강화하기를 원했다.
❖ reinforcement 명 강화, 보강, 증강

frag/fract　부수다, 깨지다(break)

fragile
[frǽdʒəl]

frag(= break) + ile(접사) → 깨지거나 부서지기 쉬운
형 부서지기 쉬운, 취약한, 섬세한, 연약한
Please be careful with the vase — it's **fragile**.
그 꽃병을 조심해서 다뤄주세요. 깨지기 쉬워요.
⁑ fragility 명 부서지기 쉬움, 여림, 허약

fragment
[frǽgmənt]

frag(= break) + ment(접사) → 부서진 조각
명 파편, 조각　동 산산이 부서지다, 조각이 되게 하다
Advertising in other media has always been **fragmented**. 수능
다른 미디어의 광고는 항상 조각화되어 왔다.

fraction
[frǽkʃən]

fract(= break) + ion(접사) → 깨진 것의 작은 조각
명 아주 소량, 단편, 일부, 분수
There is not a **fraction** of truth in his words.
그의 말에는 아주 조금의 진실도 들어 있지 않다.
They are learning ratios, **fractions** and proportions. 모평
그들은 비율, 분수 그리고 비례를 배우고 있다.
⁑ fractional 형 아주 적은, 단편적인, 분수의

fracture
[frǽktʃər]

fract(= break) + ure(접사) → 뼈가 부서지는 것
명 골절, 분열, 파손　동 ~을 부러뜨리다, 부수다
X-rays showed no **fractures** in her leg.
엑스레이 사진에는 그녀의 다리에 전혀 골절이 없는 것으로 나타났다.

> **Voca Plus**
> • stress **fracture**　피로 골절
> • suffer a **fracture**　골절을 당하다[겪다]
> • set a **fracture**　접골하다

fund/found　기초(foundation), 바닥(bottom)

fundamental
[fʌ̀ndəméntəl]

fund(a)(= bottom) + ment(접사) + al(접사) → 바닥에서 뒷받침해 주는
형 근본적인, 필수[핵심]적인, 기본적인　명 기본 원칙, 핵심
Recent behavioral research casts doubt on this **fundamental** assumption. 모평
최근의 행동 연구는 이러한 근본적인 가정에 의혹을 던진다.

refund

[ríːfʌnd] 명
[rifʌ́nd] 동

re(= again) + fund(= foundation)
→ 토대가 되는 것[자금]을 다시 돌려주다
명 환불(금) 동 환불하다
You were asking for a new toaster or a **refund**. 학평
당신은 새 토스터나 환불을 요구하고 있었다.
⬦ refundable 형 환불 가능한

profound

[prəfáund]

pro(= forward) + found(= bottom) → 바닥으로 깊이 향하고 있는
형 심오한, (느낌·영향 등이) 지대한[깊은]
He has a **profound** knowledge of philosophy.
그는 심오한 철학적 지식을 갖고 있다.

fus/fut   쏟아 붓다(pour), 녹이다(melt)

fusion

[fjúːʒən]

fus(= melt) + ion(접사) → 여러 가지가 한 군데 녹아 들어가 있는 것
명 융합, 결합, 퓨전(음식, 음악)
The artwork is a **fusion** of several different styles.
그 예술작품은 몇 가지 다른 스타일이 융합된 것이다.
⬦ fuse 동 녹다, 녹이다, 융합시키다

confuse

[kənfjúːz]

con(= together) + fus(e)(= pour) → 여러 가지를 함께 부어 놓다
동 혼란[혼동]시키다, 혼동하다
You end up **confusing** the very people you're trying to attract. 학평
당신은 결국 당신이 마음을 끌려고 하는 바로 그 사람들을 혼란에 빠뜨린다.
⬦ confusion 명 혼란, 혼동, 당황

refuse

[rifjúːz]

re(= back) + fus(e)(= pour) → 다시 쏟아 붓다
동 거절하다, 거부하다
He **refused** to play in Germany after 1933. 학평
그는 1933년 이후 독일에서 연주하는 것을 거절했다.
⬦ refusal 명 거절, 거부

futile

[fjúːtl]

fut(= pour) + ile(접사) → 쉽게 흘러나가 버리는
형 헛된, 효과 없는, 무익한
The attempt to convince him was **futile**.
그를 설득하려는 시도는 헛된 것이었다.
⬦ futility 명 헛됨, 무의미함, 헛수고

Daily Test

A 영어는 우리말로, 우리말은 영어로 쓰시오.

01	reflex	_____	02	가하다, (벌을) 주다	i	_____
03	influence	_____	04	시달리게 하다	a	_____
05	affluent	_____	06	액체, 유동체; 유동성의	f	_____
07	reform	_____	08	변동하다, 오르내리다	f	_____
09	deform	_____	10	공식, 방식	f	_____
11	comfort	_____	12	요새, 성채	f	_____
13	fragment	_____	14	아주 소량, 분수	f	_____
15	fundamental	_____	16	환불(금); 환불하다	r	_____
17	confuse	_____	18	심오한, 지대한[깊은]	p	_____
19	fusion	_____	20	거절하다, 거부하다	r	_____

B 오른쪽 해석을 보고, 빈칸에 가장 적절한 단어를 [보기]에서 골라 쓰시오.

보기   conflict   deform   futile   reflect   reinforce

01	The attempt to convince him was _____.	그를 설득하려는 시도는 헛된 것이었다.
02	Commanders wanted to _____ those areas.	지휘관들은 그런 부분들을 강화하기를 원했다.
03	These prices _____ the interaction of demand and supply.	이런 가격들은 수요와 공급의 상호작용을 반영한다.
04	Members of collectivist groups are socialized to avoid _____.	집단주의 집단의 구성원은 갈등을 피하도록 사회화되어 있다.
05	Dynamic water pressure may _____ the eyes of fast swimming animals.	강력한 수압은 빠르게 헤엄치는 동물의 눈을 변형시킬 수도 있다.

정답 Ⓐ 01 반사 작용; 반사 작용의; 반사 작용을 일으키게 하다, 반전시키다 02 inflict 03 영향(력), 효과; 영향을 미치다 04 afflict 05 부유한, 풍부[풍족]한 06 fluid 07 개혁하다, 개선하다; 개혁, 개선 08 fluctuate 09 변형시키다, ~의 모양을 훼손하다 10 formula 11 편안, 안락, 위로; 위로하다 12 fortress 13 파편, 조각; 산산이 부서지다, 조각이 되게 하다 14 fraction 15 근본적인, 필수[핵심]적인, 기본적인; 기본 원칙, 핵심 16 refund 17 혼란[혼동]시키다, 혼동하다 18 profound 19 융합, 결합, 퓨전(음식, 음악) 20 refuse
Ⓑ 01 futile 02 reinforce 03 reflect 04 conflict 05 deform

Day 28

gen/gener/gn 출생, 종족, 종류(birth, race, kind)

gender
[dʒéndər]

프랑스 고어 gendre(= birth, kind, species)에서 유래
→ 출생 시에 구분되는 성
⟨명⟩ 성, 성별, 성 구분
Women think of **gender** as their principal identity. 〔모평〕
여성들은 성을 자신들의 주된 정체성으로 생각한다.

genetic
[dʒənétik]

gen(e)(= birth) + tic(접사) → 출생과 관련된
⟨형⟩ 유전의, 유전학의
I want to major in **genetic** engineering in college.
나는 대학에서 유전공학을 전공하고 싶다.
⊕ gene ⟨명⟩ 유전자   genetics ⟨명⟩ 유전학

genius
[dʒíːnjəs]

라틴어 genius(= guardian deity: 재능 등을 관장하는 수호신)에서 유래
→ 타고난 기지나 예언적 능력
⟨명⟩ 천재(성), 비범한 재능
His creativity was praised at the time as a mark of **genius**. 〔학평〕
그의 창의성은 그 당시 천재성을 나타내는 표시로 칭송받았다.

> **Voca Plus** 천재
> ▶ prodigy 천재, 신동
>   He was called a violin **prodigy**. 그는 바이올린 천재라고 불렸다.
> ▶ wizard 귀재, 천재, 마법사
>   a computer [financial] **wizard** 컴퓨터[금융]의 천재

genuine
[dʒénjuin]

gen(u)(= birth) + ine(접사) → 타고난 그대로의
⟨형⟩ 진짜의, 진품의, 꾸밈없는
It turned out that the signature was **genuine**.
그 서명은 진짜라는(위조가 아니라는) 것이 밝혀졌다.
⊕ genuinely ⟨부⟩ 진실로, 정말로, 순수하게

hydrogen
[háidrədʒən]

hydro(= water) + gen(= birth) → 물(H$_2$O)을 만드는 원소 중 하나
몡 수소
Water consists of **hydrogen** and oxygen.
물은 수소와 산소로 이루어져 있다.

ingenious
[indʒí:njəs]

in(= in) + gen(i)(= birth) + ous(접사)
→ 천부적으로 고귀함이나 장점을 가진
톙 독창적인, 기발한, 교묘한
The bacterium solves this problem in an **ingenious** manner. 학평
박테리아는 이 문제를 독창적인 방법으로 해결한다.
⨁ ingenuity 몡 기발한 재주, 독창성

indigenous
[indídʒənəs]

indi(= in) + gen(= birth) + ous(접사) → 같은 땅 안에서 태어난
톙 자생종의, 토착의, 원산의
These plants are **indigenous** to the island.
이 식물들은 그 섬에서 자생한다.

general
[dʒénərəl]

gener(= race) + al(접사) → 종족 전체에 널리 적용되는
톙 일반적인, 전반적인, 보통의   몡 대장, 장성, 일반 대중
Could you explain it in **general** terms?
일반적인 말로 그것을 설명해 주시겠어요?
a four-star **general** 4성 장군
⨁ generalize 동 일반화하다, 개략적으로 말하다
  generalization 몡 일반화

generate
[dʒénərèit]

gener(= birth) + ate(접사) → 낳다, 생기게 하다
동 낳다, 발생시키다, 초래하다
It **generates** a lower productive diversification. 학평
그것은 더 낮은 생산적 다양화를 낳는다.
⨁ generation 몡 발생, 생성, 세대

generous
[dʒénərəs]

gener(= birth) + ous(접사) → 귀족 태생이라 여유가 있는
톙 후한, 관대한, 넉넉한, 너그러운
He has always been **generous** to the poor.
그는 항상 가난한 사람들에게 후하게 베풀어 왔다.
⨁ generosity 몡 관대함, 후함, 아량

pregnant
[prégnənt]

pre(= before) + gnant(= gn(asci): birth) → 아기가 태어나기 이전
톙 임신한, 충만한, 내포하고 있는
She is **pregnant** with twins.
그녀는 쌍둥이를 임신하고 있다.
⨁ pregnancy 몡 임신

geo

지구(earth), 흙(soil)

geocentric
[ʤìːouséntrik]

geo(= earth) + centr(= center) + ic(접사) → 지구 중심적인
형 지구 중심적인, 천동설의
It was called the earth-centered, or **geocentric**, theory.
그것은 지구 중심의, 즉 천동설이라고 불렸다.

geography
[ʤiágrəfi]

geo(= earth) + graphy(= description: 묘사) → 땅에 대한 묘사
명 지리학
I bought a new atlas for my **geography** class.
나는 지리학 수업을 위해 새로운 지도책을 샀다.
❀ geographic 형 지리학의, 지리적인

geology
[ʤiálədʒi]

geo(= earth) + logy(= science, study) → 땅을 연구하는 학문
명 지질학
In **geology**, we studied the rocks and deserts.
지질학에서 우리는 바위와 사막을 배웠다.
❀ geological 형 지질학의

geometry
[ʤiámitri]

geo(= earth) + metry(= measurement: 측정) → 땅에 대한 측정
명 기하학
The figure 'π' used in **geometry** is an approximation.
기하학에서 사용되는 기호인 'π'는 근삿값이다.

gest/gist

가져가다(carry)

gesture
[ʤéstʃər]

gest(= carry) + ure(접사) → 갖고 있는 행동
명 몸짓, 동작
He may ignore or even resent the benevolent **gesture**. 학평
그는 그 호의적인 몸짓을 무시하거나 심지어 괘씸하게 생각할지도 모른다.

digest
[dáiʤest]

di(= apart) + gest(= carry) → 쪼개서 가져가다
동 소화하다[되다], 숙고하다
The patients cannot **digest** meat easily.
그 환자들은 고기를 쉽게 소화시킬 수 없다.
❀ digestion 명 소화   digestive 형 소화의

congest
[kəndʒést]

con(= together) + gest(= carry) → 모두 가져가다
동 혼잡하게 하다, 충혈시키다
Motorcycles should not **congest** the highways.
오토바이들이 고속도로를 혼잡하게 해서는 안 된다.

suggest
[səgdʒést]

sug(= sub: under) + gest(= carry) → 아래로 가져가다
동 제안하다, 제시하다, 암시하다
She **suggested** that nurses should take care of passengers. 학평
그녀는 간호사가 승객을 돌봐야 한다고 제안했다.
※ suggestion 명 제안

register
[rédʒistər]

re(= back) + gist(= carry) + er(접사) → 뒤로 가져가 두는 것
동 등록하다, 기록하다 명 기록부, 등기
Register on or before September 18 and pay only $7. 모평
9월 18일이나 그 전에 등록하시고 7달러만 내시오.
I couldn't **register** and was really disappointed. 모평
나는 등록을 할 수 없었고 정말 실망했다.
※ registry 명 등기소, 등록소 registration 명 등록

grad/gress   가다(go), 단계(step), 정도(stage)

grade
[greid]

라틴어 gradus(= step, stage)에서 유래 → 정도, 단계
명 등급, 학년, 학점 동 등급을 매기다
She's not a top **grade** painter. 그녀는 최고 등급의 화가가 아니다.
Harriet is in the 10th **grade**. Harriet은 10학년이다.
She got good **grades** in math exams.
그녀는 수학 시험에서 좋은 성적을 받았다.

gradual
[grǽdʒuəl]

grad(u)(= step, stage) + al(접사) → 단계적인
형 점진적인, (경사가) 완만한
The result was a **gradual**, long-term buildup of soil. 학평
그 결과는 점진적이고 장기적인 토양의 축적이었다.
※ gradually 부 차차로, 서서히

degrade
[digréid]

de(= down) + grad(e)(= step, stage) → 정도를 낮추다
图 비하하다, 저하시키다, (화학적으로) 분해되다[하다]
I was very hurt when she **degraded** my work.
나는 그녀가 내 작품을 비하했을 때 매우 상처를 받았다.
Plastic is extremely slow to **degrade** and tends to float. 학평
플라스틱은 매우 느리게 분해되고 물에 떠다니는 경향이 있다.

ingredient
[ingrí:diənt]

in(= inside) + gred(i)(= step, go) + ent(접사)
→ 안에 들어가는 것
图 재료, 성분, 원료, 구성 요소
The recipes use pumpkin as the main **ingredient**.
그 조리법은 호박을 주요 재료로 사용한다.
We will mix four chemical **ingredients** to make a lotion.
우리는 로션을 만들기 위해 네 가지 화학 성분을 혼합할 것이다.

Voca Plus
- common **ingredient** 공통된 성분
- the chief [major] **ingredient** 주성분
- effective **ingredient** 효과적인 요소

degree
[digrí:]

de(= down) + gree(= step, stage) → 단계
图 정도, 도, 학위
This created a considerable **degree** of social influence. 수능
이것은 상당한 정도의 사회적 영향력을 만들었다.
The corner of a square is a 90 **degree** angle.
정사각형의 모서리는 90도의 각도이다.
I received a doctor's **degree** last year.
나는 작년에 박사 학위를 받았다.

aggressive
[əgrésiv]

ag(= ad: to) + gress(= go) + ive(접사) → 앞으로 나서는
图 적극적인, 공격적인, 호전적인
They typically can't afford **aggressive** online campaigns. 학평
그들은 보통 적극적인 온라인 캠페인을 할 여유가 없다.
The dog is very **aggressive** and barks a lot.
그 개는 매우 공격적이고 많이 짖는다.
❖ **aggressively** 图 공격적으로

congress
[káŋgrəs]

con(= together) + gress(= go) → 모두 모임
图 회의, 국회(Congress)
Congress finally approved the law.
국회가 결국 그 법을 승인했다.
❖ **congressman** 图 국회의원

progress

[prágres] 명
[prəgrés] 통

pro(=forward) + gress(=go) → 앞으로 나감

명 전진, 진보 통 다음 단계로 나아가다, 진전을 보이다

It is gradual improvement or mild **progress**. (모평)

그것은 점진적인 개선이나 가벼운 진보이다.

A win or tie was needed by either team to **progress**.

둘 중 어느 팀이든 다음 단계로 나아가려면 승리나 무승부가 필요했다.

⊕ progressive 형 전진하는, 진보적인   progression 명 진행, 진전

---

gram

글자(letter), 문자(written character),
그리다(draw)

---

grammar

[grǽmər]

라틴어 grammatica(=art of letters)에서 유래 → 글씨의 기술

명 문법, 기본 원리

Vocabulary and **grammar** are the building blocks of language.

어휘와 문법은 언어의 구성 요소이다.

⊕ grammatical 형 문법의, 문법에 맞는

---

diagram

[dáiəgræm]

dia(=across, out) + gram(=draw) → 그림으로 그린 것

명 그림, (도)표, 도해

He illustrated his point by using a simple **diagram**.

그는 간단한 그림을 사용해서 그의 요점을 분명히 보여 주었다.

A group of students came over and saw the **diagram**. (학평)

한 무리의 학생들이 다가와 그 표를 보았다.

---

hologram

[hóuləgræm]

holo(= holos: whole) + gram(=draw) → 전체가 보이는 그림

명 홀로그램(입체 사진술에 의한 입체 화상)

People can enjoy K-Pop stars' **hologram** performances.

사람들은 K팝스타들의 홀로그램 공연을 즐길 수 있다.

---

telegram

[téləgræm]

tele(=far) + gram(=letter) → 멀리 보낸 글자

명 전보, 전신

Send the following message by **telegram**, please.

다음의 메시지를 전보로 보내 주세요.

Daily Test

A 우리말은 영어로, 영어는 우리말로 쓰시오.

01	낳다, 발생시키다	g_____	02	general	_____
03	후한, 관대한	g_____	04	genius	_____
05	진짜의, 진품의	g_____	06	pregnant	_____
07	수소	h_____	08	gender	_____
09	지질학	g_____	10	geography	_____
11	기하학	g_____	12	geocentric	_____
13	제안하다, 암시하다	s_____	14	register	_____
15	몸짓, 동작	g_____	16	aggressive	_____
17	재료, 성분, 원료	i_____	18	gradual	_____
19	회의, 국회	c_____	20	telegram	_____

B 오른쪽 해석을 보고, 네모 안에서 적절한 단어를 고르시오.

01 I want to major in genetic / genuine engineering in college.

나는 대학에서 유전공학을 전공하고 싶다.

02 Motorcycles should not congest / digest the highways.

오토바이들이 고속도로를 혼잡하게 해서는 안 된다.

03 A group of students came over and saw the diagram / hologram.

한 무리의 학생들이 다가와 그 표를 보았다.

04 Plastic is extremely slow to degrade / progress and tends to float.

플라스틱은 매우 느리게 분해되고 물에 떠다니는 경향이 있다.

05 The bacterium solves this problem in an indigenous / ingenious manner

박테리아는 이 문제를 독창적인 방법으로 해결한다.

graph
쓰다(write)

calligraphy
[kəlígrəfi]

calli(= beauty) + graph(= writing) + y(접사) → 아름답게 쓴 것
몡 서예, 서체
She wrote **calligraphy**, moving the brush slowly.
그녀는 붓을 천천히 움직이며 서예 글씨를 썼다.
⁑ calligraphic 혱 서예의

demography
[dimágrəfi]

demo(= people) + graph(= writing) + y(접사) → 인구를 기술한 것
몡 인구 동태[변동], 인구 통계학
The **demography** of this country is changing due to aging.
이 나라의 인구 동태는 노령화로 인해 변화하고 있다.
⁑ demographic 혱 인구 변동의, 인구 통계학의

grat/grac/gree
감사하는(thankful), 기쁘게 하는(pleasing),
기뻐하다(show joy)

gratify
[grǽtəfài]

grat(= pleasing) + ify(접사) → 기쁘게 하다
동 기쁘게 하다, 만족시키다
The researcher was **gratified** with the results of the test.
그 연구자는 검사의 결과에 기뻤다.
⁑ gratification 몡 만족감, 만족감을 주는 것

congratulate
[kəngrǽtʃəlèit]

con(= together) + grat(ul)(= show joy) + ate(접사)
→ 함께 기뻐하다
동 축하하다
The birds seemed to be singing to **congratulate** me. 모평
그 새들은 나를 축하하기 위해 노래하고 있는 것 같았다.
⁑ congratulation 몡 축하

disgrace
[disgréis]

dis(= away) + grac(e)(= favor, thanks) → 감사할 수 없음, 부끄러움

명 수치, 불명예

I was in **disgrace**. 학평

나는 수치스러웠다.

The state of our roads is a national **disgrace**.

우리 도로의 상태는 국가적인 수치이다.

⁜ **disgraceful** 형 부끄러운, 수치스러운

agree
[əgríː]

a(= ad: to) + gree(= pleasing) → 기쁘게 하다

통 동의하다, 승낙하다

My colleagues and I **agreed** on everything. 학평

내 동료들과 나는 모든 것에 동의했다.

⁜ **disagree** 통 반대하다, 동의하지 않다

grav 무거운(heavy)

grave
[greiv]

라틴어 gravis(= heavy)에서 유래 → 무거운, 진지한

형 심각한, 중대한 명 무덤, 묘

If this trend goes unchecked, the consequence will be very **grave**. 이 흐름이 억제되지 않고 진행되면, 결과가 몹시 심각해질 것이다.

There were some flowers on the **grave**.

그 무덤에 꽃이 조금 놓여 있었다.

gravity
[grǽvəti]

grav(= heavy) + ity(접사) → 무거운 힘

명 (지구) 중력, 심각성, 중대성

The strength of **gravity's** pull depends on two things. 학평

중력의 당기는 힘의 강도는 두 가지에 따라 달라진다.

The force of **gravity** is always attractive. 학평

중력은 항상 끌어당긴다.

Voca Plus

• the law of **gravity** 중력의 법칙
• **gravity**-free state 무중력 상태
• the center of **gravity** 중심(重心), 무게 중심
• **gravity**-defying 중력을 거스르는
• with **gravity** 진지한 태도로

aggravate
[ǽgrəvèit]

ag(= ad: to) + grav(= heavy) + ate(접사) → 무거운 쪽으로 향하다

통 악화시키다, 짜증나게 하다

Her work environment **aggravated** her illness.

그녀의 근무 환경이 그녀의 병을 악화시켰다.

⁜ **aggravation** 명 악화(시킴), 화남, 약오름

engrave
[ingréiv]

en(= into) + grav(e) → 무거운 곳 속으로 들어가다 → 새기다
통 (나무·돌·쇠붙이 등에) 새기다
The crystal cup was **engraved** with his name.
그 크리스털 컵에는 그의 이름이 새겨져 있었다.
Igor Cerc went to a store to have a clock **engraved**. 학평
Igor Cerc는 시계에 문구를 새겨 넣으려고 한 가게에 갔었다.

grieve
[gri:v]

라틴어 gravare(= make heavy, cause grief)에서 유래
→ 무겁게 만들다, 비통함을 불러오다 → 비통해 하다
통 (특히 누구의 죽음으로 인해) 비통해 하다, 대단히 슬프게 만들다
He **grieved** the death of his mother.
그는 어머니의 죽음을 비통해 했다.
❈ grief 명 (깊은) 슬픔, 비탄

habi/hibit   가지다(have)

habit
[hǽbit]

habi(= have) + t(= tus: 접사) → 가지고 있는 것
명 습관, 버릇
Mental **habits** are not easily changed.
정신적 습관은 쉽게 바뀌지 않는다.

habitual
[həbítʃuəl]

habi(= have) + t(u)(= tus: 접사) + al(접사) → 가지고 있는
형 습관적인, 특유의, 늘 하는
Exercise has a large **habitual** component. 학평
운동은 다량의 습관적인 요소를 가지고 있다.

exhibit
[igzíbit]

ex(= out) + hibit(= have) → 밖에 지니다 → 전시하다
통 (감정·특질 등을) 보이다, 전시하다   명 전시(품), 진열(품)
Two different cultures can **exhibit** opposite attitudes. 학평
다른 두 문화는 상반되는 태도를 보일 수 있다.
An **exhibit** of a mysterious fish was open to the public in China.
신비한 물고기 전시품이 중국에서 대중에게 공개되었다.

inhibit
[inhíbit]

in(= in) + hibit(= have) → 안에 두다 → 억제하다
통 억제하다, 저지하다
Their physical layout encourages some uses and **inhibits**
others. 수능
그것들의 물리적 배치는 어떤 사용을 권장하고 다른 사용을 억제한다.
❈ inhibition 명 억제, 거리낌

heir/hered/herit   상속인(heir)

heir
[ɛər]

라틴어 heres(후임자, 계승자)에서 유래 → 상속인
명 상속인, (과업, 전통 등의) 계승자
James is the sole **heir** to his grandfather's estate.
James는 조부의 재산에 대한 유일한 상속자이다.

heredity
[hərédəti]

hered(= heir) + ity(접사) → 상속된 것 → 유전
명 유전
Heredity can influence a person's weight.
유전이 사람의 체중에 영향을 줄 수 있다.

heritage
[héritidʒ]

herit(= heir) + age(접사) → 물려받은 것 → 유산
명 (국가, 사회의) 유산
Heritage is as much about forgetting as remembering the past. 수능
유산은 과거를 기억하는 것만큼 과거를 잊는 것에 관한 것이다.

inherit
[inhérit]

라틴어 inhereditare(= make heir)에서 유래 → 상속자로 만들다
동 물려받다, 상속받다
Some of our intelligence may indeed be **inherited**. 학평
우리 지능의 일부는 실제로 물려받을지도 모른다.
⊕ inheritance 명 상속, 유산, 유전

her/hes   달라붙다(stick), 굳게 유지되다(hold fast)

adhere
[ædhíər]

ad(= to) + her(e)(= stick) → ~에 달라붙다
동 들러붙다, 부착되다, 고집하다, 집착하다
The stamp **adhered** to the postcard.
우표가 엽서에 들러붙었다.
⊕ adherence 명 고수, 집착   adherent 형 들러붙는, 점착성의

inherent
[inhíərənt]

in(=into) + her(=hold fast) + ent(접사) → 속에 굳게 유지되는
형 내재하는, 선천적인, 고유한
The body has an **inherent** ability to heal.
신체에는 내재하는 치료 능력이 있다.
Cultural patterns have the appearance of being **inherent**. 모평
문화 양식은 선천적인 모습을 가지고 있다.
⊕ inherence 명 고유, 타고남

hesitant
[hézitənt]

hes(=stick) + it(=frequent) + ant(접사) → 자꾸 달라붙는 → 주저하는
형 주저하는, 망설이는, 머뭇거리는
Steven was **hesitant** at first but soon disclosed his secret. 모평
Steven은 처음에는 주저했지만, 곧 자신의 비밀을 털어놓았다.
He is **hesitant** about signing the contract.
그는 그 계약서에 서명하기를 주저하고 있다.
⊕ hesitate 통 주저하다, 망설이다   hesitancy 명 주저, 망설임

adhesive
[ædhíːsiv]

ad(=to) + hes(=stick) + ive(접사) → ~에 달라붙는
명 접착제   형 달라붙는
You'll need some strong **adhesive** to mend that desk.
그 책상을 수리하려면 강력한 접착제가 조금 필요할 것이다.

cohesion
[kouhíːʒən]

co(=together) + hes(=stick) + ion(접사)
→ 함께 달라붙는 것 → 결합, 응집
명 화합, 결합, 응집력
The most important thing we need is social **cohesion**.
우리에게 필요한 가장 중요한 것은 사회적 화합이다.
⊕ cohesive 형 화합[결합]하는

hospit   손님(guest)

hospitable
[háspitəbl]

hospit(=guest) + able(접사) → 손님으로 맞는 → 환대하는
형 환대하는, 친절한, 쾌적한
The local people were very kind and **hospitable**.
그 현지 사람들은 매우 친절했고 환대해 주었다.
⊕ hospitality 명 환대, 후대

hospital
[háspitl]

hospit(= guest) + al(접사) → 손님으로 지내는 곳
명 병원
She had to go to **hospital** for treatment.
그녀는 치료를 받으러 병원에 가야 했다.

hostel
[hástl]

라틴어 hospitale(= guest house)에서 유래 → 손님이 머무는 집
명 호스텔(값싼 숙소), (자선 단체에서 운영하는) 쉼터
I do volunteer work at a **hostel** for migrant workers.
나는 이주 노동자 쉼터에서 자원봉사 활동을 한다.

host   적(enemy)

hostage
[hástidʒ]

host(= enemy) + age(접사) → 적들에게 잡힌 사람
명 인질
Three people were taken **hostage** during the bank robbery.
그 은행 강도 사건 당시 세 사람이 인질로 잡혔다.

> **Voca & Voca** 포로
> ▶ prisoner 포로, 죄수, 재소자
> The speaker was a **prisoner** of war during the Vietnam War.
> 그 연사는 베트남전 당시 전쟁 포로였다.
> ▶ captive 포로, 사로잡힌 사람
> We are **captives** of our own identities.
> 우리는 우리 자신이 만든 정체성의 포로이다.

hostile
[hástl]

host(= enemy) + ile(접사) → 적으로 느끼는
형 적대적인, 비우호적인
The book received a **hostile** reaction in Russia. 학평
그 책은 러시아에서 적대적인 반응을 얻었다.
Clair wouldn't meet Sem's stare, which was openly **hostile**.
Clair는 Sem의 시선을 피하곤 했는데, 그 시선은 드러내놓고 적대적이었다.
⊕ hostility **명** 적의, 적대감, 반감

Daily Test

A 영어는 우리말로, 우리말은 영어로 쓰시오.

01	demography	_____	02 서예, 서체	c_____
03	gratify	_____	04 동의하다, 승낙하다	a_____
05	aggravate	_____	06 중력, 심각성, 중대성	g_____
07	grieve	_____	08 심각한, 중대한; 묘	g_____
09	habitual	_____	10 새기다	e_____
11	inhibit	_____	12 유전	h_____
13	adhere	_____	14 (국가, 사회의) 유산	h_____
15	inherent	_____	16 접착제; 달라붙는	a_____
17	hesitant	_____	18 화합, 결합, 응집력	c_____
19	hospitable	_____	20 인질	h_____

B 오른쪽 해석을 보고, 빈칸에 가장 적절한 단어를 [보기]에서 골라 쓰시오.

보기	cohesion	congratulate	disgrace	exhibit	hostile

01 The state of our roads is a national _____. | 우리 도로의 상태는 국가적인 수치이다.

02 The book received a(n) _____ reaction in Russia. | 그 책은 러시아에서 적대적인 반응을 얻었다.

03 The birds seemed to be singing to _____ me. | 그 새들은 나를 축하하기 위해 노래하고 있는 것 같았다.

04 The most important thing we need is social _____. | 우리에게 필요한 가장 중요한 것은 사회적 화합이다.

05 Two different cultures can _____ opposite attitudes. | 다른 두 문화는 상반되는 태도를 보일 수 있다.

hum

땅(earth), 겸손한(humble)

human
[hjú:mən]

라틴어 humanus(= of or belong to man)에서 유래

⟨형⟩ 인간의 ⟨명⟩ 인간, 사람

Communication is a basic **human** need.

의사소통은 기본적인 인간의 욕구이다.

humanism
[hjú:mənìzm]

human(인간의) + ism(접사) → 인간을 중심으로 하는 사상

⟨명⟩ 인본주의, 인문주의

His paintings are based on **humanism**.

그의 그림은 인본주의에 근거하고 있다.

humanity
[hju:mǽnəti]

human(인간의) + ity(접사) → 인간 부류

⟨명⟩ 인류, 인간애

She broke ground on one of **humanity's** oldest known civilizations. 학평

그녀는 인류의 가장 오래된 것으로 알려진 문명 중 하나에 대해 발굴을 시작했다.

humble
[hʌ́mbl]

hum(= earth) + ble(접사) → 땅 가까이에 있는 → 낮은 → 천한

⟨형⟩ 겸손한, 비천한, 보잘것없는

We should be **humble** enough to learn from our mistakes.

우리 자신의 실수에서 배울 수 있을 만큼 겸손해야 한다.

Jeremy was a **humble** man who cleaned the floors of the king's palace. 학평

Jeremy는 왕의 궁궐 바닥을 청소하는 보잘것없는 사람이었다.

> **Voca & Voca** 겸손한, 공손한
>
> ▶ modest 겸손한
>
> The businessman is very **modest** about his success.
>
> 그 사업가는 자신의 성공에 대해 아주 겸손하다.
>
> ▶ polite (태도가) 공손한
>
> He always has a **polite** attitude.
>
> 그는 언제나 공손한 태도를 보인다.

humiliate
[hju:mílièit]

humili(= humble) + ate(접사) → 낮추어 대하다
통 굴욕감을 주다
Mr. Aryeh knew that the boy's father would be **humiliated**. 학평
Aryeh 선생님은 그 소년의 아버지가 굴욕감을 느낄 것이라고 알고 있었다.
⊕ humiliation 명 굴욕감

humility
[hju:míləti]

humili(= humble) + ty(접사) → 겸손한 성질
명 겸손, 굴욕
Humility is the first virtue for us to learn.
겸손은 우리가 배워야 할 첫 번째 미덕이다.

insul/isol   섬(island)

insulate
[ínsəlèit]

insul(= island) + ate(접사) → 섬에 가두어 두다
통 단열[절연, 방음] 처리를 하다
Home owners **insulate** their homes to save energy.
주택 소유주들은 에너지 절약을 위해 자신들의 집을 단열 처리를 한다.
⊕ insulation 명 절연[단열] 처리

peninsula
[pənínsələ]

pen(= almost) + insul(a)(= island) → 거의 섬에 가까운 것
명 반도
A beautiful beach is on the north side of the **peninsula**.
아름다운 해변이 그 반도의 북쪽에 있다.

isolate
[áisəlèit]

이탈리아어 isolato(= made into an island)에서 유래
통 고립시키다, 격리시키다
Fear wants to **isolate** you and put you on an island. 학평
두려움은 당신을 고립시켜서 섬에 두기를 원한다.
The Internet **isolates** us from our fellow human beings. 학평
인터넷은 우리를 주변 사람들로부터 격리시킨다.
⊕ isolation 명 고립, 격리   isolated 형 고립된, 격리된

it   가다(go)

ambition
[æmbíʃən]

amb(= around) + it(= go) + ion(접사) → 돌아다니려고 하는 것
명 야망
His burning **ambition** was to become a lawyer.
그의 불타는 야망은 변호사가 되는 것이었다.
⊕ ambitious 형 야망이 있는, 야심찬

exit
[éksit]

ex(= out) + it(= go) → 밖으로 나가는 곳
명 출구 동 나가다
There was a fire **exit** on the second floor of the building.
그 빌딩 2층에 화재용 출구[비상구]가 있었다.

initial
[iníʃəl]

in(= into) + it(= go) + ial(접사) → 안으로 들어가는
형 처음의 명 머리글자
His **initial** reaction was to accept the offer.
그의 첫 반응은 그 제의를 수락하는 것이었다.
R H Bing were not **initials**. 학평
R H Bing은 머리글자가 아니었다.

initiate
[iníʃièit]

in(= into) + it(= go) + iate(접사) → 안으로 들어가다
동 착수하다, 일으키다, 시작하다
The government will **initiate** a program of educational reform.
정부가 교육 개혁 프로그램에 착수할 것이다.
The same gene did not **initiate** the disease. 학평
똑같은 유전자가 그 질병을 일으키지 않았다.
※ initiative 명 주도, 솔선

transit
[trǽnsit]

trans(= across) + it(= go) → 가로질러 가기
명 수송, 운송, 환승
It includes **transit** costs.
그것은 수송비를 포함하고 있다.

> **Voca & Voca** 운송, 교통
> ▶ transit 운송
>   They discussed the **transit** of goods between the two cities.
>   그들은 두 도시 간 상품의 운송에 관해서 논의했다.
> ▶ transportation 교통
>   The earthquake blocked the **transportation** facilities.
>   지진이 교통 시설을 차단했다.
> ▶ shipping 운송
>   A **shipping** charge is added to each shipment.
>   운송료는 각각의 배송에 추가됩니다.

visit
[vízit]

라틴어 visitare(= go to see)에서 유래 → 가서 보다
동 방문하다
I went to **visit** relatives in California.
나는 캘리포니아에 있는 친척을 방문하러 갔다.

ject 던지다(throw)

eject
[idʒékt]

e(= ex: out) + ject(= throw) → 밖으로 던지다
통 쫓아내다, (액체·연기를) 분출하다, 배출하다
The police will **eject** the protesters from the building.
경찰이 그 빌딩에서 시위자들을 쫓아낼 것이다.

inject
[indʒékt]

in(= in) + ject(= throw) → 안으로 던지다
통 주입하다
They used to **inject** food with chemicals to reduce decay.
그들은 부패를 줄이기 위해 음식에 화학약품을 주입하곤 했다.
⁑ injection 명 주입, 주사

object
[əbdʒékt] 통
[ábdʒikt] 명

ob(= against) + ject(= throw) → 반대로 던지다
통 반대하다 명 물건, 대상, 목적, 물체
Many people **object** to the building of the new harbor.
많은 사람들이 그 새 항만 건설에 반대한다.
You will be able to personalize these **objects**. 학평
여러분은 이런 물건들을 개인화할 수 있을 것이다.
⁑ objection 명 반대

project
[prádʒekt] 명
[prədʒékt] 통

pro(= forward) + ject(= throw) → 앞으로 던져진 것
명 계획 통 예상하다, 계획하다
A huge building **project** was opened to the public yesterday.
거대한 건설 계획이 어제 일반인들에게 공개되었다.
An economic growth rate of 2% is **projected** for next year.
내년에는 2퍼센트의 경제 성장률이 예상된다.

reject
[ridʒékt]

re(= back) + ject(= throw) → 뒤로 던지다
통 거절하다
She **rejected** the offer on political grounds. 학평
그녀는 정치적인 이유로 그 제안을 거절했다.
⁑ rejection 명 거절

subject
[sʌ́bdʒikt] 명
[səbdʒékt] 동

sub(= under) + ject(= throw) → 아래로 던져진 것
명 주제, 과목, 국민 동 지배하에 두다 형 지배를 받는
He has many books on various **subjects** in his room.
그는 자기 방에 다양한 주제에 관한 많은 책을 가지고 있다.
They **subjected** most of Asia to their rule.
그들은 아시아 대부분을 그들의 지배하에 두었다.
Hybrid civilizations absorbed much from their **subject** peoples. 학평
합성 문명은 자신들의 피지배 민족들로부터 많은 것을 흡수했다.

join/junct 연결하다(join)

adjoin
[ədʒɔ́in]

ad(= to) + join(연결하다) → ~에 연결하다
동 인접하다
The two factories **adjoin** each other.
그 두 공장은 서로 인접해 있다.

junction
[dʒʌ́ŋkʃən]

junct(= join) + ion(접사) → 연결해 주는 것
명 교차로, 연결 지점
The shop is near the **junction** of King's Road and York Street.
그 가게는 King's Road와 York Street 교차로 근처에 있다.

juncture
[dʒʌ́ŋktʃər]

junct(= join) + ure(접사) → 연결된 것들 중 한 부분
명 (일련의 사건에서 특정) 시점[단계]
They reached a crucial **juncture** in their negotiations.
그들은 협상에서 중대한 시점에 이르렀다.

conjunction
[kəndʒʌ́ŋkʃən]

con(= together) + junct(= join) + ion(접사) → 함께 연결함
명 결합, 접속사
The police are investigating in **conjunction** with tax officers.
경찰이 세무 직원들과 결합하여 수사하고 있다.

jus/jur/jud 옳은, 공정한(right, righteous)

just
[dʒʌst]

고대 프랑스어 juste(= righteous)에서 유래 → 옳은, 공정한
형 공정한, 적절한 부 바로, 지금 막, 단지
The judge made a **just** decision.
판사는 공정한 결정을 내렸다.

justice
[ʤʌ́stis]

jus(t)(= righteous) + ice(접사) → 올바른[공정한] 상태

圆 정의, 공정, 사법, 재판

Insight, knowledge, and a strong sense of **justice** are needed.

통찰력, 지식, 그리고 강한 정의감이 필요하다.

justify
[ʤʌ́stəfài]

jus(ti)(= righteous) + fy(접사) → 정당화하다

圄 정당화하다, 옳다고 하다

What could **justify** such a biologically expensive organ?

무엇이 그렇게 생물학적으로 비싼 장기를 정당화할 수 있을까?

⁜ justification 圆 정당화, 변명의 사유

adjust
[ədʒʌ́st]

ad(= to) + jus(t)(= right) → 올바른 쪽으로 가게 하다

圄 조정하다, 적용하다, 맞추다

Never **adjust** your seat while the vehicle is moving.

차량이 움직이고 있는 동안 절대로 의자를 조정하지 마시오.

That will help you **adjust** to Korean university life. 수능

그것은 당신이 한국 대학 생활에 적응하도록 도울 것이다.

⁜ adjustment 圆 조정, 수정, 적응   adjustable 圈 조절 가능한

injure
[índʒər]

in(= not) + jur(e)(= righteous)

→ 옳지 않은 일을 하다 → 해를 끼치다

圄 부상을 입히다, 손상시키다

He **injured** his back lifting a heavy box.

그는 무거운 상자를 들어 올리다 허리에 부상을 입었다.

Several animal species help **injured** animals survive. 학평

몇몇 동물 종(種)들은 부상당한 동물이 생존하도록 돕는다.

⁜ injury 圆 부상, 상해, 모욕

judge
[ʤʌʤ]

고대 프랑스어 jugier(= judge)에서 유래 → 올바르게 판단하다

圄 판단하다, 심사하다, 재판하다   圆 판사, 심사위원

We need to be careful how we **judge** others.

우리는 다른 사람들을 판단하는 방식에 주의를 기울일 필요가 있다.

They were both caught and taken to the **judge**. 학평

그들 둘 다 잡혀서 판사에게 보내졌다.

⁜ judgment 圆 판단, 심판, 재판   judgmental 圈 판단의, 재판의

Daily Test

A 우리말은 영어로, 영어는 우리말로 쓰시오.

01	굴욕감을 주다	h_____	02	humble	_____
03	반도	p_____	04	insulate	_____
05	처음의; 머리글자	i_____	06	exit	_____
07	야망	a_____	08	initiate	_____
09	주입하다	i_____	10	transit	_____
11	거절하다	r_____	12	object	_____
13	인접하다	a_____	14	project	_____
15	결합, 접속사	c_____	16	junction	_____
17	정당화하다	j_____	18	juncture	_____
19	정의, 사법, 재판	j_____	20	injure	_____

B 오른쪽 해석을 보고, 네모 안에서 적절한 단어를 고르시오.

01 Humanity / Humility is the first virtue for us to learn.

겸손은 우리가 배워야 할 첫 번째 미덕이다.

02 The police will eject / inject the protesters from the building.

경찰이 그 빌딩에서 시위자들을 쫓아낼 것이다.

03 Never adjust / justify your seat while the vehicle is moving.

차량이 움직이고 있는 동안 절대로 의자를 조정하지 마시오.

04 Fear wants to insulate / isolate you and put you on an island.

두려움은 당신을 고립시켜서 섬에 두기를 원한다.

05 There was a fire exit / transit on the second floor of the building.

그 빌딩 2층에 화재용 출구[비상구]가 있었다.

Review Test 6 (DAY 26~30)

A 영어는 우리말로, 우리말은 영어로 쓰시오.

01	facility	_____	02	겪다, 시달리다	s	_____
03	finance	_____	04	정의하다	d	_____
05	inflict	_____	06	반사하다, 반영하다	r	_____
07	fluid	_____	08	강화하다, 보강하다	r	_____
09	indigenous	_____	10	독창적인, 기발한, 교묘한	i	_____
11	congest	_____	12	점진적인, 완만한	g	_____
13	engrave	_____	14	중력, 심각성, 중대성	g	_____
15	heritage	_____	16	인질	h	_____
17	initial	_____	18	수송, 운송, 환승	t	_____
19	injure	_____	20	인접하다	a	_____

B 다음 단어를 우리말 뜻에 맞게 변형하여 쓰시오.

01 effect → _____ (효과적인)

02 proficient → _____ (능숙함)

03 refer → _____ (언급, 참조)

04 formula → _____ (공식화하다)

05 general → _____ (일반화하다)

06 disgrace → _____ (부끄러운, 수치스러운)

07 grieve → _____ ((깊은) 슬픔, 비탄)

08 hesitant → _____ (주저하다, 망설이다)

C 다음 영영사전 풀이에 해당하는 단어를 바르게 연결하시오.

01 a small or tiny part, amount   ·   · ⓐ adjust

02 welcoming to strangers or guests ·   · ⓑ affluent

03 to bring to a more satisfactory state ·   · ⓒ reform

04 to change something to improve it.   ·   · ⓓ fraction

05 wealthy; having a great deal of money ·   · ⓔ hospitable

D 다음 문장의 빈칸에 적절한 단어를 [보기]에서 골라 쓰시오.

| 보기 | conflict | fault | fragile | progress | register |

01 With your donation, we can preserve _____ coral reefs. 〔학평〕

02 It is not their _____ that your apartment doesn't absorb sound. 〔학평〕

03 All Cherrywood residents ages 18 and over can _____ as sellers. 〔학평〕

04 Personal growth and performance will _____ faster in young athletes. 〔모평〕

05 _____ within a relationship means that the relationship itself is in trouble. 〔학평〕

E 다음 네모 안에서 적절한 말을 고르시오.

01 So often we confuse / refuse means with ends. 〔수능〕

02 The plumber was not able to adjust / justify the lever. 〔학평〕

03 Someone is neither too general / generous nor too stingy. 〔학평〕

04 We in fact are injecting / rejecting the disease into the body. 〔학평〕

05 Photographs submitted by students will be exhibited / inhibited. 〔수능〕

정답 **A** 01 시설, 설비 02 suffer 03 재정, 금융; 자금을 대다 04 define 05 (손해, 타격, 고통 등을) 입히다[가하다], (벌을) 주다 06 reflect 07 액체, 유동체; 유동성의, 변하기 쉬운 08 reinforce 09 자생종의, 토착의, 원산의 10 ingenious 11 혼잡하게 하다, 충혈시키다 12 gradual 13 (나무, 돌, 쇠붙이 등에) 새기다 14 gravity 15 (국가, 사회의) 유산 16 hostage 17 처음의; 머리글자 18 transit 19 부상을 입히다, 손상시키다 20 adjoin

B 01 effective 02 proficiency 03 reference 04 formulate 05 generalize 06 disgraceful 07 grief 08 hesitate

C 01 ⓓ 아주 소량 02 ⓔ 환대하는 03 ⓒ 개혁하다, 개량하다 04 ⓐ 조정하다 05 ⓑ 부유한

D 01 fragile 02 fault 03 register 04 progress 05 Conflict

E 01 confuse 02 adjust 03 generous 04 injecting 05 exhibited

해석 **D** 01 여러분의 기부로 우리는 <u>연약한</u> 산호초를 보존할 수 있습니다. 02 당신의 아파트가 소음을 흡수하지 못하는 것은 그들의 <u>잘못</u>이 아니다. 03 18세 이상의 Cherrywood의 모든 주민들은 판매자로 <u>등록</u>할 수 있다. 04 개인의 성장과 경기력은 어린 선수에게서 더 빠르게 <u>진보</u> 할 것이다. 05 관계 내에서의 <u>갈등</u>은 관계 자체가 곤경에 빠졌다는 것을 의미한다.

E 01 너무나 자주 우리는 수단을 목적으로 <u>혼동</u>한다. 02 배관공은 그 레버를 <u>조정</u>할 수 없었다. 03 어떤 사람은 너무 <u>관대하지도</u> 너무 인색 하지도 않다. 04 우리는 사실 그 질병을 몸에 <u>주입</u>하고 있다. 05 학생들이 제출한 사진들이 <u>전시될</u> 것이다.

Progress Test 3 (DAY 01~30)

A 영어는 우리말로, 우리말은 영어로 쓰시오.

01 deviate _____
02 장애(물), 걸림돌 o_____
03 illiterate _____
04 실망시키다 d_____
05 withdraw _____
06 부족 t_____
07 leakage _____
08 유연한, 융통성이 있는 f_____
09 imaginary _____
10 강조하다, 역설하다 e_____
11 identify _____
12 거래, 매매, 처리 t_____
13 artificial _____
14 지원자, 후보자 c_____
15 recede _____
16 빽빽한, 밀집한 d_____
17 sufficient _____
18 강화하다, 보강하다 r_____
19 disgrace _____
20 정의, 공정, 사법, 재판 j_____

B 다음 괄호 안에 주어진 단어를 이용하여, 빈칸에 알맞은 말을 쓰시오.

01 보충의, 추가의 _____ (supplement)
02 순응 _____ (conform)
03 동정하다, 지지하다 _____ (sympathy)
04 곱하다, 증식하다 _____ (multiple)
05 생각, 관념, 구상 _____ (conceive)
06 지나친, 과도한 _____ (exceed)
07 고유, 타고남 _____ (inherent)
08 조절 가능한 _____ (adjust)

C 다음 영영사전 풀이에 해당하는 단어를 [보기]에서 골라 쓰시오.

보기   benefit   disclose   humility   moisture   outstanding

01 to make known or public : _____
02 a disposition to be humble : _____
03 distinguished from others in excellence : _____
04 to get help or an advantage from something : _____
05 liquid diffused or condensed in small quantities : _____

D 다음 네모 안에서 문맥에 맞는 적절한 단어를 고르시오.

01 A brain that is fully fueled composes / concentrates better and solves problems faster. 학평

02 A map must remove / retrieve any details that might be confusing. 학평

03 This battery is receded / recharged with as much energy as you spent. 학평

04 Digital devices prevent people from efficiently navigating long texts, which may subtly exhibit / inhibit reading comprehension. 학평

E 다음 빈칸에 알맞은 말을 고르시오.

01 It is usually best to approve of the child's play without _____. 수능

① interacting   ② infecting   ③ interfering   ④ installing   ⑤ investing

02 In Greece, _____ for policy changes would make their cases before juries. 학평

① administers   ② advocates   ③ critics   ④ inspectors   ⑤ predecessors

03 This growing emphasis on ethical consumption is a trend that cannot be _____. It is not going to go away. 학평

① converged   ② diagnosed   ③ emphasized   ④ ignored   ⑤ received

04 We are in fact _____ a weakened strain of the disease into the body. 학평

① inflicting   ② initiating   ③ injecting   ④ insulating   ⑤ interpreting

---

정답 **A** 01 벗어나다, 일탈하다 02 obstacle 03 문외의, (특정 분야에 대해) 잘 모르는 04 disappoint 05 물러나다, 철수하다, 철회하다, 인출하다 06 tribe 07 유출, 누설, 누출, 누수 08 flexible 09 상상의, 가공의 10 emphasize 11 확인하다, 알아보다, 동일시하다 12 transaction 13 인공의, 인위적인, 모조의, 가짜의 14 candidate 15 물러나다, 멀어져 가다 16 dense 17 충분한 18 reinforce 19 수치, 불명예 20 justice

B 01 supplementary 02 conformity 03 sympathize 04 multiply 05 conception 06 excessive 07 inherence 08 adjustable

C 01 disclose (밝히다, 폭로하다) 02 humility (겸손) 03 outstanding (뛰어난, 두드러진, 미지불된) 04 benefit (혜택을 얻다) 05 moisture (수분, 습기)

D 01 concentrates 02 remove 03 recharged 04 inhibit

E 01 ③ 02 ② 03 ④ 04 ③

해석 **D** 01 연료가 가득 찬 두뇌는 더 잘 집중하고 문제를 더 빠르게 해결한다. 02 지도는 혼란스럽게 할지도 모를 모든 세부 사항을 제거해야 한다. 03 이 배터리는 여러분이 소비했던 에너지만큼 재충전된다. 04 디지털 기기들이 사람들로 하여금 긴 글을 효과적으로 읽어 나아가는 것을 방해하는데, 그것은 미묘하게 독해를 저해할 수 있다.

E 01 간섭하지 말고 아이의 놀이를 인정해 주는 것이 대개 제일 좋다. 02 그리스에서는 정책 변화에 대한 옹호자들이 배심원단 앞에서 자신들의 주장을 설명하곤 했다. 03 윤리적 소비에 대한 이런 커지는 중요성은 무시될 수 없는 추세이다. 그것은 사라지지 않을 것이다. 04 실제로 우리는 몸에 약화된 병원균을 주입하고 있는 것이다.

labor

일, 일하다(work)

labor
[léibər]

고대 프랑스어 labor(= work)에서 유래 → 일, 노동

명 노동, 수고, 노력 통 열심히 일하다, 노력하다, 고생하다

The market for **labor** comprises both a demand side and a supply side.

노동 시장은 수요 측면과 공급 측면으로 구성된다.

> **Voca Plus**
> • brain [physical] **labor** 두뇌[육체] 노동
> • the rights of **labor** 노동자의 권리
> • **labor**-intensive 노동 집약적인

laborious
[ləbɔ́:riəs]

labor(= work) + ious(접사) → 노동을 들인

형 힘든, 근면한, 애쓴 흔적이 보이는

Second language acquisition often seems like a **laborious** process.

제2언어 습득은 흔히 힘든 과정처럼 보인다.

laboratory
[lǽbrətɔ̀:ri]

labor(a)(= work) + tory(접사) → 일을 하는 곳[장소]

명 실험실, 연구소

For many years, researchers have used animals in **laboratory** tests.

수년 동안, 연구원들은 실험실 검사에서 동물들을 사용해 왔다.

elaborate
[ilǽbərit] 형
[ilǽbərèit] 통

e(= ex: out, utterly) + labor(= work) + ate(접사)
→ 온 힘을 기울여 일하는

형 정교한, 고심해서 만든, 정성 들인 통 자세히 말하다, 정교하게 만들다

The elephant has evolved **elaborate** greeting behaviors. 수능

코끼리는 정교한 인사 행동을 진화시켜 왔다.

⊕ elaboration 명 고심하여 만듦, 역작
   elaborative 형 공들인, 정교한

lat
가져오다, 나르다(bring, carry)

relate
[riléit]

re(= back, again) + lat(e)(= bring, carry) → 다시 나르다 → 연결하다
동 관련시키다, 이야기하다
The nature of a solution is **related** to how a problem is defined. 학평
해결책의 본질은 문제가 어떻게 정의되는가와 관련있다.
⊕ relation 명 관계, 관련성   relationship 명 관계
   relative 형 비교상의, 상대적인 명 친척, 동족

correlate
[kɔ́:rəlèit]

cor(= com: together) + re(= back, again) + lat(e)(= bring, carry)
→ 함께 다시 연결하다
동 서로 연관[관련]시키다, ~ 사이의 상관관계를 입증하다
A lot of people **correlate** happiness with money.
많은 사람들이 행복을 돈과 서로 연관시킨다.
⊕ correlation 명 연관성, 상관관계

superlative
[su:pə́:rlətiv]

super(= beyond) + lat(= carry) + ive(접사) → 위로 나른[들어 올린]
형 최고의, 최상의 명 극치, 완벽
His performance was **superlative**. 그의 공연은 최고였다.

lat
넓은(wide, broad)

latitude
[lǽtətjùːd]

lat(i)(= wide, broad) + tude(접사) → 기준점에서 얼마만큼 넓어졌는지에 대한 것
명 위도, 허용 범위[폭], 범위, 정도
We were studying longitude and **latitude** in geography class. 학평
우리는 지리 시간에 경도와 위도를 공부하고 있었다.

> **Voca & Voca** 지구상의 위치와 관련된 표현
> ▶ the North Pole 북극 (*cf.* the South Pole 남극)
>   The latitude of **the North Pole** is 90° N.
>   북극의 위도는 북위 90도이다.
> ▶ the equator 적도
>   Uganda lies on **the equator**. 우간다는 적도에 위치해 있다.
> ▶ longitude 경도 (*cf.* altitude 고도)
>   Cape Farewell is at **longitude** 44° west.
>   Cape Farewell은 서경 44도에 있다.

dilate
[dailéit]

di(= dis: apart) + lat(e)(= wide) → 원래 크기에서 넓히다
동 커지다, 넓히다, 팽창시키다
Her eyes **dilated** with terror. 그녀의 눈은 공포로 커졌다.

lax/leas 느슨하게 하다(loosen)

relax
[riléks]

re(= back) + lax(= loosen) → 다시 느슨해지다
⟨통⟩ 쉬다, 긴장을 풀다, 진정하다
I can't breathe, so I have to sit down and **relax**.
나는 숨을 쉴 수가 없어서 앉아서 쉬어야겠어.
Everything is fine, and we should all **relax** and not worry. 학평
모든 것이 좋으며, 우리는 모두 긴장을 풀고 걱정하지 않아도 된다.
⁕ relaxation ⟨명⟩ 휴식, 완화, 경감

release
[rilí:s]

라틴어 relaxare(= loosen)에서 유래 → 풀어놓다
⟨통⟩ 해방시키다, 공개하다, 발매하다 ⟨명⟩ 해방, 공개, 발매
Ben was **released** from a state of shock.
Ben은 충격의 상태에서 벗어났다.

> **Voca Plus**
> • a press **release** 신문[언론] 발표 자료
> • a heat **release** rate 열 방출률
> • the latest **release** 최신 발매 음반, 최신 개봉 영화

lect/lig 모으다(gather), 선택하다(choose, select)

collect
[kəlékt]

col(= com: together) + lect(= gather) → 한데 모으다
⟨통⟩ 수집하다, 모으다, 징수하다
Spyware is a program that secretly **collects** data about a user.
스파이웨어는 비밀리에 사용자에 관한 자료를 수집하는 프로그램이다.
⁕ collection ⟨명⟩ 수집품, 소장품   collective ⟨형⟩ 집단의, 공동의

neglect
[niglékt]

neg(= nec: not) + lect(= legere: select) → 선택하지 않다 → 무시하다
⟨통⟩ 등한시하다, 간과하다, 게을리하다 ⟨명⟩ 등한시, 무시, 태만
She frequently **neglected** her studies. 그녀는 빈번히 학업을 등한시했다.
⁕ neglectful ⟨형⟩ 태만한, 부주의한   negligent ⟨형⟩ 태만한, 무관심한

> **Voca & Voca** 무시하다
> ▶ disregard 무시하다, 경시하다, 등한시하다
> We have reasons to **disregard** the demands of self-interest. 학평
> 우리에게는 이기심의 요구를 무시할 이유가 있다.
> ▶ ignore 무시하다, 묵살하다
> I couldn't **ignore** the human suffering right next to me. 학평
> 나는 바로 내 옆의 인간의 고통을 무시할 수 없었다.

intellect
[íntəlèkt]

intel(= inter: between) + lect(= choose)
→ 여러 가지 중에서 제대로 고르는 능력
명 지력, 지성, 지식인
She developed the idea that milk improved one's **intellect**. 학평
그녀는 우유가 사람의 지력을 높인다는 생각을 발전시켰다.
❖ intellectual 형 지적인, 지능의 명 지식인

recollect
[rèkəlékt]

re(= again) + col(= com: together) + lect(= gather) → 다시 함께 모으다
동 기억해 내다, 상기하다, 회상하다
No one has to be able to **recollect** the entire song. 학평
아무도 노래 전체를 기억해 낼 수 있을 필요가 없다.
❖ recollection 명 기억(력)   recollective 형 기억력이 있는, 추억의

diligence
[dílidʒəns]

di(= dis: apart) + lig(= choose) + ence(접사)
→ 선택하여 따로 둠 → 사랑함 → (좋아하여 노력을) 부지런히 함
명 근면, 성실, 부지런함
The fruits of his **diligence** will appear. 그의 근면의 결실이 나타날 것이다.
❖ diligent 형 근면한, 성실한   diligently 부 근면하게, 성실하게

eligible
[élidʒəbl]

e(= ex: out) + lig(= select) + ible(접사) → 선택하여 뽑아낼 수 있는
형 (조건이 맞아서) ~을 가질[할] 수 있는, 적임의, 자격이 있는
If you're over 65, you're **eligible** for a discount.
65세가 넘는다면, 여러분은 할인을 받을 수 있다.

---

lect/leg 읽다(read)

lecture
[léktʃər]

lect(= read) + ure(접사) → 배울 내용이나 정보를 읽어 주는 것
명 강의, 강연   동 강의하다, 강연하다
She gave a **lecture** on modern art at our school.
그녀는 우리 학교에서 현대 미술에 대한 강의를 했다.
He **lectured** widely in Europe, the Americas, Asia, and Africa. 학평
그는 유럽, 아메리카, 아시아, 그리고 아프리카에서 널리 강연했다.

legend
[lédʒənd]

leg(= read) + end(접사) → 성스러운 장소에서 읽히던 성인(聖人)의 이야기
명 전설, 전설적인 인물, (지도, 도표 등의) 범례
Various dates for this **legend** include 900 BC, 300 AD, and 800 AD. 학평
이 전설에 대한 다양한 시기는 기원전 900년, 기원후 300년, 기원후 800년을 포함한다.
❖ legendary 형 전설적인, 아주 유명한

lesson
[lésn]

라틴어 legere(= read)에서 유래 → 학생들이 읽어야 할 어떤 것
명 학과, 수업, 교습, 교훈, (교과서의) 과(課)
He learned that **lesson** at a price. 그는 대가를 치르고 그 교훈을 배웠다.

illegible
[ilédʒəbl]

il(= in: not) + leg(= read) + ible(접사) → 읽을 수 없는
형 읽기[판독하기] 어려운
Her handwriting is totally **illegible**. 그녀의 필체는 읽기가 매우 어렵다.
✲ legible 형 읽기 쉬운, 명료한　legibility 명 읽기 쉬움, 가독성

leg

법률(law), 위임하다(send with a commission)

legacy
[légəsi]

leg(= send with a commission) + acy(접사) → 다음 세대에게 위임한 것
명 유물, 유산, (과거의) 흔적
Rome left an enduring **legacy** in many areas. 학평
로마는 많은 분야에서 오래 지속되는 유산을 남겼다.

legal
[líːgəl]

leg(= law) + al(접사) → 법에 관한
형 법률의, 합법적인
The result was the adversarial **legal** system. 학평
그 결과는 대립 관계의 법 체계였다.
✲ legalize 동 합법화하다

legislate
[lédʒislèit]

leg(is)(= law) + lat(e)(= propose) → 법을 제안하다
동 법률을 제정하다
They **legislated** against hunting certain animals.
그들은 특정 동물의 사냥을 금지하는 법을 제정했다.
✲ legislation 명 법률의 제정, 입법　legislative 형 입법의, 입법부의

legitimate
[lidʒítəmit] 형
[lidʒítəmèit] 동

leg(itim)(= law) + ate(접사) → 법에 의해 확정된
형 정당한, 합법적인, 타당한　동 합법[정당]화하다
Is it **legitimate** to use animals in medical research?
의학 연구에서 동물을 사용하는 것이 정당한가?
✲ legitimacy 명 합법성, 적법, 타당

privilege
[prívəlidʒ]

privi(= individual) + leg(e)(= law) → 특정 개인의 권리를 옹호하는 법
명 특권, 특혜, 특전
We have suspended your membership **privileges**. 학평
우리는 당신의 회원 자격 특혜를 일시적으로 정지시켰다.

Voca & Voca 이익, 이점, 혜택
▶ benefit 개인이나 사회 전체에 유익한 이익
　the **benefits** of social interactions 학평
　사회적 교류가 주는 이익[혜택]
▶ profit 경제적, 물질적인 이익[이윤]
　The **profits** of one particular bakery may rise. 학평
　특정한 한 가지 빵에 대한 이윤이 오를지도 모른다.
▶ advantage (다른 것보다 우수하기 때문에 생기는) 이익, 이점
　the **advantages** of living in a small village
　작은 마을에 사는 이점

colleague
[káli:g]

col(=together) + le(a)g(ue)(= send with a commission)
→ 직장에서 함께 일에 위임된 사람
명 (직장의) 동료
He traveled around the US with some **colleagues** from China. 학평
그는 중국에서 온 몇몇 동료와 미국을 여행했다.

delegate
[déligət] 명
[déləgèit] 동

de(= away) + leg(ate)(= send with a commission)
→ 일에 위임을 받고 멀리 보내진 사람
명 대표, 특사, 대리인 동 (대표자로) 파견하다, 권한을 위임하다
Around 150 **delegates** participated in the conference.
약 150명의 대표자들이 회의에 참석했다.

loyal
[lɔ́iəl]

프랑스어 loial(= law abiding)에서 유래 → 법을 잘 지키는
형 충실한, 충성스러운
You have been our **loyal** client for a long time. 학평
당신은 오랫동안 우리의 충실한 고객이었다.
⊹ loyalty 명 충실, 충성

lev/li(e)ve 들어 올리다(raise), 가벼운(light)

alleviate
[əlí:vièit]

al(= ad: to) + lev(i)(= light) + ate(접사) → 어떤 것을 가볍게 해 주다
동 완화하다, 경감하다
The doctor tried to **alleviate** the patient's suffering.
그 의사는 그 환자의 고통을 덜어 주려고 애썼다.
⊹ alleviation 명 완화, 경감

elevate
[éləvèit]

e(= ex: from, beyond) + lev(= raise) + ate(접사) → ~로부터 들어올리다
동 높이다, 승진시키다, 증가[향상]시키다, 기분을 좋게 하다
A person's status is **elevated** with advancing years in the region. 수능
그 지역에서 사람의 지위는 나이가 들어감에 따라 올라간다.
⊹ elevator 명 승강기, 엘리베이터   elevation 명 승진, (해발) 고도, 증가

relieve
[rilí:v]

re(= again) + lieve(= raise) → 기분을 다시 올려 주다
동 (불안·고통 등을) 덜어 주다, 경감하다, 구제하다
Relieve your stress and create a sense of lasting peace! 학평
당신의 스트레스를 덜고 지속적인 평온함을 만들어 보시오!
⊹ relief 명 경감, 안도, 안심, 구호(물자)   relieved 형 안도한, 안심한

Daily Test

A 영어는 우리말로, 우리말은 영어로 쓰시오.

01	relate	_____	02	힘든, 근면한	l_____
03	latitude	_____	04	최고의, 최상의	s_____
05	release	_____	06	커지다, 넓히다	d_____
07	recollect	_____	08	쉬다, 긴장을 풀다	r_____
09	neglect	_____	10	수집하다, 모으다	c_____
11	illegible	_____	12	근면, 성실, 부지런함	d_____
13	legal	_____	14	특권, 특혜, 특전	p_____
15	delegate	_____	16	법률을 제정하다	l_____
17	elevate	_____	18	충실한, 충성스러운	l_____
19	relieve	_____	20	(직장의) 동료	c_____

B 오른쪽 해석을 보고, 빈칸에 가장 적절한 단어를 [보기]에서 골라 쓰시오.

보기	alleviate	elaborate	eligible	intellect	legacy

01 Rome left an enduring _____ in many areas.

로마는 많은 분야에서 오래 지속되는 유산을 남겼다.

02 If you're over 65, you're _____ for a discount.

65세가 넘는다면, 여러분은 할인을 받을 수 있다.

03 The doctor tried to _____ the patient's suffering.

그 의사는 그 환자의 고통을 덜어 주려고 애썼다.

04 The elephant has evolved _____ greeting behaviors.

코끼리는 노력이 깃든 인사 행동을 진화시켜왔다.

05 She developed the idea that milk improved one's _____.

그녀는 우유가 사람의 지력을 높인다는 생각을 발전시켰다.

정답 Ⓐ 01 관련시키다, 이야기하다 02 laborious 03 위도, 허용 범위[폭], 범위, 정도 04 superlative 05 해방시키다, 공개하다, 발매하다; 해방, 공개, 발매 06 dilate 07 기억해 내다, 상기하다, 회상하다 08 relax 09 등한시하다, 간과하다, 게을리 하다; 등한시, 무시, 태만 10 collect 11 읽기[판독하기] 어려운 12 diligence 13 법률의, 합법적인 14 privilege 15 대표, 특사, 대리인; (대표자로) 파견하다, 권한을 위임하다 16 legislate 17 높이다, 승진시키다, 증가[향상]시키다, 기분을 좋게 하다 18 loyal 19 (불안, 고통 등을) 덜어 주다, 경감하다, 구제하다 20 colleague
Ⓑ 01 legacy 02 eligible 03 alleviate 04 elaborate 05 intellect

Day 32

liber/liver 자유로운(free)

liberate
[líbərèit]

liber(=free) + ate(접사) → 자유롭게 해 주다
동 자유롭게 하다, 해방하다, 석방하다
The switch to oils greatly **liberated** painters. 모평
유화로의 전환은 화가들을 대단히 자유롭게 해 주었다.
∷ liberation 명 해방, 석방, 방면

liberty
[líbərti]

liber(=free) + ty(접사) → 자신이 선택한 것을 할 수 있는 자유
명 자유, 해방, 특권, 방종
We are longing for peace and **liberty**.
우리는 평화와 자유를 갈망하고 있다.
∷ liberal 형 자유주의의, 자유로운, 개방적인, 진보적인, 진보주의의

deliberate
[dilíbərit] 형
[dilíbərèit] 동

de(=from) + liber(=free) + ate(접사)
→ ~에서부터 (많은) 생각을 풀어내는
형 고의의, 의도된, 사려 깊은, 신중한   동 숙고하다, 신중히 생각하다
The nonverbal message is **deliberate**. 모평
그 비언어적 메시지는 고의적이다.
The leaders **deliberated** about innovation opportunities. 학평
그 지도자들은 혁신 기회에 관하여 숙고했다.
∷ deliberately 부 고의로, 의도적으로
　deliberation 명 숙고, 심의, 신중함

deliver
[dilívər]

de(=away) + liver(=free) → ~에서부터 자유롭게 하다
동 배달하다, (아이를) 출산[분만]하다, 말하다
He kindly **delivered** the special pair of shoes to the boy's home. 학평
그는 친절하게 그 특별한 구두 한 켤레를 그 소년의 집으로 배달했다.
She **delivered** healthy twin boys this morning.
그녀는 오늘 아침에 건강한 남자 쌍둥이를 출산했다.
∷ delivery 명 배달, (연설 등의) 전달, 분만, 출산

lig/li/ly 묶다(tie, bind)

obligation
[àbləgéiʃən]

ob(= to) + lig(a)(= bind) + tion(접사) → 어떤 일을 하도록 묶어 두는 것

명 의무, 책임, 은혜

They discussed their rights or **obligations** with a lawyer. 학평

그들은 자신들의 권리나 의무를 변호사와 논의했다.

⁑ oblige 통 의무적으로 하게 하다, 돕다

　obligatory 형 의무적인, 강제적인, 필수의

religion
[rilídʒən]

re(= back) + lig(= bind) + ion(접사) → 신과 인간을 다시 묶어 주는 것[유대]

명 종교, 신앙생활, 신조

Their thoughts were focused on food and **religion**. 수능

그들의 생각은 음식과 종교에 집중되었다.

⁑ religious 형 종교의, 신앙심이 깊은

liable
[láiəbl]

li(= bind) + able(접사) → 얽매이게 할 수 있는

형 ~에 대해 책임이 있는, ~하기 쉬운, ~할 것 같은

The company is **liable** for all damage.

그 회사는 모든 피해에 대해 법적 책임이 있다.

He is **liable** to show up without notice.

그가 예고 없이 등장할 가능성이 있다.

alliance
[əláiəns]

al(= ad: to) + li(= bind) + ance(접사) → 함께 묶는 것

명 (국가, 단체 등의) 동맹, 연합

The nation will make **alliances** with neighboring countries.

그 국가는 이웃하는 나라들과 동맹을 맺을 것이다.

⁑ ally 통 동맹을 맺게 하다, 결합시키다　명 동맹국, 연합국

rally
[ræli]

r(= re: again) + al(= to) + ly(= tie) → 사람들을 한 곳에 다시 모이게 하는 것

명 대회, 집회, (주식 시장에서) 반등, 회복　통 결집하다, 회복하다

There was a mass **rally** in support of the strike.

파업을 지지하는 대중 집회가 있었다.

a **rally** in shares in the stock market 주식 시장에서의 주가 반등

liter 글자(letter)

literacy
[lítərəsi]

liter(= letter) + acy(접사) → 글자를 읽을 수 있는 자질

명 읽고 쓰는 능력, 문해력

The "virus" she wanted to spread was **literacy**. 학평

그녀가 퍼뜨리기를 원했던 '바이러스'는 읽고 쓰는 능력이었다.

literate
[lítərit]

liter(= letter) + ate(접사) → 글자를 읽을 수 있게 하는

형 읽고 쓸 수 있는, 해박한

Becoming **literate** is a basic goal of education. 학평

읽고 쓸 수 있게 되는 것이 교육의 기본 목표이다.

literature
[lítərətʃùər]

liter(= letter) + at(e)(접사) + ure(접사) → 글자로 만든 것

명 문학, 문헌

Latin gradually began to fall out of use for **literature**. 학평

라틴어는 점차 문학을 위한 언어로 사용되지 않게 되었다.

He reviewed the **literature** on inheritance of intelligence. 학평

그는 지능의 유전에 관한 문헌을 검토했다.

> **Voca & Voca** 문학 작품의 종류
> ▶ epic poem 서사시
> *The Iliad* is an **epic poem**. 〈일리아드〉는 서사시이다.
> ▶ folk tale 민담
> The novel is based on a **folk tale**. 그 소설은 민담에 기반해 있다.
> ▶ fable 우화
> In **fables**, animals act like people.
> 우화에서는 동물들이 사람처럼 행동한다.

loc 　　　장소(place)

local
[lóukəl]

loc(= place) + al(접사) → 장소의

형 (특정한) 지역의, 고장의

She worked as a writer for a **local** radio station. 학평

그녀는 지역 라디오 방송국에서 작가로서 일했다.

location
[loukéiʃən]

loc(= place) + ation(접사) → 장소를 선정하기

명 장소, 위치, 부지

There are two **locations** designated for donations. 모평

기부를 위해 지정된 장소로 두 군데가 있다.

> **Voca & Voca** 위치를 나타내는 표현
> ▶ site 위치, 부지
> a **site** for the factory 그 공장을 위한 부지
> ▶ scene 현장
> a crime **scene** 범죄 현장
> ▶ venue (콘서트, 스포츠 경기, 회담 등의) 장소
> the change of **venue** 행사장 변경

locomotion
[lòukəmóuʃən]

loc(o)(= place) + motion(= move) → 장소를 옮기기

명 이동 (능력), 운동

A shark uses its fins for **locomotion**.

상어는 이동을 위해 자신의 지느러미를 사용한다.

allocation
[æ̀ləkéiʃən]

al(=ad: to) + loc(= place) + ation(접사) → 장소에 두기
명 할당, 배분, 배치
Timber is under **allocation** at present.
목재는 현재 할당제이다.
You must set other priorities for resource **allocation**. 학평
여러분은 자원 배분을 위해 다른 우선순위를 정해야 한다.
⊕ allocate 동 할당하다

collocation
[kàləkéiʃən]

col(= together) + loc(= place) + at(e)(접사) + ion(접사)
→ 같은 장소에서 일어나는 것
명 연어(특정한 뜻을 나타낼 때 흔히 함께 쓰이는 단어들의 결합)
'Strong coffee' is a **collocation**.
'진한 커피'는 하나의 연어이다.

dislocate
[dísloukèit]

dis(= not) + loc(= place) + ate(접사) → 장소에 두지 않다
동 관절을 삐게 하다, 뒤죽박죽으로 만들다
The skier fell and **dislocated** a shoulder.
스키 타는 사람은 넘어져서 한쪽 어깨의 관절이 삐었다.

relocate
[rì:loukéit]

re(= again) + loc(= place) + ate(접사) → 다시 위치시키다
동 이전하다, 재배치하다
The town is an ideal place to **relocate** the company.
그 마을은 회사를 이전할 이상적인 장소이다.
⊕ relocation 명 재배치

log/logue/logy
말(speech), 기술(account),
이성(reason), 학문(science, study)

logic
[ládʒik]

log(= reason) + ic(접사) → 논리
명 논리, 논법
The members of the group follow the **logic** of self-interest. 학평
그 집단의 구성원들은 사리사욕의 논리를 따른다.
⊕ logical 형 논리적인

logo
[lɔ́(:)gou]

그리스어 logos(= a symbol)에서 유래 → 상징
명 로고, (상표명·회사명의) 의장(意匠) 문자
You can use the Radio Music Festival **logo**. 학평
여러분은 Radio Music Festival 로고를 사용할 수 있다.

Voca Plus
- a corporate **logo** 회사 로고
- a **logo** T-shirt 로고가 인쇄된 티셔츠
- a **logo** poster 로고가 강조된 포스터

illogical
[iládʒikəl]

il(= not) + log(= reason) + ical(접사) → 논리적이지 않은
형 논리적으로 설명할 수 없는, 비논리적인
He has an **illogical** fear of spiders.
그는 거미에 대해 논리적으로 설명할 수 없는 공포를 갖고 있다.

catalogue
[kǽtəlɔ̀ːg]

cata(= down, completely: 완전히) + logue(= count) → 완전히 기록해 둠
명 카탈로그, 목록(= catalog)
She received a **catalogue** of fine luxury gifts. 학평
그녀가 멋진 고급 선물 목록을 받았다.

prologue
[próulɔ̀ːg]

pro(= before) + logue(= speech) → 미리 하는 말
명 서막, 프롤로그(연극·책·영화의 도입부), 서시
We hear of the hero's plan in the **prologue**.
우리는 남자 주인공의 계획에 관해 서막에서 듣게 된다.
⁑ epilogue 명 (연극·영화·책의) 끝맺는 말[종결 부분]

analogy
[ənǽlədʒi]

ana(= upon, according to) + logy(= science, study) → ~에 관한 말
명 유사점, 비유, 유추
He drew an **analogy** between the brain and a computer.
그는 뇌와 컴퓨터 사이의 유사점을 끌어냈다.
The 'fish', in the **analogy**, are the target market. 학평
그 비유에서 '물고기'는 표적 시장이다.

ideology
[àidiálədʒi]

ideo(= idea) + logy(= science, study) → 생각을 이성적으로 표현한 것
명 이념, 이데올로기, 관념
The author's **ideology** is reflected in this work.
그 작가의 이념이 이 작품에 반영되어 있다.
⁑ ideological 형 사상의, 이념적인

long/ling   긴(long), 갈망하다, 원하다(want)

longevity
[lɑndʒévəti]

long + ev(= aev: time) + ity(접사) → 길게 살기
명 수명, 장수
The goal is to compare the health and **longevity** of adults. 학평
그 목적은 성인의 건강과 수명을 비교하는 것이다.

longitude
[lɑ́ndʒətjùːd]

long(i)(= long) + tude(접사) → 길게 늘인 상태
명 경도(經度), 경선
The nation's capital is at **longitude** 21 degrees east.
그 나라의 수도는 동경 21도에 있다.
⁑ latitude 명 위도

belong
[bilɔ́(:)ŋ]

be(= with a quality) + long(= want) → ~에 있기를 갈망하다
동 속하다, 소유이다
Seven of every 10 Americans **belong** to at least one club. 학평
열 명당 일곱 명의 미국인들은 적어도 하나의 동호회에 속해 있다.
All the land did not **belong** to me. 모평 그 모든 땅이 나의 소유는 아니었다.
⁜ belongings 명 재산, 소유물

prolong
[prəlɔ́(:)ŋ]

pro(= forth) + long → 앞으로 길게 하다
동 연장하다, 늘이다
The struggle actually **prolongs** their awareness of pain. 학평
그 싸움은 통증에 대한 그들의 인식을 사실상 연장시킨다.

linger
[líŋɡər]

고대 영어 lengan(= decay, prolong)에서 유래 → 오래 머무르다
동 오래 머무르다, 떠나지 못하다
The event will **linger** long in our memory.
그 사건은 우리의 기억에서 오랫동안 머무를 것이다.

> **Voca & Voca** 늘이다, 연장하다
> ▶ lengthen 길게 하다, 늘이다
>   She needs to **lengthen** the skirt. 그녀는 치마 길이를 늘여야 한다.
> ▶ extend 연장하다, 늘이다, 확장하다
>   **extend** a fence 울타리를 늘리다 / **extend** a road 도로를 확장하다

magn(i) 큰(great)

magnificent
[mæɡnífisənt]

magni(= great) + ficent(접사) → 크게 된
형 장엄한, 훌륭한
The Taj Mahal is a **magnificent** building. 타지마할은 장엄한 건물이다.
These two organizations had **magnificent** cooperation. 학평
이 두 조직은 훌륭하게 서로 협력했다.
⁜ magnificence 명 장엄함

magnify
[mǽɡnəfài]

magni(= great) + fy(접사) → 크게 하다
동 확대하다, 크게 보이게 하다
Such people tend to **magnify** the importance of their failures. 학평
그런 사람들은 자신의 실패의 중요성을 확대하는 경향이 있다.
⁜ magnifier 명 돋보기

magnitude
[mǽɡnətjùːd]

magni(= great) + tude(접사) → 큰 상태
명 크기, 중요함, 중대(성)
We respond to the expected **magnitude** of an event. 학평
우리는 어떤 사건의 예상되는 크기에 반응한다.
They began to realize the **magnitude** of the problem.
그들은 그 문제의 중요함을 깨닫기 시작했다.

Daily Test

A 우리말은 영어로, 영어는 우리말로 쓰시오.

01	의무, 책임, 은혜	o_____	02 deliberate	_____
03	동맹, 연합	a_____	04 rally	_____
05	문학, 문헌	l_____	06 liable	_____
07	장소, 위치, 부지	l_____	08 literate	_____
09	할당, 배분, 배치	a_____	10 dislocate	_____
11	이동 (능력), 운동	l_____	12 prologue	_____
13	이념, 이데올로기	i_____	14 illogical	_____
15	연장하다, 늘이다	p_____	16 linger	_____
17	수명, 장수	l_____	18 magnitude	_____
19	장엄한, 훌륭한	m_____	20 magnify	_____

B 오른쪽 해석을 보고, 네모 안에서 적절한 단어를 고르시오.

01 The switch to oils greatly deliberated / liberated painters.

유화로의 전환은 화가들을 대단히 자유롭게 해주었다.

02 The "virus" she wanted to spread was literacy / literature.

그녀가 퍼뜨리기를 원했던 '바이러스'는 읽고 쓰는 능력이었다.

03 The town is an ideal place to dislocate / relocate the company.

그 마을은 회사를 이전할 이상적인 장소이다.

04 He drew an analogy / ideology between the brain and a computer.

그는 뇌와 컴퓨터 사이의 유사점을 끌어냈다.

05 Seven of every 10 Americans belong / prolong to at least one club.

열 명당 일곱 명의 미국인들은 적어도 하나의 동호회에 속해 있다.

man/mani/manu   손(hand)

emancipate
[imǽnsəpèit]

e(= ex: out) + man(= hand) + cip(= seize: 움켜잡다) + ate(접사)
→ 손으로 움켜잡아 밖으로 내보내다 → 해방시키다

통 해방시키다

Lincoln **emancipated** the slaves.

링컨은 노예를 해방시켰다.

⁑ emancipation 명 해방

manifest
[mǽnəfèst]

mani(= hand) + fest(= strike)
→ 손으로 가격하다 → 자국이 분명하다

통 (감정, 태도, 특질을) 분명히 나타내다   형 분명한

The group **manifests** a kind of collective intelligence. 학평

그 집단은 일종의 집단 지성을 분명히 보인다.

a **manifest** error of judgment 분명한 판단 오류

manipulate
[mənípjulèit]

mani(= hand) + pul(= pulus: full) + ate(접사) → 손에 가득 움켜쥐다 →
조종하다

통 조작하다, 다루다, 조종하다

They can **manipulate** reality by stimulating our senses. 모평

그들은 우리의 감각을 자극함으로써 현실을 조작할 수 있다.

⁑ manipulation 명 교묘한 처리, 조작, 속임수

maneuver
[mənúːvər]

라틴어 manu operari(manu(= hand) + operari(= operate))에서 유래
→ 손으로 조작하다

통 조종하다, 교묘히 다루다   명 책략, 술책, 공작

The harbor pilot **maneuvers** large ships. 학평

도선사는 큰 선박을 조종한다.

a secret **maneuver** 비밀 공작

manual
[mǽnjuəl]

manu(= hand) + al(접사) → 손의
형 수동의, 육체 노동의 명 안내서, 소형 책자
The car has a five-speed **manual** transmission.
그 차에는 5단 수동 변속기가 있다.
The books were management training **manuals**. 학평
그 책들은 경영 훈련 안내서였다.

manuscript
[mǽnjuskrìpt]

manu(= hand) + script(= write) → 손으로 쓴 것
명 원고, 필사본, 사본
The competition to sell **manuscripts** to publishers is fierce. 학평
출판사에 원고를 팔려는 경쟁은 치열하다.

mand
명령하다(order)

mandate
[mǽndeit]

라틴어 mandatum(= order)에서 유래 → 명령하다
동 명령하다, 권한을 주다 명 위임, 권한
The law **mandates** that all passengers wear a seat belt.
모든 승객이 안전벨트를 매야 한다고 그 법이 명령한다.
✵ mandatory 형 명령의, 강제적인

command
[kəmǽnd]

com(= completely) + mand(= order) → 완벽하게 내린 명령
명 명령, 지휘, 통솔 동 명령하다, 지휘하다
Rita immediately taught the dog basic **commands**. 모평
Rita는 즉시 그 개에게 기본적인 명령을 가르쳤다.
The king **commanded** his men to retreat.
그 왕은 자신의 부하들에게 후퇴를 명령했다.

> **Voca & Voca** 명령하다, 지시하다
> ▶ order 명령[지시]하다
> The officer **ordered** his men to fire.
> 그 장교는 자신의 부하들에게 발포하라고 명령했다.
> ▶ instruct (특히 격식을 차려 공식적으로) 지시하다
> I **instructed** her to begin CPR. 학평
> 나는 그녀에게 심폐 소생술을 시작하라고 지시했다.

demanding
[dimǽndiŋ]

de(= completely) + mand(= order) + ing(접사)
→ 온전히 명령하는 → 요구가 많은
형 힘든, 요구가 많은, 부담이 큰
Their preseason schedules are more **demanding**. 학평
그들의 프리 시즌 일정이 더 힘들다.
✵ demand 동 요구하다 명 요구

medi 중간(middle)

median
[mí:diən]

medi(= middle) + an(접사) → 중간의
형 중간의, 중앙의   명 중앙값
What was the **median** price of a new home last month?
지난달 신규 주택의 중간 가격은 얼마였나요?

mediate
[mí:dièit]

medi(= middle) + ate(접사) → 중간에 있게 하다
동 중재[조정]하다, 화해시키다
Mother **mediated** in the quarrel between the two girls.
어머니가 두 소녀들 사이의 싸움을 중재했다.
◦ mediation 명 조정, 중재

medieval
[mì:díí:vəl]

medi(= middle) + ev(= aev: age) + al(접사) → 중간 시대의 → 중세의
형 중세의
Medieval tempera painting can be compared to the practice of special effects. 모평
중세의 템페라 화법은 특수효과 실행에 비유될 수 있다.

Mediterranean
[mèditəréiniən]

medi(= middle) + terra(= land) + nean(접사) → 육지 중간에 있는
명 지중해   형 지중해의
The seaweed was accidentally flushed into the **Mediterranean**. 학평
그 해초는 우연히 지중해로 흘러 들어갔다.

medium
[mí:diəm]

라틴어 medium(= middle)에서 유래 → 중간에 있는 것
명 매개, 매체, 수단   형 중간의
Paper still has advantages over screens as a reading **medium**. 학평
종이는 여전히 읽기 매체로서 스크린을 능가하는 장점이 있다.
a man of **medium** height 키가 중간쯤 되는 남자

immediate
[imíːdiət]

im(= not) + medi(= middle) + ate(접사) → 중간이 아닌 → 당면한

혱 당면한, 즉각적인

Our **immediate** concern is to help. 우리의 당면 관심사는 돕는 것이다.

You can't have an **immediate** effect on these problems. 학평

여러분은 이런 문제들에 즉각적인 영향을 미칠 수 없다.

⁑ immediacy 몡 직접(성), 즉시(성)

memor
마음에 새겨 두는(mindful), 기억하는(remembering)

memory
[mémǝri]

memor(= mindful) + y(접사) → 마음에 새겨 둔 것

몡 기억, 추억, (컴퓨터의) 기억 장치

Nowadays we think of **memory** in computer terms. 학평

요즘 우리는 기억을 컴퓨터 용어로 생각한다.

⁑ memorize 동 암기하다

commemorate
[kǝmémǝrèit]

com(= together) + memor(= remembering) + ate(접사)

→ 함께 기억하다

동 기념하다

We always **commemorate** her birthday.

우리는 그녀의 생일을 항상 기념한다.

⁑ **commemoration** 몡 기념 (행사)

immemorial
[ìmǝmɔ́ːriǝl]

im(= not) + memor(i)(= memory) + al(접사)

→ 마음에 새겨둘 수 없는 곳에서의

혱 먼 옛날의, 태고의

Markets have been held here since time **immemorial**.

먼 옛적부터 여기에 시장이 열렸다.

mens/meter
재다(measure)

measure
[méʒǝr]

라틴어 mensura(= measurement)에서 유래 → 측정하다

동 측정하다, 재다, 판단[평가]하다   몡 조치, 대책, 치수

He and his team **measured** the length of their strides. 수능

그와 그의 팀은 그들의 보폭을 측정했다.

We often fail to take appropriate **measures**. 수능

우리는 적절한 조치를 하지 못할 때가 흔히 있다.

⁑ **measurement** 몡 측정, 평가

dimension
[diménʃən]

di(= dis: away) + mens(= measure) + ion(접사) → 멀리 잼 → 관점
명 관점, 차원, 치수
His coaching has added another **dimension** to my game.
그의 지도가 내 경기에 또 다른 관점을 더해 주었다.
Interpersonal messages combine content and relationship
dimensions. 학평 대인 관계의 메시지에는 내용 차원과 관계 차원이 결합되어 있다.
⋄ dimensional 형 차원의, 치수의

Voca Plus
- a new[different] **dimension** 새로운[다른] 차원
- an extra[further] **dimension** 추가된[심화된] 관점
- a social[political, cultural] **dimension**
  사회적[정치적, 문화적] 관점[차원]
- a moral[ethical] **dimension** 도덕적[윤리적] 관점[차원]
- an international **dimension** 국제적 차원

immense
[iméns]

im(= not) + mens(e)(= measure) → 잴 수 없을 만큼 많은
형 거대한, 엄청난, 어마어마한
No aircraft ever appeared in the **immense** sky. 학평
거대한 하늘에는 비행기도 전혀 나타나지 않았다.

barometer
[bərámitər]

baro(= pressure) + meter(= measure) → 압력을 재는 기구
명 기압계, (상황을 보여 주는) 지표
A **barometer** is used to measure the pressure of the
atmosphere.
기압계는 기압을 재는 데 사용된다.

thermometer
[θərmámitər]

thermo(= heat) + meter(= measure) → 열을 재는 기구
명 온도계, 체온계
HP had a breakthrough with a super-accurate **thermometer**. 모평
HP는 초정밀 온도계로 획기적 발전을 이룩했다.

migr
이동하다(move)

migrant
[máigrənt]

migr(= move) + ant(접사) → 이동한 사람
형 이주하는 명 철새, 이주자, (계절에 따라) 이동하는 동물
They entered the country as **migrant** workers.
그들은 이주 노동자로서 그 나라에 입국했다.
Migrants are free to choose the optimal habitat for survival. 수능
철새들은 생존을 위한 최적의 서식지를 자유롭게 선택한다.

migratory
[máigrətɔ̀ːri]

migr(= move) + at(e)(접사) + ory(접사) → 이동하는

형 이동하는, 이주하는

They recognized the routes of the **migratory** animals. 학평

그들은 이동하는 동물들의 경로를 알아보았다.

⁜ migration 명 이동, 이주

emigrate
[émɑgrèit]

e(= ex: out) + migr(= move) + ate(접사) → 밖으로 이동하다

동 이민 가다, 이주해 가다

Later, he **emigrated** to the U.S. 수능

후에, 그는 미국에 이민 갔다.

⁜ emigration 명 이민, 이주

immigrate
[ímɑgrèit]

im(= in) + migr(= move) + ate(접사) → 안으로 이동하다

동 이민 오다, 이주해 오다

My family was allowed to **immigrate** to Korea.

우리 가족은 한국으로 이민 오는 것을 허가받았다.

⁜ immigration 명 이민, 이주

min
돌출되다(project)

eminent
[émɑnɑnt]

e(= ex: out) + min(= project) + ent(접사) → 밖으로 돌출된

형 저명한, 현저한

Cathy is an **eminent** architect.

Cathy는 저명한 건축가이다.

⁜ eminently 부 현저하게

imminent
[ímɑnɑnt]

im(= in) + min(= project) + ent(접사) → 안에서 불쑥 나오는

형 임박한

An announcement about their wedding is **imminent**.

그들의 결혼 발표가 임박했다.

prominent
[prámɑnɑnt]

pro(= forward) + min(= project) + ent(접사) → 앞으로 돌출된

형 눈에 잘 띄는, 유명한, 저명한

The store has a **prominent** position in the village.

그 상점은 마을에서 눈에 잘 띄는 위치에 있다.

Equiano was sold to the **prominent** merchant Robert King. 학평

Equiano는 유명한 상인인 Robert King에게 팔렸다.

⁜ prominence 명 유명함, 현저함

Daily Test

A 영어는 우리말로, 우리말은 영어로 쓰시오.

01	maneuver	_____	02	원고, 필사본, 사본	m_____
03	command	_____	04	요구가 많은, 힘든	d_____
05	mandate	_____	06	중재하다, 조정하다	m_____
07	median	_____	08	중세의	m_____
09	commemorate	_____	10	당면한, 즉각적인	i_____
11	immemorial	_____	12	거대한, 엄청난	i_____
13	measure	_____	14	온도계, 체온계	t_____
15	barometer	_____	16	이민 오다	i_____
17	emigrate	_____	18	이주하는; 철새	m_____
19	prominent	_____	20	저명한, 현저한	e_____

B 오른쪽 해석을 보고, 빈칸에 가장 적절한 단어를 [보기]에서 골라 쓰시오.

보기   dimension   imminent   migratory   manifest   manipulate

01 An announcement about their wedding is _____ . | 그들의 결혼 발표가 임박했다.

02 The group _____ s a kind of collective intelligence. | 그 집단은 일종의 집단 지성을 분명히 보인다.

03 They recognized the routes of the _____ animals. | 그들은 이동하는 동물들의 경로를 알아보았다.

04 They can _____ reality by stimulating our senses. | 그들은 우리의 감각을 자극함으로써 현실을 조작할 수 있다.

05 His coaching has added another _____ to my game. | 그의 지도가 내 경기에 또 다른 관점을 더해 주었다.

정답   A 01 조종하다, 교묘히 다루다; 책략, 술책, 공작 02 manuscript 03 명령, 지휘, 통솔; 명령하다, 지휘하다 04 demanding 05 명령하다, 권한을 주다; 위임, 권한 06 mediate 07 중간의, 중앙의; 중앙값 08 medieval 09 기념하다 10 immediate 11 먼 옛날의, 태고의 12 immense 13 측정하다, 재다, 판단[평가]하다; 조치, 대책, 치수 14 thermometer 15 기압계, 지표 16 immigrate 17 이민 가다, 이주해 가다 18 migrant 19 눈에 잘 띄는, 유명한, 저명한 20 eminent
B 01 imminent 02 manifest 03 migratory 04 manipulate 05 dimension

266 Voca POWER 어원

Day 34

min/minut 작은(small)

minor
[máinər]

라틴어 minor(= smaller: 더 작은)에서 유래

형 작은, 사소한, 덜 중요한

There can be some **minor** changes to the plan.

그 계획에 약간의 작은 변경들은 있을 수 있다.

Minor mistakes make me look human. (학평)

사소한 실수들은 나를 인간적으로 보이게 한다.

❖ minority 명 소수, 소수 집단

miniature
[míniətʃər]

min(i)(= small) + at(접사) + ure(접사) → 작은 것

명 축소 모형   형 소형의

Lisa looks like a **miniature** of her mother.

Lisa는 자기 어머니의 축소 모형같이 생겼다.

He encouraged the boy to build **miniature** airplanes. (학평)

그는 그 소년에게 모형 비행기를 만들도록 권유했다.

minimal
[mínəməl]

minim(= minimus: smallest) + al(접사) → 매우 작은

형 최소의

The survey was conducted at **minimal** cost.

그 조사는 최소의 비용으로 수행되었다.

Insects as "minilivestock" use **minimal** land. (학평)

'소형 가축'으로서 곤충은 최소한의 땅을 사용한다.

minimum
[mínəməm]

라틴어 minimum(= smallest)에서 유래

명 최소

Currents keep water-temperature changes to a **minimum**. (학평)

해류는 수온 변화를 최소로 유지한다.

diminish
[dimíniʃ]

di(= de: completely) + minish(= minuere: make small)
→ 아주 작게 만들다

동 줄다, 감소하다, 떨어뜨리다

His influence **diminished** when he was over 70.

그가 70세가 넘었을 때 그의 영향력이 줄어들었다.

Buying and selling them **diminishes** their value. (학평)

그것들을 사고파는 것은 그것들의 가치를 떨어뜨린다.

minute

[main *júːt*] 형
[mínit] 명

라틴어 minutus(= small)에서 유래

형 매우 작은, 미세한 명 (시간 단위의) 분

Tradition was constantly subject to **minute** variations. 모평

전통은 매우 작은 변화를 끊임없이 겪었다.

mir
놀라다(wonder)

miracle

[mírəkl]

mir(a)(= wonder) + cle(접사) → 놀라게 하는 것

명 기적

Who could deny that the human body is a **miracle**? 학평

인간의 몸이 기적이라는 것을 누가 부정할 수 있겠는가?

◦ miraculous 형 기적 같은

mirage

[mirάːʒ]

mir(= wonder) + age(접사) → 놀라운 것

명 신기루

Love is just like a **mirage**.

사랑은 마치 신기루와 같다.

He saw a **mirage** on a long straight highway. 학평

그는 길게 뻗은 고속도로 위의 신기루를 보았다.

admire

[ədmáiər]

ad(= to) + mire(= wonder) → ~에 놀라다

동 존경하다, 감탄하다

I really **admire** your passion for art.

나는 당신의 미술에 대한 열정을 정말로 존경합니다.

A neighbor stopped to **admire** the beautiful irises. 학평

한 이웃이 멈춰서 아름다운 붓꽃을 감탄하며 보았다.

◦ admiration 명 존경, 감탄

Voca Plus

- **admire** one's taste 남의 취미를 찬양하다
- **admire** him for his courage 그의 용기에 감탄하다
- **admire** oneself 자만하다, 자부하다

marvelous

[mάːrvələs]

고대 프랑스어 merveillos(= wonderful)에서 유래 → 놀랄 만한

형 놀라운, 신기한

The clown showed several **marvelous** tricks on the stage.

그 광대는 무대 위에서 몇 가지의 놀라운 묘기를 보여 주었다.

mit

보내다(send)

admit
[ədmít]

ad(=to) + mit(=send) → 들여보내다
동 인정하다, 들어가게 하다
She **admitted** that she got more out of that class. 학평
그녀는 그 수업에서 더 많은 것을 얻었다고 인정했다.
Children under 10 will not be **admitted** without an adult. 학평
10세 미만의 아이는 어른이 있어야 들어갈 수 있을 것이다.
❖ admission 명 인정, 입장, 입학 허가

commit
[kəmít]

com(=together) + mit(=send) → 함께 보내다
동 저지르다, 약속하다
The man claimed that he didn't **commit** the crime himself.
그 남자는 자신이 직접 그 범행을 저지르지 않았다고 주장했다.
❖ commitment 명 약속, 전념

emit
[imít]

e(=ex: out) + mit(=send) → 밖으로 보내다
동 방출하다, 배출하다, 내뿜다
Air pollutants are **emitted** by the structures' incinerators. 학평
대기 오염 물질이 구조물들의 소각로에 의해 방출된다.
The radiation **emitted** into space would be great. 모평
우주로 방사되는 방사 에너지가 엄청날 것이다.
❖ emission 명 배출

omit
[əmít]

o(=ob: toward) + mit(=send) → 앞으로 내보내다
동 빼다, 생략하다
He wondered why the coach decided to **omit** him from the team.
그는 왜 감독이 자신을 팀에서 빼기로 결정했는지 궁금했다.
❖ omission 명 생략

> **Voca & Voca** 생략하다, 빠뜨리다
> ▶ skip 생략하다, 거르다
> They planned to **skip** the engagement party.
> 그들은 약혼식을 생략하기로 계획했다.
> ▶ drop 빠뜨리다
> She speaks with a southern accent and **drops** her aitches.
> 그녀는 남부 억양으로 말을 하면서 h음을 빠뜨린다.

permit

[pəːrmít] 통
[pɔ́ːrmit] 명

per(= through) + mit(= send) → 통과해서 보내다
통 허락하다, 허가하다　명 허가증
Sitting on lawns is not **permitted**. 수능
잔디 위에 앉는 것은 허용되지 않는다.
Free parking **permits** will be provided. 학평
무료 주차 허가증이 제공될 것이다.
⁜ permission 명 허락, 허가

submit

[səbmít]

sub(= under) + mit(= send) → 아래로 내려 보내다
통 제출하다, 굴복하다
Each participant can **submit** up to two entries. 학평
각 참가자는 작품을 두 개까지 제출할 수 있다.
They refused to **submit** to threats.
그들은 협박에 굴복하지 않았다.
⁜ submission 명 제출, 굴복

transmit

[trænsmít]

trans(= across) + mit(= send) → 가로질러 보내다
통 전송하다
The device is used to **transmit** data around the world.
그 장비는 데이터를 전 세계에 전송하는 데 사용된다.
⁜ transmission 명 전송, 전파

mod/moder　척도, 양식(measure, manner)

mode

[moud]

라틴어 modus(= measure, manner)에서 유래 → 양식, 방식
명 양식, 방식, 방법, 형태
Flipped Learning allows for a variety of learning **modes**. 학평
역진행 수업은 다양한 학습 양식을 가능하게 한다.

modest

[mάdist]

라틴어 modestus(= keeping due measure)에서 유래
→ 적절한 척도를 유지하는
형 겸손한, 보통의, 신중한
He was **modest** about his achievements and rarely mentioned
them.
그는 자신의 업적에 대해 겸손해서 좀처럼 그것들을 언급하지 않았다.
⁜ modesty 명 겸손, 정숙, 소박함　modestly 부 겸손하게, 얌전하게

model
[mádl]

mod(= measure, manner) + el(접사)
→ 양식화한 것
명 모형, 모델, 본보기   동 모형을 만들다, 설계하다
Such knowledge may improve existing climate **models**. 학평
그러한 지식은 기존의 기후 모형을 개선할 것이다.

modify
[mádəfài]

mod(= measure, manner) + ify(접사) → 양식화하다
동 수정하다, 바꾸다, 변경하다
We must be ready to **modify** our hypothesis. 학평
우리는 우리의 가설을 수정할 준비가 되어 있어야 한다.
Changes in land use can **modify** the local climate. 학평
토지 사용의 변화가 지역 기후를 바꿀 수 있다.
⊕ modification 명 수정, 변경

modulate
[mádʒəlèit]

mod(= measure, manner) + ul(접사) + ate(접사)
→ 기준[척도]에 맞추다
동 조절하다, (음색·음조 등을) 바꾸다, 조정하다
He can **modulate** his voice to express various emotions.
그는 다양한 감정을 표현하기 위해 자신의 목소리를 조절할 수 있다.

accommodate
[əkámədèit]

ac(= ad: to) + com(intensive) + mod(= measure, manner) + ate
(접사) → ~의 척도에 꼭 맞게 하다[적합하게 하다]
동 수용하다, 공간을 제공하다, 편의를 도모하다, 숙박시키다
We can **accommodate** 50 students that day. 학평
우리는 그날 50명의 학생을 수용할 수 있다.
⊕ accommodation 명 거처, 숙소, 숙박 시설

commodity
[kəmádəti]

com(intensive) + mod(= measure, manner) + ity(접사)
→ 척도[규격]에 꼭 맞는 것
명 상품, 일용품, 필수품
People want **commodities** that are not produced locally. 학평
사람들은 현지에서 생산되지 않는 상품들을 원한다.

moderate
[mádərit]

라틴어 moderari(= set a measure)에서 유래 → 척도에 맞는
형 온화한, 적당한, 중간의, 온건한
During summer, the weather is **moderate** and pleasant.
여름 동안 날씨는 온화하고 쾌적하다.
Moderate amounts of stress can foster resilience. 모평
적당한 양의 스트레스가 회복력을 촉진할 수 있다.
⊕ moderation 명 적당함, 온건
  moderately 부 중간 정도로, 적정하게

modernize
[mádərnàiz]

moder(n)(= manner, measure) + ize(접사)
→ (현재의) 척도에 맞게 만들다
图 현대화하다, 근대화하다
They need funds to **modernize** the country's educational system.
그들은 국가의 교육 체제를 현대화하기 위해 자금이 필요하다.
⊕ modernization 명 현대화, 근대화   modern 형 현대의, 근대의

mon
생각나게 하다(remind), 경고하다(warn), 조언하다(advise)

monitor
[mánitər]

mon(i)(= advise, warn) + tor(접사)
→ 충고[경고]하는 행위자
명 감시 요원, 감시 장치, 화면   图 추적 관찰하다, 감시하다
UN **monitors** were dispatched to the conflict zone.
유엔 감시 요원들이 그 분쟁 지대로 파견되었다.
Mobile phones are now used to **monitor** drug distribution. 학평
휴대 전화는 현재 약품 유통을 추적 관찰하기 위해 사용된다.
⊕ monitorship 명 감독생의 역할[지위]

monster
[mánstər]

라틴어 monere(= warn)를 어근으로 한 monstrum(= monster)에서 유래
→ 경고하듯이 놀라게 하는 것
명 괴물, 괴상한 모양을 한 것
For a long time, tourism was seen as a huge **monster**. 모평
오랫동안 관광은 거대한 괴물로 여겨졌다.
⊕ monstrous 형 괴물 같은, 거대한

monument
[mánjəmənt]

mon(u)(= remind) + ment(접사)
→ (과거를) 생각나게 하는 것
명 기념비, 기념물, 유적, 현저한 사례
A stone **monument** to Amory stands at Black Beauty Ranch. 학평
Amory의 석조 기념비가 Black Beauty Ranch에 세워져 있다.
⊕ monumental 형 기념비적인, 엄청난, 대단한

summon
[sʌ́mən]

sum(= sub: under) + mon(= monere: warn)
→ 아래로 불러 경고하다
图 호출하다, 소환하다, 소집하다
He quickly reached the phone and **summoned** the police.
그는 재빨리 전화기를 집어서 경찰을 호출했다.

Daily Test

A 우리말은 영어로, 영어는 우리말로 쓰시오.

01	줄다, 떨어뜨리다	d_____	02	minor	_____
03	최소	m_____	04	miniature	_____
05	신기루	m_____	06	miracle	_____
07	놀라운, 신기한	m_____	08	admire	_____
09	빼다, 생략하다	o_____	10	admit	_____
11	전송하다	t_____	12	submit	_____
13	수정하다, 바꾸다	m_____	14	modulate	_____
15	겸손한, 보통의	m_____	16	moderate	_____
17	기념비, 기념물	m_____	18	modernize	_____
19	호출하다, 소환하다	s_____	20	monitor	_____

B 오른쪽 해석을 보고, 네모 안에서 적절한 단어를 고르시오.

01 The survey was conducted at minimal / minute cost.

그 조사는 최소의 비용으로 수행되었다.

02 We can accommodate / modulate 50 students that day.

우리는 그날 50명의 학생을 수용할 수 있다.

03 The man claimed that he didn't commit / submit the crime himself.

그 남자는 자신이 직접 그 범행을 저지르지 않았다고 주장했다.

04 Air pollutants are emitted / omitted by the structures' incinerators.

대기 오염 물질이 구조물들의 소각로에 의해 방출된다.

05 People want commodities / monuments that are not produced locally.

사람들은 현지에서 생산되지 않는 상품들을 원한다.

정답 **A** 01 diminish 02 작은, 사소한, 덜 중요한 03 minimum 04 축소 모형; 소형의 05 mirage 06 기적 07 marvelous 08 존경하다, 감탄하다 09 omit 10 인정하다, 들어가게 하다 11 transmit 12 제출하다, 굴복하다 13 modify 14 조절하다, (음색, 음조 등을) 바꾸다, 조정하다 15 modest 16 온화한, 적당한, 중간의, 온건한 17 monument 18 현대화하다, 근대화하다 19 summon 20 감시 요원, 감시 장치; 추적 관찰하다, 감시하다
B 01 minimal 02 accommodate 03 commit 04 emitted 05 commodities

Day 35

mot/mov/mob 움직이다(move)

motive
[móutiv]

mot(= move) + ive(접사) → 움직이게 하는 것
명 동기, 이유   형 움직이게 하는, 원동력이 되는
To travel overseas was the second biggest **motive** for US students. 학평
해외로 여행하기는 미국 학생들의 두 번째 큰 동기였다.
⁂ motivate 통 동기를 부여하다   motivation 명 동기 부여

motor
[móutər]

mot(= move) + or(접사) → 움직이는 것
명 전동기, 자동차   형 움직이게 하는, 자동차(용)의
The **motor** failed and needed to be replaced.
그 전동기는 고장 나서 교체할 필요가 있었다.
Our automated **motor** plan will run off smoothly. 학평
우리의 자동화된 운동 계획이 순조롭게 진행할 것이다.

emotional
[imóuʃənəl]

e(= ex: out) + mot(= movere: move) + ion(접사) + al(접사)
→ (안에서) 밖으로 움직이게 하는
형 정서의, 감정의, 감정적인
Emotional well-being rises with income. 학평
정서적 행복은 소득과 함께 증가한다.
Cats are, by nature, loud and **emotional** creatures. 학평
고양이는 천성적으로 시끄럽고 감정적인 동물이다.
⁂ emotion 명 정서, 감정   emotionally 부 정서적으로, 감정적으로

locomotive
[lòukəmóutiv]

loco(= locus: place) + mot(= move) + ive(접사)
→ 장소를 움직이게 하는 것
명 기관차   형 기관차의, 이동하는
This **locomotive** is now being repaired.
이 기관차는 지금 수리 중에 있다.

remote
[rimóut]

re(= back, away) + mot(e)(= move) → 멀리 옮겨간
형 외진, 멀리 떨어진
They send bicycles to children in **remote** villages in Africa. 학평
그들은 아프리카의 외진 마을의 아이들에게 자전거를 보낸다.

momentarily
[móuməntərəli]

mo(= move) + ment(접사) + ari(= ary: 접사) + ly(접사)
→ 움직이는 그때[순간적으로]

부 잠시, 곧, 금방

I paused **momentarily** in front of the doors.

나는 문 앞에서 잠시 멈췄다.

❖ moment 명 순간, 잠시, 잠깐   momentary 형 순간적인, 잠깐의

move
[mu:v]

라틴어 movere(= move, set in motion)에서 유래 → 움직이다

동 움직이다, 옮기다   명 조치, 움직임

Not one person **moved** a muscle to help. 〔학평〕

한 사람도 도와주기 위해 조금도 움직이지 않았다.

The king made no **move** to resolve matters.

왕은 문제를 해결할 어떠한 조치도 취하지 않았다.

❖ movement 명 움직임, 이동, 운동   motion 명 운동, 동작, 발의

movie
[mú:vi]

mov(= move) + ie(= y: 접사) → 움직이는 사진

명 영화

Her second novel was made into a television **movie**. 〔학평〕

그녀의 두 번째 소설이 텔레비전 영화로 만들어졌다.

mob
[mɑb]

라틴어 mobile vulgus(= the movable common people)에서 유래
→ (마음이 변하기 쉬운) 군중

명 군중, 무리

In October, an angry **mob** gathered in Paris.

10월에 화가 난 군중이 파리에 모였다.

mut
바꾸다(change)

mutual
[mjú:tʃuəl]

mut(u)(= change) + al(접사) → 교환되는

형 상호 간의, 서로의, 공통의

We live in a dense fabric of **mutual** aid. 〔학평〕

우리는 상호 도움의 촘촘한 조직 속에서 산다.

❖ mutually 부 서로, 상호 간에

commute
[kəmjú:t]

com(intensive) + mut(e)(= change) → 교환하다

동 통근하다, 정기적으로 왕복하다, 교환하다   명 통근[통학] (거리)

Most individuals use public transport to **commute** to work.

대부분의 사람들은 통근하는 데 대중교통을 이용한다.

The same applies for the afternoon **commute**. 〔학평〕

동일한 것이 오후 통학에도 적용된다.

nat
태어난(born)

native
[néitiv]

nat(= born) + ive(접사) → 태어난, 타고난
형 원주민의, 출생지의, 타고난   명 원주민, 토착 동식물
Early **native** Americans had to make everything they needed. 학평
초기 아메리카 원주민들은 필요한 모든 것을 만들어야 했다.

natural
[nǽtʃərəl]

nat(= born) + ur(= ure: 접사) + al(접사) → 태어날 때부터 가지고 있는
형 자연스러운, 자연의, 타고난
Fear is a **natural** reaction when startled or faced with the unknown. 두려움은 미지의 것에 놀라거나 직면할 때의 자연스러운 반응이다.
∴ nature 명 자연, 본성, 본질   naturally 부 자연스럽게, 당연히

> **Voca Plus**
> • **natural** resources 천연자원
> • **natural** enemy 천적
> • **natural** disaster 자연재해
> • **natural** gas 천연가스

international
[ìntərnǽʃənəl]

inter(= between) + nat(= born) + ion(접사) + al(접사) → 나라 간의
형 국제적인
Most governments in developing countries encourage **international** tourism. 모평
개발도상국들의 대부분의 정부는 국제 관광산업을 장려한다.
∴ internationally 부 국제적으로

renaissance
[rènəsá:ns]

라틴어 renasci(= be born again)에서 유래 → 다시 태어난 것
명 부흥, 부활, 문예 부흥
The signs of a **renaissance** in art began to appear.
예술 부흥의 전조가 나타나기 시작했다.

naus/nav
배(ship), 선원(sailor)

nausea
[nɔ́:ziə]

naus(= ship) + ea(= ia: 질병을 나타내는 접사) → 배를 탈 때 생기는 병
명 뱃멀미, 메스꺼움, 구역질, 혐오
If you have **nausea**, drinking ginger tea is an effective aid. 학평
멀미가 생기면, 생강차를 마시는 것이 도움에 효과적이다.

navigate
[nǽvəgèit]

nav(i)(= ship) + gate(= drive) → 배를 몰아서 나아가다
통 항해하다, 길을 찾다, (인터넷에서) 돌아다니다
For thousands of years, sailors **navigated** by the stars.
수천 년 동안 선원들은 별을 보고 항해했다.
❖ **navigation** 명 항해(술), 운항, 조종　　**navigator** 명 항해사, 조종사

navy
[néivi]

nav(= ship, fleet) + y(접사) → 전쟁을 위한 함대
명 해군, 해군 군인
Winston Churchill, head of the **navy**, thought the idea had
potential. 학평
해군 지휘자였던 Winston Churchill은 그 아이디어가 잠재성이 있다고 생각했다.
❖ **naval** 형 해군의

not
적어 두다(write down), 알다(know)

note
[nout]

not(e)(= write down) → 어떤 것을 주의 깊게 적어 두다
통 주목하다, 언급하다　명 짧은 편지, 메모, 쪽지, 주석
Note that this is not just a difference of personality or attitude. 학평
이것이 단지 성격 혹은 태도의 차이로부터 나온 것만이 아님을 주목하라.
She wrote a thank-you **note** for the present.
그녀는 그 선물에 대한 짧은 감사 편지를 썼다.
❖ **notable** 형 주목할 만한, 눈에 띄는, 중요한　　**noteworthy** 형 주목할 만한

notice
[nóutis]

라틴어 notitia(= knowing)에서 유래 → 뭔가 눈에 띄는 것을 알아내다
통 알아차리다, 주목하다　명 주목, 주의, 통지, 예고
You'll **notice** that they hold life jackets. 학평
여러분은 그들이 구명조끼를 들고 있는 것을 알아차릴 것이다.
The **notice** of harmful chemicals is a warning. 학평
해로운 화학 물질에 대한 알림은 경고이다.
❖ **noticeable** 형 뚜렷한, 분명한, 현저한

notify
[nóutəfài]

not(= know) + ify(접사) → 어떤 것에 대해 알게 해 주다
통 공지하다, 통보하다, 신고하다, 알리다
The winners will be **notified** on our school website. 학평
수상자는 우리 학교 웹 사이트에 공지될 것이다.
❖ **notification** 명 알림, 통지, 신고

notion
[nóuʃən]

not(= know) + ion(접사) → 생각하는 행위
圐 생각, 관념, 개념, 의견
I agree with the **notion** that life is a voyage.
나는 삶이 항해라는 생각에 동의한다.

notorious
[noutɔ́:riəs]

라틴어 notorius(= well-known, commonly known)에서 유래
→ 대중들에게 널리 알려진
圐 악명 높은
The city is **notorious** for its high crime rate.
그 도시는 높은 범죄율로 악명이 높다.

> **Voca & Voca** 유명한
> ▶ renowned (내실이 있으면서) 평판이 높은, 명성[명망] 있는
>   a **renowned** scientist 명망 있는 과학자
> ▶ celebrated 남달리 뛰어난 재능이나 업적 따위로 유명한
>   a **celebrated** young writer 유명한 젊은 작가
> ▶ distinguished 동료보다 훨씬 탁월한, 당대를 대표하는
>   **distinguished** career in music 음악에서의 탁월한 경력

nounc
선언하다(declare), 보고하다(report)

announce
[ənáuns]

an(= ad: to) + nounc(e)(= declare) → 사람들에게 소식을 알리다
圐 발표[공표]하다, (방송으로) 알리다, 고지하다
A plan was **announced** to install a new 400acre landfill. 학평
400에이커의 새로운 쓰레기 매립지를 건설하려는 계획이 발표되었다.
✛ announcement 圐 발표, 공표, 공고

denounce
[dináuns]

de(= down) + nounc(e)(= report) → 좋지 않게 말하다[보고하다]
圐 (맹렬히) 비난하다, 고발하다
You can't **denounce** her without proof.
당신은 증거 없이 그녀를 비난할 수 없다.
✛ denunciation 圐 맹렬한 비난

pronounce
[prənáuns]

pro(= before) + nounc(e)(= declare) → 사람들 앞에서 말하다
圐 발음하다, 선언하다, (공식적으로) 표명하다
The 'p' in 'receipt' is not **pronounced**.
'receipt'에서 'p'는 발음이 되지 않는다[묵음이다].
I now **pronounce** you man and wife.
이제 당신들이 부부가 되었음을 선언합니다.
✛ pronunciation 圐 발음 pronounced 圐 명백한, 확고한

nov

새로운(new)

novel
[návəl]

프랑스어의 nouvel(= new, fresh)에서 유래 → 새롭고 신선한

형 새로운, 신기한, 참신한, 기발한　명 소설

Their **novel** approach was to pursue rational inquiry. 학평

그들의 새로운 접근법은 합리적인 탐구를 추구하는 것이었다.

Reading a **novel** helps you a lot. 학평

소설을 읽는 것이 너에게 도움이 많이 된다.

‣ novelty 명 신기함, 진기함, 새로운 것

> **Voca & Voca** 새로운
> ▶ new (가장 보편적으로 쓰이는) 새로운
> ▶ original 독창적인, 색다른
> ▶ fresh 갓 된, 신선한
> ▶ up-to-date 최신의, 최신식의

innovate
[ínəvèit]

in(= in) + nov(= new) + ate(접사) → 내부를 새롭게 만들다

동 혁신하다, 쇄신하다, 새로운 분야를 개척하다

How can a design **innovate** successfully? 학평

어떻게 디자인이 성공적으로 혁신할 수 있을까?

‣ innovation 명 혁신, 쇄신, 새롭게 고안된 것　innovative 형 혁신적인

renovate
[rénəvèit]

re(= again) + nov(= new) + ate(접사) → 다시 새롭게 만들다

동 수리하다, (청소, 보수 개조로) 새롭게 하다, 활기를 되찾게 하다

She bought a house that needed to be **renovated**. 학평

그녀는 수리할 필요가 있는 집을 샀다.

‣ renovation 명 수선, 수리, 원기 회복

novice
[návis]

라틴어 novicius(= newly imported, newly arrived slaves)에서 유래
→ 새로 도착한 경험 없는 노예

명 초보자, 초심자, 신출내기

She is a complete **novice** at skiing.

그녀는 스키에 완전 초보자이다.

> **Voca & Voca**
> ▶ amateur 초보자, 아마추어
> ▶ beginner 초보자, 초심자
> ▶ rookie (스포츠 팀의) 신참, 신인 선수, 초보자
> ▶ newbie (특히 컴퓨터 사용의) 초보자

nova
[nóuvə]

라틴어 novus(= new star)에서 유래 → 새롭게 나온 별

명 (천문) 신성(新星), 샛별

The **nova** suddenly increased greatly in brightness.

그 신성은 갑자기 엄청나게 밝기를 증가시켰다.

Daily Test

A 영어는 우리말로, 우리말은 영어로 쓰시오.

01	emotional	_____	02	외진, 멀리 떨어진	r	_____
03	motive	_____	04	기관차; 기관차의	l	_____
05	mob	_____	06	잠시, 곧, 금방	m	_____
07	native	_____	08	국제적인	i	_____
09	navigate	_____	10	부흥, 문예 부흥	r	_____
11	notice	_____	12	해군, 해군 군인	n	_____
13	notify	_____	14	주목하다; 짧은 편지	n	_____
15	announce	_____	16	생각, 관념, 개념	n	_____
17	denounce	_____	18	발음하다, 선언하다	p	_____
19	renovate	_____	20	초보자, 신출내기	n	_____

B 오른쪽 해석을 보고, 빈칸에 가장 적절한 단어를 [보기]에서 골라 쓰시오.

보기	commute	innovate	mutual	nausea	notorious

01 How can a design _____ successfully? | 어떻게 디자인이 성공적으로 혁신할 수 있을까?

02 We live in a dense fabric of _____ aid. | 우리는 상호 도움의 촘촘한 조직 속에서 산다.

03 The city is _____ for its high crime rate. | 그 도시는 높은 범죄율로 악명이 높다.

04 Most individuals use public transport to _____ to work. | 대부분의 사람들은 통근하는 데 대중교통을 이용한다.

05 If you have _____, drinking ginger tea is an effective aid. | 멀미가 생기면, 생강차를 마시는 것이 도움에 효과적이다.

Review Test 7 (DAY 31~35)

A 영어는 우리말로, 우리말은 영어로 쓰시오.

01	latitude	_____	02	노력이 깃든, 정교한	e	_____
03	intellect	_____	04	특권, 특혜, 특전	p	_____
05	local	_____	06	올리다, 승진시키다	e	_____
07	prolong	_____	08	장엄한, 훌륭한	m	_____
09	manipulate	_____	10	중재하다, 화해시키다	m	_____
11	dimension	_____	12	이주하는; 철새, 이주자	m	_____
13	diminish	_____	14	놀라운, 신기한	m	_____
15	omit	_____	16	상품, 일용품, 필수품	c	_____
17	moderate	_____	18	생각, 관념, 개념, 의견	n	_____
19	commute	_____	20	혁신하다, 쇄신하다	i	_____

B 다음 단어를 우리말 뜻에 맞게 변형하여 쓰시오.

01	neglect	→	_____	(태만, 부주의)
02	alliance	→	_____	(동맹을 맺게 하다)
03	liberty	→	_____	(자유주의의, 자유로운)
04	manifest	→	_____	(외적 형태, 표시)
05	mandate	→	_____	(명령의, 강제적인)
06	memory	→	_____	(암기하다)
07	miracle	→	_____	(기적 같은)
08	pronounce	→	_____	(명백한, 확고한)

C 다음 영영사전 풀이에 해당하는 단어를 바르게 연결하시오.

01 able to read and write · · ⓐ eminent

02 to change something slightly · · ⓑ literate

03 someone new to a field or activity · · ⓒ modify

04 to remember something that has happened · · ⓓ novice

05 standing above others in quality or position · · ⓔ recollect

D 다음 문장의 빈칸에 적절한 단어를 [보기]에서 골라 쓰시오.

> 보기   deliberate   legal   literature   location   release

01 I tell many _____ lies to Stephanie. 〔학평〕

02 You have to _____ your hold on the old. 〔학평〕

03 Locusts swarm to move to a new _____ all together. 〔학평〕

04 A lone genius might create a classic work of art or _____. 〔학평〕

05 There are no _____ constraints on the number of phone calls. 〔학평〕

E 다음 네모 안에서 적절한 단어를 고르시오.

01 There's a migrant / mutual agreement of cooperation. 〔학평〕

02 We start to notice / renovate it popping up again and again. 〔학평〕

03 Considering the demanding / immense benefits, don't hesitate to act. 〔학평〕

04 He was sold to the imminent / prominent merchant Robert King. 〔학평〕

05 They experience peer pressure to commit / submit traffic violations. 〔학평〕

numer
수(number), 계산하다(count)

numeral
[njú:mərəl]

numer(= number) + al(접사) → 수를 나타내는 것
명 숫자, 수사 형 수의, 수를 나타내는
The Roman **numeral** for '10' is 'X.'
'10'의 로마 숫자는 'X'이다.

numerous
[njú:mərəs]

numer(= number) + ous(= many: 접사) → 수가 많은
형 수많은, 무수한, 다수의
Psychologists have **numerous** findings on "motivated reasoning." 학평
심리학자들은 '동기화된 추론'에 관한 수많은 연구 결과를 가지고 있다.

> **Voca & Voca** 많은
> ▶ innumerable 무수한, 이루 헤아릴 수 없는
>   **innumerable** stars in the sky at night
>   밤에 하늘에 있는 무수한 별들
> ▶ manifold 다양한, 복잡한
>   **manifold** problems of the city 그 도시의 다양한 문제들
> ▶ plentiful 풍부한
>   a **plentiful** supply of food 풍부한 음식 공급

enumerate
[injú:mərèit]

e(= ex: from) + numer(= number) + ate(접사)
→ 목록에서 하나하나 헤아려 내다
동 열거하다, 낱낱이 세다
The reasons are too many to **enumerate**.
이유가 너무 많아 열거할 수가 없다.
It was not necessary to **enumerate** every fruit individually. 학평
모든 과일을 하나씩 낱낱이 셀 필요는 없었다.

nur/nour/nutr 자양분을 주다(nourish), 먹이다(feed)

nurse
[nə:rs]

라틴어 nutrie(= nourish)에서 유래 → 아기를 기르는 엄마
→ 아픈 사람을 돌보는 사람
명 간호사, 유모, 보모   동 간호하다, 아이를 돌보다, 양육하다
The **nurse** took my blood pressure.
간호사가 내 혈압을 쟀다.
Barton **nursed** wounded soldiers back to health. 학평
Barton은 부상당한 군인들을 건강한 상태가 되도록 간호했다.
⚬ **nursery** 명 육아실, 탁아소, 양성소, 온상

nourish
[nə́:riʃ]

nour(= feed) + ish(접사) → 영양분을 주면서 기르다
동 키우다, 영양분을 주다, 기르다
Rain and soil **nourish** plants.
비와 토양은 식물을 키운다.
⚬ **nourishment** 명 영양물, 음식물, 양육, 육성

nutrient
[njú:triənt]

nutr(i)(= nourish) + ent(접사) → 양분을 공급해 주는 물질
명 영양소, 영양분
They received all the necessary **nutrients**. 학평
그들은 필요한 모든 영양소를 얻었다.
Plants absorb **nutrients** from soil.
식물은 토양에서 양분을 흡수한다.

nutrition
[nju:tríʃən]

nutr(i)(= nourish) + tion(접사) → 영양분을 주는 것
명 영양, 영양 섭취, 영양물, 영양학
No single food provides the **nutrition** necessary for survival. 학평
한 가지의 음식만으로는 생존에 필요한 영양물을 제공하지 못한다.
⚬ **nutritional** 형 영양의, 자양의   **nutritious** 형 영양분[영양가]이 많은

oper 작동하다(work)

opera
[ápərə]

라틴어 operari(= a work)에서 유래 → 작품
명 오페라
Opera singers and dry air don't get along. 학평
오페라 가수와 건조한 공기는 잘 어울리지 않는다.

operate
[ápərèit]

oper(= work) + ate(접사) → 작동하다
동 작동하다[되다], 조작하다, 다루다
Read the manual before you **operate** the machine.
그 기계를 작동하기 전에 사용 설명서를 읽어라.
People won't need a license to **operate** driverless cars. 학평
사람들은 무인 자동차를 조작하는 데 면허가 필요 없을 것이다.
❖ operator 명 작동하는 사람

ordin
질서(order), 계급(rank), 규제하다(regulate)

ordinary
[ɔ́:rdənèri]

ordin(= order) + ary(접사) → 질서와 관련된
형 보통의, 정규의, 평범한
The **ordinary** person sees only a limitation. 학평
보통 사람은 한계만을 본다.

subordinate
[səbɔ́:rdənit]

sub(= under) + ordin(= order) + ate(접사) → 계급이 아래인 상태
형 종속된, 부수의, 하급의   명 부하
All the other issues are **subordinate** to this one.
모든 다른 사안들은 이 사안에 종속되어 있다.
He ordered his **subordinates** to clean the office.
그는 자신의 부하들에게 사무실을 치우라고 명령했다.

order
[ɔ́:rdər]

라틴어 ordin(= order)에서 유래 → 질서
명 명령, 순서, 질서, 주문 동 명령하다, 주문하다
The documents are not in **order**. 그 서류들은 순서대로 되어 있지 않다.
The old man **orders** Daniel first to wax his car. 학평
그 노인은 Daniel에게 먼저 자신의 차에 왁스칠할 것을 명령한다.
❖ orderly 형 질서정연한

disorder
[disɔ́:rdər]

dis(= away, off) + order → 질서를 없애다
명 혼란, 무질서, (신체 기능의) 장애
The meeting fell into **disorder** and became a mess.
그 회의는 혼란으로 빠져 난장판이 되었다.
"Blue light" can lead to sleep **disorders**. 학평
'파란색 빛'은 수면 장애를 일으킬 수 있다.
❖ disorderly 형 무질서한

inordinate
[inɔ́:rdənit]

in(= not) + ordin(= order) + ate(접사) → 질서에 맞지 않는
형 과도한, 터무니없는, 무질서한
They spend an **inordinate** amount of time talking.
그들은 이야기하느라 과도한 시간을 보낸다.

par
정돈하다(arrange), 준비하다(get ready)

parade
[pəréid]

par(= get ready) + ade(접사) → 준비된 대로 하는 것
명 퍼레이드 동 퍼레이드 하다
Vogel's hometown held a **parade** in her honor. 학평
Vogel의 고향에서 그녀를 축하하는 퍼레이드를 개최했다.

apparatus
[æpərǽtəs]

ap(= to) + par(a)(= get ready) + tus(접사) → 준비된 한 벌의 장치
명 (한 벌의) 장치, 기기, 기관
She turned off the light with a wireless **apparatus**.
그녀는 무선 장치로 전등을 껐다.

inseparable
[insépərəbl]

in(= not) + se(= apart) + par(= arrange) + able(접사)
→ 분리하여 놓을 수 없는
형 떼어 낼[떨어질] 수 없는, 불가분의
After the big win the two were **inseparable**. 학평
그 큰 승리 후에 그 둘은 떨어질 수 없는 사이가 되었다.

compare
[kəmpéər]

com(= together) + par(e)(= arrange) → 함께 두고 보다
동 비교하다, 비유하다
Comparing computers to humans can be confusing. 수능
컴퓨터를 인간과 비교하는 것은 혼란스러울 수 있다.
⋄ comparison 명 비교
comparable 형 비교되는, 필적하는
comparative 형 비교의, 상당한

prepare
[pripéər]

pre(= before) + par(e)(= get ready) → 미리 준비하다
동 준비하다, 마련하다
You should be **prepared** to withhold judgment. 학평
여러분은 판단을 보류할 준비가 되어 있어야 한다.
⋄ preparation 명 준비   preparatory 형 준비의

repair
[ripéər]

re(= again) + pair(= get ready) → 다시 준비하다
동 수리[수선]하다, 되찾다 명 수리, 수선
It'll take two days to **repair** the machine.
그 기계를 수리하는 데 이틀이 걸릴 것이다.
Extensive **repairs** were being carried out. 학평
대대적인 수리가 진행되고 있었다.

par

동등한(equal)

parity
[pǽrəti]

par(= equal) + ity(접사) → 동등함

명 동등, 동격

Gender **parity** includes equal participation and leadership.

양성 평등은 동등한 참여와 리더십을 포함한다.

peer
[piər]

라틴어 par(= equal)에서 유래 → 같은 것

명 또래, 동료

For many young people, **peers** are of significant importance. 학평

많은 젊은이에게, 또래는 상당히 중요하다.

disparity
[dispǽrəti]

dis(= away) + par(= equal) + ity(접사) → 동등함과 거리가 먼 것

명 불일치, 불균형

There is a **disparity** between his actions and his words.

그의 행동과 말 사이에 불일치가 있다.

part

나누다(divide), 부분(part), 분리하다(separate)

partial
[pá:rʃəl]

part(i)(= divide) + al(접사) → 나누는

형 부분적인, 편파적인, 불완전한

She has only **partial** knowledge of the matter.

그녀는 그 일에 대해 부분적으로만 알고 있을 뿐이다.

I can't accept a judgment given by a **partial** judge.

나는 편파적인 판사에 의해 내려진 판결을 받아들일 수 없다.

⸭ partially 부 부분적으로, 불공평하게

particle
[pá:rtikl]

part(= divide) + (i)cle(작은 것) → 나뉘어진 작은 것

명 작은 입자, 작은 조각, 미립자

A molecule is an elementary **particle**.

분자는 기본적인 성질을 지닌 작은 입자이다.

The tiny **particles** are known to be eaten by various animals. 학평

작은 조각들은 다양한 동물에게 먹히는 것으로 알려져 있다.

partisan
[pá:rtizən]

part(= divide) + isan(= person) → 나뉜 곳에 소속된 구성원

명 신봉자, 당파성이 강한 사람   형 당파성이 강한

He was an ardent **partisan** of this group.

그는 이 집단의 열렬한 신봉자였다.

apart
[əpáːrt]

a(= ad: to) + part(= separate) → 떨어져 있는
형 떨어져서, 떨어지게 하여
Place your feet **apart** and your arms at your sides.
양발을 벌리고 양팔을 옆구리에 대세요.

depart
[dipáːrt]

de(= away, off) + part(= separate) → 떠나다
동 출발하다, 떠나다
The plane will **depart** at its scheduled time.
그 비행기는 예정된 시간에 출발할 것이다.
The train slowly **departed** the station. 학평
기차는 천천히 역을 떠났다.
◦ departure 명 출발

apartment
[əpáːrtmənt]

a(= ad: to) + part(= divide) + ment(접사) → 나눈 것
명 아파트, 셋방
Your **apartment** doesn't absorb sound well. 학평
당신의 아파트는 소리를 잘 흡수하지 못한다.

compartment
[kəmpáːrtmənt]

com(= thoroughly) + part(= divide) + ment(접사) → 완전히 나뉜 것
명 칸막이 된 곳, 구획, 칸막이 방
Place the bags into the overhead **compartment**.
머리 위의 짐칸에 그 가방들을 넣어라.

impartial
[impáːrʃəl]

im(= not) + part(i)(= divide) + al(접사) → 나뉘지 않은
형 공평한, 편견 없는
A trial must be fair and **impartial**.
재판은 공정하고 공평해야 한다.
◦ impartially 부 공정하게

portion
[pɔ́ːrʃən]

라틴어 portion(= part)에서 유래 → 부분
명 (작은) 일부, 1인분
Portions of rock can be incorporated into the magma. 학평
암석 일부가 마그마로 통합될 수 있다.

parcel
[páːrsl]

중세 프랑스어 parcelle(= small piece)에서 유래 → 나뉜 작은 것
명 소포, 꾸러미 (= package)
Put the **parcel** on the scale, please.
그 소포를 저울 위에 올려놓으세요.

Daily Test

A 우리말은 영어로, 영어는 우리말로 쓰시오.

01 열거하다, 낱낱이 세다   e_____

02 numeral _____

03 영양소, 영양분   n_____

04 nourish _____

05 작동하다, 다루다   o_____

06 nutrition _____

07 보통의, 평범한   o_____

08 subordinate _____

09 준비하다, 마련하다   p_____

10 disorder _____

11 떼어 낼 수 없는   i_____

12 repair _____

13 장치, 기기, 기관   a_____

14 parity _____

15 또래, 동료   p_____

16 disparity _____

17 출발하다, 떠나다   d_____

18 partisan _____

19 공평한, 편견 없는   i_____

20 portion _____

B 오른쪽 해석을 보고, 네모 안에서 적절한 단어를 고르시오.

01 Place the bags into the overhead apartment / compartment.

머리 위의 짐칸에 그 가방들을 넣어라.

02 They spend an inordinate / ordinary amount of time talking.

그들은 이야기하느라 과도한 시간을 보낸다.

03 Comparing / Preparing computers to humans can be confusing.

컴퓨터를 인간과 비교하는 것은 혼란스러울 수 있다.

04 The tiny partisans / particles are known to be eaten by various animals.

작은 조각들은 다양한 동물에게 먹히는 것으로 알려져 있다.

05 Psychologists have numeral / numerous findings on "motivated reasoning."

심리학자들은 '동기화된 추론'에 관한 수많은 연구 결과를 가지고 있다.

정답 A 01 enumerate 02 숫자, 수사; 수의, 수를 나타내는 03 nutrient 04 기르다, 키우다, 영양분을 주다 05 operate 06 영양, 영양 섭취, 영양물, 영양학 07 ordinary 08 종속된, 부수의, 하급의; 부하 09 prepare 10 혼란, 무질서, (신체 기능의) 장애 11 inseparable 12 수리[수선]하다, 되찾다; 수리, 수선 13 apparatus 14 동등, 동격 15 peer 16 불일치, 불균형 17 depart 18 신봉자, 당파성이 강한 사람; 당파성이 강한 19 impartial 20 (작은) 일부, 1인분

B 01 compartment 02 inordinate 03 Comparing 04 particles 05 numerous

pass 걸음(step)

passage
[pǽsidʒ]

pass(= step) + age(접사) → 통과하는 행동
명 통로, 통과, 통행, (책의) 구절, (음악의) 악절
There was a fork at the end of the **passage**.
통로의 끝에 길이 갈라지는 곳이 있었다.
The device enables the **passage** of air.
그 장치가 공기의 통과를 가능하게 한다.

> **Voca Plus**
> • **passage** of time 시간의 경과
> • rite of **passage** 통과의례
> • short **passage** 짧은 구절
> • musical **passage** 악절

passenger
[pǽsəndʒər]

고대 프랑스어 passagier(= passer-by)에서 유래 → 지나가는 사람
명 승객, 여객
Some **passengers** bought guaranteed reservations. 학평
어떤 승객들은 보장형 예약을 구매했다.

password
[pǽswə̀:rd]

pass(= step) + word → 지나가게 하는 말
명 비밀번호, 암호
We encourage you to change your **password** there as well. 학평
저희는 당신에게 그곳의 비밀번호 또한 변경할 것을 권합니다.

compass
[kʌ́mpəs]

com(= together) + pass(= step) → 전체를 돌다
명 나침반, (제도용) 컴퍼스
We cover reading map symbols and using a **compass**. 학평
우리는 지도 기호 읽기와 나침반 사용하기를 다룬다.

encompass
[inkʌ́mpəs]

en(= cause: 하게 하다) + com(= together) + pass(= step)
→ 전체를 모두 둘러싸다
동 망라하다, 둘러[에워]싸다
This work **encompasses** a number of themes.
이 일은 많은 주제들을 망라한다.

pass/pati/path 겪다(suffer), 느끼다(feel), 참다(endure)

passion
[pǽʃən]

pass(= suffer) + ion(접사) → 고난을 겪는 길 → 열정
명 열정, 애착, 열광
Without such **passion**, they would have achieved nothing. 학평
그러한 열정이 없었더라면, 그들은 아무것도 이루지 못했을 것이다.
⁑ passionate 형 열정적인

passive
[pǽsiv]

pass(= endure) + ive(접사) → 참으려고 하는
형 소극적인, 수동적인
I had made up my mind to be very **passive** on the roads. 학평
나는 도로에서 매우 소극적이기로 결심했다.
⁑ passivity 명 수동성, 소극성

patient
[péiʃənt]

pati(= endure) + ent(접사) → 참는
형 참을성[인내심] 있는 명 환자
Be more **patient** and wait until I'm finished.
인내심을 더 갖고 내가 끝날 때까지 기다려라.
A 17-year-old **patient** sat in my counseling office. 학평
17세의 한 환자가 나의 상담실에 앉아 있었다.
⁑ patience 명 인내, 참을성

compatible
[kəmpǽtəbl]

com(= together) + pati(= suffer) + (i)ble(접사) → 동시에 겪을 수 있는
형 호환되는, 양립[공존]할 수 있는
The following items are not **compatible** with Windows 2010.
다음 항목들은 Windows 2010과 호환되지 않는다.
⁑ compatibility 명 양립성, 호환성

pathos
[péiθɑs]

그리스어 pathos(= suffering, feeling)에서 유래 → 연민을 느낌
명 비애감, 연민을 자아내는 힘
The opera's **pathos** will break your heart.
그 오페라의 비애감이 여러분의 마음을 아프게 할 것이다.

empathy
[émpəθi]

em(= en: in) + path(=feel) + y(= ia: 접사) → 감정을 쏟아 넣는

圆 공감, 감정 이입

Empathy is a character trait that we value in ourselves. 모평

공감은 우리 자신에게서 우리가 소중하게 여기는 성격 특성이다.

❖ empathic 圈 감정 이입의   empathetic 圈 공감할 수 있는, 감정 이입의

telepathic
[tèləpǽθik]

tele(= distant) + path(y)(=feel) + ic(접사) → 먼 거리에서 느끼는

圈 이심전심의, 정신 감응[텔레파시]의

How did he know that? – He must be **telepathic**.

그가 그것을 어떻게 알았지? – 그는 이심전심인 게 틀림없어.

❖ telepathy 圆 텔레파시, 정신 감응

patr/pater   아버지(father)

patriot
[péitriət]

라틴어 patriota(=fellow-countryman: 동포)에서 유래
→ 동포들을 생각하는 사람

圆 애국자

The early American **patriots** attained freedom.

미국 초기의 애국자들은 자유를 쟁취했다.

❖ patriotic 圈 애국적인   patriotism 圆 애국심

patron
[péitrən]

라틴어 patronus(= defender, protector)에서 유래
→ 아버지처럼 보호해 주는 사람

圆 (화가·작가 등에 대한) 후원자, (특정 상점·식당 등의) 고객

Ehret's reputation gained him many commissions from **patrons**. 수능

Ehret의 명성은 그가 후원자들로부터 많은 일을 의뢰받게 했다.

❖ patronage 圆 보호, 후원, 찬조

paternal
[pətə́:rnl]

pater(=father) + n(= nus: 접사) + al(접사) → 아버지의

圈 아버지의, 아버지 같은, 부계의

My father's father is my **paternal** grandfather.

나의 아버지의 아버지는 내게 친할아버지이다.

ped/pod   발(foot)

pedal
[pédl]

ped(=foot) + al(접사) → 발과 관련됨
몡 (자전거, 자동차 등의) 페달 용 페달을 밟다
I quickened my legs pushing the **pedals**. 〔학평〕
나는 페달을 밟는 발을 빨리 움직였다.

pedestrian
[pədéstriən]

pedestri(= pedester: ped(=foot)의 변이형) + an(접사)
→ 걸어 다니는 사람
몡 보행자 형 보행자용의, 보행자의
A **pedestrian** is approaching from the opposite direction. 〔학평〕
어떤 보행자가 반대 방향에서 다가오고 있다.

> **Voca Plus**
> • **pedestrian** accident 보행자 사고
> • **pedestrian** crossing 횡단보도
> • **pedestrian** space 보행자를 위한 공간
> • **pedestrian** walkway 보행자 전용 보도

expedition
[èkspədíʃən]

ex(= out) + ped(=foot) + it(e)(접사) + ion(접사) → 밖으로 걸어 다님
몡 탐험, 원정; 탐험[원정]대
Kings channelled enormous resources to finance **expeditions**. 〔학평〕
왕들은 탐험에 자금을 대기 위해 막대한 양의 재원을 보냈다.
⁕ expeditionary 혱 원정의, 탐험의

podium
[póudiəm]

pod(=foot) + ium(= ion: 접사) → 발을 디디는 곳
몡 (연설자·지휘자 등이 올라서는) 단(壇), 지휘대
The speaker walked toward the **podium** to deliver his speech.
연사는 연설을 하기 위해 연단 쪽으로 걸어갔다.

tripod
[tráipɑd]

tri(= three) + pod(=foot) → 발이 세 개인 받침대
몡 삼각대
Grace put her camera on a **tripod**.
Grace는 자신의 카메라를 삼각대 위에 올려놓았다.

pel/peal/pul 몰다(drive)

compel
[kəmpél]

com(= together) + pel(= drive) → 함께 몰다 → 강요하다

통 강요하다, 억지로 ~하게 만들다

Most people feel **compelled** to answer a ringing phone. 학평

대부분의 사람들은 울리는 전화를 받아야 한다고 의무감을 느낀다.

⁑ compulsion 명 강요, ~하고 싶은 충동

　compelling 형 강제적인, 강렬한, ~하지 않을 수 없는

dispel
[dispél]

dis(= away) + pel(= drive) → 멀리 몰아내다

통 떨쳐 버리다, 쫓아 버리다

Physical movement can sometimes **dispel** negative feelings. 학평

신체 움직임이 때때로 부정적인 감정들을 떨쳐 버릴 수 있다.

propel
[prəpél]

pro(= forward) + pel(= drive) → 앞으로 몰고 가다

통 나아가게 하다, 몰고 가다

Other fish float and sink by **propelling** themselves forward. 학평

다른 물고기들은 앞으로 나아가면서 뜨거나 가라앉는다.

⁑ propeller 명 프로펠러, 추진기

repel
[ripél]

re(= back) + pel(= drive) → 뒤로 물러나게 하다

통 격퇴하다, 물리치다, 접근하지 못하게 하다

Leaders who are irritable and bossy **repel** people. 모평

짜증을 내고 위세를 부리는 지도자들은 사람들을 쫓아 버린다.

appeal
[əpíːl]

ap(= ad: to) + peal(= drive) → 어느 쪽으로 몰고 가다

통 호소하다, 관심을 끌다, 간청하다　명 매력, 호소

Music **appeals** powerfully to young children. 학평

음악은 어린아이들에게 강력하게 호소한다.

The singer has never really lost her **appeal**.

그 가수는 실제로 자신의 매력을 잃은 적이 결코 없다.

⁑ appealing 형 매력적인, 호소하는 듯한

impulse
[ímpʌls]

im(= in) + pul(= drive) + se(= sus: 접사) → 안에서 모는 행위 → 충동

명 욕구, 자극, 충동

Impulses governing our preferences are often hidden. 학평

우리의 선호를 지배하는 욕구는 흔히 숨어 있다.

⁑ impulsive 형 충동적인

pen/pun

벌(punishment), 후회하다(regret)

penal
[píːnəl]

pen(= punishment) + al(접사) → 형벌의

[형] 형벌의, 형사상의

A strong **penal** system is necessary to ensure a safe society.

엄격한 형벌 제도는 안전한 사회를 보장하기 위해 필요하다.

penalty
[pénəlti]

pen(= punishment) + al(접사) + ty(접사) → 처벌

[명] 벌금, 처벌, 벌칙, 불이익

The maximum **penalty** for the offence is a $1,000 fine.

그 불법 행위에 대한 최고 처벌은 벌금 1,000달러이다.

> **Voca Plus**
> • impose a **penalty** 처벌을 내리다
> • death **penalty** 사형
> • fixed **penalty** notice 정액 교통 범칙금 통지서

repent
[ripént]

re(= again) + pen(t)(= regret) → 다시 후회하다

[동] 뉘우치다, 회개하다

The young man **repented** his thoughtless act.

그 젊은이는 자신의 경솔한 행동을 뉘우쳤다.

⊕ repentant [형] 후회하는, 회개하는

painful
[péinfəl]

pain(= punishment) + ful(= full of: 접사) → 벌로 가득한

[형] 괴로운, 곤란한, 아픈

Sometimes this kind of choosing can be **painful**. 〔학평〕

때때로 이런 종류의 선택하기는 괴로울 수 있다.

punish
[pʌ́niʃ]

라틴어 punire(= punish)에서 유래 → 벌을 주다

[동] 벌하다, 처벌하다, 응징하다

The reason for the tsunami was to **punish** us for our faults. 〔학평〕

쓰나미가 일어난 이유는 우리의 잘못을 벌하려는 것이었다.

⊕ punishment [명] 벌

Daily Test

A 영어는 우리말로, 우리말은 영어로 쓰시오.

01	passage	_____	02	망라하다, 둘러싸다	e_____
03	patient	_____	04	승객, 여객	p_____
05	compatible	_____	06	열정, 애착, 열광	p_____
07	telepathic	_____	08	공감, 감정 이입	e_____
09	patron	_____	10	애국자	p_____
11	compel	_____	12	탐험, 원정, 탐험대	e_____
13	propel	_____	14	삼각대	t_____
15	penal	_____	16	욕구, 자극, 충동	i_____
17	appeal	_____	18	형벌의, 형사상의	p_____
19	repent	_____	20	괴로운, 곤란한, 아픈	p_____

B 오른쪽 해석을 보고, 빈칸에 가장 적절한 단어를 [보기]에서 골라 쓰시오.

> 보기   passion   paternal   pedestrian   punish   repel

01 My father's father is my _____ grandfather.

나의 아버지의 아버지는 내게 친할아버지이다.

02 Leaders who are irritable and bossy _____ people.

짜증을 내고 위세를 부리는 지도자들은 사람들을 쫓아 버린다.

03 The reason for the tsunami was to _____ us for our faults.

쓰나미가 일어난 이유는 우리의 잘못을 벌하려는 것이었다.

04 A _____ is approaching from the opposite direction.

어떤 보행자가 반대 방향에서 다가오고 있다.

05 Without such _____, they would have achieved nothing.

그러한 열정이 없었더라면, 그들은 아무것도 이루지 못했을 것이다.

정답 **A** 01 통로, 통과, 통행, (책의) 구절, (음악의) 악절 02 encompass 03 참을성[인내심] 있는; 환자 04 passenger 05 호환되는, 양립[공존]할 수 있는 06 passion 07 이심전심의, 정신 감응[텔레파시]의 08 empathy 09 후원자, 고객 10 patriot 11 강요하다, 억지로 ~하게 만들다 12 expedition 13 나아가게 하다, 몰고 가다 14 tripod 15 형벌의, 형사상의 16 impulse 17 관심을 끌다, 호소하다; 호소, 매력 18 penal 19 뉘우치다, 회개하다 20 painful

B 01 paternal 02 repel 03 punish 04 pedestrian 05 passion

Day 38

pend/pens 매달다(hang), 지불하다(pay), 무게를 달다(weigh)

pendant
[péndənt]

pend(= hang) + ant(접사) → 매달려 있는 것
명 펜던트(목걸이 줄에 걸게 되어 있는 보석)
Her husband gave her a diamond **pendant** for their 10th anniversary.
그녀의 남편은 그들의 10주년을 기념해서 다이아몬드 펜던트를 그녀에게 주었다.

depend
[dipénd]

de(= down) + pend(= hang) → 아래로 매달려 있다
동 의존하다, 달려 있다
Many people **depend** on online recommendations. 학평
많은 사람들은 온라인 추천에 의존한다.
How we see the world **depends** on what we want from it. 학평
우리가 세상을 보는 방식은 우리가 그것으로부터 무엇을 원하는지에 달려 있다.
⊕ dependence 명 의존

expend
[ikspénd]

ex(= out) + pend(= pay) → 바깥으로 지불하다
동 쓰다, 지출하다
Motivation creates willingness to **expend** time and energy. 학평
동기 부여는 시간과 에너지를 쓸 의지를 만든다.
⊕ expenditure 명 지출, 경비   expense 명 지출, 비용

suspend
[səspénd]

sus(= sub: under) + pend(= hang) → 아래에 매달리다
동 일시 정지[중지]하다, 정학시키다, 매달다
When perfect preservation is possible, time has been **suspended**. 학평
완벽한 보존이 가능할 때, 시간은 일시 정지해 있어 왔다.
⊕ suspension 명 정지, 보류, 정학   suspense 명 미결정, 불안

pension
[pénʃən]

pens(= pendere: weigh) + ion(접사) → 무게를 달아 돈을 주는 것
명 연금
He and his wife live on a **pension** from the state.
그와 그의 아내는 주에서 나오는 연금으로 생활한다.

compensate
[kámpənsèit]

com(= together) + pens(= pendere: weigh) + ate(접사)
→ 무게를 함께 달아서 똑같게 해 주다
통 보상하다, 보충하다
Workers are not always **compensated** for their contributions. 〔학평〕
노동자들이 자기들의 기여에 대해 항상 보상받는 것은 아니다.
❖ compensation **명** 보상, 보충

> **Voca & Voca** 보완하다, 보충하다
> ▶ complement 보완하다
>   Their strengths **complemented** one another. 〔학평〕
>   그들의 힘은 서로를 보완했다.
> ▶ supplement 보충하다
>   They can **supplement** their workforce with robots.
>   그들은 로봇으로 자신들의 노동력을 보충할 수 있다.

ponder
[pándər]

라틴어 ponderare(= weigh)에서 유래 → 무게를 달아 보다
통 곰곰이 생각하다
He **pondered** the implications of the article.
그는 그 기사의 함축적인 의미를 곰곰이 생각했다.

per   과감히[모험 삼아] ~을 하다(risk), 시도하다(try)

peril
[pérəl]

라틴어 periculum(= risk)에서 유래 → 과감히[모험 삼아] 하는 것
명 위험, 모험
The country's economy is now in **peril**.
그 나라의 경제가 지금 위험에 처해 있다.

experience
[ikspíəriəns]

ex(= out of) + per(i)(= try) + ence(접사) → 시도를 통해 얻는 것
명 경험   **통** 경험하다
They have a great deal of wisdom and **experience**. 〔학평〕
그들은 많은 지혜와 경험을 가지고 있다.
The fish **experiences** a greater rising force. 〔학평〕
그 물고기는 더 큰 부력을 경험한다.

experiment
[ikspérəmənt]

ex(= out of) + per(i)(= try) + ment(접사) → 시도해 보는 것

명 실험 동 실험하다

Sir Issac Newton conducted a series of **experiments**. 학평

Issac Newton 경은 일련의 실험들을 실행했다.

He took prisms home and began to **experiment** with them. 학평

그는 프리즘을 집으로 가져와서 그것들을 실험하기 시작했다.

⁂ experimental 형 실험의

expert
[ékspə:rt]

라틴어 expertus(= tried, proved, known by experience)에서 유래
→ 경험을 통해서 현명한 사람

명 전문가

We promptly hired leading information security **experts**. 학평

우리는 즉시 최고의 정보 보안 전문가를 고용했다.

⁂ expertise 명 전문 기술[지식]

pet/petit 구하다(seek)

compete
[kəmpí:t]

com(= together) + pet(e)(= seek) → 서로 구하려 하다

동 경쟁하다

Organisms must **compete** for resources. 모평

유기체는 자원을 두고 경쟁해야 한다.

⁂ competition 명 경쟁   competitive 형 경쟁이 심한

competence
[kámpitəns]

com(= together) + pet(e)(= seek) + ence(접사)
→ 서로 구하는 것을 얻는 힘

명 능력, 유능함

Perceptions of low **competence** lessened information sharing. 학평

능력이 낮다고 인식되는 것이 정보 공유를 감소시켰다.

⁂ competent 형 유능한

petition
[pətíʃən]

petit(e)(= seek) + ion(접사) → 구하는 것

명 청원, 간청, 탄원(서)

The judge was favorable to his **petition**.

그 판사는 그의 청원에 호의적이었다.

appetite
[ǽpətàit]

ap(= ad: to) + petit(e)(= seek)
→ ~에 대해 구하고자 하는 마음
명 식욕, 욕구
You should not reduce your **appetite** by eating between meals.
간식을 먹음으로써 너의 식욕을 줄여서는 안 된다.

repeat
[ripí:t]

re(= again) + peat(= seek) → 다시 구하다
동 반복하다
He **repeated** the experiment a few more times. 학평
그는 몇 번 더 그 실험을 반복했다.
⁑ repetition 명 반복   repetitive 형 반복성의, 되풀이하는

phan/phen/phas
보여 주다(show), 발생(appearance)

phantom
[fǽntəm]

라틴어 phantasma(= apparition: 유령)에서 유래
명 혼령, 유령
She believed that she met the **phantom** of her dead husband.
그녀는 죽은 자기 남편의 혼령을 만났다고 믿었다.

phenomenon
[finámənàn]

그리스어 phainomenon(= appearance)에서 유래 → 발생하는 일
명 현상
This book was written about a supernatural **phenomenon**.
이 책은 초자연적인 현상에 관해서 쓰였다.
See other people as **phenomena**, as neutral as comets or plants. 학평
다른 사람들을 혜성이나 식물과 같은 중립적인 현상으로 보아라.

phase
[feiz]

라틴어 phasis(= appearance)에서 유래 → 보이는 측면
명 단계, 국면
Their negotiation entered a new **phase**.
그들의 협상은 새로운 단계에 들어갔다.

Voca Plus
- initial **phase** 최초 단계
- critical **phase** 중요한 단계
- contraction **phase** 경기 수축기[후퇴기]

fantasy
[fǽntəsi]

그리스어 phantasia(= imagination, appearance)에서 유래
→ 마음으로 그려 보는 것
명 공상, 환상
What's the difference really between **fantasy** and expectation? 학평
공상과 기대의 차이는 진정 무엇인가?
⊕ fantasize 통 공상하다

fancy
[fǽnsi]

fantasy의 축약형으로 생성됨
형 고급의, 화려한　명 공상, 상상
Is **fancy** equipment necessary to get in shape? 학평
건강을 유지하기 위해 고급 장비가 필요한가?
He sometimes goes off into wild flights of **fancy**.
그는 가끔 상상 속으로 빠져든다.

plaud/plod/plaus　박수치다(clap, applaud), 때리다(beat)

applaud
[əplɔ́ːd]

ap(= ad: to) + plaud(= clap) → ~에게 박수치다
통 박수치다, 갈채를 보내다
When I started to **applaud**, the others joined in.
내가 박수를 치기 시작하자, 다른 사람들이 합세했다.
⊕ applause 명 박수, 갈채

plausible
[plɔ́ːzəbl]

plaus(= applaud) + ible(접사) → 갈채를 받을 수 있는
형 그럴듯한, 이치에 맞는
Consider whether other **plausible** options are being ignored. 수능
다른 그럴듯한 선택들이 무시되고 있는지 고려하라.

explosive
[iksplóusiv]

explos(라틴어 explodere(= clap)에서 유래) + ive(접사)
→ 터져 나오는
형 폭파의, 폭발성의　명 폭약, 폭발성 물질
The **explosive** device went off in the middle of the ocean.
그 폭파 장치는 바다 한 가운데서 터졌다.
A dog is trained to detect drugs, **explosives**, or other items. 모평
개는 마약, 폭발물, 혹은 다른 품목들을 탐지하도록 훈련받는다.
⊕ explode 통 폭발하다　explosion 명 폭발, 폭파

ple/plen/plet 채우다(fill), 가득 찬(full)

complement
[kámpləmənt] 명
[kámpləmènt] 동

com(intensive) + ple(=fill) + ment(접사) → 완전히 채우는 것
명 보완(물), 보충(물) 동 보완하다, 보태다
White wine makes a nice **complement** to fish.
백포도주는 생선 요리를 훌륭하게 보완해 준다.
⚬ complementary 형 보충하는, 상보적인

implement
[ímpləmənt] 명
[ímpləmènt] 동

im(=in) + ple(=fill) + ment(접사) → 부족한 것을 채워 넣음
명 도구, 수단 동 실행[이행]하다, 채우다
He took his writing **implements** out of the bag.
그는 자신의 필기도구를 가방에서 꺼냈다.
They swiftly acted to **implement** a simple set of processes. 학평
그들은 일련의 간단한 절차를 실행하기 위해 재빨리 행동했다.
⚬ implementation 명 실행, 이행, 완성

plenty
[plénti]

라틴어 plenitatem(=fullness)에서 유래 → 가득함
명 많음, 풍부함, 풍부한 양
He gave **plenty** away and always found **plenty** more. 학평
그는 많은 것을 내주었고, 항상 더 많은 것을 발견했다.

complete
[kəmplí:t]

com(intensive) + plet(e)(=fill) → 완전히 채워진
형 완벽한, 완전한, 전부의 동 완수하다, 완료하다, 채우다
No arrows were found after a **complete** search of the area.
그 지역에 대한 완벽한 수색 후에도 어떤 화살도 발견되지 않았다.
His job is to **complete** tasks assigned to him. 학평
그의 일은 자신에게 할당된 임무를 완수하는 것이다.
⚬ completion 명 완료, 완성

deplete
[diplí:t]

de(=off, away) + plet(e)(=fill) → 채워진 것을 없애다
동 고갈시키다, 소모시키다
Her powers were severely **depleted**.
그녀의 능력이 심각하게 고갈되었다.
⚬ depletion 명 고갈, 소모

Voca Plus
- **deplete** the reserves 매장량을 고갈시키다
- **deplete** a population 인구를 감소시키다
- ozone-**depleting** chemicals 오존을 고갈시키는 화학 물질

Daily Test

Ⓐ 우리말은 영어로, 영어는 우리말로 쓰시오.

01	의존하다, 달려 있다	d_____	02	expend	_____
03	보상하다, 보충하다	c_____	04	ponder	_____
05	실험; 실험하다	e_____	06	experience	_____
07	전문가	e_____	08	peril	_____
09	능력, 유능함	c_____	10	compete	_____
11	현상	p_____	12	petition	_____
13	단계, 국면	p_____	14	repeat	_____
15	고급의, 화려한; 상상	f_____	16	explosive	_____
17	갈채를 보내다	a_____	18	complement	_____
19	많음, 풍부함	p_____	20	deplete	_____

Ⓑ 오른쪽 해석을 보고, 네모 안에서 적절한 단어를 고르시오.

01 His job is to complete / deplete tasks assigned to him.

그의 일은 자신에게 할당된 임무를 완수하는 것이다.

02 He and his wife live on a pendant / pension from the state.

그와 그의 아내는 주에서 나오는 연금으로 생활한다.

03 When perfect preservation is possible, time has been expend / suspended.

완벽한 보존이 가능할 때, 시간은 일시 정지해 있어 왔다.

04 You should not reduce your appetite / petition by eating between meals.

간식을 먹음으로써 너의 식욕을 줄여서는 안 된다.

05 They swiftly acted to complement / implement a simple set of processes.

그들은 일련의 간단한 절차를 실행하기 위해 재빨리 행동했다.

plic/ploy/ply   접다(fold)

complicate
[kámplikèit]

com(=together) + plic(=fold) + ate(접사)
→ 함께 포개지다
동 복잡하게 하다
These differences may **complicate** international comparison. 학평
이런 차이들이 국가 간의 비교를 복잡하게 할 수도 있다.
⁜ complication 명 복잡, 합병증   complicated 형 복잡한

explicit
[iksplísit]

ex(=out) + plic(it)(=fold) → 접힌 것을 밖으로 펼친
형 분명한, 명시적인, 솔직한
Explicit language is more persuasive than vague language.
분명한 언어가 모호한 언어보다 더 설득력이 있다.
⁜ explicitly 부 분명하게, 명백하게

replicate
[répləkèit]

re(=back, again) + plic(=fold) + ate(접사) → 다시 접다
동 반복하다, 모사[복제]하다, 접어 젖히다
The scientists started to **replicate** their experiments.
그 과학자들은 자신들의 실험을 반복하기 시작했다.
Vik Muniz uses everyday materials to **replicate** classic
artwork. 학평
Vik Muniz는 고전 예술 작품을 모사하기 위해 평범한 재료들을 이용한다.
⁜ replication 명 복사, 모사

simplicity
[simplísəti]

sim(=one) + plic(i)(=fold) + ty(접사) → 한 겹으로 됨
명 단순, 간단, 평이, 간소
Absolute **simplicity** remained an ideal rather than a reality. 학평
절대적 단순성은 현실이라기보다 이상으로 남았다.
⁜ simplify 동 간소화하다, 평이하게 하다   simple 형 단순한, 소박한
   simply 부 그저, 정말로

deploy
[diplɔ́i]

de(=dis: apart) + ploy(=fold) → 접힌 것을 떼어 내서 펼치다
동 배치하다, 전개하다, 효율적으로 사용하다
Wellington **deployed** his troops skillfully.
Wellington은 능숙하게 자신의 병력을 배치했다.
⁜ deployment 명 배치, 전개

employ
[implɔ́i]

em(= en: in) + ploy(= fold) → 안으로 싸서 넣다
동 고용하다, 이용하다
She **employed** a gardener to mow the front yard.
그녀는 앞마당의 잔디를 깎을 정원사를 고용했다.
The circus acrobat **employed** the principle. 학평
서커스 곡예사는 그 원칙을 이용했다.
❖ employment 명 고용, 직장, 취업   employer 명 고용주
   employee 명 직원, 종업원

apply
[əplái]

ap(= ad: to) + ply(= fold) → ~에 포개다
동 지원하다, 신청하다, 적용하다, 바르다
She **applied** for a job with an ambulance service.
그녀는 구급차 서비스직에 지원했다.
The same **applies** to your work. 학평
똑같은 것이 여러분의 일에 적용된다.
❖ application 명 지원[신청](서), 적용, 응용   applicant 명 지원자

imply
[implái]

im(= in) + ply(= fold) → 안으로 접다
동 넌지시 말하다, 내포하다, 암시하다, 함축하다
Complex behavior does not **imply** complex mental strategies. 학평
복잡한 행동이 복잡한 정신적 전략을 암시하는 것은 아니다.
❖ implication 명 암시, 영향, 결과, 함축

multiply
[mʌ́ltəplài]

multi(= many) + ply(= fold) → 여러 번 접다
동 번식하다, 증가하다, 곱하다
It is true that rabbits **multiply** rapidly.
토끼가 빠르게 번식하는 것은 사실이다.
The opportunities for independent exploration are **multiplied**. 모평
독립적인 탐구를 위한 기회가 증가된다.

reply
[riplái]

re(= back, again) + ply(= fold) → (말을) 접어 되돌려 주다
동 대답하다, 응수하다   명 대답, 답장, 대답, 회신
I waited for Cathy to **reply**, but she said nothing.
나는 Cathy가 대답하기를 기다렸으나, 그녀는 아무 말도 하지 않았다.

plor
외치다(cry out), 울다(weep)

explore
[iksplɔ́:r]

ex(= out) + plor(e)(= cry out, weep) → 밖으로 나가 외치다
동 탐험하다, 탐구하다, 조사하다
Montego Bay is a nice place to **explore** on foot.
Montego Bay는 도보로 탐험하기에 좋은 장소이다.
Timothy Lawson **explored** the spotlight effect. 학평
Timothy Lawson은 조명 효과를 조사했다.
❖ exploration 명 탐험, 답사   explorer 명 탐험가, 탐사자

implore
[implɔ́:r]

im(= in: on, upon) + plor(e)(= cry out, weep) → ~을 달라고 울다
동 간청하다, 애원하다
She **implored** me to think about this decision.
그녀는 내게 이 결정에 대해 생각해 보라고 간청했다.
❖ imploration 명 탄원, 애원

popul
사람들(people)

popular
[pápjələr]

popul(= people) + ar(접사) → 대중적인
형 인기 있는, 대중적인, 일반적인
The most **popular** outdoor watersport activity was coastal walking. 학평
가장 인기 있는 야외 수상 스포츠 활동은 해안 걷기였다.
❖ popularity 명 인기, 대중성

populate
[pápjəlèit]

popul(= people) + ate(접사) → 사람들이 있게 하다
동 거주하다, 살다
The Rio Grande valley was largely **populated** by Mexicans and Tejanos. Rio Grande 골짜기에는 주로 멕시코인과 테하노인이 거주했다.
❖ unpopulated 형 사람이 살지 않는

port
운반하다(carry), 항구(harbor)

portable
[pɔ́:rtəbl]

port(= carry) + able(접사) → 운반할 수 있는
형 이동시킬 수 있는, 휴대용의, 운반할 수 있는
The **portable** house is no longer in the experimental stage.
이동식 주택은 더는 실험 단계에 있지 않다.

portfolio
[pɔ:rtfóuliòu]

port(= carry) + folio(= foglio: leaf, sheet) → 종이[서류] 나르기
명 포트폴리오, 서류 가방, 서류첩, 작품집
He is especially concerned about the safety of his investment **portfolio**. 그는 자신의 투자 포트폴리오의 안전에 관해 특히 걱정한다.

import
[impɔ́:rt] 동
[impɔ:rt] 명

im(= in) + port(= carry) → 안으로 운반하다
동 수입하다, 이입하다, 의미하다   명 수입(품), 의미, 중요성
Britain mainly **imported** tea from China.
영국은 주로 차를 중국에서 수입했다.
The market shares of all types of fruit **imports** increased. 학평
모든 유형의 과일 수입품의 시장 점유율이 증가했다.

opportunity
[àpərtjúːnəti]

op(= ob: to) + portun(= harbor) + ity(접사)
→ 항구로 향하는 것, 항구 가까이에 가는 것
명 기회, 호기
We are surrounded by **opportunities**. 학평
우리는 기회에 둘러싸여 있다.

---

publ   사람들의(of the people)

---

public
[pʌ́blik]

라틴어 publicus(= of the people)에서 유래 → 여러 사람의
형 공공의, 일반인의, 대중의   명 대중, 일반 사람들, 국민
Public issues have been discussed in such **public** forums. 학평
공공의 생점들이 그러한 공개적인 토론회에서 논의되었다.
Of course, the **public** cannot design a building. 학평
물론 일반인은 건물을 설계할 수 없다.
⁜ publicity 명 명성, 지명도, 공표   publicize 통 공표하다, 선전하다

publish
[pʌ́bliʃ]

publ(= of the people) + ish(접사) → 사람들의 것으로 하다
통 출판하다, 발행하다, 공표하다
In 1789 he **published** his autobiography. 학평
1789년에 그는 자신의 자서전을 출판했다.
⁜ publication 명 출판(물), 발표   publisher 명 출판인, 출판사

republic
[ripʌ́blik]

re(= res: affair, matter, thing) + publ(ic)(= of the people)
→ 국민들의 것임
명 공화국, 사회
Without that involvement, the **republic** would die. 모평
그러한 참여가 없다면, 그 공화국은 멸망할 것이다.
⁜ republican 형 공화국의, 공화당의   명 공화주의자, 공화당원

---

pos/pon/posit   놓다(place, put, lay)

---

pose
[pouz]

pos(e)(= place, put) → 놓다, 위치시키다
통 (위험·문제·의문 등을) 제기하다, (몸의) 자세를 취하다, ~인 체하다
명 포즈, 자세, 태도
Chemicals **pose** a threat to our health.
화학 물질은 우리의 건강을 위협한다.

posture
[pɑ́stʃər]

pos(= put) + ture(접사) → 몸을 어떤 상태나 모습으로 놓는 것

명 자세, 몸가짐, 태도

Poor **posture** can lead to back pain.

안 좋은 자세는 허리 통증을 유발할 수 있다.

Voca Plus
- erect[upright] **posture** 곧은 자세
- stooping **posture** 구부린 자세
- stiff **posture** 뻣뻣한 자세
- proper **posture** 올바른 자세

impose
[impóuz]

im(= in) + pos(e)(= put) → (의무, 부담 등을) 집어넣다

동 (의무·세금·벌 등을) 부과하다, 강요하다

Centuries ago, the Duke of Tuscany **imposed** a tax on salt. 학평

몇 세기 전에, 토스카나의 공작은 소금에 세금을 부과했다.

⁜ imposition 명 (의무, 세금 등의) 부과, 새로운 제도의 시행

oppose
[əpóuz]

op(= ob: against) + pos(e)(= put) → 반대 방향에 놓다

동 반대하다, 대항하다, 마주 보게 하다

She was **opposed** to the death penalty. 그는 사형 (제도)에 반대했다.

⁜ opposition 명 반대, 대립, 대항

propose
[prəpóuz]

pro(= forward) + pos(e)(= put) → (의견 등을) 앞에 내놓다

동 제안하다, 제의하다, 청혼하다

He **proposed** that we should put it to a vote.

그는 우리가 그것을 표결에 부쳐야 한다고 제안했다.

⁜ proposal 명 제안, 제의, 신청, 청혼
  proposition 명 (사업상의) 제의, 명제

purpose
[pə́:rpəs]

pur(= pro: before) + pos(e)(= put) → 어떤 것을 하겠다고 앞에 놓은 것

명 목적, 의도, 의향, 취지

The poison of the frog is only for defensive **purposes**. 학평

그 개구리의 독은 오로지 방어 목적용이다.

⁜ purposely 부 고의로, 일부러

suppose
[səpóuz]

sup(= sub: under) + pos(e)(= put) → 아래에 두고 고려해 보다

동 가정하다, 생각하다, 추측하다, ~일 것 같다

Let's **suppose** you heat the soup until it is 95℃, quite hot. 모평

스프를 95도까지, 즉 매우 뜨겁게 가열한다고 가정해 보자.

component
[kəmpóunənt]

com(= together) + pon(= put) + ent(접사)
→ 제품 조립에 들어가는 것이 함께 놓인 것
명 (구성) 요소, 부품, 성분
Pleasure has a **component** that is dependent on change. 학평
즐거움은 변화에 의존하는 요소를 가지고 있다.

postpone
[poustpóun]

post(= after) + pon(e)(= put) → ~의 뒤로 놓다
동 연기하다, 미루다
We can't cancel or **postpone** the concert. 학평
우리는 음악회를 취소하거나 연기할 수 없다.

deposit
[dipázit]

de(= away) + posit(= put) → 딴 곳에 따로 떼어 두다
동 (예금을) 예치하다, 보증금을 내다, ~에 두다[놓다]
명 예금, 보증금, 예치금, 침전물
I'm going to the bank to **deposit** some money. 학평
돈을 조금 예금하러 은행에 가려고 해.

poss
할 수 있다(be able), 능력이 있다(have power)

possess
[pəzés]

poss(= be able) + ess(= esse: be) → 권한을 가지다
동 지니다, 소유하다, (마음을) 사로잡다
The bridge must **possess** an intrinsic beauty. 학평
다리는 내적인 아름다움을 지녀야 한다.
❖ possession 명 소유(물), 소지(품)

> **Voca & Voca** 소유하다, 보유하다
> ▶ own (법적 권리로) 소유하다
> Their dream is to **own** their own home.
> 그들의 꿈은 자신들의 집을 소유하는 것이다.
> ▶ retain 보유하다, 지속하다
> I need to **retain** the receipt for my records.
> 나는 나의 기록을 위해 그 영수증을 보유할 필요가 있다.

potential
[pəténʃəl]

pot(= have power) + ent(접사) + ial(접사) → ~할 수 있는 힘을 가진
형 잠재적인, 가능한 명 잠재력
Harmless stimuli can become **potential** threats. 학평
해가 되지 않는 자극이 잠재적인 위협이 될 수 있다.

Daily Test

A 영어는 우리말로, 우리말은 영어로 쓰시오.

01 explicit _____

02 복잡하게 하다   c_____

03 replicate _____

04 단순, 간단, 평이   s_____

05 apply _____

06 고용하다, 이용하다   e_____

07 multiply _____

08 간청하다, 애원하다   i_____

09 explore _____

10 거주하다, 살다   p_____

11 public _____

12 기회, 호기   o_____

13 deposit _____

14 출판하다, 발행하다   p_____

15 suppose _____

16 반대하다, 대항하다   o_____

17 propose _____

18 자세, 몸가짐, 태도   p_____

19 possess _____

20 연기하다, 미루다   p_____

B 오른쪽 해석을 보고, 빈칸에 가장 적절한 단어를 [보기]에서 골라 쓰시오.

| 보기 | component | imply | imposed | portable | potential |

01 Harmless stimuli can become _____ threats.

해가 되지 않는 자극이 잠재적인 위협이 될 수 있다.

02 The _____ house is no longer in the experimental stage.

이동식 주택은 더는 실험 단계에 있지 않다.

03 Centuries ago, the Duke of Tuscany _____ a tax on salt.

몇 세기 전에, 토스카나의 공작은 소금에 세금을 부과했다.

04 Pleasure has a _____ that is dependent on change.

즐거움은 변화에 의존하는 요소를 가지고 있다.

05 Complex behavior does not _____ complex mental strategies.

복잡한 행동이 복잡한 정신적 전략을 암시하는 것은 아니다.

정답 **A** 01 분명한, 명시적인, 솔직한 02 complicate 03 반복하다, 모사[복제]하다, 접어 젖히다 04 simplicity 05 지원하다, 신청하다, 적용하다, 바르다 06 employ 07 번식하다, 증가시키다, 곱하다 08 implore 09 탐험하다, 탐구하다, 조사하다 10 populate 11 공공의, 대중의; 대중, 일반 사람들 12 opportunity 13 (예금을) 예치하다; 보증금 14 publish 15 가정하다, 생각하다, 추측하다 16 oppose 17 제안하다, 제의하다, 청혼하다 18 posture 19 지니다, 소유하다, (마음을) 사로잡다 20 postpone
B 01 potential 02 portable 03 imposed 04 component 05 imply

preci/prais   가격(price), 가치(value)

precious
[préʃəs]

preci(= price) + ous(접사) → 값이 많이 나가는
형 귀중한, 값비싼, 소중한
Precious metals have been desirable as money. 학평
귀중한 금속은 돈으로서 바람직했다.

> **Voca & Voca**   소중한, 귀중한
> ▶ valuable 소중한, 귀중한, 가치가 큰
>   Observation is a **valuable** tool to understand a child. 학평
>   관찰은 아이를 이해하는 귀중한 도구이다.
> ▶ invaluable 값을 헤아릴 수 없는, 매우 귀중한
>   **invaluable** information   매우 귀중한 정보
> ▶ priceless 돈으로 살 수 없는, 대단히 귀중한
>   her **priceless** artwork   그녀의 대단히 귀중한 예술 작품

appreciate
[əprí:ʃièit]

ap(= ad: to) + preci(= value) + ate(접사) → ~에 대한 가치를 알다
동 감사하다, 감상하다, 진가를 알다
I told Michael that I greatly **appreciated** his gesture. 학평
나는 Michael에게 그의 행동을 매우 감사하고 있다고 말했다.
Color plays a huge part in how we **appreciate** art. 학평
색은 우리가 미술을 감상하는 방식에서 큰 역할을 한다.
⊕ appreciation 명 감사, 감상, 평가
   appreciative 형 감사하는, 감상을 즐기는

praise
[preiz]

prais(e)(= value) → 가치를 인정해 주다
동 칭찬[칭송]하다, 찬양하다   명 칭찬, 찬양
How people are **praised** is very important. 학평
사람들이 칭찬받는 방식이 매우 중요하다.
⊕ praiseworthy 형 칭찬할 만한, 기특한

appraise
[əpréiz]

ap(= ad: to) + prais(e)(= value) → ~에 대해 가치를 매기다
동 평가하다, 감정하다, 자세히 살펴보다
He got the ring **appraised** for $4,000. 학평
그는 그 반지를 4천 달러로 감정받았다.
⊕ appraisal 명 평가, 감정, 사정

prehend/pris 붙잡다(seize, take)

apprehend
[æprihénd]

ap(=ad: to) + prehend(= seize) → 완전히 붙잡다
통 체포하다, 염려하다
The police have failed to **apprehend** the thief.
경찰이 그 도둑을 잡는 데 실패했다.
Take it easy. There is nothing to **apprehend**.
진정해. 염려할 게 아무것도 없어.
⊕ **apprehensive** 형 걱정되는, 불안한

comprehend
[kàmprihénd]

com(=together) + prehend(= seize) → 완전히 붙잡다
통 이해하다, 포괄하다
I couldn't **comprehend** what had happened.
나는 무슨 일이 일어났었는지 이해할 수 없었다.
⊕ **comprehension** 명 이해(력), 포함, 포괄
comprehensive 형 포괄적인, 이해력이 있는

imprison
[imprízn]

im(= in) + prison(감옥) → 감옥 안에 붙들어 두다
통 투옥하다, 감금하다, 가두다
His political enemies were **imprisoned**.
그의 정치적인 적들은 투옥되었다.
⊕ **imprisonment** 명 투옥, 감금, 구속

enterprise
[éntərpràiz]

enter(= inter: between) + pris(e)(=take)
→ 일을 꽉 쥐고 추진해 나가는 곳
명 기업, 회사, (모험적인) 대규모 사업, 진취적 정신
Workers began to pay for leisure activities organized by
capitalist **enterprises**. 수능
노동자들은 자본주의 기업이 조직한 여가 활동에 돈을 지불하기 시작했다.

> **Voca & Voca** 회사
> ▶ company 회사, 상회
> George is the supervisor for an engineering **company**. 학평
> George는 엔지니어링 회사의 관리자이다.
> ▶ corporation (규모가 큰) 기업
> a multinational **corporation** 다국적 기업
> ▶ firm (규모가 작은) 회사
> The strategy is used today by some fashion **firms**. 학평
> 그 전략은 오늘날 일부 패션 회사에 의해 사용되고 있다.

prey
[prei]

고대 프랑스어 preie(= animal taken in the chase)에서 유래
→ 추적해서 붙잡은 동물
명 (사냥 동물의) 먹이, 희생자
Some species of **prey** are brightly colored all over. 학평
먹잇감 중 어떤 종들은 몸 전체가 선명한 색상이다.

press

누르다, 압박하다(press, strain)

pressure
[préʃər]

press(누르다) + ure(접사) → 누르는 힘

명 압력, 압박(감), 기압

Contact with pets can decrease blood **pressure**. 학평

애완동물과의 접촉은 혈압을 낮출 수 있다.

> **Voca Plus**
> - **pressure** group 압력 단체
> - peer **pressure** 또래 압력
> - air[atmospheric] **pressure** 기압
> - social **pressure** 사회적 압력

compress
[kəmprés]

com(=together) + press(누르다) → 어떤 것을 한꺼번에 누르다

동 압축하다, 꼭 누르다, 요약하다

Snow in the cold region is **compressed** into ice.

추운 지역에서 눈은 압축되어 얼음이 된다.

He **compressed** 50 years of history into 10 pages.

그는 50년의 역사를 10페이지로 요약했다.

express
[iksprés]

ex(=out) + press(누르다) → (생각 등을) 밖으로 밀어내다

동 표현하다, 나타내다   형 급행의, 속달의

You don't need complex sentences to **express** ideas. 학평

여러분은 생각을 표현하기 위해 복잡한 문장이 필요하지는 않다.

I want to send this by **express** mail service.

빠른 우편으로 이것을 보내고 싶어요.

⊕ expression 명 표현, 표정, 말씨
   expressive 형 표현하는, 표현(력)이 풍부한

impress
[imprés]

im(=in) + press(누르다) → ~에 눌러서 자국을 남기다

동 깊은 인상을 주다, 감동[감명]시키다, 명심시키다

Hooke **impressed** them with his skills. 학평

Hooke는 자신의 기술로 그들에게 깊은 인상을 주었다.

⊕ impression 명 인상, 감명, 감동
   impressive 형 인상적인, 감명을 주는

oppress
[əprés]

op(=ob: against) + press(압박하다) → 반대로 압박을 가하다

동 억압하다, 탄압하다

Is it human nature to **oppress** others?

다른 사람들을 억압하는 것이 인간의 본성인가?

⊕ oppression 명 억압, 압박, 탄압
   oppressive 형 압제적인, 압박하는, 포악한

prim/prin(cip)　처음의(first)

primary
[práimeri]

prim(e)(= first) + ary(접사) → 첫째의
형 첫째의, 제1의, 수위의, 주요한
Horses were the **primary** form of transportation. 학평
말은 주요 교통수단이었다.

> **Voca Plus**
> • **primary** language　제 1언어
> • **primary** color　원색(빨강, 노랑, 파랑 중의 하나)
> • **primary** industry　1차 산업

primitive
[prímitiv]

prim(= first) + itive(접사) → 처음에 나타난
형 원시 시대의, 원시적인
Primitive people often lived in caves.
원시 시대의 사람들은 흔히 동굴에서 살았다.
The hunters were armed only with **primitive** weapons. 모평
그 사냥꾼들은 원시적인 무기로만 무장했다.

primate
[práimit]

prim(= first) + ate(접사) → 제일 높은 사람
명 영장류
Tarsiers are little **primates** not much bigger than rats. 학평
tarsier는 쥐보다 별로 크지 않은 작은 영장류이다.

principal
[prínsəpəl]

princip(= first) + al(접사) → 처음으로 잡은
형 주요한, 제 1의　명 교장, 장(長)
Photography is the **principal** way of exploring the deep-sea world. 학평 사진술은 심해의 세계를 탐험하는 주요한 방법이다.

principle
[prínsəpl]

라틴어 principium(= a beginning)에서 유래 → 처음의 것, 기초
명 원리, 원칙
This **principle** works outside the lab as well.
이 원리는 실험실 밖에서도 적용된다.

priv　가져가다(take away), 떼어 놓다(separate)

private
[práivit]

priv(= take away) + ate(접사) → 따로 떨어진
형 개인적인, 개인의, 방해를 받지 않는
She was educated by **private** tutors at home. 학평
그녀는 집에서 개인 교사들에게서 교육을 받았다.

deprive
[dipráiv]

de(= apart) + prive(= take away) → 떼어 내다
동 빼앗다, 박탈하다
They **deprived** the person of the chance to make choices. 학평
그들은 그 사람에게서 선택할 기회를 박탈했다.

prov/prob   검사하다(test), 입증하다(demonstrate, show)

prove
[pru:v]

prov(e)(= demonstrate) → 입증하다
동 입증하다, 증명하다
A hypothesis cannot be **proved** by a single experiment. 학평
가설은 한 차례의 실험으로 증명될 수 없다.

probe
[proub]

라틴어 probare(= test)에서 유래 → 조사하다
동 (면밀히) 조사하다, 캐묻다 명 (철저한) 조사, 무인 우주 탐사선
She **probed** for related ideas. 모평
그녀는 관련된 아이디어에 대해 조사했다.

probable
[prábəbl]

prob(= test) + able(접사) → 검사할 수 있는
형 개연적인, 있음직한, 사실 같은
It's **probable** that we will be among a popular person's friends.
학평 우리가 인기 많은 사람의 친구 중의 한 사람으로 될 개연성이 있다.
⁙ probability 명 개연성, 확률   probably 부 아마

approve
[əprú:v]

ap(= to) + prov(e)(= test) → 검사하다
동 승인하다, 인정하다, 찬성하다
The committee **approved** the plan after a debate.
그 위원회는 토론 후 그 계획을 승인했다.
It is usually best to **approve** of the child's play without
interfering. 수능 간섭하지 않고 아이의 놀이를 인정해 주는 것이 대개 제일 좋다.
⁙ approval 명 승인, 찬성

> **Voca & Voca**   동의하다, 허용하다
> ▶ agree 동의하다
>   I **agree** with you. 당신 말에 동의해요.
> ▶ permit 허용하다
>   Cell phones are specially **permitted** in the music class.
>   휴대 전화는 음악 수업에서 특별히 허용된다.

proof
[pru:f]

라틴어 probare(= test)에서 유래 → 증명, 증거
명 증명, 증거
Jurors today expect clearer **proof**. 학평
오늘날 배심원들은 더 명확한 증거를 기대한다.

disprove
[disprú:v]

dis(= not) + prove → 틀렸음을 입증하다
동 틀렸음을 입증하다, 반증을 들다
We should prove or **disprove** general theories. 모평
우리는 일반적인 이론을 증명하거나 틀렸음을 입증해야 한다.

prop/propri 자신만의(one's own)

proper
[prápər]

라틴어 proprius(= one's own)에서 유래 → 자신만을 위한
형 적당한, 타당한
Great ideas, like great wines, need **proper** aging. 학평
위대한 아이디어들은 훌륭한 와인과 같이 적당한 숙성이 필요하다.

property
[prápərti]

prop(er)(= proprius: one's own) + ty(접사) → 가진 것
명 (사물의) 속성[특성], 재산, 자산
Knowledge was once an internal **property**. 학평
지식은 한때 내적 자산이었다.
The book explains the chemical **properties** of water.
그 책은 물의 화학적인 속성을 설명한다.

appropriate
[əpróupriət] 형
[əpróuprèit] 동

ap(= ad: to) + propri(= one's own) + ate(접사) → 자신을 위해 가질 만한
형 적절한, 적합한   동 도용[전용]하다
Appropriate density control is essential. 학평
적절한 밀도 제어가 필수적이다.

psych 마음, 정신(mind)

psychic
[sáikik]

psych(= mind) + ic(접사) → 마음의
형 초능력이 있는, 정신의
Paul was known as a **psychic** octopus.
Paul은 초능력 문어로 알려졌다.

psychiatrist
[saikáiətrist]

psych(= mind) + iatr(y)(= healing) + ist(접사) → 마음을 치유하는 사람
명 정신과 의사
Victor Frankl was a famous **psychiatrist**. 학평
Victor Frankl은 유명한 정신과 의사였다.

psychology
[saikálədʒi]

psych(o)(= mind) + logy(= science, study) → 마음을 연구하는 학문
명 심리학, 심리 상태
He borrowed lessons from my positive **psychology** class. 수능
그는 나의 긍정 심리학 수업에서 배운 수업 내용을 빌렸다.
❖ psychological 형 심리학의

psychotherapy
[sàikouθérəpi]

psych(o)(= mind) + therapy(= healing) → 마음의 치유법
명 심리 치료[법]
Psychotherapy treats personality disorders.
심리 치료법은 성격 장애를 치료한다.
❖ psychotherapist 명 심리 치료 의사

Daily Test

A 우리말은 영어로, 영어는 우리말로 쓰시오.

01 귀중한, 값비싼   p_____

02 appraise   _____

03 이해하다, 포괄하다   c_____

04 imprison   _____

05 먹이, 희생자   p_____

06 enterprise   _____

07 표현하다, 나타내다   e_____

08 impress   _____

09 압축하다, 요약하다   c_____

10 primary   _____

11 영장류   p_____

12 principle   _____

13 빼앗다, 박탈하다   d_____

14 probe   _____

15 개연적인, 있음직한   p_____

16 approve   _____

17 증명, 증거   p_____

18 appropriate   _____

19 정신과 의사   p_____

20 property   _____

B 오른쪽 해석을 보고, 네모 안에서 적절한 단어를 고르시오.

01 Is it human nature to express / oppress others?

다른 사람들을 억압하는 것이 인간의 본성인가?

02 Take it easy. There is nothing to apprehend / comprehend.

진정해. 염려할 게 아무것도 없어.

03 We should prove or approve / disprove general theories.

우리는 일반적인 이론을 증명하거나 틀렸음을 입증해야 한다.

04 I told Michael that I greatly appraised / appreciated his gesture.

나는 Michael에게 그의 행동을 매우 감사하고 있다고 말했다.

05 The hunters were armed only with primary / primitive weapons.

그 사냥꾼들은 원시적인 무기로만 무장했다.

정답 Ⓐ 01 precious 02 평가하다, 감정하다 03 comprehend 04 투옥하다, 감금하다 05 prey 06 기업, 회사, (모험적인) 대규모 사업, 진취적 정신 07 express 08 깊은 인상을 주다, 감동[감명]시키다 09 compress 10 첫째의, 수위의, 주요한 11 primate 12 원리, 원칙 13 deprive 14 (면밀히) 조사하다; (철저한) 조사, 무인 우주 탐사선 15 probable 16 승인하다, 인정하다, 찬성하다 17 proof 18 적절한, 적합한; 도용[전용]하다 19 psychiatrist 20 자산, (사물의) 속성[특성], 재산

Ⓑ 01 oppress 02 apprehend 03 disprove 04 appreciated 05 primitive

A 영어는 우리말로, 우리말은 영어로 쓰시오.

01	numerous	_____	02	영양소, 영양분	n	_____
03	disorder	_____	04	장치, 기기, 기관	a	_____
05	impartial	_____	06	양립[공존]할 수 있는	c	_____
07	compel	_____	08	뉘우치다, 회개하다	r	_____
09	suspend	_____	10	전문가	e	_____
11	competence	_____	12	그럴듯한, 이치에 맞는	p	_____
13	explicit	_____	14	반복하다, 모사[복제]하다	r	_____
15	imply	_____	16	(구성) 요소, 부품, 성분	c	_____
17	appreciate	_____	18	투옥하다, 감금하다	i	_____
19	probable	_____	20	재산, 자산, 속성[특성]	p	_____

B 다음 단어를 우리말 뜻에 맞게 변형하여 쓰시오.

01 nutrition → _____ (영양분[영양가]이 많은)

02 compare → _____ (비교)

03 compatible → _____ (양립성, 호환성)

04 impulse → _____ (충동적인)

05 fantasy → _____ (공상하다)

06 explosive → _____ (폭발하다)

07 simplicity → _____ (간소화하다, 평이하게 하다)

08 appraise → _____ (평가, 감정, 사정)

C 다음 영영사전 풀이에 해당하는 단어를 바르게 연결하시오.

01 to empty out or exhaust · · ⓐ deprive

02 lower in rank or importance · · ⓑ deplete

03 a person who travels on foot · · ⓒ portable

04 easily or conveniently transported · · ⓓ pedestrian

05 to take away possessions from someone · · ⓔ subordinate

D 다음 문장의 빈칸에 적절한 단어를 [보기]에서 골라 쓰시오.

> 보기   appeal   explore   ordinary   phenomenon   posture

01 He began taking on a straighter _____. [학평]

02 I've always wanted to _____ the Amazon. [학평]

03 Like war, migration is an ancient _____. [학평]

04 People built huge earthworks to _____ to the powers of heavens. [학평]

05 Our brains imagine impressive outcomes more readily than _____ ones. [학평]

E 다음 네모 안에서 적절한 말을 고르시오.

01 The force holds the parcels / particles of water or ice together. [학평]

02 Around 3/4 of that energy is expended / suspended on neurons. [학평]

03 The hand becomes an experiment / implement for pounding nails. [학평]

04 Applying / Multiplying a single plan to everything can be inefficient. [학평]

05 She will be reading a short passage / password from her latest book. [학평]

정답 **A** 01 수많은, 무수한, 다수의 02 nutrient 03 혼란, 무질서, (신체 기능의) 장애 04 apparatus 05 공평한, 편견 없는 06 compatible 07 강요하다, 억지로 ~하게 만들다 08 repent 09 일시 정지[중지]하다, 정학시키다, 매달다 10 expert 11 능력, 유능함 12 plausible 13 분명한, 명시적인, 솔직한 14 replicate 15 넌지시 말하다, 내포하다, 암시하다, 함축하다 16 component 17 감사하다, 감상하다, 진가를 알다 18 imprison 19 개연적인, 있음직한, 사실 같은 20 property

B 01 nutritious 02 comparison 03 compatibility 04 impulsive 05 fantasize 06 explode 07 simplify 08 appraisal

C 01 ⓑ 고갈시키다 02 ⓔ 하급의 03 ⓓ 보행자 04 ⓒ 이동시킬 수 있는 05 ⓐ 빼앗다

D 01 posture 02 explore 03 phenomenon 04 appeal 05 ordinary

E 01 particles 02 expended 03 implement 04 Applying 05 passage

해석 **D** 01 그는 더 곧은 자세를 취하기 시작했다. 02 나는 항상 아마존을 탐험하기를 원했다. 03 전쟁처럼, 이주는 아주 오래된 현상이다. 04 사람들이 하늘의 힘에 호소하기 위해 거대한 지상 구조물을 만들었다. 05 우리의 뇌는 평범한 것보다 인상적인 결과를 더 쉽게 상상한다.

E 01 그 힘은 물이나 얼음 입자를 뭉치게 한다. 02 그 에너지의 3/4은 뉴런에 사용된다. 03 그 손은 못을 치는 도구가 된다. 04 단 한 가지 계획을 모든 것에 적용하는 것은 비효율적일 수 있다. 05 그녀는 자신의 최신작의 짧은 구절 하나를 낭독할 것입니다.

Progress Test 4 (DAY 01~40)

A 영어는 우리말로, 우리말은 영어로 쓰시오.

01 preserve _____ 02 독점적인, 배타적인 e_____

03 supplement _____ 04 협력하다, 공동으로 하다 c_____

05 accustomed _____ 06 평가, 평가액 a_____

07 vibrant _____ 08 특징짓다, 성격을 묘사하다 c_____

09 aquaculture _____ 10 생각해 내다, 상상하다 c_____

11 precise _____ 12 (유통되는) 통화, 화폐, 유통 c_____

13 induce _____ 14 무한한 i_____

15 gravity _____ 16 박수치다, 갈채를 보내다 a_____

17 elaborate _____ 18 예금, 예치금, 침전물 d_____

19 commodity _____ 20 억압하다, 탄압하다 o_____

B 다음 괄호 안에 주어진 단어를 이용하여, 빈칸에 알맞은 말을 쓰시오.

01 불공평함 _____ (unfair)

02 위험에 빠진, 멸종 위기의 _____ (endanger)

03 떨다, 진동하다, 진동시키다 _____ (vibrant)

04 공감하는, 동정적인 _____ (sympathize)

05 비판의, 중대한 _____ (criticize)

06 확인하다, 동일시하다 _____ (identity)

07 정지, 보류, 정학 _____ (suspend)

08 동기를 부여하다 _____ (motive)

C 다음 영영사전 풀이에 해당하는 단어를 [보기]에서 골라 쓰시오.

보기　agitate　　colony　　mutual　　prestige　　probe

01 to excite and often trouble the mind : _____

02 to examine or move through an area : _____

03 respect and admiration given to someone : _____

04 belonging to or true of two or more people : _____

05 a region politically controlled by a distant country : _____

D 다음 네모 안에서 문맥에 맞는 적절한 단어를 고르시오.

01 He wants to learn a martial art so he can confine / defend himself. 학평

02 It is tempting to overlook / overtake an observation that does not fit into the pattern woven. 학평

03 Most of the expanding experimental literacy / literature focuses on the cases of pure instruction. 학평

04 Failure concedes / precedes success. Simply accept that failure is part of the process and get on with it. 학평

E 다음 빈칸에 알맞은 말을 고르시오.

01 While she was performing CPR, I immediately _____ the nearby hospital. 학평

① commuted　② noticed　③ notified　④ navigated　⑤ signified

02 Your mind is free of the stresses that _____ over the course of a workday. 학평

① accumulate　② diversify　③ originate　④ predict　⑤ recollect

03 By communicating happiness, we were able to develop _____ social interactions. 학평

① artificial　② beneficial　③ candid　④ equitable　⑤ identical

04 An imagined past provides resources for a _____ that is to be passed onto an imagined future. 수능

① coincidence　② dilemma　③ heritage　④ prejudice　⑤ allocation

정답 Ⓐ **01** 보존하다, 보호하다 **02** exclusive **03** 보충[추가](물), 부록; 부가하다, 보완하다 **04** collaborate **05** 익숙한, 평상시의, ~에 습관화된 **06** assessment **07** 떨리는, 진동하는, 활기찬 **08** characterize **09** 양식업, 수경 재배 **10** conceive **11** 정확한, 정밀한 **12** currency **13** 설득하다, 유발하다 **14** infinite **15** (지구) 중력, 심각성, 중대성 **16** applaud **17** 노력이 깃든, 정교한, 정성 들인; 자세히 말하다, 정교하게 만들다 **18** deposit **19** 상품, 일용품, 필수품 **20** oppress

Ⓑ **01** unfairness **02** endangered **03** vibrate **04** sympathetic **05** critical **06** identify **07** suspension **08** motivate

Ⓒ **01** agitate(동요시키다) **02** probe(탐사하다) **03** prestige(신망, 명성) **04** mutual(상호의) **05** colony(식민지)

Ⓓ **01** defend **02** overlook **03** literature **04** precedes

Ⓔ **01** ③ **02** ① **03** ② **04** ③

해석 Ⓓ **01** 그는 스스로를 방어할 수 있도록 무술을 배우기를 원한다. **02** 그 짜인 패턴에 들어맞지 않는 관찰을 간과하려는 것은 솔깃한 일이다. **03** 증가하고 있는 실험에 관한 문헌의 대부분은 순전한 설명에 초점을 맞춘다. **04** 실패는 성공에 선행한다. 실패가 과정의 일부라는 것을 그저 받아들여라.

Ⓔ **01** 그 여자가 심폐 소생술을 실시하고 있는 동안 나는 즉시 가까운 병원에 알렸다. **02** 여러분의 마음은 근무 시간 동안 쌓이는 스트레스가 없다. **03** 우리는 행복감을 전달함으로써 유익한 사회적 상호 작용을 발전시킬 수 있었다. **04** 상상된 과거는 상상된 미래로 전해질 수 있는 유산을 위한 자원을 제공한다.

puls
추진(push), 맥박(beat)

pulse
[pʌls]

라틴어 pulsus(= beat)에서 유래 → 맥박
명 맥박, 고동 동 활기가 넘치다, 맥박이 뛰다
He hooked himself up to the **pulse** meter. 모평
그는 자신을 맥박 측정기에 연결했다.
The auditorium **pulsed** with excitement.
그 강당은 흥분으로 활기가 넘쳤다.

compulsive
[kəmpʌ́lsiv]

com(= thoroughly) + puls(= push) + ive(접사) → 완전히 몰아가는
형 강박적인, 상습적인
Many people suffer from **compulsive** eating disorders.
많은 사람들이 강박적인 식이 장애로 고생한다.

impulsive
[impʌ́lsiv]

im(= in: into) + puls(= push) + ive(접사) → 하도록 만드는
형 충동적인, 감정에 끌린
We tend to rely on our **impulsive** emotions. 학평
우리는 충동적인 감정에 의존하는 경향이 있다.
⊕ impulse 명 욕구, 충동 impulsively 부 감정에 끌려

punc
찌르다(prick), 가리키다(point)

punctual
[pʌ́ŋktʃuəl]

punc(= prick) + tual(접사) → 찌르는 행동의
형 시간을 엄수하는, 어김없는
He wore his pajamas and stayed **punctual**. 학평
그는 자신의 잠옷을 입고서도 시간을 계속 엄수했다.
⊕ punctuality 명 시간 엄수

punctuate
[pʌ́ŋktʃuèit]

punc(= prick) + tuate(접사) → 찌르다
동 구두점을 찍다, 중단시키다
We learn how to **punctuate** and spell.
우리는 구두점을 찍는 법과 철자법을 배운다.
Long track records of success are **punctuated** by slips. 수능
오랜 동안의 성공 실적이 작은 실수에 의해서 중단된다.
⊕ punctuation 명 구두점

acupuncture
[ǽkjupʌ̀ŋktʃər]

acu(= acus: needle) + punc(= prick) + ture(접사) → 바늘로 찌르는 것
명 침술(鍼術), 침 치료
Acupuncture appears to be effective in relieving pain.
침술이 통증을 완화하는 데 효과가 있는 것 같아 보인다.

put
생각하다(think)

compute
[kəmpjúːt]

com(= together) + put(e)(= think) → 함께 생각하다 → 함께 계산하다
동 계산하다, 산출하다
The researchers could **compute** batting averages. 학평
그 연구원들은 타율을 계산할 수 있었다.
⊕ computation 명 계산

dispute
[dispjúːt]

dis(= apart) + put(e)(= think) → 따로따로 생각하다
동 이의를 제기하다, 반박하다 명 논란, 논쟁
Ecological economists **dispute** this claim. 학평
생태 경제학자들은 이런 주장에 이의를 제기한다.
Subjects viewed images such as scenes of people in **dispute**. 학평
피실험자들은 논쟁하고 있는 사람들의 장면들과 같은 이미지를 보았다.

reputation
[rèpjutéiʃən]

re(= again) + put(= think) + at(e)(접사) + ion(접사)
→ 다시 생각남 → 명성
명 명성, 평판
Edison regained his **reputation** as a great inventor. 학평
에디슨은 위대한 발명가로 자신의 명성을 되찾았다.

quer/quir
찾아보다(seek), 묻다(ask), 얻다(obtain)

query
[kwíəri]

라틴어 quaere(= ask)에서 유래 → 묻는 것
명 문의, 질문 동 의문을 제기하다, 묻다
Please call us if you have any **queries** about the contract.
계약서에 관해 문의가 있으시면 저희에게 전화 주세요.
Both players **queried** the umpire's decision.
두 선수 모두 주심의 결정에 의문을 제기했다.

conquer
[káŋkər]

con(= together) + quer(= seek) → 함께 힘써 찾아보다
동 정복하다, 물리치다
The Normans **conquered** England in 1066.
노르만족은 1066년에 잉글랜드를 정복했다.
⊹ conquest 명 정복   conqueror 명 정복자

acquire
[əkwáiər]

ac(= ad: to) + quir(e)(= obtain)
→ 얻어 내는 방향으로 가다
동 습득하다, 얻다, 획득하다
Language skills can be **acquired** only through practice. 학평
언어 기능들은 연습을 통해서만 습득될 수 있다.
⊹ acquisition 명 습득, 구입한 것

inquire
[inkwáiər]

in(= into) + quir(e)(= ask) → 깊이 묻다
동 묻다, 알아보다
Please call or email to **inquire**. 학평
전화나 이메일로 문의하시기 바랍니다.
⊹ inquiry 명 질문, 조사

require
[rikwáiər]

re(= again) + quir(e)(= seek) → 다시 찾다
동 필요로 하다, 요구하다
The best professional singers **require** humid settings. 학평
최고의 전문 가수는 습기가 있는 환경을 필요로 한다.
⊹ requirement 명 필요조건, 필요한 것

> **Voca & Voca** 요구하다, 고집하다
> ▶ require (특히 법률, 규정, 기준에 따라) 요구하다
>   All candidates will be **required** to take a short test.
>   모든 후보자들은 짧은 테스트를 받도록 요구받을 것이다.
> ▶ demand (무엇을 달라고 단호히) 요구하다
>   Different types of books **demand** different speeds. 학평
>   서로 다른 책의 유형은 서로 다른 속도를 요구한다.
> ▶ insist (어떤 일이 있기를 누군가가 동의하기를) 고집하다
>   She **insisted** on going with us to the audition. 학평
>   그녀는 우리와 함께 오디션에 가겠다고 고집했다.

exquisite
[ékskwizit]

ex(= out) + quisit(e)(= quaerere의 변이형: seek)
→ 외부에서 찾아볼 만한 → 아름다운
형 매우 아름다운, 정교한, 강렬한
Look at this **exquisite** painting. 이 매우 아름다운 그림을 보세요.

rat
생각하다(think), 계산하다(calculate)

rate
[reit]

라틴어 rata(=fixed amount by thinking)에서 유래 → 생각하여 결정된 값
명 비율, 요금, 속도 동 평가하다, 등급을 매기다
There is a 10% mortality **rate** in the first month. 학평
첫 한 달 안에 10%의 사망률이 있다.

> **Voca & Voca** 요금
> ▶ rate 요금, ~료
>   insurance **rates** 보험료
> ▶ charge (상품, 서비스에 대한) 요금
>   an admission **charge** 입장료
> ▶ fee (전문적인 서비스에 대한) 수수료, (조직, 기관 등에 내는) 요금
>   legal **fees** 법무 관련 수수료
>   annual membership **fee** (회원의) 연회비

ratio
[réiʃou]

라틴어 ratio(= calculation)에서 유래 → 계산하여 나온 비율
명 비율, 비
The **ratio** of men to women at the conference was ten to one.
회의에 참석한 남녀 비율은 10대 1이었다.

rational
[ræʃənl]

ratio(= calculation) + al(접사) → 계산이 들어간 → 이성적인
형 이성적인, 합리적인
Rational decisions are more persuasive than habits. 학평
이성적 결정이 습관보다 더 설득력이 있다.
❖ ration 명 이성

rect
바른(right), 직선의(straight), 안내하다(guide)

rectangle
[réktæŋgl]

rect(= straight) + angle(= angle: 각도) → 직선으로 이루어진 각도
→ 직사각형
명 직사각형
Write the number in the **rectangle**. 직사각형 안에 숫자를 쓰시오.
❖ rectangular 형 직사각형의

rectify
[réktəfài]

rect(= right) + ify(접사) → 바른 쪽으로 이끌다 → 바로잡다
동 (잘못된 것을) 바로잡다
Raising the minimum wage won't do much to **rectify** inequality.
최저 임금을 올리는 것은 불평등을 바로잡는 데 별 도움이 되지 않을 것이다.

correct
[kərékt]

cor(= completely) + rect(= straight) → 완벽하게 바른 → 올바른
형 정확한, 올바른   동 바로잡다, 정정하다
They were confident that their answers were **correct**. 학평
그들은 자신들의 대답이 정확하다고 확신했다.
I sincerely hope that you **correct** the problem. 학평
나는 당신이 그 문제를 바로잡기를 진심으로 바란다.
⊕ **correction** 명 정정, 수정

direct
[dirékt]

di(= dis: apart) + rect(= guide) → 따로따로 안내하다 → 지도하다
동 안내하다, 지도하다, 지시하다   형 직접의, 직접적인
I was **directed** to the waiting area. 학평
나는 대기실로 안내되었다.
The effects of art are neither so certain nor so **direct**. 수능
예술의 영향은 그렇게 확실하지도 않고 그렇게 직접적이지도 않다.
⊕ **direction** 명 방향, 지시, 명령

erect
[irékt]

e(= up) + rect(= straight) → 위쪽으로 똑바른
형 똑바로 선   동 (똑바로) 세우다, 건립하다
The rabbit looked all around with its ears **erect**.
그 토끼는 귀를 똑바로 세우고 사방을 둘러보았다.
The police have **erected** barriers across the main roads.
경찰은 주도로를 가로질러 장벽을 세웠다.

reg/regul   다스리다(rule)

region
[ríːdʒən]

reg(= rule) + ion(접사) → 다스리는 지역
명 지방, 지역
The repertoire varied from **region** to **region**. 모평
그 레퍼토리는 지역마다 다양했다.
⊕ **regional** 형 지방[지역]의

regular
[régjulər]

regul(= rule) + ar(접사) → 다스림이 가능한 → 규칙적인
형 정기적인, 규칙적인
Several organizations use **regular** stand-up meetings. 학평
몇몇 조직들은 정기 스탠딩 회의를 이용한다.
⊕ **regularity** 명 규칙적임, 규칙적인 패턴

regulate
[régjulèit]

regul(= rule) + ate(접사) → 다스리다 → 규제하다
동 조정[조절]하다, 규제하다
Emotions are often seen as something to be **regulated**. 학평
감정은 자주 조절되어야 할 것으로 여겨진다.
⊕ **regulation** 명 규칙, 규정, 규제

rupt

깨다(break)

abrupt
[əbrʌ́pt]

ab(= off) + rupt(= break) → 멀리서 깨진 → 느닷없이 깨진
형 돌연한, 갑작스러운
The **abrupt** ending of the show was hinted to the viewers. 학평
그 쇼가 돌연히 끝난다는 것이 시청자들에게 암시되었다.

bankrupt
[bǽŋkrʌpt]

bank(= table) + rupt(= break) → 계산대가 부서진 → 파산한
형 파산한, 결핍된   동 파산시키다   명 파산자
Many companies went **bankrupt** after interest rates rose.
많은 회사들이 금리가 오른 후 파산했다.
People worried the design might **bankrupt** the company. 학평
사람들은 그 디자인이 그 회사를 파산시킬지도 모른다고 걱정했다.
⊕ bankruptcy 명 파산 (상태), 파탄

interrupt
[ìntərʌ́pt]

inter(= between) + rupt(= break) → 사이를 깨고 들어가다
동 방해하다, 가로막다
Their pleasant evening was unexpectedly **interrupted**. 모평
그들의 즐거운 저녁이 예기치 못하게 방해받았다.
⊕ interruption 명 가로막음, 방해, 중지

sacr/sain

신성한(holy)

sacred
[séikrid]

sacr(= holy) + ed(접사) → 신성하게 여겨지는
형 신성한, 성스러운
The sun was believed to be **sacred** in ancient Egypt.
고대 이집트에서는 태양이 신성하다고 믿어졌다.

sacrifice
[sǽkrəfàis]

sacr(i)(= holy) + fice(= facere: make) → 신성하게 만들다
동 희생하다   명 희생
Now more and more farmland is being **sacrificed**. 학평
현재 더욱더 많은 농지가 희생되고 있다.
We are willing to make all kinds of **sacrifices**. 학평
우리는 모든 종류의 희생을 기꺼이 감수하고자 한다.

saint
[seint]

라틴어 sanctus(= holy)에서 유래 → 신성한 사람
명 성자, 성인
In the original, the **saint** meets a frog in a marsh. 학평
원작에서는 그 성자가 늪에 사는 개구리 한 마리를 만난다.

Daily Test

A 영어는 우리말로, 우리말은 영어로 쓰시오.

01	punctual	_____	02	충동적인	i_____
03	punctuate	_____	04	강박적인, 상습적인	c_____
05	dispute	_____	06	계산하다, 산출하다	c_____
07	query	_____	08	정복하다, 물리치다	c_____
09	exquisite	_____	10	습득하다, 얻다	a_____
11	rational	_____	12	묻다, 알아보다	i_____
13	erect	_____	14	직사각형	r_____
15	regulate	_____	16	지방, 지역	r_____
17	bankrupt	_____	18	돌연한, 갑작스러운	a_____
19	sacrifice	_____	20	방해하다, 가로막다	i_____

B 오른쪽 해석을 보고, 빈칸에 가장 적절한 단어를 [보기]에서 골라 쓰시오.

보기   correct   ratio   reputation   require   sacred

01 I sincerely hope that you _____ the problem.

나는 당신이 그 문제를 바로잡기를 진심으로 바란다.

02 Edison regained his _____ as a great inventor.

에디슨은 위대한 발명가로 자신의 명성을 되찾았다.

03 The sun was believed to be _____ in ancient Egypt.

고대 이집트에서는 태양이 신성하다고 믿어졌다.

04 The best professional singers _____ humid settings.

최고의 전문 가수는 습기가 있는 환경을 필요로 한다.

05 The _____ of men to women at the conference was ten to one.

회의에 참석한 남녀 비율은 10대 1이었다.

정답 Ⓐ 01 시간을 엄수하는, 어김없는 02 impulsive 03 구두점을 찍다, 중단시키다 04 compulsive 05 반박하다; 논란, 논쟁 06 compute 07 문의, 질문; 의문을 제기하다 08 conquer 09 매우 아름다운, 정교한, 강렬한 10 acquire 11 이성적인, 합리적인 12 inquire 13 똑바로 선, (똑바로) 세우다, 건립하다 14 rectangle 15 조정[조절]하다, 규제하다 16 region 17 파산한, 결핍된; 파산시키다; 파산자 18 abrupt 19 희생하다; 희생 20 interrupt
　　Ⓑ 01 correct 02 reputation 03 sacred 04 require 05 ratio

Day 42

scend 오르다(climb)

ascend
[əsénd]

a(= ad: to) + scend(= climb) → ~로 오르다
동 올라가다
The wind got colder as we **ascended**.
우리가 위로 올라갈수록 바람이 점점 더 차가워졌다.
❖ ascendant 명 우월, 조상

descend
[disénd]

de(= down) + scend(= climb) → 아래로 가다
동 내려가다
This road gradually **descends** to 1,200 meters. 학평
이 도로는 1,200미터까지 점차 내려간다.
❖ descendant 명 자손, 후손

transcend
[trænsénd]

tran(= trans: across) + scend(= climb) → 가로질러 오르다
동 초월하다
His sculpture **transcends** race and language. 학평
그의 조각은 인종과 언어를 초월한다.

> **Voca & Voca** 초월하다, 능가하다
> ▶ surpass (능력이나 재능이) 능가하다
>   His talents far **surpass** his father's.
>   그의 재능은 아버지의 것을 훨씬 능가한다.
> ▶ outperform (성취의 결과가) 능가하다
>   Small teams consistently **outperform** larger organizations. 학평
>   소집단은 일관되게 더 큰 조직을 능가한다.

sci 알다(know)

science
[sáiəns]

라틴어 scientia(= knowledge)에서 유래
명 과학
Errors and biases will always occur in **science**. 학평
오류와 편견은 과학에서 언제나 발생한다.
❖ scientific 형 과학적인

conscience
[kάnʃəns]

con(= com: together) + science(= knowledge)
→ 누구나 함께 알고 있는 것
명 양심
This is a matter of our **conscience**. 이것은 우리의 양심 문제이다.
⊕ conscientious 형 양심적인

conscious
[kάnʃəs]

con(= com: together) + sci(= know) + ous(접사) → 함께 아는
형 의식적인, 의식이 있는
We make a **conscious** decision to find joy. 학평
우리는 즐거움을 찾기 위한 의식적인 결정을 한다.
⊕ consciousness 명 의식

scrib/script   쓰다(write)

ascribe
[əskráib]

a(= ad: to) + scrib(e)(= write) → ~에 쓰다
동 ~의 탓으로 돌리다
Max **ascribed** his failure to bad luck.
Max는 자신의 실패를 불운 탓으로 돌렸다.

> **Voca & Voca** ~의 탓으로 돌리다
> ▶ attribute ~의 덕분으로 보다
> Jane **attributes** her success to my help.
> Jane은 자신의 성공을 내 도움 덕분으로 본다.
> ▶ blame ~을 탓하다
> Many do not **blame** tourism for traffic problems. 수능
> 많은 이들이 교통 문제에 대해 관광 산업을 탓하지는 않는다.

describe
[diskráib]

de(= down) + scrib(e)(= write) → 아래에 쓰다
동 설명하다, 묘사하다
I **described** the situation to a friend. 학평
나는 그 상황을 한 친구에게 설명했다.
⊕ description 명 묘사, 설명   descriptive 형 묘사적인, 설명적인

transcribe
[trænskráib]

tran(= trans: across) + scrib(e)(= write) → (방식을) 넘어가서 쓰다
동 필사하다, (생각·말을 글로) 기록하다
A well-trained monk could **transcribe** around four pages of
text per day. 학평
잘 훈련된 수도승은 하루에 약 4쪽의 문서를 필사할 수 있었다.

script
[skript]

script(= write) → 써 놓은 것
명 대본, 원고, 글씨체
They developed a tight, bare-bones **script**. 학평
그들은 간결하고 골자만으로 이루어진 대본을 만들었다.

> **Voca Plus**
> • write a film **script** 영화 대본을 쓰다
> • the **script** for a speech 연설 원고
> • write in cursive **script** 필기체로 쓰다

tran script
[trǽnskript]

tran(= trans: across) + script(= write) → (방식을) 넘어가서 써 놓은 것
명 필사본, 성적 증명서
I don't know how the **transcript** has been leaked to the press.
나는 그 필사본이 어떻게 언론에 누설되었는지 모른다.

sect
자르다(cut)

section
[sékʃən]

sect(= cut) + ion(접사) → 잘라 놓은 것
명 구역, 구획, 부문
The gift book will be placed in a special **section**. 학평
증정 도서는 특별 구역에 놓일 것이다.

> **Voca Plus**
> • the business **section** 상업 지구
> • the lifestyle **section** of the newspaper 신문의 생활란
> • cross **section** 횡단면, 단면도
> • the tail **section** of the plane 비행기의 꼬리 부분

dis sect
[disékt]

dis(= apart) + sect(= cut) → 따로 잘라 놓다
동 해부하다
In biology class, we **dissected** frogs.
생물 시간에 우리는 개구리를 해부했다.

in sect
[ínsekt]

in(= into) + sect(= cut) → 안으로 잘라 놓은 것처럼 생긴 것
명 곤충
The **insects** must rely on an internal clock. 수능
그 곤충들은 체내 시계에 의존하는 것이 틀림없다.

inter sect
[ìntərsékt]

inter(= between) + sect(= cut) → 사이를 자르다
동 교차하다
Core products **intersect** with customer journeys. 모평
핵심 제품은 고객의 여정과 교차한다.
⊕ **intersection** 명 교차로

segment
[ségmənt]

라틴어 secare(= cut)의 명사형 segmentum(= a cutting)에서 유래 → 잘라 놓은 것
명 부분, 조각
The largest **segment** of world fisheries is commercial fishing. 학평
세계 어업의 가장 큰 부분은 상업적인 어업이다.

sembl 닮다(be like)

resemble
[rizémbl]

re(= again) + sembl(e)(= be like) → 다시 유사하다
동 비슷하다, 닮다
Reading **resembles** driving on the road. 학평
독서는 도로에서 운전하는 것과 비슷하다.
+ resemblance 명 닮음, 유사함

dissemble
[disémbl]

dis(= not) + sembl(e)(= be like) → 유사하게 보이지 않다
동 감추다, 위장하다
My friend tried to **dissemble** his disappointment with a smile.
내 친구는 미소로 자신의 실망감을 감추려고 노력했다.

assembly
[əsémbli]

고대 프랑스어 assemblee(= gathering)에서 유래 → 모이는 것
명 집회, 의회, 조립
They asked for freedom of speech and freedom of **assembly**.
그들은 표현의 자유와 집회의 자유를 요구했다.
The retailer also sells **assembly** and delivery. 모평
그 소매업자는 또한 조립과 배달도 판매한다.

sens/sent 느낌(feeling), 지각(perception), 느끼다(feel), 지각하다(perceive)

sense
[sens]

라틴어 sensus(= perception)에서 유래 → 감지
명 감(각), 지각, 의미 동 감지하다, 느끼다
Warthogs have excellent **senses** of smell and hearing. 학평
흑멧돼지는 탁월한 후각과 청각을 가지고 있다.
+ sensible 형 분별 있는, 현명한
sensitive 형 세심한, 민감한, 감수성이 강한
sensitivity 명 세심함, 예민함, 감성

Voca Plus
- a dress **sense** 옷 입는[고르는] 감각
- talk **sense** 사리에 들어맞는 말을 하다
- a narrow **sense** 협의, 좁은 의미
- horse[common] **sense** 상식, 양식
- a sixth **sense** 제 6감(감각 범위에 포함되지 않는 특수한 인지 기능)

sensation
[senséiʃən]

sens(=feeling) + at(=ate: 접사) + ion(접사)
→ 오감으로 아는 것, 감각이 있는 것
⑲ 느낌, 감각, 감동, 감흥, 감정
Experience in the field taught me to respect the **sensation**. 학평
현장의 경험은 느낌을 중요시하도록 나에게 가르쳐 주었다.
⁑ **sensational** ⑱ 세상을 놀라게 하는, 선풍적인, 물의를 일으키는

sensory
[sénsəri]

sens(= perception) + ory(접사) → 감지하는
⑱ 감각의, 지각의
We all begin in a kind of **sensory** chaos. 학평
우리는 모두 일종의 감각의 혼돈에서 시작한다.

sentence
[séntəns]

sent(=feel) + ence(접사) → 생각이나 의견(을 쓴 것)
⑲ 문장, 선고, 형벌 ⑧ 선고하다, 형에 처하다, 판결하다
You should be able to state your goal in one **sentence**. 학평
여러분은 여러분의 목표를 한 문장으로 진술할 수 있어야 한다.
He was **sentenced** to five years in prison.
그는 징역 5년 형을 선고받았다.

sentiment
[séntəmənt]

sent(i)(=feel) + ment(접사) → 감정, 느낌
⑲ 정서, 감정, 감상
His misstatement was calculated to arouse war **sentiment**.
그의 허위 진술은 전의를 불러일으키기 위해 계산되었다.
⁑ **sentimental** ⑱ 감정적인, 감상적인

assent
[əsént]

as(= ad: to) + sent(= sentire: feel) → 다른 사람들과 같이 느끼다
⑧ 찬성하다, 동의하다, 승낙하다 ⑲ 찬성, 승인
Most people **assented** to the suggestion.
대부분의 사람은 그 제안에 찬성했다.

consent
[kənsént]

con(= com: with) + sent(=feel) → 어떤 것에 대해 같이 느끼다
⑧ 승낙하다, 동의하다, 찬성하다 ⑲ 승낙, 동의, 찬성
At last he **consented** to make a speech.
마침내 그는 연설할 것을 승낙했다.
a signed guardian **consent** form 학평
서명한 보호자 동의서
⁑ **consensus** ⑲ 의견 일치, 합의, 교감

dissent
[disént]

dis(= apart, differently) + sent(=feel)
→ 다른 사람들의 느낌과는 떨어져 있다, 다르게 느끼다
동 이의를 제기하다, 의견을 달리하다 명 반대, 의견 차이
There was one lone **dissenting** voice. 학평
단독으로 이의를 제기하는 하나의 목소리가 있었다.

resent
[rizént]

re(= again) + sent(=feel) → 다시 느껴 보다
동 분개하다, 화내다, 원망하다
She **resented** his attachment to the past.
그녀는 과거에 대한 그의 집착에 분개했다.
⁚ resentment 명 분함, 억울함

scent
[sent]

라틴어 sentire(=feel, perceive)에서 유래 → 감각으로 느끼는 것
명 향(기), 냄새 동 ~의 냄새를 맡다, 알아채다
Scents have the power to stimulate states of well-being. 학평
향기는 행복한 상태를 촉진하는 힘을 가지고 있다.
⁚ scented 형 향수를 바른, 향기로운
  scentless 형 향기가 없는, 무취의

sequ
따라가다, 뒤를 잇다(follow)

sequence
[síːkwəns]

sequ(= follow) + ence(접사) → 따라다니는 것
명 순서, 연달아 일어남, 연속(물) 동 차례로 나열하다
The final agreement is the sum of the **sequence**. 학평
최종 동의는 그 순서의 합이다.
⁚ sequent 형 다음에 오는, 연속되는, 결과로서 생기는
  sequential 형 순차적인, 결과로서 생기는

consequent
[kánsəkwènt]

con(= com: with) + sequ(= follow) + ent(접사)
→ 뒤에 함께 따라오는
형 결과로서 일어나는, 필연적인
The drought and **consequent** famine struck most of the village. 가뭄과 그 결과로 생긴 기근이 마을 대부분을 가격했다.
⁚ consequence 명 결과, 중요함
  consequential 형 결과로서 일어나는, 필연적인, 중대한

subsequent
[sábsəkwènt]

sub(= closely, up to) + sequ(= sequi: follow) + ent(접사)
→ 바로 뒤따라가는
형 뒤따르는, 그 다음의, 차후의
There is a risk of sudden sliding and **subsequent** accidents. 학평
갑작스러운 미끄러짐과 뒤따르는 사고의 위험이 있다.
⁚ subsequently 부 뒤에, 나중에

Daily Test

A 우리말은 영어로, 영어는 우리말로 쓰시오.

01	올라가다	a_____	02	conscious	_____
03	초월하다	t_____	04	describe	_____
05	양심	c_____	06	transcribe	_____
07	필사본, 성적 증명서	t_____	08	section	_____
09	해부하다	d_____	10	segment	_____
11	비슷하다, 닮다	r_____	12	dissemble	_____
13	집회, 의회, 조립	a_____	14	assent	_____
15	정서, 감정, 감상	s_____	16	resent	_____
17	승낙하다, 동의하다	c_____	18	scent	_____
19	결과로서 일어나는	c_____	20	sequence	_____

B 오른쪽 해석을 보고, 네모 안에서 적절한 단어를 고르시오.

01 There was one lone dissenting / resenting voice.

단독으로 이의를 제기하는 하나의 목소리가 있었다.

02 Max ascribed / transcribed his failure to bad luck.

Max는 자신의 실패를 불운 탓으로 돌렸다.

03 This road gradually descends / transcends to 1,200 meters.

이 도로는 1,200미터까지 점차 내려간다.

04 Core products dissect / intersect with customer journeys.

핵심 제품은 고객의 여정과 교차한다.

05 There is a risk of sudden sliding and consequent / subsequent accidents.

갑작스러운 미끄러짐과 뒤따르는 사고의 위험이 있다.

정답 **A** 01 ascend 02 의식적인, 의식이 있는 03 transcend 04 설명하다, 묘사하다 05 conscience 06 필사하다, (생각, 말을 글로) 기록하다 07 transcript 08 구역, 구획, 부문 09 dissect 10 부분, 조각 11 resemble 12 감추다, 위장하다 13 assembly 14 찬성하다, 동의하다, 승낙하다; 찬성, 승인 15 sentiment 16 분개하다, 화내다; 원망하다 17 consent 18 향(기), 냄새; ~의 냄새를 맡다 19 consequent 20 순서, 연달아 일어남; 차례로 나열하다

B 01 dissenting 02 ascribed 03 descends 04 intersect 05 subsequent

ser/sert 결합하다, 결속시키다(join, join together)

serial
[síriəl]

ser(i)(=join) + al(접사) → 연결된

형 순차적인, 일련의, 연재되는   명 연속극, 연재물

Eight pictures were displayed in **serial** order.

여덟 개의 그림이 순차적으로 전시되어 있었다.

assert
[əsə́:rt]

as(= ad: to) + sert(=join)

→ 연속해서 자기 쪽으로 생각이나 말 등을 결합하다

동 주장하다, 단언하다

They **assert** that competition kills off prosocial behaviors. 학평

그들은 경쟁이 친사회적인 행동들을 몰살시킨다고 주장한다.

✸ **assertion** 명 주장, 단언   **assertive** 형 단정적인, 자기주장이 강한

desert
[dizə́:rt] 동
[dézərt] 명

de(= undo) + sert(=join together)

→ 함께 결합되어 있는 것을 떼어 버리다

동 버리다, 떠나다   명 사막

The city had been **deserted** for over a century.

그 도시는 한 세기 넘게 버려져 있었다.

Living rock cactus is found in the **desert**. 모평

돌선인장은 사막에서 발견된다.

exert
[igzə́:rt]

ex(= out) + (s)ert(=join) → 힘을 모아 밖으로 내어 놓다

동 행사하다, 발휘하다, 가하다

They were trying hard to **exert** self-control. 학평

그들은 자제력을 발휘하려고 열심히 노력하고 있었다.

✸ **exertion** 명 (권력) 행사, 노력, (힘의) 발휘

serv
보관하다(keep), 보살피다(watch over),
지키다(keep safe)

conserve
[kənsə́:rv]

con(= com: intensive) + serv(e)(= watch over)
→ 완전하게 보살피다
동 보존하다, 보호하다, 절약하다
It has been proposed that sleep functions to **conserve** energy. 학평
수면은 에너지를 보존하는 기능을 한다고 주장되어 왔다.
⋇ conservation 명 보호, 보존   conservative 형 보수적인

observe
[əbzə́:rv]

ob(= in front of) + serv(e)(= keep safe) → 앞에서 지키다
동 관찰하다, 목격하다, 준수하다
Researchers secretly **observed** the recycling behavior. 학평
연구자들은 비밀리에 재활용 활동을 관찰했다.
⋇ observation 명 관찰, 감시   observance 명 준수, 관습, 의식

reserve
[rizə́:rv]

re(= back) + serv(e)(= keep) → 보관해 두다
동 예약하다, 유보하다, 보유하다   명 매장량, 비축물, 보호 구역
Reserve your free bikes prior to the event day. 학평
행사 날 이전에 무료 자전거를 예약하십시오.
Natural gas **reserves** seem adequate.
천연가스 매장량은 충분한 것 같다.
⋇ reservation 명 예약, 의구심, 보호 구역

sid/sess
앉다(sit)

reside
[rizáid]

re(= back, again) + sid(e)(= sit)
→ 뒤에 앉아 있다[앞으로 나아가지 않고 머무르다]
동 살다, 거주하다, 존재하다
He **resided** in the city of Richmond.
그는 Richmond 시에 살았다.
⋇ residence 명 주택, 거주지, 거주
   resident 명 거주민, (호텔) 투숙객, 수련의
   residential 형 주거의, 거주의

preside
[prizáid]

pre(= before) + sid(e)(= sit) → 앞에 앉다
동 사회를 보다, 주재하다
The young mayor will have to **preside** at the meeting.
그 젊은 시장이 그 회의에서 사회를 봐야 할 것이다.
⋇ president 명 의장, 사장, 대통령

subside
[səbsáid]

sub(= under) + sid(e)(= sit) → 아래에 앉게 하다
통 가라앉다, 진정되다, 내려앉다
The wind gradually **subsided**.
바람이 점차 가라앉았다.

session
[séʃən]

sess(= sit) + ion(접사) → 앉아 있음
명 시간, 학기, 수업, 개회 중임, 회의
We offer special day-only **sessions** of our science camps. 학평
우리는 낮 시간에만 진행되는 특별한 과학 캠프를 제공합니다.

obsess
[ɑbsés]

ob(= against) + sess(= sit) → 들러붙다
통 강박 관념을 갖게 하다, 사로잡다
Some people are **obsessed** with their weight.
어떤 사람들은 자신들의 몸무게에 대한 강박 관념에 사로잡혀 있다.
✧ obsession 명 강박 관념, 집착

sign
표시하다(mark)

signal
[sígnəl]

sign(= mark) + al(접사) → 눈에 보이게 해 놓은 표시
명 신호, 징조   통 신호를 보내다, 조짐을 보이다
We can't start until we get the **signal**.
우리는 신호를 받을 때까지 출발할 수 없다.
He was skilled in **signaling** the oncoming cars. 학평
그는 접근하는 자동차에 신호를 보내는 데 능숙했다.

signature
[sígnətʃər]

sign(= mark) + at(e)(접사)+ ure(접사) → 사인으로 표시를 함
명 서명(하기)
The winner's **signature** will be printed on the packaging box. 수능
수상자의 서명이 포장 상자에 인쇄될 것이다.
✧ sign 통 서명하다, 신호를 보내다   명 기호, 신호, 표지(판)

signify
[sígnəfài]

sign(= mark) + ify(접사) → 기호 등으로 표시해 보이다
통 나타내다, 의미하다, 중요하다
The color green **signifies** nature. 초록색은 자연을 나타낸다.
✧ significant 형 중요한, 의미심장한, 상당한
  significance 명 중요성, 의미

assign
[əsáin]

as(= ad: to) + sign(= mark) → 해야 할 일을 표시하다
통 할당하다, (일·책임 등을) 맡기다, (가치·기능을) 부여하다
The blaze broke out in an area where he was **assigned**. 학평
그가 할당받은 지역에서 화재가 발생했다.
✧ assignment 명 과제, 임무, 배정, 배치

design
[dizáin]

de(= out) + sign(= mark) → 밖으로 표시해 나타내다

동 설계[디자인]하다, 고안하다 명 설계, 디자인, 고안, 계획

Designing a home is a very personal venture. ^{학평}

집을 설계하는 것은 매우 개인적인 모험이다.

designate
[dézignèit]

de(= out) + sign(= mark) + ate(접사)

→ 선택한 것을 표시해 밖으로 보이다

동 지정하다, 지명[임명]하다, 표시하다

Her house has been **designated** as a National Historic Landmark. ^{학평}

그녀의 집은 국가 사적으로 지정되었다.

❖ designated 형 지정된, 지명된 designation 명 지정, 임명

resign
[rizáin]

re(= back) + sign(= mark) → 일에서 물러나겠다고 표시하다

동 사임[사직]하다, 포기하다, 체념하다

Faraday had to **resign** his job before going on the tour. ^{학평}

Faraday는 그 여행을 가기 전에 그의 일을 그만두어야만 했다.

❖ resignation 명 사직, 사임, 포기, 체념

---

sist

서 있다(stand)

---

assist
[əsíst]

as(= ad: to) + sist(= stand) → 가까이에 서서 힘이 되어 주다

동 돕다, 원조하다, 도움이 되다

This feedback **assists** the speaker in many ways. ^{학평}

이 피드백은 연사를 여러모로 도와준다.

❖ assistant 명 조수, 보조자 형 보조의
 assistance 명 도움, 원조

consist
[kənsíst]

con(= together) + sist(= stand) → 함께 어떤 무리에 서 있다

동 ~로 구성되다, ~에 있다, 존재하다

This program **consists** of three different components. ^{모평}

이 프로그램은 세 개의 다른 요소로 구성된다.

> **Voca & Voca** 구성하다
> ▶ constitute 구성하다
> Seven days **constitute** a week.
> 7일이 일주일을 구성한다.
> ▶ compose (주로 수동태) ~로 이루어져 있다
> Citizen juries were **composed** of hundreds of Athenians. ^{학평}
> 시민 배심원단은 수백 명의 아테네인들로 이루어져 있었다.
> ▶ comprise 함유하다, 포함하다, 구성하다
> The play **comprises** four acts.
> 그 연극은 4막으로 이루어져 있다.

consistency
[kənsístənsi]

con(=together) + sist(=stand) + ency(접사)
→ 함께 서서 동의하거나 조화를 이룬 상태
명 일관성, 한결같음
Athletes must display **consistency** and discipline.
운동선수는 일관성과 규율을 보여야 한다.
❖ consistent 형 한결같은, 일관된

exist
[igzíst]

ex(=out) + (s)ist(=stand) → 밖으로 나와 서 있다
동 존재하다, 생존하다
Such perfect order does not **exist** in nature. 학평
그런 완벽한 질서는 자연에는 존재하지 않는다.
❖ existence 명 존재, 생존   existing 형 기존의, 현존하는

insist
[insíst]

in(=on) + sist(=stand) → 어떤 의견 위에 버티고 서 있다
동 주장하다, 고집하다, 우기다, 요구하다
The kind lady **insisted** that I sit beside her. 학평
그 친절한 부인은 내가 그녀 옆에 앉아야 한다고 주장했다.
❖ insistent 형 주장하는, 고집하는, 집요한
   insistence 명 주장, 고집, 요구

persist
[pərsíst]

per(=thoroughly: 철저히) + sist(=stand) → 철저하게 한 곳에 서 있다
동 지속하다, 집요하게 계속하다, 우겨 대다
Behaviors have **persisted** in the form of customs. 학평
행동들은 관습의 형태로 지속해 왔다.
❖ persistent 형 지속하는, 고집하는, 끈덕진
   persistence 명 지속됨, 고집, 끈덕짐

soci   동반자(companion)

social
[sóuʃəl]

soci(=companion) + al(접사) → 다른 사람과 더불어 살아가는
형 사회적인, 사회의, 사교상의
Social psychologists call it **social** exchange theory. 학평
사회 심리학자들은 그것을 사회적 교환 이론이라고 부른다.
❖ society 명 사회, 협회, 학회

sociable
[sóuʃəbl]

soci(=companion) + able(접사) → 사람들과 어울릴 수 있는
형 사교적인, 붙임성 있는
Outgoing children tend to become **sociable** adults. 학평
외향적인 아이들은 사교적인 어른이 되는 경향이 있다.
❖ sociability 명 사교성, 교제하기 좋아함

associate
[əsóuʃiit]

as(= ad: to) + soci(= companion) + ate(접사) → ~에게 동료가 되다
동 연관 짓다, 연상하다, 교제하다
Some **associate** curiosity with being nosy. 학평
어떤 사람들은 호기심을 참견하는 것과 연관시킨다.
She doesn't **associate** with others much.
그녀는 다른 사람들과 많이 어울리지 않는다.
⁕ association 명 연관, 연상, 협회, 제휴

sociology
[sòusiálədʒi]

soci(= companion) + ology(= science, study)
→ 다른 사람과 더불어 사는 것에 관한 학문
명 사회학
He has a degree in politics and **sociology**.
그는 정치학과 사회학의 학위를 갖고 있다.
⁕ sociological 형 사회학의, 사회 문제의

solv/solut   느슨하게 하다(loosen)

solve
[salv]

solv(e)(= loosen) → 느슨하게 하다
동 풀다, 해결하다
Researchers are working to **solve** the traffic problem.
연구원들은 교통 문제를 해결하기 위해 연구하고 있다.
⁕ solvable 형 풀 수 있는, 해결할 수 있는
　 solution 명 해결책, 용액, 용해

dissolve
[dizálv]

dis(= apart) + solve(= loosen) → 따로 떨어뜨려 느슨하게 만들다
동 녹다, 용해시키다, 해산하다, (결혼, 사업 등의 관계를) 끝내다
Salt easily **dissolves** in water. 소금은 물에 쉽게 녹는다.
They **dissolved** their partnership. 그들은 동업자 관계를 끝냈다.

resolve
[rizálv]

re(= back) + solv(e)(= loosen) → 문제점을 다시 돌아보고 해결하다
동 결심하다, 결정하다, 해결[해소]하다
He **resolved** to quit smoking. 그는 담배를 끊겠다고 결심했다.
They failed to **resolve** the series' many puzzles. 학평
그들은 그 시리즈물의 많은 의문들을 해소하지 못했다.
⁕ resolute 형 굳게 결심한, 단호한
　 resolution 명 결심, 결정, 해결, (TV, 컴퓨터의) 해상도

absolute
[ǽbsəlù:t]

ab(= away from) + solut(e)(= loosen) → 느슨한 것과는 거리가 먼
형 완전한, 절대적인, 확실한
They have **absolute** evidence of her guilt.
그들은 그녀의 유죄에 대한 확실한 증거를 갖고 있다.
⁕ absolutely 부 전적으로, 틀림없이, 물론, (부정문에서) 전혀

Daily Test

A 영어는 우리말로, 우리말은 영어로 쓰시오.

01	desert	_____	02	주장하다, 단언하다	a	_____
03	exert	_____	04	보호하다, 보존하다	c	_____
05	reserve	_____	06	관찰하다, 준수하다	o	_____
07	reside	_____	08	사회를 보다, 주재하다	p	_____
09	obsess	_____	10	가라앉다, 진정되다	s	_____
11	assign	_____	12	의미하다, 중요하다	s	_____
13	signal	_____	14	지명하다, 지정하다	d	_____
15	assist	_____	16	~로 구성되다	c	_____
17	persist	_____	18	존재하다, 생존하다	e	_____
19	sociable	_____	20	녹다, 용해시키다	d	_____

B 오른쪽 해석을 보고, 빈칸에 가장 적절한 단어를 [보기]에서 골라 쓰시오.

보기   absolute   associate   consistency   resign   resolve

01 Some _____ curiosity with being nosy. | 어떤 사람들은 호기심을 참견하는 것과 연관시킨다.

02 They have _____ evidence of her guilt. | 그들은 그녀의 유죄에 대한 확실한 증거를 갖고 있다.

03 Athletes must display _____ and discipline. | 운동선수는 일관성과 규율을 보여야 한다.

04 They failed to _____ the series' many puzzles. | 그들은 그 시리즈물의 많은 의문들을 해소하지 못했다.

05 Faraday had to _____ his job before going on the tour. | Faraday는 그 여행을 가기 전에 그의 일을 그만두어야만 했다.

정답 **A** 01 버리다, 떠나다; 사막 02 assert 03 행사하다, 발휘하다, 가하다 04 conserve 05 예약하다, 유보하다; 매장량, 비축물, 보호구역 06 observe 07 살다, 거주하다, 존재하다 08 preside 09 강박 관념을 갖게 하다, 사로잡다 10 subside 11 (일, 책임 등을) 맡기다, 할당하다 12 signify 13 신호, 징조; 신호를 보내다 14 designate 15 돕다, 원조하다 16 consist 17 지속하다, 집요하게 계속하다 18 exist 19 사교적인, 붙임성 있는 20 dissolve
B 01 associate 02 absolute 03 consistency 04 resolve 05 resign

soph 현명한(wise)

sophomore
[sáfəmɔ̀ːr]

soph(o)(= wise) + more(= foolish) → 현명하기도 하고 어리석기도 한 사람
명 (대학, 고교의) 2학년생
She dropped out of college in her **sophomore** year.
그녀는 2학년 때 대학을 중퇴했다.

> **Voca Plus** 학년 관련 표현
> • freshman 1학년   • junior 3학년
> • senior 4학년

sophisticated
[səfístəkèitid]

sophist(= wise man) + ic(접사) + ate(접사) + (e)d(접사)
→ 현자처럼 풍부한 경험과 지식을 가지고 만든
형 정교한, 복잡한, 세련된, 경험 많은, 노련한, 약삭빠른
We work on more **sophisticated** tasks. 학평
우리가 더 정교한 과업을 수행한다.
He has **sophisticated** tastes. 그는 세련된 취향을 갖고 있다.
⊕ **sophistication** 명 복잡화, 정교화, 세련됨

philosophy
[filásəfi]

philo(= love) + soph(= wise) + y(접사) → 지혜에 대한 사랑
명 철학
Arguments are the building blocks of **philosophy**. 학평
논증은 철학을 구성하는 요소이다.
⊕ **philosopher** 명 철학자

spec/spect 보다(look, watch)

specimen
[spésəmən]

spec(i)(= look) + men(= mean) → 보는 수단
명 표본, 견본
The **specimen** was thought to be a dinosaur.
그 표본은 공룡으로 생각되었다.

species
[spíːʃiːz]

spec(= look) + ies(접사) → 특정한 모습을 보이는 것
명 (공통된 특성을 가진) 종류, 종
The forest is the home of many **species** of birds.
그 숲은 많은 종의 새가 사는 곳이다.

specific
[spisífik]

spec(i)(= look) + fic(접사) → 볼만하게 만든
형 특정한, 구체적인
Sometimes the attraction is **specific** goods. (학평)
때로는 관심을 끄는 것이 특정 상품이기도 하다.
⁑ specify 통 구체화하다

speculate
[spékjəlèit]

spec(ul)(= specere: look, regard) + ate(접사)
→ 보다, 생각하다
통 사색하다, 추측하다, 이리저리 생각하다
The Greeks **speculated** about the nature of the world. (학평)
그리스인들은 세계의 본질에 관하여 사색했다.

spectacle
[spéktəkl]

spect(a)(= spectare: look) + cle(접사) → 볼 만한 것
명 장관, 광경
It was a **spectacle** not to be missed.
그것은 놓칠 수 없는 장관이었다.
⁑ spectacular 형 구경거리의, 장관의

spectator
[spékteitər]

spect(a)(= spectare: look) + tor(접사) → 보는 사람
명 관객, 구경꾼
Mass travel to **spectator** sports was now possible. (수능)
관중 스포츠로의 대중의 이동은 이제 가능했다.

spectrum
[spéktrəm]

spect(= look) + rum(접사) → 보는 것
명 스펙트럼, 분광, (변동이 있는 것의) 범위, 연속체
Red and violet are at opposite ends of the **spectrum**.
빨강과 보라색은 스펙트럼의 반대편 끝에 있다.
The movie covers the full **spectrum** of emotions.
그 영화는 감정의 범위를 모두 망라한다.

aspect
[æspekt]

a(= ad: to) + spect(= spectus: look) → ~로 보이는 것
명 측면, 양상
Let's consider the problem from every **aspect**.
그 문제를 모든 측면에서 고려해 봅시다.

expect
[ikspékt]

ex(= out of) + (s)pect(= look) → 내다보다
동 예상하다, 예측하다
I **expect** to arrive at the port by next week.
나는 다음 주에는 항구에 도착할 것으로 예상한다.
⊕ expectation 명 기대

inspect
[inspékt]

in(= inside) + spect(= look) → 안을 보다, 들여다보다
동 조사하다, 검사하다
The police went to **inspect** the crime scene.
경찰이 범죄 현장을 조사하러 갔다.
⊕ inspection 명 조사, 검사

> **Voca & Voca** 조사하다, 수사하다, 확인하다
> ▶ examine 조사[검사]하다
> Let's **examine** the report.
> 그 보고서를 조사해 보자.
> ▶ check 확인하다
> I'll **check** if there's an empty seat.
> 빈자리가 있는지 제가 확인해 보겠습니다.
> ▶ investigate 수사하다
> The students started **investigating** the situation. 학평
> 학생들은 그 상황을 조사하기 시작했다.

respect
[rispékt]

re(= again) + spect(= look) → 돌아보다
명 존경, 존중 동 존경하다, 존중하다
He earned the **respect** of his colleagues. 학평
그는 자신의 동료들의 존경을 받았다.
⊕ respectful 형 공손한, 예의 바른

suspect
[səspékt] 동
[sʌspékt] 명

su(s)(= sub: under) + spect(= look) → 아래를 보다
동 의심하다 명 용의자
I **suspected** the lady wasn't a real doctor.
나는 그 여자가 진짜 의사가 아니라고 의심했다.
The **suspect** was arrested.
용의자가 체포되었다.
⊕ suspicious 형 의심하는 suspicion 명 의심, 혐의

retrospect
[rétrəspèkt]

retro(= back) + spect(= look) → 돌이켜 봄
명 회고, 회상
In **retrospect**, they probably made a poor choice. 학평
회고해 보니, 그들은 아마 좋지 못한 선택을 했을 것이다.

sper/spair 희망하다(hope)

desperate
[déspərit]

de(= without) + sper(= hope) + ate(접사)
→ 희망이 없는 상태
형 필사적인, 자포자기의
He was making a **desperate** effort to find a route.
그는 길을 찾으려 필사적인 노력을 하고 있었다.
❖ **desperately** 부 필사적으로

despair
[dispέər]

de(= without) + spair(= hope) → 희망이 없는 것
명 절망, 자포자기
Olivia sighed in **despair**. 수능
Olivia는 절망감에 한숨을 쉬었다.

sphere 구(sphere)

sphere
[sfiər]

라틴어 sphaera(= globe, ball)에서 유래 → 구체
명 구체, 영역
I can calculate the volume of a **sphere**.
나는 구체의 부피를 계산할 수 있다.
In the political **sphere**, the result was democracy. 모평
정치적 영역에서, 그 결과는 민주주의였다.

Voca Plus
- the political **sphere** 정치권
- one's **sphere** of influence 세력권
- keep[remain] within one's (proper) **sphere** 자신의 본분을 지키다

atmosphere
[ǽtməsfìər]

atmo(= air) + sphere → 공기가 있는 구역
명 대기, 분위기
The **atmosphere** of Mars could not support life.
화성의 대기는 생명체를 지탱할 수 없을 것이다.
This creates an **atmosphere** of sharing. 학평
이것은 나눔의 분위기를 만든다.

hemisphere
[hémisfìər]

hemi(= half) + sphere → 반구
명 (지구의) 반구, (뇌의) 반구
Australia is a country in the Southern **Hemisphere**.
호주는 남반구에 있는 나라이다.

---

spir   숨 쉬다(breathe)

---

spirit
[spírit]

spir(i)(= breathe) + t(= tus: 접사) → 숨 쉬는 것
명 영혼, 기백, 정신
I write when the **spirit** moves me. 학평
나는 영혼이 나를 움직일 때 글을 쓴다.
That's the **spirit**! 바로 그 기백이야!
⬧ spiritual 형 정신의, 영혼의

aspire
[əspáiər]

a(= ad: to) + spir(e)(= breathe) → ~을 향해 숨 쉬다
동 열망하다, 포부를 갖다
Danny **aspired** to make it to the national league.
Danny는 전국 리그까지 나가기를 열망했다.
⬧ aspiration 명 열망, 포부

expire
[ikspáiər]

ex(= out) + (s)pir(e)(= breathe) → 밖으로 숨 쉬다, 불어 꺼뜨리다
동 (기간 따위가) 끝나다, 만기가 되다, 숨을 내쉬다
His term of office will **expire** next month.
그의 임기가 다음 달에 끝날 것이다.
⬧ expiration 명 만료, 만기

conspire
[kənspáiər]

con(= together) + spir(e)(= breathe) → 함께 숨 쉬다
동 공모하다, 음모를 꾸미다
The two **conspired** to ruin the festival.
그 두 사람은 축제를 망치려고 공모했다.
⬧ conspiracy 명 공모, 모의

inspire
[inspáiər]

in(= inside) + spir(e)(= breathe) → 안으로 불어넣다
동 영감을 주다, 고무하다
He **inspired** thousands of people through his lectures. 학평
그는 강연을 통해 수천 명의 사람들에게 영감을 주었다.
A stone mason is **inspired** by building a great cathedral. 모평
석공은 훌륭한 대성당을 건설하는 것에 의해 고무된다.
⬧ inspiration 명 영감

respiration
[rèspəréiʃən]

re(= again) + spir(= breathe) + (t)ion(접사)
→ 계속 숨 쉬는 것
명 호흡
A rescuer has tried artificial **respiration** on him.
구조자가 그에게 인공호흡을 시도했다.
❈ **respiratory** 형 호흡(성)의

perspire
[pərspáiər]

per(= through) + spir(e)(= breathe) → 계속 숨 쉬다
동 땀을 흘리다
Those who **perspire** a lot have less blood than normal.
땀을 많이 흘리는 사람들은 정상인보다 혈액이 더 적다.
❈ **perspiration** 명 발한(땀을 흘리는 것)

spond/spons   약속하다(promise), 대답하다(answer)

sponsor
[spánsər]

spons(= promise) + or(접사) → 약속하는 사람
동 후원하다   명 후원자, 보증인
Indian kings **sponsored** great debating contests. [학평]
인도의 왕들은 대규모 토론 대회를 후원했다.

correspond
[kɔːrəspánd]

cor(= together) + re(= back) + spond(= answer) → 함께 상응하다
동 일치하다, 부합하다, 서신 왕래하다
The goods do not **correspond** to the samples.
상품이 샘플과 일치하지 않는다.
❈ **correspondent** 형 일치하는, 상응하는   명 특파원

respond
[rispánd]

re(= back) + spond(= answer) → 대답하다
동 반응하다, 응답하다, 대답하다
I was guilty of **responding** too quickly to people. [학평]
나는 사람들에게 너무 성급하게 반응한 것에 죄책감을 느꼈다.
❈ **responsive** 형 즉각 반응하는   **response** 명 응답, 반응

responsible
[rispánsəbl]

re(= again) + spons(= promise) + ible(접사)
→ 다시 약속할 수 있는
형 책임 있는, 책임감이 있는
I was **responsible** for supplying water to players.
나는 선수들에게 물을 제공하는 책임이 있었다.
❈ **responsibility** 명 책임, 책임감

Daily Test

A 우리말은 영어로, 영어는 우리말로 쓰시오.

01 철학	p_____	02 sophisticated	_____
03 표본, 견본	s_____	04 specific	_____
05 장관, 광경	s_____	06 spectator	_____
07 의심하다; 용의자	s_____	08 speculate	_____
09 측면, 양상	a_____	10 desperate	_____
11 예상하다, 예측하다	e_____	12 hemisphere	_____
13 절망, 자포자기	d_____	14 expire	_____
15 호흡	r_____	16 conspire	_____
17 땀을 흘리다	p_____	18 aspire	_____
19 후원하다; 후원자	s_____	20 correspond	_____

B 오른쪽 해석을 보고, 네모 안에서 적절한 단어를 고르시오.

01 This creates an atmosphere / hemisphere of sharing.

이것은 나눔의 분위기를 만든다.

02 In aspect / retrospect, they probably made a poor choice.

회고해 보니, 그들은 아마 좋지 못한 선택을 했을 것이다.

03 The police went to inspect / suspect the crime scene.

경찰이 범죄 현장을 조사하러 갔다.

04 He aspired / inspired thousands of people through his lectures.

그는 강연을 통해 수천 명의 사람들에게 영감을 주었다.

05 I was guilty of corresponding / responding too quickly to people.

나는 사람들에게 너무 성급하게 반응한 것에 죄책감을 느꼈다.

정답 **A** 01 philosophy 02 정교한, 복잡한, 세련된 03 specimen 04 특정한, 구체적인 05 spectacle 06 관객, 구경꾼 07 suspect 08 사색하다, 추측하다, 이리저리 생각하다 09 aspect 10 필사적인, 자포자기의 11 expect 12 (지구의) 반구, (뇌의) 반구 13 despair 14 (기간 따위가) 끝나다, 만기가 되다, 숨을 내쉬다 15 respiration 16 공모하다, 음모를 꾸미다 17 perspire 18 열망하다, 포부를 갖다 19 sponsor 20 일치하다, 부합하다, 서신 왕래하다
B 01 atmosphere 02 retrospect 03 inspect 04 inspired 05 responding

sta

서다(stand)

stable
[stéibl]

sta(= stand) + ble(접사) → (움직이지 않고) 서 있는
형 안정된, 견고한
Stable patterns are necessary lest we live in chaos. 모평
우리가 혼돈 속에서 살지 않기 위해서 안정적인 형태가 필요하다.

status
[stéitəs]

sta(= stand) + tus(접사) → 서 있는 자리
명 지위, 신분
Angela achieved celebrity **status** overnight.
Angela는 하룻밤 사이에 유명 인사의 지위에 올랐다.

statue
[stǽtʃuː]

라틴어 statua(= monumental figure)에서 유래
→ 기념비처럼 서 있는 것
명 조각상
The **Statue** of Liberty stands in New York.
자유의 여신상은 뉴욕에 서 있다.

standard
[stǽndərd]

stand(= sta(= stand)의 변이형) + ard(= hardus: hard)
→ 견고히 서 있는 것 → 기준
명 기준, 표준   형 표준의, 규격에 맞는
She ignored safety **standards**. 학평
그녀는 안전 기준을 무시했다.
bricks of **standard** size 규격 사이즈의 벽돌

constant
[kánstənt]

con(= together) + sta(= stand) + nt(접사) → (늘) 함께 서 있는
형 끊임없는, 거듭되는
We live in an age of **constant** interaction. 학평
우리는 끊임없는 상호 작용의 시대에 살고 있다.

ecstasy
[ékstəsi]

ec(= ex: out) + sta(= stand) + sy(= sis: 접사)
→ 벗어나 서 있는 상태
명 환희, 무아의 경지
It was a sort of religious **ecstasy**.
그것은 일종의 종교적 환희였다.

establish
[istǽbliʃ]

라틴어 stabilire(= make stable)에서 유래 → 안정적으로 서 있게 하다

통 세우다, 설립[설정]하다, 확고히 하다

Our goal is to **establish** a new research center.

우리의 목표는 새로운 연구 센터를 세우는 것이다.

⁘ establishment 명 설립, 수립, 기관

estate
[istéit]

고대 프랑스어 estat(= status, position)에서 유래
→ (재산을 통한) 누군가의 지위나 위치

명 재산, 토지, 사유지

His **estate** passed to his daughter.

그의 재산은 딸에게 상속되었다.

instance
[ínstəns]

in(= in) + sta(= stand) + (a)nce(접사) → 안에 서 있는 것 → 사례

명 사례, 경우

The study cites **instances** of water pollution in this neighborhood.

그 연구는 이 지역의 수질 오염의 사례를 인용한다.

substance
[sʌ́bstəns]

sub(= under) + sta(= stand) + (a)nce(접사) → 아래에 있는 것 → 본질

명 물질, 본질

Different **substances** tend to affect the environment differently. 학평

다른 물질들은 환경에 다르게 영향을 미치는 경향이 있다.

⁘ substantial 형 본질적인, 상당한

steady
[stédi]

stead(= sta(= stand)의 변이형) + y(접사) → 확고히 서 있는

형 꾸준한, 한결같은, 흔들림 없는

The organizations are designed to make **steady** progress. 학평

그 조직들은 꾸준한 발전을 이루도록 설계되어 있다.

⁘ steadiness 명 견실[착실]함, 끈기, 불변

system
[sístəm]

sy(= syn: together) + ste(= sta(= stand)의 변이형) + m(= ma: 접사)
→ 함께 서 있는 것 → 체계

명 체계, 방식, 시스템

Nature is a beautiful harmony of **systems**. 학평

자연은 체계의 아름다운 조화이다.

⁘ systematic 형 체계적인

stingu/stinc   찌르다(pierce), 끄다(quench)

distinguish
[distíŋgwiʃ]

di(=apart) + stingu(=pierce) + ish(접사) → 찌른 자국으로 분리하다
동 구별하다, 식별하다
Some languages only **distinguish** between two basic colors. 학평
어떤 언어들은 두 가지 기본색만을 구별한다.

distinct
[distíŋkt]

di(=apart) + stinc(=pierce) + t(=tus: 접사) → 찌른 자국으로 분리시킨
형 뚜렷한, 분명한, 별개의
Plant growth is most **distinct** in spring and early summer.
식물 성장은 봄과 초여름에 매우 뚜렷하다.
⊞ distinction 명 뚜렷한 차이, 특별함, 뛰어남

extinguish
[ikstíŋgwiʃ]

ex(=thoroughly) + (s)tingu(=quench) + ish(접사) → 완전히 끄다
동 (불을) 끄다, 끝내다, 없애다
Please **extinguish** all cigarettes.
모든 담배를 꺼 주세요.

instinct
[ínstiŋkt]

in(=into) + stinc(=pierce) + t(=tus: 접사) → 찔러서 안에서 일깨움
명 본능, 타고난 소질
Instincts told him it was Ewinar. 학평
본능적으로 그는 그것이 Ewinar라는 것을 알았다.
⊞ instinctive 형 본능에 따른, 본능적인

stitu   세우다(set up)

constitute
[kánstətjùːt]

con(=together) + stitu(=set up) + te(=tus: 접사)
→ 함께 세우다 → 구성하다
동 구성하다, 설립하다
We must redefine what **constitutes** a family.
우리는 무엇이 가정을 구성하는지 재정의해야 한다.
⊞ constitution 명 구조, 헌법

institute
[ínstətjùːt]

in(= in) + stitu(= set up) + te(= tus: 접사)
→ 내부에 세우다 → 도입하다

图 도입하다, 시작하다   명 연구소, 협회, 기관
We will **institute** a number of methods to improve safety.
우리는 안전을 향상하기 위한 여러 방법을 도입할 예정이다.
the National Cancer **Institute** 국립 암 연구소

substitute
[sʌ́bstətjùːt]

sub(= under) + stitu(= set up) + te(= tus: 접사) → 아래에 세우다

图 대신하다, 대치하다   명 대신하는 사람, 대체물, 교체 선수
They **substituted** coal for oil. 그들은 석유를 석탄으로 대치했다.
He was the first **substitute** to go in the game. 모평
그는 그 경기에 들어가는 첫 번째 교체 선수였다.
⊕ substitution 명 대리, 대용, 대리인

strict/strain   팽팽히 당기다(draw tight), bind(묶다)

district
[dístrikt]

di(= apart) + strict(= bind) → 따로따로 묶인 곳 → 구역
명 지구, 지역, 구역
They said they would be moving to the **district**. 학평
그들은 그 지역으로 이사 갈 것이라고 말했다.

> **Voca Plus**
> • a tax [postal] **district** 조세[우편] (관할) 구역
> • a school **district** 학군
> • **district** councils 지역 의회
> • a crowded **district** 인구 조밀 지역

restrict
[ristríkt]

re(= back) + strict(= draw tight) → 뒤로 팽팽히 당기다 → 제한을 두다
图 제한하다, 한정하다
The government passed a law to **restrict** the sale of guns.
정부는 총기 판매를 제한하는 법을 통과시켰다.
⊕ restriction 명 제한, 제약, 규제

restrain
[ristréin]

re(= back) + strain(= draw tight)
→ 뒤로 잡아당겨 나아가지 못하게 하다
图 억제하다, 저지[제지]하다
"Oh, boy!" he shouted, unable to **restrain** his obvious joy. 학평
"오, 이런!" 그는 자신의 명백한 기쁨을 억제하지 못한 채 소리를 질렀다.
⊕ restraint 명 제약, 자제

struct 짓다(build)

structure
[strʌ́ktʃər]

struct(= build) + ure(접사) → 지어 놓은 것
명 구조, 구조물
The **structure** of the ear is very complex.
귀의 구조는 매우 복잡하다.

construct
[kənstrʌ́kt] 통
[kánstrʌkt] 명

con(= together) + struct(= build) → 함께 짓다
통 건설하다, 세우다, 구성하다 명 건축물, 구성체
A bridge is **constructed** to last one hundred years. 학평
다리는 백 년간 지속하도록 건설된다.
⊕ construction 명 건설, 건축[구조]물, 구성

instruct
[instrʌ́kt]

in(= on) + struct(= build) → 지어 올리다 → 지식 등을 가르치다
통 지시하다, 가르치다, 교육하다
One group was **instructed** to make daily plans. 학평
한 집단은 일일 계획을 세우라고 지시받았다.
⊕ instruction 명 가르침, 설명, 지시

obstruct
[əbstrʌ́kt]

ob(= against) + struct(= build) → 짓는 것을 가로막다
통 방해하다, 막다
The broken-down bus **obstructed** the traffic.
그 고장 난 버스가 교통을 방해했다.
⊕ obstruction 명 방해, 장애물

sult/sal 뛰어오르다(leap), 뛰어 나아가다(spring forward)

insult
[insʌ́lt] 통
[ínsʌlt] 명

in(= in) + sult(= leap) → 안으로 뛰어들다
통 모욕하다 명 모욕
Jessica was annoyed and **insulted**. 학평
Jessica는 마음이 상하고 모욕감을 느꼈다.
His article was seen as an **insult** to the minister.
그의 기사는 그 장관에 대한 모욕으로 여겨졌다.

result
[rizʌ́lt]

re(= back) + sult(= leap) → 되돌아 뛰어오는 것
몡 결과　통 결과로서 일어나다, 생기다
They are less satisfied with their **results**. 학평
그들은 자신들의 결과에 덜 만족한다.

salmon
[sǽmən]

라틴어 salmonem(= leaper)에서 유래 → 뛰어오르는 것
몡 연어
The **salmon** return to the river where they were born.
연어는 그들이 태어났던 강으로 돌아온다.

sum

잡다, 취하다(take)

assume
[əsúːm]

as(= ad: to) + sum(e)(= take) → ~ 방향으로 생각을 잡아보다
통 추정하다, 가정하다, 추측하다
We **assume** that dogs can smell anything. 수능
우리는 개들이 뭐든 냄새를 맡을 수 있다고 추정한다.
❀ assumption 몡 가정, 추정, 추측

consume
[kənsúːm]

con(= com: together) + sum(e)(= take) → 함께 취하다
통 소비하다, 먹다
Our brain **consumes** only 20% of our energy. 학평
우리의 뇌는 우리 에너지의 20퍼센트만을 소비한다.
❀ consumption 몡 소비

presume
[prizúːm]

pre(= before) + sum(e)(= take) → 미리 생각을 취하다
통 추정하다
I **presumed** her to be his wife.
나는 그녀가 그의 아내라고 추정했다.

resume
[rizúːm]

re(= again) + sum(e)(= take) → 다시 행동을 취하다
통 재개하다
She decided to **resume** her career after two years of maternity leave.
그녀는 2년의 출산 휴가 후에 직장 생활을 재개하기로 결심했다.

Daily Test

A 영어는 우리말로, 우리말은 영어로 쓰시오.

01	stable	_____	02	지위, 신분	s_____
03	standard	_____	04	재산, 토지, 사유지	e_____
05	substance	_____	06	꾸준한, 한결같은	s_____
07	distinguish	_____	08	(불을) 끄다, 끝내다	e_____
09	instinct	_____	10	구성하다, 설립하다	c_____
11	institute	_____	12	제한하다, 한정하다	r_____
13	substitute	_____	14	지구, 지역, 구역	d_____
15	construct	_____	16	교육하다, 지시하다	i_____
17	assume	_____	18	방해하다, 막다	o_____
19	consume	_____	20	재개하다	r_____

B 오른쪽 해석을 보고, 빈칸에 가장 적절한 단어를 [보기]에서 골라 쓰시오.

보기   constant   distinct   establish   insult   restrain

01 We live in an age of _____ interaction.   우리는 끊임없는 상호 작용의 시대에 살고 있다.

02 Our goal is to _____ a new research center.   우리의 목표는 새로운 연구 센터를 세우는 것이다.

03 His article was seen as an _____ to the minister.   그의 기사는 그 장관에 대한 모욕으로 여겨졌다.

04 Plant growth is most _____ in spring and early summer.   식물 성장은 봄과 초여름에 매우 뚜렷하다.

05 "Oh, boy!" he shouted, unable to _____ his obvious joy.   "오, 이런!" 그는 자신의 명백한 기쁨을 억제하지 못한 채 소리를 질렀다.

정답 A 01 안정된, 견고한 02 status 03 기준, 표준; 표준의, 규격에 맞는 04 estate 05 물질, 본질 06 steady 07 구별하다, 식별하다 08 extinguish 09 본능, 타고난 소질 10 constitute 11 도입하다, 시작하다; 연구소, 협회, 기관 12 restrict 13 대신하다, 대치하다; 대신하는 사람, 대체물, 교체 선수 14 district 15 건설하다, 구성하다; 건축물, 구성체 16 instruct 17 추정하다, 가정하다 18 obstruct 19 소비하다, 먹다 20 resume
B 01 constant 02 establish 03 insult 04 distinct 05 restrain

Review Test 9 (DAY 41~45)

A 영어는 우리말로, 우리말은 영어로 쓰시오.

01 compulsive _____
02 명성, 평판   r_____
03 acquire _____
04 규제하다, 조정[조절]하다   r_____
05 conscience _____
06 감각의, 지각의   s_____
07 resent _____
08 순서, 연속(물)   s_____
09 conserve _____
10 강박 관념을 갖게 하다   o_____
11 consistency _____
12 사교적인, 붙임성 있는   s_____
13 inspect _____
14 의심하다; 용의자   s_____
15 atmosphere _____
16 (기간 따위가) 끝나다, 만기가 되다 e_____
17 correspond _____
18 안정된, 견고한   s_____
19 instinct _____
20 지시하다, 가르치다, 교육하다 i_____

B 다음 단어를 우리말 뜻에 맞게 변형하여 쓰시오.

01 conquer → _____ (정복)
02 region → _____ (지방의, 지역의)
03 observe → _____ (준수, 관습, 의식)
04 signify → _____ (중요한, 상당한)
05 specific → _____ (구체화하다)
06 respond → _____ (즉각 반응하는)
07 system → _____ (체계적인)
08 restrain → _____ (제약, 자제)

C 다음 영영사전 풀이에 해당하는 단어를 바르게 연결하시오.

01 worthy of respect or dedication   ·
02 a rude expression intended to offend   ·
03 an unusual or exciting event or sight   ·
04 awake and able to see, hear, and think ·
05 to put a limit on or keep under control ·

· ⓐ conscious
· ⓑ insult
· ⓒ restrict
· ⓓ sacred
· ⓔ spectacle

D 다음 문장의 빈칸에 적절한 단어를 [보기]에서 골라 쓰시오.

> 보기   consent   interrupt   sacrifice   section   subsequent

01 He is reading the comics _____ of the newspaper. 학평
02 They did not _____ to what the doctor suggested. 학평
03 Don't let distractions _____ your attentive listening. 학평
04 Doing one thing makes us _____ other opportunities. 학평
05 The fears, _____ studies showed, were largely unneeded. 학평

E 다음 네모 안에서 적절한 단어를 고르시오.

01 Their talk had asserted / exerted influence on the listeners. 학평
02 They assigned / signaled the students to three planning conditions. 학평
03 Decision-making is the heart of impulsive / rational, logical thought. 학평
04 The machine automatically associates / regulates water temperature. 학평
05 He stuck to his goals and assisted / persisted in making the transition. 학평

정답 **A** 01 강박적인, 상습적인 02 reputation 03 얻다, 습득하다, 획득하다 04 regulate 05 양심 06 sensory 07 분개하다, 화내다, 원망하다 08 sequence 09 보호하다, 보존하다, 절약하다 10 obsess 11 일관성, 한결같음 12 sociable 13 조사하다, 검사하다 14 suspect 15 대기, 분위기 16 expire 17 일치하다, 부합하다, 서신 왕래하다 18 stable 19 본능, 타고난 소질 20 instruct

B 01 conquest 02 regional 03 observance 04 significant 05 specify 06 responsive 07 systematic 08 restraint

C 01 ⓐ 신성한 02 ⓑ 모욕 03 ⓔ 장관, 광경 04 ⓓ 의식이 있는 05 ⓒ 제한하다

D 01 section 02 consent 03 interrupt 04 sacrifice 05 subsequent

E 01 exerted 02 assigned 03 rational 04 regulates 05 persisted

해석 **D** 01 그는 신문의 만화란을 읽고 있다. 02 그들은 의사가 제안하는 것에 동의하지 않았다. 03 집중을 방해하는 것들이 여러분이 주의 깊게 듣는 것을 방해하게 두지 마라. 04 한 가지를 한다는 것은 우리가 다른 기회를 희생하도록 만든다. 05 그런 두려움이 대체로 불필요한 것이 었음을 차후의 연구가 보여 주었다.

E 01 그들이 하는 말이 청취자들에게 영향을 발휘했다. 02 그들은 학생들에게 계획을 세우는 세 가지 상황을 할당했다. 03 의사 결정은 합리적이고 논리적인 사고의 핵심이다. 04 그 기계는 수온을 자동으로 조절한다. 05 그는 자신의 목표를 고수하였고 그 전향을 고집했다.

Day 46

surg/sour 오르다(rise), 솟다(spring up)

surge
[səːrdʒ]

라틴어 surgere(= rise)에서 유래 → 오르는 것
명 급등, 치밀어 오름   동 급등하다, 밀려들다
We are struggling to keep up with the recent **surge** in demand.
우리는 최근의 수요 급등에 맞추기 위해 애를 쓰고 있다.

> **Voca Plus**
> • a tidal **surge** 조수가 밀려듦
> • a voltage **surge** 전압의 급등
> • a **surge** in consumer spending 소비자의 소비 급증

source
[sɔːrs]

고대 프랑스어 sourse(= a rising fountainhead of a river or stream: 강이나 냇물의 솟아오르는 수원지) → 솟아오르는 곳
명 원천
Light is the **source** of all color. 학평
빛은 모든 색의 원천이다.

resource
[ríːsɔːrs]

re(= again) + source(원천) → 다시 원천이 되어 주는 것
명 자원
How can we save such precious **resources**? 학평
우리는 어떻게 그런 귀중한 자원을 보존할 수 있을까?

tact/teg 만지다, 접촉하다(touch)

tact
[tækt]

tact(= touch) → 만져서 판단하는 능력
명 재치, 요령
He has the **tact** to overcome a crisis. 그는 위기를 극복하는 재치가 있다.

tactile
[tæktl]

tact(= touch) + ile(접사) → 만지는
형 촉각의
Reading books offers children a **tactile** experience.
책을 읽는 것은 아이들에게 촉각의 경험을 제공한다.

contact
[kántækt]

con(=together) + tact(=touch) → 서로 접촉하다
명 연락, 접촉　통 연락하다
I finally made **contact** with my friend in Seoul.
나는 마침내 서울에 있는 내 친구와 연락이 닿았다.
Please **contact** me if you have any questions. 학평
질문이 있으시면 저에게 연락해 주세요.

integrate
[íntigrèit]

in(=not) + teg(=touch) + r(=er: 접사) + ate(접사)
→ 만지지 않고 온전한 상태로 두다
통 통합하다
Edison learned that marketing and invention must be
integrated. 학평
Edison은 마케팅과 발명이 통합되어야 함을 알게 되었다.
⊕ integration 명 통합

integrity
[intégrəti]

in(=not) + teg(=touch) + r(=er: 접사) + ity(접사)
→ 건들지 않은 온전한 성질
명 진실성, 온전함
She wants a man with **integrity** as her husband.
그녀는 진실함을 가진 남자를 남편으로 원한다.

tail

자르다(cut)

tailor
[téilər]

tail(=cut) + or(접사) → 자르는 사람
명 재단사
The **tailor** at the clothing store measured me for a new suit.
그 옷 가게의 재단사는 새 정장을 위해 내 치수를 쟀다.

detail
[dí:teil]

de(=entirely) + tail(=cut) → 완전히 잘라낸 것
명 세부 사항
The **details** are a little complicated. 학평
그 세부 사항은 약간 복잡하다.

retail
[rí:teil]

re(=again) + tail(=cut) → 반복해서 잘라 파는 것
명 소매　통 소매하다
Prices in most **retail** outlets are set by the retailer. 모평
대부분의 소매점에서 가격은 소매상에 의해 결정된다.
The company **retails** its own range of sportswear.
그 회사는 일련의 자체 운동복을 소매로 판다.
⊕ retailor 명 소매업자

tain/ten/tin   붙잡다(hold), 유지하다(keep)

contain
[kəntéin]

con(= com: together) + tain(= hold) → 함께 붙잡고 있다
동 포함하다, 담다
This food doesn't **contain** any trans fat.
이 식품은 어떤 트랜스 지방도 포함하고 있지 않다.

maintain
[meintéin]

main(= manu: hand) + tain(= hold) → 손으로 붙잡고 있다
동 유지하다, 관리하다, 지속시키다
The temperature was **maintained** at the same level. 수능
온도가 동일한 수준으로 유지되었다.
❖ maintenance 명 유지, 관리

sustain
[səstéin]

sus(= sub: below) + tain(= hold) → 아래에서 붙잡고 있다
동 유지하다, 지속시키다
Our economy will **sustain** the current growth rate.
우리 경제는 현재의 성장률을 유지할 것이다.
❖ sustainable 형 지속 가능한

content
[kəntént] 형
[kántent] 명

con(= com: together) + ten(= hold) + t(= tus: 접사) → 함께 붙잡고 있는
형 만족하는 명 내용물
They seemed more **content** as they aged.
그들은 나이가 들수록 더 만족하는 것 같았다.
Once the basis of equality changes so does its **content**. 모평
일단 평등의 기초가 바뀌면 그것의 내용도 바뀐다.

continent
[kántinənt]

con(= com: together) + tin(= hold) + ent(접사) → 함께 붙잡고 있는 것
명 대륙
Europe and Asia are sometimes considered to be one **continent**.
유럽과 아시아는 때때로 하나의 대륙으로 여겨진다.
❖ continental 형 대륙의

continue
[kəntínju(:)]

라틴어 continuare(= join together or be continuous)에서 유래
→ 연결이 되도록 계속하다
동 계속하다
She **continued** to cry for help and struggle to get out. 모평
그녀는 계속해서 도와 달라고 울부짖으며 밖으로 나가려고 몸부림쳤다.
❖ continuous 형 계속적인   continual 형 반복되는

techn/techno 기술(art, skill)

technique
[tekníːk]

그리스어 tekhne(= art, skill)에서 유래 → 기술
명 기법, 기술, 기교
This publication instructs you in some **techniques** of problem solving. 이 출판물은 여러분에게 몇 가지 문제 해결 기법을 가르쳐 준다.
⁑ technical 형 과학 기술의, 기술의, 전문적인

technician
[tekníʃən]

techn(= art, skill) + ician(접사) → 기술을 가진 사람
명 전문가, 기술자
They will send a **technician** out to fix the problem.
그들은 그 문제를 해결하기 위해 전문가를 보낼 것이다.

technocracy
[teknákrəsi]

techno(= art, skill) + crac(= rule, power) + y(접사)
→ 기술에 의한 지배
명 기술주의 (국가), 기술자 지배
Technocracy aims at the elimination of dependence on human beings. 기술주의는 인간에 대한 의존을 없애는 것을 목표로 한다.
⁑ technocratic 형 기술주의의, 테크노크라시의

technography
[teknágrəfi]

techno(= art, skill) + graphy(= process of writing or recording)
→ 기술을 쓰거나 기록하는 방법
명 과학사, 기술사
Technography describes the use and networks of technology in a broad sense. 과학사는 넓은 의미에서 과학 기술의 사용과 과학 기술망을 기술한다.

technology
[teknálədʒi]

techno(= art, skill) + logy(= science, study) → 기술에 관한 학문
명 (과학) 기술, 기술 체계
Advances in **technology** have improved our lifestyle.
과학 기술의 진보가 우리의 생활 방식을 개선해 왔다.
⁑ technologist 명 과학 기술자, 공학자
technological 형 과학 기술상의

tempor 시간(time), 시기(season), 순간(moment)

temporal
[témpərəl]

tempor(= tempus: time, season, moment) + al(접사) → 시간의
형 현세적인, 시간의
The Pope has no **temporal** power over unbelievers.
교황은 무신론자들에 대해 현세적인 권력이 없다.

temporary
[témpərèri]

tempor(= tempus: time, season, moment) + ary(접사) → 한때의

[형] 일시적인, 임시의

Some of the treatments gave her **temporary** pain relief.

치료제 중 일부가 그녀에게 일시적인 통증 완화를 가져다주었다.

⊕ temporarily [부] 일시적으로, 임시로

tend/tens/tent 늘리다, 뻗다(stretch)

tend
[tend]

라틴어 tendere(= stretch)에서 유래

→ 특정한 방향으로 마음이 동하게 하다

[동] 경향이 있다, 돌보다

Mammals **tend** to be less colorful than other animal groups. 학평

포유류는 다른 동물군에 비해 색이 덜 화려한 경향이 있다.

⊕ tendency [명] 성향, 기질, 동향

attend
[əténd]

at(= ad: to) + tend(= stretch) → ~을 향해 뻗다

[동] 참석하다, 주의를 기울이다, 돌보다

She promised she would **attend** the musical. 학평

그녀는 뮤지컬에 참석할 것이라고 약속했다.

⊕ attendance [명] 출석, 참석률   attention [명] 주의, 주목
  attendant [명] 안내원, 간병인

contend
[kənténd]

con(intensive) + tend(= stretch) → 무엇인가를 차지하려고 서로 당기다

[동] 겨루다, 다투다, 주장하다, 논쟁하다

They **contended** with each other for the remaining positions.

그들은 남아 있는 자리를 두고 서로 겨뤘다.

⊕ contention [명] 논쟁, 주장
  contentious [형] 논쟁을 좋아하는, 논쟁을 불러일으키는

distend
[disténd]

dis(= apart) + tend(= stretch) → 따로따로 끌어당기다

[동] 팽창시키다, 넓히다

Investigators found children suffering from **distended** bellies.

조사관들은 팽창한 배로 고통받는 아이들을 발견했다.

extend
[iksténd]

ex(= out) + tend(= stretch) → 밖으로 뻗다

[동] 뻗다, 연장하다, 확장하다

He stepped forward, **extending** his hand as he walked.

그는 앞으로 나아갔고 걸어가며 자신의 손을 뻗었다.

⊕ extensive [형] 광범위한, 대규모의

intend
[inténd]

in(=toward) + tend(=stretch) → (마음을) ~을 향하여 뻗다
통 의도[작정]하다, (~하려고) 생각하다, 의미하다
We are mostly doing what we **intend** to do. 학평
대체로 우리는 우리가 하고자 의도하는 것을 하고 있다.
⁑ intention 명 의도, 목적

superintendent
[sjù:pərinténdənt]

super(=above) + in(=toward) + tend(=stretch) + ent(접사)
→ 위에서 ~을 향해 뻗는[관리하는] 사람
명 관리자, 감독관 형 감독하는, 지배하는
The park **superintendent** made an effort to restore the former
ecosystem. 공원 관리자는 이전의 생태계를 회복하기 위해 노력했다.
⁑ superintend 통 관리[감독]하다

tense
[tens]

라틴어 tendere(=stretch)에서 유래 → 끌어당겨진
형 긴장한, 팽팽한
The patient seemed more **tense** and distressed. 학평
그 환자는 더 긴장하고 괴로워하는 것 같았다.
⁑ tension 명 긴장 (상태), 갈등

intense
[inténs]

in(=toward) + tens(e)(=stretch) → ~쪽으로 뻗은
형 극심한, 강렬한, 치열한, 열정적인
The bargaining in the noisy market became **intense**. 수능
시끄러운 시장에서의 그 거래는 치열해졌다.
⁑ intensify 통 강화하다, 심화시키다   intensity 명 강렬함, 강도

> **Voca Plus**
> • **intense** pain 극심한 통증
> • **intense** competition 치열한 경쟁
> • **intense** heat 극심한 더위
> • **intense** love 열렬한 사랑
> • **intense** debate 격렬한 토론
> • **intense** negotiation 격렬한 협상

extension
[iksténʃən]

ex(=out) + tens(=stretch) + ion(접사) → 바깥으로 뻗은 것
명 연장, 확대, 내선
The **extension** of the subway to a downtown terminal cost $16
million. 시내 터미널까지의 지하철 연장은 1,600만 달러가 들었다.

intent
[intént]

in(=toward) + tent(=stretch) → ~을 향하여 (마음을) 뻗음
명 의도, 의미, 취지 형 열의가 있는, 전념하는
Any false statement—regardless of **intent**—is a lie. 학평
의도와는 상관없이 어떠한 거짓된 진술도 거짓말이다.
They were all **intent** on their business.
그들은 자신들의 사업에 몹시 열의가 있었다.

Daily Test

A 우리말은 영어로, 영어는 우리말로 쓰시오.

01 급등; 급등하다　　　　s_____　　02 resource　　_____

03 재치, 요령　　　　　　t_____　　04 contact　　_____

05 통합하다　　　　　　i_____　　06 tactile　　_____

07 진실성, 온전함　　　　i_____　　08 maintain　　_____

09 포함하다, 담다　　　　c_____　　10 continue　　_____

11 만족하는; 내용물　　　c_____　　12 technician　　_____

13 일시적인, 임시의　　　t_____　　14 attend　　_____

15 뻗다, 연장[확장]하다　e_____　　16 intend　　_____

17 경향이 있다, 돌보다　　t_____　　18 superintendent　　_____

19 긴장한, 팽팽한　　　　t_____　　20 intent　　_____

B 오른쪽 해석을 보고, 네모 안에서 적절한 단어를 고르시오.

01 The bargaining in the noisy market became intense / intent.
시끄러운 시장에서의 그 거래는 치열해졌다.

02 Prices in most detail / retail outlets are set by the retailer.
대부분의 소매점에서 가격은 소매상에 의해 결정된다.

03 Our economy will contain / sustain the current growth rate.
우리 경제는 현재의 성장률을 유지할 것이다.

04 They attended / contended with each other for the remaining positions.
그들은 남아 있는 자리를 두고 서로 겨뤘다.

05 Technocracy / Technique aims at the elimination of dependence on human beings.
기술주의는 인간에 대한 의존을 없애는 것을 목표로 한다.

termin
경계(boundary), 끝(end), 한계(limit)

terminal
[tə́ːrmənəl]

termin(= end, limit) + al(접사) → 끝의
형 불치의, 말기의, 끝의　명 터미널, 종점
The doctor told her she had a **terminal** illness. 학평
의사는 그녀에게 그녀가 불치병이 있다고 말했다.
He was watching television at an airport **terminal**. 학평
그는 공항 터미널에서 텔레비전을 보고 있었다.

terminate
[tə́ːrmənèit]

termin(= end) + ate(접사) → 끝내다
동 끝나다, 기한이 다하다, 종결시키다
This contract **terminates** in February 2020.
이 계약은 2020년 2월에 끝난다.
⊕ termination 명 만기, 종료, 종점

terminology
[tə̀ːrmənάlədʒi]

termin(= boundary) + ology(= science, study)
→ 경계를 짓는 것에 관한 학문
명 (전문) 용어, 술어학
Scientific clarity is impossible without scientific **terminology**.
과학적 명료성은 과학 전문 용어 없이는 불가능하다.
⊕ terminological 형 용어상의

exterminate
[ikstə́ːrmənèit]

ex(= out of) + termin(= end) + ate(접사)
→ 완전히 끝내 버리다
동 몰살시키다, 근절하다, 멸종시키다
Wolves were systematically **exterminated**.
늑대는 체계적으로 몰살되었다.
⊕ extermination 명 몰살, 근절, 멸종

determine
[ditə́ːrmin]

de(= off) + termin(e)(= end, limit)
→ 끝을 잘라 버리다, 한계를 짓다
동 결정하다, 결심하다, 알아내다
They couldn't **determine** where to live and what to eat. 학평
그들은 어디에서 살아야 하고 무엇을 먹어야 할지 결정할 수 없었다.
⊕ determination 명 결정, 결심, 투지

terr

겁주다(frighten)

terrify
[térəfài]

terr(=frighten) + ify(접사) → 겁이 나게 만들다
동 (몹시) 무섭게 하다, 겁먹게 하다
The threat of nuclear war **terrifies** everyone.
핵전쟁의 위협은 모든 사람들을 공포에 떨게 한다.
⁕ terrifying 형 겁나게 하는, 무서운   terrific 형 멋진, 훌륭한

terror
[térər]

terr(=frighten) + or(접사) → 겁을 주는 것
명 공포(의 대상), (극심한) 두려움, 테러
The **terror** of war was overwhelming. 학평
전쟁의 공포는 압도적이었다.
⁕ terrorism 명 테러리즘, 공포   terrorist 명 테러리스트

> **Voca & Voca**   두려움, 공포
> ▶ fear 가장 일반적인 의미의 두려움
>   She was trembling with **fear**. 그녀는 두려움에 떨고 있었다.
> ▶ horror 공포, 심한 혐오, 충격이 동반된 두려움
>   She felt **horror** when she saw the snake.
>   뱀을 보았을 때 그녀는 공포를 느꼈다.
> ▶ panic 공황 상태를 동반한 공포
>   suffer from terrible **panic** attacks 끔찍한 공포의 엄습으로 시달리다

terr

땅(land), 지구(earth)

terrain
[təréin]

고대 프랑스어 terrain(= piece of land)에서 유래 → 특정 지역의 땅
명 지형, 지세, 지역
The hike includes moderately difficult **terrain**. 모평
도보 여행에는 중간 정도 난이도의 지역이 포함되어 있다.

terrestrial
[təréstriəl]

terr(estri)(= earth, land) + al(접사) → 지구[땅]에 관한
형 지구(상)의, 육지의, 현세[속세]의
The country is located right above the **terrestrial** equator.
그 나라는 지구 적도 바로 위에 위치한다.
⁕ extra-terrestrial 형 지구 밖의, 우주의   명 외계인, 우주인

territory
[téritɔ̀:ri]

terr(i)(= land) + tory(접사) → 일정 영역 안의 땅
명 영토, 지역, 영역
Those mountains are in French **territory**.
그 산들은 프랑스 영토에 속한다.
⁕ territorial 형 영토의, 지역의, 토지의

test 증언하다(witness)

testify
[téstəfài]

test(= witness) + ify(접사) → 증인의 역할을 하다
통 증언하다, 증명하다
He **testified** before Congress yesterday.
그가 어제 국회에서 증언했다.

testimony
[téstəmòuni]

test(i)(= witness) + mony(= monium: 접사) → 증거나 사실을 보이는 것
명 (입증해 주는) 증거, 증언
The results are the **testimony** to the students' hard work.
그 결과는 학생들이 열심히 노력한 것에 대한 증거이다.
⁕ testimonial 명 기념물, 증명서 형 증명서의

contest
[kántest] 명
[kəntést] 통

con(= together) + test(= witness) → 증인들이 서로의 주장을 펴다
명 대회, 시합, 경쟁 통 경쟁을 벌이다, 이의를 제기하다
He knew that he would win the essay **contest**. 학평
그는 자신이 글짓기 대회에서 우승할 것을 알고 있었다.
⁕ contestant 명 경기 참가자, 경쟁자

detest
[ditést]

de(= down) + test(= witness) → 좋지 않게 증언하다[말하다]
통 혐오하다, 몹시 싫어하다
He **detests** living in the city.
그는 도시에 사는 것을 정말 싫어한다.

protest
[prətést] 통
[próutest] 명

pro(= before) + test(= witness) → 앞에 나가서 (부당함을) 증언하다
통 항의하다, 시위하다, 이의를 제기하다 명 항의, 시위
Our coach **protested** the referee's call.
우리 감독은 심판의 판정에 항의했다.
⁕ protestant 명 항의자

text 짜다, 엮다(weave)

text
[tekst]

라틴어 textus(= thing woven)에서 유래 → 글자로 짜여진 것
명 글, 본문, 문서, 원고 통 (휴대 전화로) 문자를 보내다
Reading classical **texts** benefits the mind. 모평
고전 글을 읽는 것은 정신에 유익하다.
Please **text** me the final score.
최종 점수를 문자로 보내 주세요.
⁕ textbook 명 교본, 교과서

textile
[tékstail]

text(= weave) + ile(접사) → 짜여 있는 천
명 직물, 옷감
Its main exports are **textiles**, especially silk and cotton.
그곳의 주된 수출품은 직물인데, 특히 비단과 면이다.

texture
[tékstʃər]

text(= weave) + ure(접사) → 짜여진 조직에 대한 느낌
명 감촉, 질감
I felt the smooth **texture** of silk.
나는 비단의 부드러운 감촉을 느꼈다.

context
[kántekst]

con(= together) + text(= weave) → 일이나 글자가 함께 짜여 있는 상황
명 상황, 문맥, 맥락, 전후 사정
Such diversity reflects social **context**. 학평
그런 다양성은 사회적 상황을 반영한다.
❖ contextual 형 문맥상의, 상황적인

tort/tor   비틀다, 쥐어짜다(twist, wring)

torture
[tɔ́:rtʃər]

tort(= twist) + ure(접사) → 비틀어 괴롭히는 것
동 고문하다, 괴롭히다   명 고문, 심한 고통, 가책
Political opponents of the country were **tortured**.
그 나라의 정치적 반대자들은 고문을 당했다.

distort
[distɔ́:rt]

dis(= away) + tort(= twist) → 비틀어서 사실과 멀어지게 하다
동 (형체, 모습을) 일그러뜨리다, 비틀다, (사실, 생각을) 왜곡하다
His face was **distorted** by pain.
그의 얼굴은 고통으로 일그러졌다.
It does no good to **distort** and exaggerate the truth.
진실을 왜곡하고 과장하는 것은 전혀 이롭지 않다.
❖ distortion 명 일그러뜨림, 왜곡, 곡해

retort
[ritɔ́:rt]

re(= back) + tort(= twist) → 받은 말을 비틀어서 다시 주다
동 쏘아붙이다, 응수하다   명 쏘아붙이기, 응수, 대꾸
"That's not true!" he **retorted**.
"그것은 사실이 아니야!"라고 그가 응수했다.

torment

[tɔːrmént] 통
[tɔ́ːrment] 명

tor(= twist) + ment(접사) → 비틀어 고통을 주다
통 괴롭히다, 고통을 안겨 주다　명 고통, 고뇌, 고민거리
Flies constantly **tormented** the cattle.
파리가 소를 끊임없이 괴롭혔다.

tract/treat　당기다(draw)

attract

[ətrǽkt]

at(= ad: toward) + tract(= draw) → 어떤 쪽으로 당기다
통 마음을 끌다, 끌어당기다, 매혹하다, 유인하다
Her first novel failed to **attract** a large audience. 학평
그녀의 첫 번째 소설은 많은 독자의 마음을 끌지 못했다.
✽ attractive 형 매력적인, 마음을 끄는
　 attraction 명 매력, 관광 명소(= tourist attraction)

contract

[kántrækt] 명
[kəntrǽkt] 통

con(= together) + tract(= draw)
→ 자신의 이익을 위해 의견을 모아 놓은 것
명 계약(서)　통 줄어들다, 수축하다
If you break the **contract**, you will get sued.
계약을 파기하면, 너는 고소당할 거야.
Muscles expand and then **contract**.
근육은 확장하다가 수축한다.
✽ contraction 명 수축, 위축, 축소

distract

[distrǽkt]

dis(= apart) + tract(= draw)
→ (집중하던) 생각을 다른 곳으로 잡아당기다
통 주의를 흐트러뜨리다, 산만하게 하다, 기분을 풀어 주다
Smartphones are useful, but they often **distract** us. 학평
스마트폰은 유용하지만, 우리의 주의를 흐트러뜨리는 경우가 많다.
✽ distraction 명 주의 산만, 기분 전환, 오락

extract

[ikstrǽkt] 통
[ékstrækt] 명

ex(= out) + tract(= draw) → 밖으로 뽑아내다
통 추출하다, 뽑아내다, 발췌하다　명 추출, 발췌(문)
Recycling makes more jobs than **extracting** raw materials. 학평
재활용은 원자재를 추출해 내는 것보다 더 많은 일자리들을 만든다.
✽ extraction 명 뽑아냄, 추출

subtract
[səbtrǽkt]

sub(= under) + tract(= draw) → 아래로 잡아당기다
图 빼다, 감하다, 공제하다
If you **subtract** 3 from 8, you get 5.
8에서 3을 빼면 5이다.
⁙ subtraction 图 빼기, 뺄셈, 차감, 공제

portray
[pɔːrtréi]

por(= forward) + tray(= draw) → 앞으로 끌어내서 나타내다
图 표현하다, 묘사하다
It was impossible to **portray** the scene in words.
그 장면을 말로 표현하기는 불가능했다(그 장면은 매우 아름다웠다).
⁙ portrayal 图 묘사   portrait 图 초상화, 인물 사진

treat
[triːt]

treat(= draw) → 어떤 일을 끌어내서 하다
图 다루다, 대우하다, 치료하다, 한턱내다   图 (남에게 베푸는) 특별한 것, 한턱
All people should be **treated** equally. 학평
모든 사람들이 동등하게 대우받아야 한다.
She **treated** me to lunch. 그녀가 나에게 점심을 한턱냈다.
⁙ treatment 图 처리, 대우, 치료

retreat
[ritríːt]

re(= back) + treat(= draw) → 뒤로 잡아당기다[물러나다]
图 물러서다, 퇴각하다, 철회하다   图 후퇴, 철수, 철회
The troops could neither advance nor **retreat**.
그 군대 병력들은 전진도 후퇴도 할 수 없었다.

track
[træk]

track(= draw) → 수레가 끌고 간 자국이 남은 길
图 길, 발자국, 선로, 흔적, 자취, (경주용) 트랙   图 자취를 추적하다
He was walking for hours along the sand **track**. 학평
그는 모랫길을 따라 몇 시간 동안 걷고 있었다.

trail
[treil]

중세 영어 trail(= track or smell left by a person or animal)에서 유래 → 사람이나 동물에 의해 남겨진 흔적이나 냄새
图 흔적, 오솔길, 자취, 실마리   图 질질 끌다, 추적하다
A bloodhound can accurately follow a **trail** by scent. 학평
블러드하운드는 냄새로 흔적을 정확하게 추적할 수 있다.
Stay on the **trail** if you get lost. 길을 잃으면, 길 위에 머물러 있어라.

Daily Test

A 영어는 우리말로, 우리말은 영어로 쓰시오.

01	terminate	_____	02	(전문) 용어, 술어학	t_____
03	determine	_____	04	(몹시) 무섭게 하다	t_____
05	territory	_____	06	지형, 지세, 지역	t_____
07	protest	_____	08	증언하다, 증명하다	t_____
09	detest	_____	10	직물, 옷감	t_____
11	torture	_____	12	괴롭히다; 고통, 고뇌	t_____
13	attract	_____	14	빼다, 공제하다	s_____
15	distract	_____	16	계약(서); 수축하다	c_____
17	extract	_____	18	표현하다, 묘사하다	p_____
19	retreat	_____	20	길, 발자국, 선로	t_____

B 오른쪽 해석을 보고, 빈칸에 가장 적절한 단어를 [보기]에서 골라 쓰시오.

보기　　context　　distort　　texture　　retreat　　terrestrial

01 I felt the smooth _____ of silk.

나는 비단의 부드러운 감촉을 느꼈다.

02 Such diversity reflects social _____.

그런 다양성은 사회적 상황을 반영한다.

03 The troops could neither advance nor _____.

그 군대 병력들은 전진도 후퇴도 할 수 없었다.

04 It does no good to _____ and exaggerate the truth.

진실을 왜곡하고 과장하는 것은 전혀 이롭지 않다.

05 The country is located right above the _____ equator.

그 나라는 지구 적도 바로 위에 위치한다.

정답 **A** 01 끝나다, 기한이 다하다, 종결시키다 02 terminology 03 알아내다, 결정하다, 결심하다 04 terrify 05 영토, 지역, 영역 06 terrain 07 항의하다, 시위하다; 항의, 시위 08 testify 09 혐오하다, 몹시 싫어하다 10 textile 11 고문하다; 고문, 심한 고통 12 torment 13 마음을 끌다, 끌어당기다, 매혹하다 14 subtract 15 주의를 흐트러뜨리다, 기분을 풀어주다 16 contract 17 추출하다, 발췌하다; 추출 18 portray 19 물러서다, 퇴각하다; 후퇴, 철수, 철회 20 track
B 01 texture 02 context 03 retreat 04 distort 05 terrestrial

trad

전달하다(impart), 배신하다(betray)

tradition
[trədíʃən]

trad(= impart 주다) + (i)tion(접사) → 전달해 주기
명 전통
China has its own distinguished **tradition** of debate. 학평
중국은 자국만의 훌륭한 토론 전통을 가지고 있다.
⊹ traditional 형 전통적인

> **Voca Plus**
> • revive a **tradition** 전통을 되살리다
> • inherit a **tradition** 전통을 이어받다
> • a family **tradition** 집안의 전통
> • break with **tradition** 전통과 결별하다

betray
[bitréi]

be(접사) + tray(= betray) → 배신하다
동 배반하다, 배신하다
I never thought he would **betray** me.
그가 나를 배반하리라고는 결코 생각하지 않았다.
⊹ betrayal 명 배신, 배반

traitor
[tréitər]

trai(= betray) + tor(접사) → 배반[반역]하는 사람
명 배반자, 반역자
Money made him a **traitor** to his country.
돈은 그를 조국의 배반자로 만들었다.

treat

다루다(handle), 조작하다(manage)

treaty
[trí:ti]

라틴어 tractare(= manage, handle)에서 유래 → 조작하는 것, 다루는 것
명 조약
They formed a **treaty** of peace and goodwill this year.
그들은 올해 평화와 친선 조약을 맺었다.

mistreat
[mistrí:t]

mis(= wrong) + treat(= handle) → 잘못 다루다
동 학대[혹사]하다
Animals are often abused and **mistreated**.
동물들은 자주 학대받고 혹사당한다.

trem

떨다(tremble)

tremble
[trémbl]

라틴어 tremulare(=tremble)에서 유래 → 떨다
동 (몸을) 떨다, 떨리다
My voice was **trembling** and my heart was racing. 모평
내 목소리는 떨리고 있었고 내 심장은 아주 빨리 고동치고 있었다.

tremendous
[triméndəs]

trem(=tremble) + endous(=endus: 접사)
형 무서운, 굉장한, 엄청난, 무시무시한
The payoff is **tremendous**. 학평
그 이익은 엄청나다.

> **Voca & Voca** 많은 양[수]을 나타내는 표현
> ▶ enormous, tremendous, immense 굉장한
>   It was an **enormous** hit. 그것은 어마어마한 대성공이었다.
> ▶ vast (범위, 크기, 양 등이) 어마어마한[방대한, 막대한]
>   A **vast** area was affected. 방대한 면적이 영향을 받았다.
> ▶ awesome 굉장한, 멋진
>   His speech was **awesome**. 그의 연설은 굉장했다.

tremor
[trémər]

trem(=tremble) + or(접사) → 전율, 떨림
명 떨림
This device detects even slight earthquake **tremors**.
이 기기는 지진의 작은 떨림조차 탐지한다.

tribut

할당하다(allot)

tribute
[tríbjuːt]

라틴어 tribuere(=allot, assign)에서 유래 → 바친 것
명 찬사, 칭찬, 공물
I will pay **tribute** to him as a partner.
나는 그에게 파트너로서 찬사를 보내겠다.

attribute
[ətríbjuːt] 동
[ǽtribjùːt] 명

at(=ad: to) + tribut(e)(=allot) → 계속 갖고 있지 않고 누군가에게 주다
동 (~을 …의) 탓으로 돌리다[결과로 보다] 명 자질, 속성
Not all **attribute** environmetal damage to tourism. 수능
모두가 환경 훼손을 관광 산업의 탓으로 돌리지는 않는다.
Kindness is an **attribute** of a good teacher.
친절은 훌륭한 교사의 자질이다.

contribute
[kəntríbjuːt]

con(= com: together) + tribut(e)(= allot) → 한데 모으다
동 기여하다, 공헌하다, 기부하다
A woman **contributes** to her family's prosperity. 학평
여자는 가족의 성공에 기여한다.
✢ contribution 명 공헌

distribute
[distríbjuːt]

dis(= away, apart) + tribut(e)(= allot) → 떼어 주다
동 분배하다, 배부[배포]하다, 유통하다
Medical services are still not well **distributed**. 학평
의료 서비스는 여전히 제대로 분배되지 않는다.
✢ distribution 명 배포, 배분

tuit
지켜보다(watch), 돌보다(look after)

tuition
[tjuːíʃən]

tuit(= watch) + ion(접사) → 지켜보는 행동
명 수업, 교습, 수업료
Graduate school **tuition** has increased by 10 percent.
대학원 수업료가 10퍼센트 인상되었다.

tutor
[tjúːtər]

라틴어 tutorem(= watcher, guardian)에서 유래 → 지켜보는 사람
명 가정 교사, 개별 지도 교사
We will match you with a perfect **tutor**. 수능
우리는 여러분을 완벽한 개별 지도 교사와 연결시킬 것입니다.

tutorial
[tjuːtɔ́ːriəl]

tut(= tuit: watch) + orial(접사) → 지켜보는 사람과 같은 역할을 하는 것
명 개별 지도 시간, 사용 지침서
You might find these online video **tutorials** helpful.
여러분은 이 온라인 비디오 사용 지침서들이 도움이 된다는 것을 알게 될 겁니다.

intuition
[ìntjuːíʃən]

in(= at, on) + tuit(= watch) + ion(접사) → 지켜보는 행동
명 직관(력)
You need other things like **intuition** and creativity. 학평
여러분은 직관과 창의성과 같은 다른 것들이 필요하다.
✢ intuitive 형 직관적인   intuitively 부 직관적으로

turb
혼란(turmoil), 혼란하게 하다(disorder),
뒤섞다(turn)

turbid
[tə́ːrbid]

turb(= turmoil) + id(접사) → 뒤섞여 만들어진
형 액체가 탁한, 흐린
The alligators live in the **turbid** water of the Amazon.
그 악어들은 아마존강의 탁한 물에서 산다.

turbine
[tə́:rbin]

라틴어 turbinem(= spinning)에서 유래 → 회전하는 것
몡 터빈
The building has a big wind **turbine** to generate energy.
그 건물에는 에너지를 만들기 위한 큰 풍력 터빈이 있다.

turbulent
[tə́:rbjələnt]

turb(= turmoil) + ulent(= ulentus: full of 접사)
→ 혼란으로 가득한
휑 격동의, 격변의, 난기류의
They were crossing the **turbulent** river.
그들은 요동치는 강을 건너고 있었다.
❖ turbulence 몡 격동, 난기류

disturb
[distə́:rb]

dis(= completely) + turb(= disorder) → 혼란하게 하다
통 방해하다, 흩뜨리다
Rangan's thoughts were **disturbed** by an old man. 학평
Rangan의 생각은 한 노인에 의해 방해받았다.
❖ disturbance 몡 소동, 방해

typ

각인(impression)

type
[taip]

그리스어 typos(= impression)에서 유래 → 형태
몡 종류, 유형
Some **types** of plants can reduce air pollutants. 학평
어떤 종류의 식물은 공기 오염 물질을 줄일 수 있다.

archetype
[á:rkitàip]

arche(= first) + typ(e)(= impression) → 주요한 모양
몡 전형
The Iliad is regarded as the **archetype** of epic poetry.
〈일리아드〉는 서사시의 전형으로 여겨진다.

prototype
[próutətàip]

proto(= first) + typ(e)(= impression) → 첫 번째 모양
몡 원형(原型), 기본형
I finally made a **prototype** of the robot.
나는 결국 그 로봇의 원형을 만들었다.

stereotype
[stériətàip]

stereo(= solid) + typ(e)(= impression) → 고정시킨 형태
몡 고정관념, 연판
I think we should break gender **stereotypes**. 학평
나는 우리가 성 고정관념을 깨야 한다고 생각한다.
❖ stereotypical 휑 틀에 박힌

und 물결치다(move[rise] in waves)

abound
[əbáund]

ab(= off, away) + (o)und(= move in waves) → 넘쳐흐르다
[동] 아주 많다, 풍부하다
Reports of *aha* moments **abounded**. [학평]
'아하'의 순간에 관한 보고가 아주 많았다.
⁕ abundance [명] 많음, 풍요함

redundant
[ridʌ́ndənt]

red(= re: again) + und(= rise in waves) + ant(접사) → 계속 흘러넘치는
[형] 과다한, 불필요한
The novel has too much **redundant** detail.
그 소설에는 과다한 세부적인 내용이 너무 많다.
⁕ redundance [명] 과잉, 엄청남

urb 도시(city)

urban
[ə́ːrbən]

urb(= city) + an(접사) → 도시의
[형] 도시의, 도회지의
Urban places are generally larger than rural places. [학평]
도시 지역이 일반적으로 농촌 지역보다 더 크다.
⁕ urbanize [동] 도시화하다   urbanization [명] 도시화

suburb
[sʌ́bəːrb]

sub(= near) + urb(= city) → 도시 근처
[명] 교외
I live in a **suburb** and commute into the nearby town to work.
나는 교외에 살면서 일하러 이웃 도시로 통근한다.
⁕ suburban [형] 교외의, 따분한

us/ut 사용하다(use)

use
[juːz] [동]
[juːs] [명]

라틴어 usus(= use)에서 유래 → 사용하다
[동] 사용하다, 쓰다   [명] 사용, 용도
Some dogs are **used** by the police. [학평]
어떤 개들은 경찰에 의해 사용된다.
the **use** of technology (과학) 기술의 사용
⁕ useful [형] 유용한

abuse

[əbjúːz] 동
[əbjúːs] 명

ab(= away) + us(e) → 올바른 사용에서 벗어나다 → 오용하다
동 남용[오용]하다, 학대하다 명 남용, 오용, 학대
If you **abuse** your body now, you'll pay the price when you're older. 지금 몸을 남용[혹사]하면, 더 나이 들어서 대가를 치르게 될 것이다.
the **abuse** of privileges 특권의 남용
⊹ abusive 형 학대하는, 모욕적인

> **Voca Plus**
>
> • self-**abuse** 자학   • child **abuse** 아동 학대
> • **abuse** of power 권력 남용   • drug **abuse** 약물 남용
> • verbal **abuse** 언어 폭력, 언어 학대
> • substance **abuse** 마약[약물] 남용

utensil

[juːténsəl]

라틴어 utensilia(= things for use)에서 유래 → 사용할 물건
명 기구, 용구, 가정용품
Cooking **utensils** are provided in the kitchen.
요리 기구들이 주방에 갖춰져 있다.

util   유용한(useful)

utilitarian

[juːtìlitέəriən]

utilit(y) + arian(접사) → 실용주의적인 사람
형 실용적인, 공리주의의 명 공리주의자
The house is built with **utilitarian** materials.
그 집은 실용적인 재료들로 지어졌다.

utility

[juːtíləti]

util(= useful) + ity(접사) → 유용성
명 유용(성), 공익사업
Their **utility** increases with the number of users. 학평
그것들의 유용성은 사용자의 수와 더불어 증가한다.

utilize

[júːtəlàiz]

util(= useful) + ize(접사) → 유용하게 만들다
동 활용하다, 이용하다
He is failing to **utilize** what he owns. 학평
그는 자신이 소유한 것을 활용하지 못하고 있다.
⊹ utilization 명 활용, 이용

> **Voca & Voca**   사용하다, 활용하다
>
> ▶ utilize (실용적인 목적을 위해) 사용하다
>   There is a better way of **utilizing** the space.
>   그 공간을 사용하는 더 좋은 방법이 있다.
> ▶ use (특정한 목적을 위해) 사용하다
>   Do you mind if I **use** your phone? 당신의 전화기를 써도 될까요?
> ▶ exploit (최대한 잘) 활용하다
>   She fully **exploits** the humor of her role in the play.
>   그녀는 그 연극에서 자신의 역할이 지닌 유머를 충분히 활용한다.

Daily Test

A 우리말은 영어로, 영어는 우리말로 쓰시오.

01	배반하다, 배신하다	b_____	
03	학대하다, 혹사하다	m_____	
05	찬사, 칭찬, 공물	t_____	
07	기여하다, 기부하다	c_____	
09	수업, 교습, 수업료	t_____	
11	방해하다, 흩뜨리다	d_____	
13	과다한, 불필요한	r_____	
15	도시의, 도회지의	u_____	
17	기구, 용구, 가정용품	u_____	
19	활용하다, 이용하다	u_____	

02	traitor	_____
04	tremble	_____
06	tremendous	_____
08	distribute	_____
10	tutorial	_____
12	prototype	_____
14	abound	_____
16	suburb	_____
18	abuse	_____
20	utilitarian	_____

B 오른쪽 해석을 보고, 네모 안에서 적절한 단어를 고르시오.

01 They were crossing the tremendous / turbulent river.

그들은 요동치는 강을 건너고 있었다.

02 They formed a treaty / tribute of peace and goodwill this year.

그들은 올해 평화와 친선 조약을 맺었다.

03 Not all attribute / contribute environmental damage to tourism.

모두가 환경 훼손을 관광 산업의 탓으로 돌리지는 않는다.

04 You need other things like intuition / tuition and creativity.

여러분은 직관과 창의성과 같은 다른 것들이 필요하다.

05 I think we should break gender prototypes / stereotypes.

나는 우리가 성 고정관념을 깨야 한다고 생각한다.

정답 **A** 01 betray 02 배반자, 반역자 03 mistreat 04 (몸을) 떨다, 떨리다 05 tribute 06 무서운, 광장한, 엄청난 07 contribute 08 분배하다, 배부[배포]하다, 유통하다 09 tuition 10 개별 지도 시간, 사용 지침서 11 disturb 12 원형(原型), 기본형 13 redundant 14 아주 많다, 풍부하다 15 urban 16 교외 17 utensil 18 남용[오용]하다, 학대하다; 남용, 오용, 학대 19 utilize 20 실용적인, 공리주의의; 공리주의자 **B** 01 turbulent 02 treaty 03 attribute 04 intuition 05 stereotypes

vac/van   텅 빈(empty)

vacancy
[véikənsi]

vac(= empty) + ancy(접사) → 텅 비어 있는 상태

명 결원, 공석, 빈방

His resignation created a **vacancy**.

그의 사임으로 결원이 생겼다.

⊕ vacant 형 비어 있는, 결원의

vacate
[véikeit]

vac(= empty) + ate(접사) → 텅 비게 만들다

동 비우다, 떠나다

Guests must **vacate** their rooms by 11:00 a.m.

손님들은 오전 11시까지 방을 비워야 한다.

vacation
[veikéiʃən]

vacat(e) + ion(접사) → 텅 빈 상태 → 방학, 휴가

명 휴가, 방학

Would you like to have a **vacation** in the Alps? 학평

알프스에서 휴가를 보내고 싶습니까?

> **Voca & Voca**   방학, 휴가
>
> ▶ vacation (학교나 직장에 가지 않는) 방학, 휴가
>   I get four weeks' **vacation** a year.
>   나는 일 년에 휴가가 4주이다.
> ▶ holiday (주로 법률에 의한) 방학, 휴가
>   New Year's Day is a national **holiday**.
>   새해 첫날은 국정 공휴일이다.
> ▶ break (휴식을 위한) 휴가, 쉬는 시간, 휴식 시간
>   I worked all day without a **break**.
>   나는 하루 종일 휴식 없이 일했다.

vacuum
[vǽkjuəm]

라틴어 vacuum(= empty place)에서 유래 → 텅 비어 있는 곳

명 진공, 공백, 공허   동 진공청소기로 청소하다

There exists no vacuum in a **vacuum** cleaner. 학평

진공청소기에는 진공이 존재하지 않는다.

I finished **vacuuming** the living room. 학평

나는 진공청소기로 거실 청소를 끝냈다.

evacuate
[ivǽkjuèit]

e(= ex: out) + vac(u)(= empty) + ate(접사)
→ 밖으로 나가 텅 비게 만들다
동 대피시키다, 비우다
Local officials **evacuated** the village right before the explosion.
지역 공무원들이 폭발이 있기 직전에 그 마을을 비웠다[사람들을 대피시켰다].
⟐ **evacuation** 명 대피, 피난, 비우기

vanity
[vǽnəti]

van(= empty) + ity(접사) → 텅 비어 있는 상태
명 허영심, 자만심, 헛됨
Boasting reveals **vanity**.
자랑은 허영을 드러낸다.
⟐ **vain** 형 자만[허영]심이 강한, 헛된, 소용없는

vad/vas   가다(go)

evade
[ivéid]

e(= away) + vad(e)(= go) → 멀리 가다 → 빠져나가다
동 피하다, 빠져나가다
You're simply trying to **evade** the problem.
당신은 그저 문제를 피하려고 하고 있어요.
⟐ **evasion** 명 회피

pervade
[pə:rvéid]

per(= through) + vad(e)(= go) → 관통하여 가다
동 널리 퍼지다, 만연하다
After World War II, western culture started to **pervade** the developing world.
제2차 세계 대전 후, 서양 문화가 개발도상국에 널리 퍼지기 시작했다.
⟐ **pervasive** 형 만연하는

invasion
[invéiʒən]

in(= in) + vas(= go) + ion(접사) → 안으로 들어가다 → 침략하다
명 침략, 침입, 쇄도
The temple was burned during the Japanese **invasion** of Korea.
그 절은 일본의 한국 침략 기간 동안 불에 탔다.
⟐ **invade** 동 침입[침략]하다

evasive
[ivéisiv]

e(= ex: away) + vas(= go) + ive(접사) → 밖으로 나가는 → 회피하는

형 얼버무리는, 책임 회피의, 회피적인

He was quite vague, even **evasive** about it.

그는 대단히 모호했는데, 심지어 그것에 대해 얼버무리기도 했다.

❖ **evasiveness** 명 회피적임, 모호함

---

vail
유능한, 강한(strong)

---

avail
[əvéil]

a(= to) + vail(= strong) → 유능한 쪽으로 향하다 → 쓸모 있다

동 쓸모 있다, 도움이 되다　명 소용, 이용

A good chance will **avail** you nothing without effort.

좋은 기회가 와도 노력하지 않으면 쓸모가 없다.

He felt his pockets to no **avail**. 학평

그는 주머니를 더듬었으나 소용이 없었다.

❖ **available** 형 이용할 수 있는, 여유가 있는

---

prevail
[privéil]

pre(= before) + vail(= strong) → 강하게 앞세우다

동 만연하다, 우세하다

Silence **prevailed** along the funeral route.

장례 행렬을 따라 침묵이 만연했다.

❖ **prevalent** 형 만연한, 널리 퍼진

---

val
가치 있는(worth)

---

value
[vǽljuː]

라틴어 valere(= be worth)에서 유래 → 가치가 있는 것

명 가치

Our choices involve **value** judgments. 학평

우리의 선택은 가치 판단을 포함한다.

❖ **valuable** 형 가치 있는

---

valid
[vǽlid]

val(= worth) + id(접사) → 가치가 있는

형 타당한, 유효한

All of these systems are equally **valid**. 학평

이 모든 체계가 똑같이 타당하다.

❖ **validity** 명 유효성, 타당성

---

evaluate

[ivǽljuèit]

e(= ex: out) + val(u)(= value) + ate(접사) → 밖으로 가치를 드러내다
동 평가하다
They **evaluate** their learning in a meaningful manner. 학평
그들은 의미 있는 방법으로 자신들의 학습을 평가한다.
▹ evaluation **명** 평가

> **Voca & Voca** 평가하다, 추산하다
> ▶ assess 가늠하다, 평가하다
> It's important to **assess** the effects of these policies.
> 이런 정책들의 영향을 평가하는 것이 중요하다.
> ▶ appraise 평가하다
> Managers must **appraise** all staff every year.
> 관리자들은 모든 직원을 매년 평가해야 한다.
> ▶ estimate 추산[추정]하다
> They **estimate** that it will cost about $3,000.
> 그들은 그것이 약 3천 달러의 비용이 들 것으로 추산한다.

equivalent

[ikwívələnt]

equi(= equal) + val(= worth) + ent(접사) → 같은 가치가 있는
형 동등한, 해당하는 **명** 동등한 것
The two boxers are **equivalent** in weight.
그 두 권투 선수는 몸무게가 같다.
▹ equivalence **명** 동등함

vent/ven   오다(come)

advent

[ǽdvent]

ad(= toward) + vent(= come) → ~로 오는 것
명 도래, 출현
With the **advent** of social media, children have become impatient.
학평
소셜 미디어의 도래로 아이들은 참을성이 없어졌다.

adventure

[ədvéntʃər]

ad(= to) + vent(= come) + ure(접사) → ~로 오는 것
명 모험
Experience a unique **adventure** with your friends! 학평
친구들과 함께 독특한 모험을 경험하다.
▹ adventurous **형** 모험심이 강한

invent

[invént]

in(= in) + vent(= come) → 안에 들어오다
동 발명하다
Newton had to **invent** a new branch of mathematics. 학평
뉴턴은 새로운 분야의 수학을 창안해야 했다.
▹ invention **명** 발명

convention
[kənvénʃən]

con(= com: together) + vent(= come) + ion(접사)
→ 함께 오는 것
명 회의, 대회, 관습, 관행
My boss wanted to send me to the convention.
나의 상사는 그 회의에 나를 보내기를 원했다.
⊕ conventional 형 대회의, 관습적인, 재래의

event
[ivént]

e(= ex: out) + vent(= come) → 밖으로 나오는 것
명 사건, 행사
The festival was the main event of 2017.
그 축제는 2017년도의 주요 사건이었다.

prevent
[privént]

pre(= before) + vent(= come) → 먼저 오다
동 예방하다, 막다
There is nothing to prevent us from going.
우리가 가는 것을 막을 것은 없다.
⊕ prevention 명 예방

avenue
[ǽvənjù:]

a(= ad: to) + ven(= come) + ue(접사) → ～로 오는 것
명 가(街), 길
The bus rolled down Madison Avenue. 모평
버스가 Madison 가(街)를 따라 천천히 굴러갔다.

convenient
[kənví:njənt]

con(= com: together) + ven(i)(= come) + ent(접사)
→ (서로 도와) 함께 오는
형 편한, 편리한, 가까운
Let's meet at 8 tomorrow morning if it's convenient for you.
그게 편하시다면 내일 아침 8시에 만납시다.
⊕ convenience 명 편안함, 편의

souvenir
[sù:vəníər]

sou(= sub: below) + ven(ir)(= come)
→ (생각이) 아래에서 올라오게 하는 것
명 기념품
Paul wanted to buy some souvenirs. 수능
Paul은 몇 가지 기념품을 사고 싶었다.

vers/vert   줄(line), 돌리다(turn)

verse
[vəːrs]

vers(e)(= line) → 줄을 바꾸어 가면서 쓰는 글
명 운문
Most of his essay is written in **verse**.
그의 에세이의 대부분은 운문으로 쓰여 있다.

version
[və́ːrʒən]

vers(= turn) + ion(접사) → 돌린[바꾼] 것
명 변형, 버전, 판(版)
It is a **version** of his experiment to calculate the speed of light. 그것은 빛의 속도를 계산하기 위한 그의 실험의 한 변형이다.

adversity
[ədvə́ːrsəti]

ad(= to) + vers(= turn) + ity(접사) → 반대로 돌려서 가는 것
명 역경, 불행
He showed courage in **adversity**.
그는 역경 속에서 용기를 보여 주었다.

diverse
[daivə́ːrs]

di(= dis: apart) + vers(e)(= turn) → 다른 여러 방향으로 돌린
형 다양한, 가지각색의
It's a big world full of interesting and **diverse** people! 학평
이 큰 세상은 흥미롭고 다양한 사람들로 가득 차 있다!
⊕ diversity 명 다양성

reverse
[rivə́ːrs]

re(= back) + vers(e)(= turn) → 뒤로 돌리다
동 거꾸로 하다, 뒤집다
You can **reverse** the process of making tools. 학평
여러분은 도구를 만드는 그 과정을 거꾸로 할 수 있다.

convert
[kənvə́ːrt]

con(= com: together) + vert(= turn) → 함께 돌리다
동 전환하다[되다], 바꾸다, 개조하다
Some plants can **convert** CO_2 back into oxygen. 학평
어떤 식물들은 이산화탄소를 산소로 전환할 수 있다.
⊕ conversion 명 전환, 개조   convertible 형 전환이[개조가] 가능한

vertical
[və́ːrtikəl]

vert(= turn) + ic(접사) + al(접사) → 돌려 수직이 된
형 수직의, 세로의
The cliff was almost **vertical**.
그 절벽은 거의 수직이었다.

Daily Test

A 영어는 우리말로, 우리말은 영어로 쓰시오.

01 vacancy _____

02 대피시키다, 비우다 e_____

03 vacuum _____

04 허영심, 자만심, 헛됨 v_____

05 evade _____

06 널리 퍼지다, 만연하다 p_____

07 invasion _____

08 평가하다 e_____

09 prevail _____

10 타당한, 유효한 v_____

11 advent _____

12 예방하다, 막다 p_____

13 convention _____

14 가(街), 길 a_____

15 souvenir _____

16 편한, 편리한, 가까운 c_____

17 reverse _____

18 운문, 시 v_____

19 vertical _____

20 역경, 불행 a_____

B 오른쪽 해석을 보고, 빈칸에 가장 적절한 단어를 [보기]에서 골라 쓰시오.

| 보기 | avail | convention | convert | diverse | equivalent |

01 The two boxers are _____ in weight.
그 두 권투 선수는 몸무게가 같다.

02 My boss wanted to send me to the _____.
나의 상사는 그 회의에 나를 보내기를 원했다.

03 Some plants can _____ CO_2 back into oxygen.
어떤 식물들은 이산화탄소를 산소로 전환할 수 있다.

04 A good chance will _____ you nothing without effort.
좋은 기회가 와도 노력하지 않으면 쓸모가 없다.

05 It's a big world full of interesting and _____ people!
이 큰 세상은 흥미롭고 다양한 사람들로 가득 차 있다!

정답 Ⓐ 01 결원, 공석, 빈방 02 evacuate 03 공백, 진공; 진공청소기로 청소하다 04 vanity 05 피하다, 빠져나가다 06 pervade
07 침략, 침입, 쇄도 08 evaluate 09 만연하다, 우세하다 10 valid 11 출현, 도래 12 prevent 13 회의, 대회, 관습, 관행
14 avenue 15 기념품 16 convenient 17 거꾸로 하다, 뒤집다 18 verse 19 수직의, 세로의 20 adversity
Ⓑ 01 equivalent 02 convention 03 convert 04 avail 05 diverse

Day 50

vey/voy   길(way), 여행(journey)

convey
[kənvéi]

con(= com: together) + vey(= way) → 함께 길에 나서다
图 전(달)하다, 운반하다
Our popular culture **conveys** a different message to children. 학평
우리의 대중문화는 아이들에게 다른 메시지를 전달한다.

voyage
[vɔ́iidʒ]

고대 프랑스어 voiage(= journey)에서 유래
图 여행, 항해
He is planning an around-the-world **voyage** next year.
그는 내년에 세계 일주 여행을 계획 중이다.

vict/vinc   정복하다(conquer)

victory
[víktəri]

vict(= conquer) + or(접사) + y(접사) → 정복자가 하는 것
图 승리
They were heading for **victory** in their battle over basic human
rights. 그들은 인간의 기본적인 권리들에 관한 전투에서의 승리를 향해 가고 있었다.
⁘ **victorious** 國 승리의

convict
[kənvíkt]

con(= com: completely) + vict(= conquer) → 완전히 정복하다
图 유죄를 선고하다
Two brothers were **convicted** of stealing sheep. 학평
두 형제가 양을 훔친 죄로 유죄 선고를 받았다.
⁘ **conviction** 图 유죄 판결

> **Voca & Voca** 선고하다
> ▶ convict 유죄를 선고하다
>   The jury **convicted** him of fraud.
>   배심원들은 그에게 사기죄를 선고했다.
> ▶ sentence (형벌을) 선고하다
>   The judge **sentenced** him to death.
>   판사는 그에게 사형을 선고했다.

convince
[kənvíns]

con(= completely) + vinc(e)(= vincere: conquer)
→ 완전히 설득시켜 정복하다
동 설득하다, 납득시키다, 확신시키다
She attempted to **convince** him to cross the border. 〔학평〕
그녀는 그가 국경을 넘도록 설득하려고 시도했다.
⊕ convincing 형 설득력 있는

vid/vis   보다(see)

evident
[évidənt]

e(= ex: fully, out of) + vid(= see) + ent(접사) → 분명히 보이는
형 분명한, 명백한, 눈에 띄는
It was **evident** that Timothy was a failed leader.
Timothy는 실패한 지도자라는 것이 분명했다.
⊕ evidence 명 증거, 증언   동 증명하다, 명시하다
  evidently 부 분명히

vision
[víʒən]

vis(= see) + ion(접사) → 보는 것
명 시력, 시야, 통찰력, 환상   동 환상으로 보다, 상상하다
The animal has excellent **vision**. 〔학평〕
그 동물은 뛰어난 시력을 가지고 있다.
⊕ visionary 형 환영의, 예지력이 있는   visible 형 눈에 보이는, 명백한

vista
[vístə]

라틴어 videre(= see)에서 유래 → 광경
명 경치, 풍경, 전망
Burlington is a beautiful city with stunning **vistas** of the lake.
Burlington은 매우 멋진 호수 경치를 가진 아름다운 도시이다.

visual
[víʒuəl]

vis(u)(= see) + al(접사) → 시각의, 보는
형 시각의, 보는   명 시각 자료
We all have the same **visual** equipment. 〔학평〕
우리는 모두 동일한 시각 장비를 가지고 있다.
⊕ visualize 동 시각화하다   visually 부 시각적으로

envision
[invíʒən]

en(= make) + vis(= see) + ion(접사) → 보게 하다
동 마음에 그리다, 상상하다, 구상하다
I **envisioned** a great future of artistic growth.
나는 예술적 성장의 멋진 장래를 마음에 그렸다.

revise
[riváiz]

re(= again) + vis(e)(= see) → 다시 보다
통 교정[수정]하다, 변경하다   명 수정(판), 교정(판)
You can go back to **revise** and polish your writing. 모평
여러분은 돌아가 쓴 글을 교정하고 다듬을 수 있다.
⊕ revision 명 수정[정정] (사항), 개정판   reviser 명 교정자

supervise
[sjú:pərvàiz]

super(= over) + vis(e)(= see) → 위에서 바라보다
통 관리하다, 감독하다, 지도하다
He has **supervised** students in internships for over 20 years.
그는 20년이 넘는 기간 동안 견습생 신분인 학생들을 관리해 왔다.
⊕ supervision 명 관리, 감독, 지휘   supervisor 명 관리자, 감독관

viv/vit   살다(live), 생명(life)

survive
[sərváiv]

sur(= over, beyond) + viv(e)(= live)
→ 보다 오래 생존하다
통 생존하다, 살아남다, 견뎌 내다
This tree can **survive** almost anywhere in the world. 학평
이 나무는 세계의 거의 모든 지역에서 생존할 수 있다.
⊕ survival 명 생존, 잔존   survivor 명 생존자

vivid
[vívid]

viv(= live) + id(접사) → 살아 있는
형 생생한, 선명한, 생기 있는
Vivid descriptions can make an otherwise dull speech come to life.
생생한 묘사가 그러지 않으면 활기 없을 말을 생기 있게 할 수 있다.
⊕ vividly 부 생기 있게, 선명하게

revive
[riváiv]

re(= again) + viv(e)(= live) → 다시 살아나게 하다
통 회복[부활]시키다, 되살리다, 재공연하다
Breaks are necessary to **revive** your energy levels. 학평
휴식은 여러분의 에너지 수준을 회복시키는 데 필요하다.
⊕ revival 명 회복, 부활, 부흥, 재공연

vital
[váitəl]

vit(= life) + al(접사) → 생명의
형 필수적인, 극히 중대한, 생명 유지와 관련된
All fats found in nature are **vital** for your health.
자연에서 발견된 모든 지방은 여러분의 건강에 필수적이다.
⊕ vitalize 통 ~에 생명을 주다, ~에 생기를 불어넣다

vitamin
[váitəmin]

vit(= life) + amin(= amine: 아민)
→ 생명과 밀접한 관계가 있으며 그 성분 중에 아민을 가지는 물질
명 비타민
Many fruits and vegetables contain **vitamin** C.
많은 과일과 채소에는 비타민 C가 함유되어 있다.

revitalize
[ri:váitəlàiz]

re(= back, again) + vit(= life) + al(접사) + ize(접사)
→ 다시 생명을 주다
동 재활성화하다, 새로운 활력을 주다, 생기를 회복시키다
Infrastructure alone is not sufficient to **revitalize** an economy.
사회 기반 시설만으로는 경제를 재활성화하는 데 충분하지 않다.
⊕ revitalization 명 재활성화, 새로운 활력을 줌, 경기 부양화

voc/vok   목소리(voice), 부르다(call)

vocabulary
[voukǽbjəlèri]

vox(= voice)와 관련 있는 중세 라틴어 vocabularium(= a list of words)
에서 유래 → 단어 목록
명 어휘, 용어
She said, "Giving up is not in my **vocabulary**." 수능
그녀는 "포기하는 것은 내 어휘에 없어."라고 말했다.

vocal
[vóukəl]

voc(= voice) + al(접사) → 목소리의
형 발성의, 목소리의   명 보컬
Fish hear acutely, but they have no distinct **vocal** organs.
물고기는 예민하게 소리를 들으나 특징적인 발성 기관은 없다.

vocalize
[vóukəlàiz]

voc(= voice) + al(접사) + ize(접사) → 목소리를 내다
동 소리 내어 말하다, (말로) 표현하다
She **vocalizes** as if she is about to cry. 학평
그녀는 금방이라도 울 것처럼 소리 내어 말한다.

vocation
[voukéiʃən]

voc(= call) + ation(접사) → 부름
명 직업, 천직
Joe Dillon announced that he had a religious **vocation**.
Joe Dillon은 자신이 종교적인 직업을 가지고 있다고 알렸다.
⊕ **vocational** 형 직업(상)의

evoke
[ivóuk]

e(= ex: out) + vok(e)(= call) → 밖으로 불러내다
동 불러일으키다, 자아내다, 일깨우다
Artists may **evoke** shock and even disgust. 모평
예술가들은 충격 그리고 심지어 혐오감을 불러일으킬 수 있다.

provoke
[prəvóuk]

pro(= forth) + vok(e)(= call) → 안에서 밖으로 불러내다
동 도발하다, 유발하다, 화나게 하다
Good listeners don't charm, **provoke**, or interrupt. 학평
잘 듣는 사람들은 마음을 사로잡거나, 도발하거나, 가로막지 않는다.

revoke
[rivóuk]

re(= back) + vok(e)(= call) → 이미 말한 것을 다시 말하다
동 취소하다, 폐지하다, 철회하다
We do not have enough evidence to **revoke** his license.
우리는 그의 면허를 취소할 만큼 충분한 증거를 가지고 있지 않다.

vol

바라다(wish)

voluntary
[váləntèri]

vol(= wish) + unt(= ent: 접사) + ary(접사) → 자발적인
형 자발적인, 자원봉사의
You can make a **voluntary** contribution via the Internet.
여러분은 인터넷을 통해 자발적인 기부를 할 수 있습니다.
⊕ **voluntarily** 부 자발적으로

volunteer
[vàləntíər]

vol(= wish) + unt(= ent: 접사) + eer(접사) → 자발적으로 하는 사람
명 자원봉사자, 지원자 형 자발적인 동 자진하다
The brain activity of **volunteers** was monitored. 모평
지원자들의 뇌 활동이 추적 관찰되었다.

volv 굴리다, 말다(roll)

evolve
[iválv]

e(= ex: out) + volv(e)(= roll) → 굴려서 펴지다
동 진화하다, 발달하다, 전개하다
Predators **evolved** with eyes facing forward. 학평
포식자는 앞쪽을 향하고 있는 눈을 가지도록 진화했다.
⁑ evolution 명 진화, 발전

involve
[inválv]

in(= in) + volv(e)(= roll) → 안으로 말아 넣다
동 포함하다, 수반하다, 관련시키다
Advertisements **involve** an impressive storyline. 학평
광고는 인상적인 줄거리(스토리라인)를 포함한다.
⁑ involvement 명 관련, 참여   involved 형 관련된, 몰두하는

revolve
[riválv]

re(= back, again) + volv(e)(= roll) → 돌고 또 돌다
동 돌다, 회전하다, 순환하다
The wheel began to **revolve** rapidly.
바퀴가 빠르게 돌기 시작했다.
⁑ revolution 명 혁명, 회전   revolutionary 형 혁명의, 대변혁의

vot 맹세하다(vow)

voter
[vóutər]

vot(= vow) + er(접사) → 맹세하는 사람
명 유권자, 투표자, 선거인
Some **voters** don't understand the content of the measures.
몇몇 유권자들은 그 조치의 내용을 이해하지 못한다.
⁑ vote 명 투표, 투표수, 표결   동 투표하다

devote
[divóut]

de(= down) + vot(e)(= vow) → 머리 숙여 맹세하다
동 전념하다, 쏟다, 바치다, 헌신하다
He decided to **devote** himself to writing. 학평
그는 글쓰기에 전념하기로 결심했다.
⁑ devotion 명 헌신, 전념   devoted 형 헌신하는
   devotional 형 독실한, 기도의, 헌신적인

Daily Test

A 우리말은 영어로, 영어는 우리말로 쓰시오.

01	전(달)하다, 운반하다	c_____	02	voyage	_____
03	분명한, 명백한	e_____	04	convince	_____
05	시각의; 시각 자료	v_____	06	envision	_____
07	관리하다, 감독하다	s_____	08	revise	_____
09	생생한, 선명한	v_____	10	revive	_____
11	재활성화하다	r_____	12	vital	_____
13	소리 내어 말하다	v_____	14	evoke	_____
15	취소하다, 폐지하다	r_____	16	voluntary	_____
17	돌다, 회전하다	r_____	18	involve	_____
19	유권자, 투표자	v_____	20	devote	_____

B 오른쪽 해석을 보고, 네모 안에서 적절한 단어를 고르시오.

01 Two brothers were convicted / convinced of stealing sheep.

두 형제가 양을 훔친 죄로 유죄 선고를 받았다.

02 Predators evolved / revolved with eyes facing forward.

포식자는 앞쪽을 향하고 있는 눈을 가지도록 진화했다.

03 Good listeners don't charm, provoke / revoke, or interrupt.

잘 듣는 사람들은 마음을 사로잡거나, 도발하거나, 가로막지 않는다.

04 This tree can revive / survive almost anywhere in the world.

이 나무는 세계의 거의 모든 지역에서 생존할 수 있다.

05 Joe Dillon announced that he had a religious vocabulary / vocation.

Joe Dillon은 자신이 종교적인 직업을 가지고 있다고 알렸다.

정답 **A** 01 convey 02 여행, 항해 03 evident 04 설득하다, 납득시키다, 확신시키다 05 visual 06 마음에 그리다, 상상하다, 구상하다 07 supervise 08 교정[수정]하다; 수정(판), 교정(판) 09 vivid 10 회복[부활]시키다, 되살리다, 재공연하다 11 revitalize 12 필수적인, 극히 중대한 13 vocalize 14 불러일으키다, 자아내다, 일깨우다 15 revoke 16 자발적인, 자원봉사의 17 revolve 18 포함하다, 수반하다, 관련시키다 19 voter 20 전념하다, 쏟다, 바치다, 헌신하다
B 01 convicted 02 evolved 03 provoke 04 survive 05 vocation

A 영어는 우리말로, 우리말은 영어로 쓰시오.

01	contact	_____	02	통합하다	i_____
03	content	_____	04	일시적인, 임시의	t_____
05	terrain	_____	06	상황, 문맥, 맥락	c_____
07	distort	_____	08	학대하다, 혹사하다	m_____
09	tremendous	_____	10	고정관념, 연판	s_____
11	abuse	_____	12	아주 많다, 풍부하다	a_____
13	vacancy	_____	14	만연하다, 우세하다	p_____
15	reverse	_____	16	수직의, 세로의	v_____
17	convince	_____	18	분명한, 눈에 띄는	e_____
19	vocation	_____	20	불러일으키다, 자아내다	e_____

B 다음 단어를 우리말 뜻에 맞게 변형하여 쓰시오.

01 maintain → _____ (유지, 관리)

02 intense → _____ (강화하다, 심화시키다)

03 territory → _____ (영토의, 지역의, 토지의)

04 subtract → _____ (빼기, 뺄셈, 차감, 공제)

05 intuition → _____ (직관적인)

06 equivalent → _____ (동등함)

07 vital → _____ (~에 생명을 주다, ~에 생기를 불어 넣다)

08 devote → _____ (독실한, 기도의, 헌신적인)

C 다음 영영사전 풀이에 해당하는 단어를 바르게 연결하시오.

01	of your own free will or design ·	· ⓐ adversity
02	to turn to practical use or account ·	· ⓑ portray
03	a sudden or abrupt strong increase ·	· ⓒ surge
04	to represent verbally or in a painting ·	· ⓓ utilize
05	a state of serious difficulty or misfortune ·	· ⓔ voluntary

D 다음 문장의 빈칸에 적절한 단어를 [보기]에서 골라 쓰시오.

> 보기   contain   disturb   intensive   invasion   valid

01 People may resent the _____ of outsiders. 모평

02 This appears to be a _____ and useful distinction. 학평

03 He underwent surgery and _____ physical therapy. 학평

04 She didn't wish to _____ the natural balance of the environment. 수능

05 Bottled water is permitted to _____ certain amounts of any bacteria. 학평

E 다음 네모 안에서 적절한 단어를 고르시오.

01 Diverse / Evasive communities are believed to be stable. 수능

02 The thief contracted / distracted people out on the street. 학평

03 Their contests / protests are seen by planners as a nuisance. 학평

04 Her "day" extended / intended to 25 hours, then to 48 hours. 학평

05 Some magazines are contributed / distributed only by subscription. 수능

정답 Ⓐ **01** 연락, 접촉; 연락하다 **02** integrate **03** 만족하는; 내용물 **04** temporary **05** 지형, 지세, 지역 **06** context **07** (형체, 모습을) 일그러뜨리다, 비틀다, (사실, 생각을) 왜곡하다 **08** mistreat **09** 무서운, 광장한, 엄청난, 무시무시한 **10** stereotype **11** 남용[오용]하다, 학대하다; 남용, 오용, 학대 **12** abound **13** 결원, 공석, 반박 **14** prevail **15** 거꾸로 하다, 뒤집다 **16** vertical **17** 설득하다, 납득시키다, 확신시키다 **18** evident **19** 직업, 천직 **20** evoke

Ⓑ **01** maintenance **02** intensify **03** territorial **04** subtraction **05** intuitive **06** equivalence **07** vitalize **08** devotional

Ⓒ **01** ⓔ 자발적인 **02** ⓓ 활용하다 **03** ⓒ 급등 **04** ⓑ 묘사하다 **05** ⓐ 역경

Ⓓ **01** invasion **02** valid **03** intensive **04** disturb **05** contain

Ⓔ **01** Diverse **02** distracted **03** protests **04** extended **05** distributed

해석 Ⓓ **01** 사람들은 외부인의 침입에 분개할지도 모른다. **02** 이것은 타당하고 유용한 구분인 것처럼 보인다. **03** 그는 수술과 집중적인 물리 치료를 받았다. **04** 그녀는 자연환경의 자연스러운 균형을 방해하고 싶지 않았다. **05** 병에 든 물은 일정 양의 어떤 박테리아를 포함하는 것이 허용된다.

Ⓔ **01** 다양한 지역사회는 안정적이라고 믿어진다. **02** 그 도둑은 길에 나온 사람들의 주의를 흩뜨렸다. **03** 그들의 항의들은 계획자들에 의해 골칫거리로 여겨진다. **04** 그녀의 '하루'는 25시간, 나아가 48시간으로 늘어났다. **05** 어떤 잡지는 오로지 구독에 의해서만 유통된다.

Progress Test 5 (DAY 01~50)

A 영어는 우리말로, 우리말은 영어로 쓰시오.

01	insert	_____	02	항체	a_____
03	illegal	_____	04	반대하다, 승인하지 않다	d_____
05	variety	_____	06	증발하다, 증발시키다	e_____
07	agony	_____	08	잘 들리는, 들을 수 있는	a_____
09	recede	_____	10	평결, 판결	v_____
11	fluent	_____	12	(나무, 돌, 쇠붙이 등에) 새기다	e_____
13	intellect	_____	14	이동하는, 이주하는	m_____
15	repent	_____	16	공평한, 편견 없는	i_____
17	tactile	_____	18	후원자, 보증인; 후원하다	s_____
19	prevail	_____	20	격동의, 격변의, 난기류의	t_____

B 다음 괄호 안에 주어진 단어를 이용하여, 빈칸에 알맞은 말을 쓰시오.

01 인내(력), 불굴의 노력 _____ (persevere)

02 마음을 사로잡다, 매혹[매료]하다 _____ (fascination)

03 길든, 국내의, 집안의 _____ (domesticate)

04 비판의, 중대한 _____ (criticize)

05 영양물, 음식물, 양육, 육성 _____ (nourish)

06 의무적으로 하게 하다, 돕다 _____ (obligation)

07 가정, 추정, 추측 _____ (assume)

08 틀에 박힌 _____ (stereotype)

C 다음 영영사전 풀이에 해당하는 단어를 [보기]에서 골라 쓰시오.

> 보기   crisis   expend   enforce   stable   transaction

01 able to stay in the same state : _____

02 to use time, energy, money, etc. : _____

03 to compel observance with laws or rules : _____

04 an urgent, difficult, or dangerous situation : _____

05 an exchange or transfer of goods or services : _____

D 다음 네모 안에서 문맥에 맞는 적절한 단어를 고르시오.

01 Mature reflection reveals that it is outstanding / superficial and not wholly true. 학평

02 The liberty / privilege attached to being in the majority position is commonly viewed by others as deserved. 학평

03 Our habits can keep us safe even when our mind is contracted / distracted. 학평

04 Clothing visually communicates information about group membership and functions as an equity / identity marker. 모평

E 다음 빈칸에 알맞은 말을 고르시오.

01 The very limitations we _____ on ourselves can be the seeds of our finest creations. 학평

① impose　　② motivate　　③ pronounce　　④ replicate　　⑤ supply

02 Humans must be _____ enough to eat a variety of items. 학평

① defensive　　② durable　　③ flexible　　④ reliable　　⑤ spontaneous

03 The energy _____ for cells in orbit is on average about ten times greater than that of terrestrial ones. 학평

① insight　　② intake　　③ interval　　④ outcome　　⑤ outlet

04 Witnesses are not allowed to discuss it before giving their _____. 학평

① contest　　② protest　　③ context　　④ texture　　⑤ testimony

정답 Ⓐ **01** 끼워 넣다 **02** antibody **03** 불법적인 **04** disapprove **05** 다양성, 다양함 **06** evaporate **07** 심한 (정신적) 고통 **08** audible **09** 물러나다, 멀어져 가다 **10** verdict **11** 유창한, 능숙한, (움직임, 곡선 등이) 완만한 **12** engrave **13** 지력, 지성, 지식인 **14** migratory **15** 뉘우치다, 회개하다 **16** impartial **17** 촉각의 **18** sponsor **19** 만연하다, 우세하다 **20** turbulent

Ⓑ **01** perseverance **02** fascinate **03** domestic **04** critical **05** nourishment **06** oblige **07** assumption **08** stereotypical

Ⓒ **01** stable(안정된, 견고한) **02** expend(쓰다, 지출하다) **03** enforce(집행하다, 실행하다) **04** crisis(위기, 최악의 고비) **05** transaction(거래, 매매, 처리)

Ⓓ **01** superficial **02** privilege **03** distracted **04** identity

Ⓔ **01** ① **02** ③ **03** ② **04** ⑤

해석 Ⓓ **01** 신중히 생각해 보면 그것이 피상적이고, 온전히 진실은 아니라는 것이 드러난다. **02** 다수의 지위에 속해 있는 데에 부수되는 특권이 흔히 다른 사람들에 의해서 당연한 것으로 여겨진다. **03** 우리의 마음이 산만해질 때조차 우리의 습관이 우리를 안전하게 지켜줄 수 있다. **04** 옷은 집단 구성원의 자격에 대한 정보를 시각적으로 전달하며, 신분의 표시로서 기능한다.

Ⓔ **01** 우리가 우리 자신에게 부과하는 바로 그 제약은 우리의 가장 훌륭한 창작물의 씨앗이 될 수 있다. **02** 인간은 다양한 것들을 먹을 수 있을 만큼 충분히 융통성 있어야 한다. **03** 궤도에 있는 전지의 에너지 흡수는 지상에 있는 전지의 에너지 흡수보다 평균적으로 대략 10배 더 크다. **04** 목격자들은 증언하기 전에 사건에 대해 의견을 나누는 것이 허락되지 않는다.

MEMO

MEMO

MEMO